国家社科基金
后期资助项目
GUOJIA SHEKE JIJIN HOUQI ZIZHU XIANGMU

国际非政府组织与
全球气候治理：
一种治理嵌构的理论视角

International NGOs and Global Climate Governance:
A Theoretical Perspective of Embedded Governance

李昕蕾 著

中国社会科学出版社

图书在版编目（CIP）数据

国际非政府组织与全球气候治理：一种治理嵌构的理论视角/李昕蕾著. —北京：中国社会科学出版社，2023.1

ISBN 978 - 7 - 5227 - 0915 - 4

Ⅰ. ①国… Ⅱ. ①李… Ⅲ. ①国际组织—非政府组织—研究②气候变化—治理—国际合作—研究 Ⅳ. ①D564②P467

中国版本图书馆 CIP 数据核字（2022）第 185744 号

出 版 人　赵剑英
责任编辑　侯聪睿
责任校对　芦　苇
责任印制　王　超

出　　版　中国社会科学出版社
社　　址　北京鼓楼西大街甲 158 号
邮　　编　100720
网　　址　http://www.csspw.cn
发 行 部　010 - 84083685
门 市 部　010 - 84029450
经　　销　新华书店及其他书店
印　　刷　北京君升印刷有限公司
装　　订　廊坊市广阳区广增装订厂
版　　次　2023 年 1 月第 1 版
印　　次　2023 年 1 月第 1 次印刷
开　　本　710×1000　1/16
印　　张　23
字　　数　412 千字
定　　价　119.00 元

国家社科基金后期资助项目

出 版 说 明

　　后期资助项目是国家社科基金设立的一类重要项目，旨在鼓励广大社科研究者潜心治学，支持基础研究多出优秀成果。它是经过严格评审，从接近完成的科研成果中遴选立项的。为扩大后期资助项目的影响，更好地推动学术发展，促进成果转化，全国哲学社会科学工作办公室按照"统一设计、统一标识、统一版式、形成系列"的总体要求，组织出版国家社科基金后期资助项目成果。

全国哲学社会科学工作办公室

目　　录

图 目 录

表目录

导　　论

联合国前秘书长潘基文指出："在人类的历史上没有任何危机会像气候变化这样如此清晰地展示国家之间的相互依存。"[①] 气候变化问题是典型的全球性公共物品问题，呈现出跨界性、弥散性、紧迫性、渗透性等特点，需要人类跨越集体行动的困境共同应对。气候变化谈判的国际法是以"公约＋议定书＋附件"为法律范式的，多呈现出软法治理的特性。因此，一方面，联合国体系及政府间合作是全球气候治理的核心因素；另一方面，多维气候治理机制不断拓展并且机制之间的互动日益增加，特别是注重利用多元伙伴关系将各类非国家行为体纳入全球气候治理系统中，推动了气候治理机制复合体的形成。国际非政府组织积极参与了自1990年国际气候谈判启动至今的三十余年的全球气候谈判与多边治理进程。从"自上而下"的京都模式向"自下而上"的巴黎模式变迁的过程中，日益强调多元包容的参与机制为国际非政府组织的参与提供了更多的契机。随着国际非政府组织朝向日益专业化的跨国倡议网络以及跨国伙伴关系等方向发展，他们将通过更为灵活的参与策略在后巴黎时代发挥不可小觑的作用。本书的主要研究对象为参与到全球气候治理中的各类国际非政府组织及其治理行动逻辑，旨在通过治理嵌构的理论框架分析其参与气候治理的网络化进程（过程）以及在气候治理中的权威性空间塑造和对治理碎片化格局的协调潜力（结构）。

随着发展中国家在全球气候治理中的权重不断提升，我们需要认识到如何处理同国际非政府组织以及本土社会组织的互动关系将会影响发展中国家在后巴黎时代气候政治格局中的治理能力提升和制度性权力获取。以

---

① 联合国新闻：《联合国秘书长潘基文：气候变化是对可持续未来最大的威胁》，2014年4月11日，https://news.un.org/zh/story/2014/04/212742。

中国为代表的发展中大国虽然在全球气候治理中发挥着越来越重要的作用，但在国际制度中的建章立制以及同非国家行为体的良性互动等方面还缺乏经验，治理能力和策略选择都亟待提升。另外，尽管中国为全球气候治理做出了很大贡献，但中国本土社会组织在全球气候治理中的参与程度和话语权建构仍有待加强。在 2018 年第二届"一带一路"国际合作高峰论坛上，习近平主席强调："未来五年，中国将邀请共建'一带一路'国家的政党、智库、民间组织等 1 万名代表来华交流。我们将鼓励和支持沿线国家社会组织广泛开展民生合作，联合开展一系列环保、反腐败等领域培训项目等。"①这意味着作为气候治理中的负责任大国，一方面，中国需要注重优化同国际非政府组织等多利益攸关方的互动策略，通过建立灵活多元的新型伙伴关系来调动治理资源，将中国在全球气候治理中的引领作用同绿色"一带一路"和人类生态命运共同体建构相融合；另一方面，中国则要大力支持本土社会组织的国际化，提升其参与全球气候治理的各种能力，使其成为复合型气候公共外交中的重要支持性力量。

第一节　问题的提出及研究意义

一　研究问题的界定

全球气候系统是个"全球公地"（Global Commons），这使得全球气候治理从一开始就是一场保护全人类公共利益的集体行动问题。② 作为全球治理领域内的一个重要组成部分，全球气候治理是指在改善全球气候这一共同目标和价值的驱动下，全世界范围内的主权国家和非国家行为体通过一系列有（硬/软）约束力的国际规则，在气候领域内开展各种集体行动并达成某些大多边或小多边气候治理机制，从而遏制全球变暖，保障人类

---

① 习近平：《齐心开创共建"一带一路"美好未来——在第二届"一带一路"国际合作高峰论坛开幕式上的主旨演讲》，《人民日报》2019 年 4 月 27 日第 3 版。

② 关于集体行动问题的深入研究参见［美］曼瑟尔·奥尔森《集体行动的逻辑》，陈郁等译，格致出版社、上海三联书店、上海人民出版社 1995 年版。

可持续发展的集体性治理行动。① 全球气候治理经历了多个里程碑事件，例如，从1992年《联合国气候变化框架公约》（UNFCCC）的签署所奠定的国际气候谈判根基，到1997年《京都议定书》的签署所确立的"自上而下"温室气体指标定量减排模式，再到2011年德班会议上"德班增强行动平台"所启动的全球减排框架中新的谈判进程。2016年《巴黎协定》的生效意味着"将各国纳入到一个统一的减排体系中，并设定了相对松散但有一定的顶层管控的减排义务分配体系"②，即取消了1997年《京都议定书》中为发达国家设定不同减排目标的"自上而下"顶层设计路径，转而通过"自下而上"的"国家自主贡献（INDC）+ 五年评估盘点"机制来允许各国自主设立气候减缓与气候适应等的行动目标。这种综合考虑各国国情与实际行动能力的治理新模式从一定程度上化解了之前的"京都困境"，标志着全球气候治理进程进入一个新的阶段。一个新时代的开端必然需要对旧时代进行充分反思。那么，自1997年以来"自上而下"的京都模式缘何陷入困境？而目前巴黎模式中日益多元的行为体又将呈现出怎样的互动模式？在当时特朗普执政期美国再次"去气候化"的背景下③，相比于京都模式，巴黎模式的应急韧性如何？

　　目前学界对于京都机制失效的原因仍存在争议，学界主要论点可以分为以下几类：一是大国权力博弈与治理协调的视角，认为京都模式陷入困境主要是由于大国不能协调行动且公共产品供给不足。全球气候治理存在公共性和权力性两层属性，治理公共性有赖于国家为其提供合法性与执行力，然而权力的局限又迫使国家寻求更有效的方式来维护自身利益，国家间的利益博弈最终妨碍了大国行动的协调。这种奥尔森式的精英主义模式认为一旦缺乏大国之间的领导和协调来推动集体结构的优化，国际公共产品的供给就会停滞，特别是无法依赖大国通过提供正负"选择性激励"

① 谢来辉：《领导者作用与全球气候治理的发展》，《太平洋学报》2012年第1期，第83—92页。
② 于宏源：《马拉喀什气候谈判：进展、分歧与趋势》，《绿叶》2017年第6期，第45—55页。
③ 1997年美国克林顿政府签署《京都议定书》，而2001年小布什总统上台后宣布退出。2017年美国特朗普政府宣布退出《巴黎协定》是美国第二次退出全球气候治理协定。2021年拜登政府宣布重返《巴黎协定》。

机制来保证合作机制的维持及合作团体的扩大。[①] 但该理论的缺陷在于，单纯的大国协调并不能完全解释集体行动的原因。比如 2001 年美国小布什政府退出《京都议定书》后，其州和城市层面的自愿性气候治理倡议反而不断增多。[②] 二是体系权力变迁的视角，即新兴大国的崛起导致了京都模式中的治理认同异化以及协调难度加大。随着全球权力格局的"东升西降"，谈判集团的分化加剧，并且发达国家同发展中国家之间的对立变为排放大国与排放小国之间的对立。因此，围绕共同但有区别性责任原则（CBDR）的认同分化和外交博弈加剧，这使得京都模式的指标分配路径难以真正落实。在国家层面的大多边谈判中围绕 CBDR 的争吵耗费了大量的时间和政治资源，从而导致了京都模式的僵化和低效化。[③] 但此解释仅关注"南北国家"的责任分配和价值认同问题，未能从多元治理行为体的视角来讨论全球性责任共担问题。三是领导权变迁的视角，《京都议定书》陷入困境是由于中、美、欧三边博弈的最终结果。[④] 2009 年哥本哈根会议之后，欧盟领导权开始衰弱，在"自下而上"路径上达成更多共识的中美在气候治理中的协调和引领作用日益彰显，如美国前总统奥巴马和习近平主席自 2014 年 APEC 峰会以来发布了两次气候变化联合声明以及中美元首气候变化联合声明。可以说两国的引领性合作推动了《巴黎协定》的签署和全球气候治理新模式的出现。该理论视角的缺陷在于忽视了欧盟自 2011 年以来所推动的"德班平台"不仅在建构"自下而上"的模式中起到了重要作用，而且逐步化解了欧美矛盾并使中、俄、印等新兴大国做出让步。

上述以大国协调、权力变迁以及领导权更替为代表的主流理论强调国家行为体的核心性治理作用，对于 2009 年哥本哈根会议后非国家和次国家行为体快速崛起的现实并未得到充分重视，从而导致其分析过程中的局限性和片面性。事实上，在参与气候治理的行为体日益多元化的背景下，

① 齐皓：《国际环境问题合作的成败——基于国际气候系统损害的研究》，《国际政治科学》2010 年第 4 期，第 82—111 页。
② Rachel M. Krause, "An Assessment of the Impact that Participation in Local Climate Networks Has on Cities' Implementation of Climate, Energy, and Transportation Policies", *Review of Policy Research*, Vol. 29, No. 5, 2012, pp. 585 – 604.
③ 田慧芳：《中国参与全球气候治理的三重困境》，《东北师大学报》（哲学版）2014 年第 6 期，第 91—96 页。
④ 薄燕：《全球气候变化治理中的中美欧三边关系》，上海人民出版社 2012 年版。

全球气候治理机制日益呈现出复杂性的特点，西方学界也开始关注气候治理复杂体系的系统性分析，如近年来关于制度碎片化[①]、机制复合体[②]以及机制互动[③]等的研究不断涌现。其中全球气候治理机制碎片化导致京都模式失效的视角备受关注，碎片化主要表现在治理参与主体和治理制度建设两方面：一是除了国家行为体之外，非政府组织、社会团体、市场部门、以城市为代表的次国家行为体等原本被排除在气候治理体系之外的治理者纷纷进入气候治理领域；二是除了联合国治理框架之外，全球气候治理中涌现出许多地区性平台以及国际非政府组织、城市等非国家和次国家合作网络。[④] 这一治理体系涉及众多的利益攸关方和利益聚焦点，从而提升了制度内部利益协调的难度；制度间甚至存在原则、规范和规则的冲突，从而削减了京都模式的权威性和有效性。然而该理论的一个薄弱之处在于，治理的碎片化并不必然导致治理的失序，奥兰·扬（Oran Young）等学者认为治理体系中既存在失效的互动也存在有效的互动，使碎片化治理有效运转的关键是对其进行整合和引导。[⑤] 戴维－维克特（David G. Victor）和罗伯特·基欧汉（Robert O. Keohane）在气候治理机制复合体研

---

① 机制碎片化文献参见 Frank Biermann, et al., "The Fragmentation of Global Governance Architectures: A Framework for Analysis", *Global Environmental Politics*, Vol. 9, No. 4, 2009, pp. 14 – 40; Fariborz Zelli, "The Fragmentation of the Global Climate Governance Architecture", *Wiley Interdisciplinary Reviews Climate Change*, No. 2, 2011, pp. 255 – 270; Fariborz Zelli and H. V. Asselt, "The Institutional Fragmentation of Global Environmental Governance: Causes, Consequences, and Responses", *Global Environmental Politics*, Vol. 13, No. 3, 2013, pp. 1 – 5; 王明国：《机制碎片化及其对全球治理的影响》，《太平洋学报》2014 年第 1 期，第 7—17 页。

② 机制复合体文献参见 Robert O. Keohane and Victor D. G., "The Regime Complex for Climate Change", *Social Science Electronic Publishing*, Vol. 9, No. 1, 2011, pp. 7 – 23; Amandine Orsini, "Multi-Forum Non-State Actors: Navigating the Regime Complexes for Forestry and Genetic Resources", *Global Environmental Politics*, Vol. 13, No. 3, 2013, p. 34.

③ 机制互动文献参见 Oran R Young, *Institutional Interplay: Biosafety and Trade*, United Nations University Press, 2008; Elizabeth R. Desombre, "The Institutional Dimensions of Environmental Change: Fit, Interplay, Scale", *Global Environmental Politics*, Vol. 3, No. 1, 2004, pp. 143 – 144; Oberthür, Sebastian, and O. S. Stokke, *Managing Institutional Complexity: Regime Interplay and Global Environmental Change*, The MIT Press, 2011.

④ 郭小琴：《全球公地治理碎片化：一个初步的理论分析》，《学术探索》2020 年第 2 期，第 58—64 页。

⑤ Oran R Young, L. A. King, and H. Schroeder, "Institutions and Environmental Change: Principal Findings, Applications, and Research Frontiers", *Students Quarterly Journal*, Vol. 16, No. 4, 2010, pp. 1188 – 1189.

究中也提到全球气候治理是各种公共或私人机构共同管理气候事务的诸多方式的总和,其中机制碎片化为气候治理提供了更强的机制韧性和适应性。① 但他们的机制复合体理论仅呈现了一种从等级化到松散化的治理光谱,未能进一步探析其中行为体的互动模式。

本节认为,自 2009 年以来,全球气候治理逐步由一种谈判推动治理的模式转变为治理实践深入影响谈判进程的模式。气候变化问题的本质性解决同能源消费结构和人类生产生活方式的低碳化转向紧密相关,最终要落实分解到国家内部社会和市场中的利益攸关方和地方行为体。② 基于行为体多元化和机制多维化的碎片化治理是全球气候治理格局演进的必然结果,也是推动"自上而下"的京都模式向"自下而上"的巴黎模式转型的根本性动力。因此,气候治理的碎片化机制应该被视作一个复杂化的生态系统,其发展有时超越了一种"自上而下"的国际权威调控,通过一种"自下而上"的治理嵌构方式来相互竞争、逐步自适和协调,从而形成一个气候治理的复杂机制复合体。特别是 2014 年利马气候大会以来,以国际非政府组织为代表的非国家和次国家跨国行为体同传统国家行为体和政府间国际组织之间的互动日益呈现出新发展态势:一方面,气候治理中的非国家行为体成为不依赖于国家间大多边主义缔约谈判结果的独立性的气候应对力量,通过自身的气候治理实践扮演着"去碳化"新引擎的重要角色③;另一方面,以《联合国气候变化框架公约》(UNFCCC)为核心的气候治理机制也开始强调通过引导与动员私营部门和社会层面的多元力量来弥合国家层面气候应对行动的不足,从而实现气候治理的总体目标。这意味着气候治理中的多利益攸关方从治理实践创新层面又反过来推动了气候谈判进程的发展,这不仅对于"巴黎模式"最终落地具有不可忽视的影响,同时对于后巴黎时代的气候目标实现具有不可小觑的行动推进力。本书中,气候治理嵌构可以理解为在气候治理机制复合体中的多利益攸关方(特别是跨国行为体)同外界各种机制(组织层面、制度层面

① Robert O. Keohane and D. G. Victor, "The Regime Complex for Climate Change", *Social Science Electronic Publishing*, Vol. 9, No. 1, 2011, pp. 7 – 23.
② 李昕蕾:《治理嵌构:全球气候治理机制复合体的演进逻辑》,《欧洲研究》2018 年第 2 期,第 91—116 页。
③ 余博闻:《认知演化与全球气候治理的变革》,《世界经济与政治》2019 年第 12 期,第 101—133 页。

以及规范层面）的互动互建的进程。在这一过程中，国际非政府组织既推动了全球气候治理的网络性拓展，同时随着其治理权威的提升，他们还在气候治理机制复合体的制度性互动中发挥着重要的协调作用。基于此，本书的核心研究问题聚焦为在参与全球气候机制复合体的治理嵌构进程中，如何理解国际非政府组织的特殊角色及其行动逻辑？

二　研究意义

自工业革命以来，人类对于化石燃料的无度使用造成了温室气体排放量持续增加，各种极端性气候事件频出，气候问题已经成为当今最受关注的全球性问题之一。目前全球气候变化速度及严重程度均超出之前预期，地球的稳定性和恢复力正处于危险之中，包括亚马孙雨林地区被广泛破坏、北极海冰减少、大规模的珊瑚礁死亡、格陵兰岛和南极西部冰川融化、永久冻土融化以及海洋循环变慢等在内的九个领域已经逼近其气候临界点。① 随着气候变化所带来的极端气候事件和自然灾害不断增多增强，单单依靠国家或者国际组织的力量已经难以应对系统性的气候恶化，必须调动更多市场与社会的力量形成合力从而实现共同气候应对的集体行动力量。在全球气候政治演进中，主权国家与国际非政府组织同市场一起构成了目前气候治理的全球性框架。国际非政府组织一直以来通过采取制定议程、提供信息、为谈判调研、动员舆论以及实施和监控等行动，在全球治理上扮演着至关重要的角色。各国政府、国际非政府组织、公民社会组织、跨国集团甚至全球精英构成了多形多元、多层次、网络状的治理嵌构关系。在充满不确定性的后巴黎时代，特别是面对美国特朗普政府宣布退出《巴黎协定》等一系列的规范退化现象，深入理解国际非政府组织在全球气候治理的嵌构逻辑有助于我们系统性探析全球气候治理机制复合体中的行为体互动模式和发展趋势，特别是对中国如何在后巴黎时代积极有为地与多元行为体互动从而更好地发挥协调性、引导性作用具有重要的理论借鉴和实践启示意义。

首先，就理论建构价值而言，本书超越了对于国际非政府组织参与全

---

① Timothy M. Lenton, Johan Rockström, Owen Gaffney, Stefan Rahmstorf etl, "Climate Tipping Points – Too Risky to Bet Against", Nature, https：//www. nature. com/articles/d41586 – 019 – 03595 – 0.

球气候治理的单维性和单向性研究，而是从一种治理嵌构的动态维度来分析国际非政府组织如何参与全球气候治理机制复合体中的全球气候共治网络。由于气候变化问题本身的复杂性，涉及众多的利益攸关方，以及与此相联系的利益、权力、制度与信念格局的多样化发展趋势，气候治理很难形成一种一体化和综合性的体制。全球气候治理格局已从最初的大多边国家机制演变成为一种包含多元行为体和多维治理机制在内的气候治理机制复合体。① 在全球气候治理日益发展成为一种机制复合体的过程中，行为体的治理实践是通过一种嵌入方式同其他关系网络进行联系，同时不断重构治理体系的过程。治理嵌构已经成为包括国际非政府组织在内的不同治理行为体之间互动的基本逻辑。在全球气候治理机制复合体演进过程中，就微观生成机制而言，不同跨国合作机制通过关系性嵌入、结构性嵌入以及规范性嵌入的方式加强了全球气候治理体系的机制韧性和治理弹性，有助于强化多元行为体和多维机制的聚合与协调。这种嵌入式治理的机制韧性从根本上维护了全球气候治理体系的低碳实践根基，成为应对美国特朗普政府时期"去气候化"治理离心力的重要聚合力量。基于此，本书研究不仅结合国际气候谈判的最新发展趋势对全球气候治理中的多元复合性发展趋势进行了理论探析；同时还深入分析国际非政府组织在气候治理嵌构中的网络化参与路径和权威空间的变迁，为非政府组织相关研究提供了一个新的理论分析维度。②

其次，就政策实践的启示意义而言，自 2014 年利马会议以来，联合国框架中日益呈现出的"自下而上"的治理规范变迁有助于以国际非政府组织为代表的非国家层面利益攸关方在进行跨国联系的同时通过日益开放的制度化渠道不断向核心治理机制靠拢（获取治理资源的同时施加创新政策影响），从而推动了一种取向积极合作型碎片化治理格局。③ 在巴黎模式下，如何合理界定和安排自身在全球气候治理机制复合体中的角色以及推进同其他非国家行为体的嵌入式互动已成为一国理性地发挥治理性

---

① Bäckstrand, Karin, "Accountability of Networked Climate Governance: The Rise of Transnational Climate Partnerships", *Global Environmental Politics*, Vol. 8, No. 3, 2008, pp. 74 – 102.

② 李昕蕾：《治理嵌构：全球气候治理机制复合体的演进逻辑》，《欧洲研究》2018 年第 2 期，第 91—116 页。

③ 于宏源：《全球气候治理伙伴关系网络与非政府组织的作用》，《太平洋学报》2019 年第 11 期，第 14—25 页。

建构作用的重要考量因素。随着国际非政府组织朝向日益专业化的跨国倡议网络以及跨国伙伴关系等方向发展，他们可以通过更为灵活的参与策略与实践行动，在后巴黎时代的议题设置、规则制定、政策落实、五年盘点和履约监督中发挥着日益重要的作用。一方面，国际非政府组织所拥有的知识权威、专业性能力和社会网络资源均不可小觑，与之良性互动有助于一国增强国家政策制定科学化，提升国家治理能力；另一方面，国际非政府组织往往拥有强大的社会动员能力和社会舆情影响力，从而形成对政府决策的重要影响力。① 在气候谈判领域，世界各地的非政府组织开始形成不同的联盟和网络，正在成为影响国际谈判进程和主权国家政策制定的重要力量。不可否认的是，大多数实力雄厚、拥有一定话语权的国际非政府组织主要发端于西方。虽然其标榜非政府性和中立性，但其立场往往体现西方价值观，一些国际非政府组织甚至有政府背景，通过联盟战略强化对发展中国家的施压。在全球治理中，中国同国际非政府组织和国际组织的互动和合作经验相对较少，一定程度上成为中国提升全球治理能力的瓶颈之一。中国本土社会组织的国际参与和影响力发挥仍相当有限，这也在某种程度上限制了中国参与全球气候政治的治理能力和话语权提升。本书为中国更好地参与后巴黎时代的多元嵌构式治理及强化其同国际非政府组织的互动能力，推进中国本土组织的国际化，以"四两拨千斤"的方式更有效地发挥在气候治理中的积极引导性作用提供前瞻性和科学性的政策建议。

第二节　研究综述

从 20 世纪 80 年代开始，国际非政府组织作为参与全球治理重要的新兴力量，无论在参与范围、数量还是规模上都出现惊人的增长，其体量及结构性影响力不断提升，在全球事务中发挥了日益重要的作用。可以说，全球化进程使非国家行为体成为全球治理中不可或缺的一部分，越来越多的非国家行为体参与到全球治理的各种活动中，比如非政府组织在气候治

---

① 王彬彬：《中国路径：双层博弈视角下的气候传播与治理》，社会科学文献出版社 2018 年版，第 86—91 页。

理中的角色。文献研究的研究焦点已经由早期担心非国家行为体是否会对国家权力造成挑战[1]转为关注非政府组织的经验性实践并研究他们在全球环境治理中的影响。[2] 西方学界对非政府组织的研究着手较早,相对来说比中国成熟,关于非政府组织参与全球气候治理和其他环境治理方面的著作也颇丰。[3] 关于非政府组织参与全球环境治理的研究可以追溯到 1972 年斯德哥尔摩召开的"联合国人类环境会议",当时有 250 多个非政府组织出席了该会议。在彼德·威利茨(Peter Willetts)看来,斯德哥尔摩会议是非政府组织参与全球治理的一个分水岭式的事件,它标志着"未来 20 年非政府组织体系不断走向自由化,这一过程尽管缓慢却很稳定"[4]。斯德哥尔摩会议后,非政府组织不断参与全球环境和可持续发展的决策,随后参与 1992 年的里约热内卢联合国环境与发展会议的非政府组织数量攀升到 1400 多个,到 2002 年约翰内斯堡可持续发展世界峰会上已经有 3200 多个非政府组织参与其中。[5] 在这次会议上,非政府组织在建立持续发展伙伴关系中发挥了关键性作用。[6] 随着气候变化问题成为全球环境治理领域中的首要议题,越来越多的学者开始追踪研究非政府组织在全球气

① Mathews, J., "Power Shift", *Foreign Affairs*, Vol. 76, No. 1, 1997, pp. 50 – 66.

② M. Betsill & E. Corell (Eds.), *NGO Diplomacy: The Influence of Nongovernmental Organizations in International Environmental Negotiations*, Boston: MIT Press, 2008; Betsill, M., & Corell, E., "NGO Influence in International Environmental Negotiations: A Framework for Analysis", *Global Environmental Politics*, No. 4, 2001, pp. 65 – 85; Newell, P., *Climate for Change: Non-State Actors and the Global Politics of the Greenhouse*. Cambridge: Cambridge University Press, 2000.

③ Albin, C., "Can NGOs Enhance Effectiveness of International Negotiation?", *International Negotiation*, Vol. 4, No. 3, 1999, pp. 371 – 387; Betsill, Michele M., *Transnational Actors in International Environmental Politics. Advances in International Environmental Politics*, Palgrave Advances in International Environmental Politics. Palgrave Macmillan, 2005; Biermann, F., Betsill, M., Gupta, J., Kanie, N., Lebel, L., Liverman, D., et al., "Earth System Governance: A Research Framework", *International Environmental Agreements*, Vol. 10, No. 4, 2001, pp. 277 – 298.

④ Willetts, Peter, "From Stockholm to Rio and Beyond: The Impact of the Environmental Movement on the United Nations Consultative Arrangements for NGOs", *Review of International Studies*, Vol. 22, No. 1, 1996, pp. 57 – 80.

⑤ 李昕蕾、王彬彬:《国际非政府组织与全球气候治理》,《国际展望》2018 年第 5 期,第 136—156 页。

⑥ Gutman, "What Did the WSSD Accomplish?", *Environment*, Vol. 45, No. 2, 2003, pp. 20 – 26; Speth J. G., "Perspectives on the Johannesburg Summit", *Environment*, Vol. 45, No. 1, 2003, pp. 24 – 29.

候谈判和全球气候治理中的角色和作用。① 特别是自 2009 年哥本哈根会议以来，随着国家间利益博弈所带来的政府间多边谈判的滞缓难行，学界对于非政府组织等非国家行为体的关注度进一步提升，希望其在气候治理中发挥更大的作用。② 特别是随着非政府组织的跨国性网络倡议活动和伙伴关系网络的增多，学界开始关注其在推进全球气候治理实践中的创新模式和特殊角色，以及政府部门、非政府组织和私营部门之间的互动实践。③ 下面对中西方最新研究成果和研究趋势进行综述。

一　国外研究综述

西方学界对于非政府组织参与全球治理的研究多结合既有的多层治理理论，同时在该理论的基础上进行横向多层治理网络性互动的理论创新。还有学者尝试结合公共管理理论从自主治理、多中心理论、实验主义治理等维度来研究非政府组织的治理角色。随着非政府组织在全球环境治理中谈判能力的不断增强，有学者专门提出非政府组织外交的概念，将其治理行为提升到多轨外交（如公共外交、民间外交、二轨外交、多形外交等）参与的高度。在西方学界中，最为重要的研究趋势就是对于非政府组织跨国治理范式的探析，即从跨国倡议网络、认知共同体、跨国政策网络以及社会网络空间等维度分析非政府组织在全球气候治理复合体中的特殊

① Abbott, K., "The Transnational Regime Complex for Climate Change", *Environment and Planning C*, Vol. 30, No. 4, 2012, pp. 571 – 590; Bulkeley, H., Andonova, L., Baeckstrand, K., Betsill, M., Compagnon, D., Duffy, R., et al., "Governing Climate Change Transnationally: Assessing the Evidence from a Database of Sixty Initiatives", *Environment and Planning C*, Vol. 30, No. 4, 2012, pp. 591 – 612; Nasiritousi, Naghmeh, and Björn-Ola Linnér. "Open or Closed Meetings? Explaining Nonstate Actor Involvement in the International Climate Change Negotiations", *International Environmental Agreements: Politics, Law and Economics*, Vol. 16, 2016, pp. 1 – 18; Schroeder, Heike, and H. Lovell. "The Role of Non-Nation-State Actors and Side Events in the International Climate Negotiations", *Climate Policy*, Vol. 12, No. 1, 2012, pp. 23 – 37.

② Hjerpe, M, and B. O. Linnér. "Functions of COP Side-Events in Climate-Change Governance", *Climate Policy*, Vol. 10, No. 2, 2010, pp. 167 – 180.

③ Robert O. Keohane and Victor D. G., "The Regime Complex for Climate Change", *Social Science Electronic Publishing*, Vol. 9, No. 1, 2011, pp. 7 – 23; Amandine Orsini, "Multi-Forum Non-State Actors: Navigating the Regime Complexes for Forestry and Genetic Resources", *Global Environmental Politics*, Vol. 13, No. 3, 2013, p. 34; Elizabeth R. Desombre, "The Institutional Dimensions of Environmental Change: Fit, Interplay, Scale", *Global Environmental Politics*, Vol. 3, No. 1, 2004, pp. 143 – 144.

角色。

(一) 国际非政府组织参与全球多层治理的分析维度

全球治理和非政府组织的相互联系密切。冷战后,各种全球治理议题日益嵌入世界政治议程之中,其中非政府组织的角色日益受到重视。特别是 2008 年国际金融危机后,国际层面基于政府间大多边的治理模式逐步呈现出僵化态势,国际非政府组织在全球治理中的参与度不断提升,在国际事务应对上展现出前所未有的活力。在议题上,二者聚焦生态、人权、移民、毒品、传染病等问题;在目标上,二者都致力于解决具体问题、制定规则规范、维护全球政治经济社会治理。[1] 里斯贝特·胡奇 (Liesbet Hooghe) 和盖里·马克斯 (Gary Marks) 在 20 世纪 90 年代初期最早提出了"多层治理"的概念以用于解释欧洲一体化进程,后来发展成为全球多层治理理论模型,将全球治理划分为三个垂直层次:超国家的 (主要包括全球性政府间组织和区域性政府间组织)、国家的 (主要包括各个国家中央政府) 和次国家的 (地方政府、地方企业和市民社会) 治理层面。[2] 后来,罗伯特·基欧汉 (Robert O. Keohane) 和约瑟夫·奈 (Joseph Nye) 在垂直分布的多层治理体系中又增加了横向的水平维度,把全球治理分为侧重于跨国层面 (高)、地区层面 (次高)、国家层面 (中)、次国家层面 (低) 的垂直型治理维度和侧重于非国家多元行为体的网络水平型治理维度,开始强调国际非政府组织、跨国企业、跨国倡议网络与伙伴关系等。从多元的角度,全球化的深化导致了权威的分散化,中央权力向两个方向转移:第一,在垂直方向上往其他层面转移,这是一种纵向多层治理,即权力在地方、国家和超国家政府机构之间进行分配和让渡;第二,在水平方向上往非国家行为体转移,即治理权威分散到次国家层面和诸多私人和公共行为体之间。在此基础上,罗兰·罗伯逊 (Roland Robertson) 提出了"全球在地化" (Glocalization) 理论,即在全球化"裂聚"过程中,非/次国家行为体获得了更多的分权,以城市为代表的地方行动能力得以强化。[3] 贝瑞·韦尔曼 (Barry Wellman) 提出全球在地化的

---

[1]　Joseph S. Nye, Jr., "The Future of Power", *Public Affairs*, 2011, pp. 3 – 81.

[2]　Liesbet Hooghe and Gary Marks, "Unraveling the Central State, But How? Types of Multi-Level Governance", *Institute for Advanced Studies*, Vienna, No. 3, 2003, p. 36.

[3]　Roland Robertson, "The Conceptual Promise of Glocalization: Commonality and Diversity", http: //artefact. mi2. hr/_ a04/lang_ en/theory_ robertson_ en. htm .

实践标志着次国家层面在全球层面的治理权威得以充分肯定，权威领域由等级性分布向平面网状化转变。① 马蒂亚斯·费格斯（Matthias Finger）和托马斯·普林森（Thomas Princen）的《世界政治中的环境非政府组织：联结地方与全球》一文中认为非政府组织在全球环境与气候治理方面是联结地方与全球的关键点，非政府组织应处理好地方与全球的关系，在气候治理中发挥自身独特的优势。② 彼德·威利茨（Peter Willetts）、托马斯·维斯克（Thomas G. Weiss）以及郝德恩·威尔金森（Rorden Wilkinson）强调了在多层治理中，政府、非政府组织、国际组织和其他跨国行为者之间进行互动和影响，非政府组织积极参与国际组织的政治，实现具有相应权利和义务的国际法律地位，在创造当代全球治理结构中发挥了重要作用。③ 对于气候治理议题的关注度不断提升，从全球纵向和横向多层治理的角度来分析非政府组织日益提升的参与度。④

（二）从自主治理理论来研究国际非政府组织的治理角色

在全球气候治理中，温室气体排放权是一种典型的国际社会"公共产品"，其消费具有非排斥性和非竞争性的特点。⑤ 根据美国经济学家曼瑟尔·奥尔森（Mancur Olson）的"集体行动的悖论逻辑"，个人理性不是实现集体理性的充分条件，集团利益的这种国际公共产品属性促使理性的行为体在实现集体目标时往往具有搭便车的倾向，个人的理性选择并不

① Barry Wellman, "Little Boxes, Glocalization, and Networked Individualism", in Makoto Tanabe, Peter van den Besselaar eds. , *Digital Cities*, Berlin: Springer-Verlag, 2002, pp. 11 – 25.

② Princen, Thomas, and M. Finger, "Environmental NGOs in World Politics: Linking the Local and the Global", *International Affairs*, Vol. 71, No. 2, 1995, pp. 617 –649.

③ Omelicheva, Mariya Y. , "Non-Governmental Organizations in World Politics: The Construction of Global Governance", *Human Rights Quarterly*, Feb 2012, pp. 300 – 303; R. Falkner, Global Governance-The Rise of Non-State Actors (European Environment Agency, 2011), http: //personal. lse. ac. uk/Falkner/_ private/2011_ EEAreport_ GlobalGovernance. pdf.

④ F. Biermann & P. Pattberg, "Global Environmental Governance: Taking Stock, Moving Forward", Annual *Review of Environmental Resources*, Vol. 33, 2008, pp. 277 –94; E. Dannenmaier, "The Role of Non-state Actors in ClimateCompliance", in J. Brunée et al. (eds) , *Promoting Compliance in an Evolving Climate Regime*, Cambridge University Press, 2012, pp. 149 –176; T. Hale, Thomas, and C. Roger, "Orchestration and Transnational Climate Governance", *The Review of International Organizations*, Vol. 9, No. 1, 2014, pp. 59 –82.

⑤ ［西］安东尼·埃斯特瓦尔多道尔、［美］布莱恩·弗朗兹、［美］谭·罗伯特·阮:《区域性公共产品：从理论到实践》，张建新、黄河、杨国庆等译，《复旦国际政治经济学丛书》，上海人民出版社 2010 年版，第406 页。

能自发地提升社会效用。在公共产品治理方面，奥尔森基于"个体理性选择原则"指出要依靠一种"精英主义"式的解决方式，即依靠一种强制性的或选择性激励的方式使公共产品的外部性内化。在这一逻辑下，国际向度上促进国际公共产品的供应主要依赖于两个根本性路径：一是通过大国之间的领导和协调作用来推动集体结构的优化；二是通过强化正负"选择性激励"机制来促进利益集团的形成以及合作团体的扩大。① 上述方案受到以下批判：奥尔森单纯依靠大国治理，即由一个集体产品的最大获益者或剩余索取者（一般是霸权国或地区强国）来生产并提供"选择性激励"，从而忽视非国家行为体在国际公共产品供给中的作用。②

基于此，美国政治学教授埃莉诺·奥斯特罗姆（Elinor Ostrom）将理性选择与制度分析结合起来，提出一种超越了"集体行动困境"的"自主治理理论"③。她指出奥尔森集体行动困境的前提假设主要有三个：一是个体之间沟通困难或者无沟通；二是从根本上否定了利他主义倾向的存在；三是个体无改变规则的能力。这种模型仅适用于个体之间独立行动、缺乏沟通并且个体改变现有结构需要高成本的一些大规模的公共事物治理；而对于彼此经常沟通并且建立了信任和依赖感的相对小规模的公共事物治理并不适用。自主治理理论的核心内容便是研究"一群相互依赖的委托人如何才能把自己组织起来，进行自主治理，从而能够在所有人都面对搭便车、规避责任或其他机会主义行为诱惑的情况下，取得持久的共同收益"④。自主治理理论将集体行动问题视为一种保证博弈（Assure Game）：个人的选择建立在对他人选择预期的基础上，一个人的不合作源于对其他参与者的不合作预期；但参与者间的沟通、声誉、进入和退出的高成本、

---

① "选择性激励"机制包括互惠政策，即使用互惠策略来达成一项合作协议并要求制裁必须是可信和严厉的；议题联系政策，如把全球公共产品的供给和国际贸易联系起来，限制与非成员方的贸易；补偿政策，即国家之间不对称时，对弱势国家进行适当经济补偿。参见齐皓《国际环境问题合作的成败：基于国际气候系统损害的研究》，《国际政治科学》2010 年第 4 期，第 82—111 页。

② Lars Udehn, "Twenty – Five Years with 'The Logic of Collective Action'", *Acta Sociologica*, Vol. 36, No. 3, 1993, pp. 239 – 261.

③ 埃莉诺·奥斯特罗姆（Elinor Ostrom）作为公共经济学研究和公共选择学派的创始人之一，对于小规模公共池塘资源治理的理论和经验研究则表明，自主治理有望成为超越"集体行动困境"的另一种可能的选择。

④ ［美］埃莉诺·奥斯特罗姆：《公共事物的治理之道：集体行动制度的演进》，余逊达、陈旭东译，上海三联书店 2000 年版，第 51 页。

更长的时间视域、惩罚机制的存在等都有助于增进参与者间的合作预期。在保证博弈中，奥斯特罗姆强调"规范运用者"的存在，主要包括有条件的合作者和意愿惩罚者。[①] 有条件的合作者在预期相当比例的他人会以合作来回报其合作行为时，会首先选择合作。意愿惩罚者愿意惩罚搭便车者，即便有时候他要支付由惩罚而产生的成本。[②] 参与者如果都明白违规行为将很快被发现，并在接下来的博弈中受到制裁，就为参与者的持续合作提供了激励。这种自主治理理论为分析非政府组织利用自身的社会资本和规范性权威参与全球多中心治理提供了重要的理论维度。多中心秩序的支持者认为气候变化、可持续发展和其他全球问题应该通过多边、去中心的结构赋予不同层次的独立行为体和组织行动能力来解决，而不是（仅）通过中心化的、综合性的规则制定方法。他们强调通过复合多边机制来形成同 UNFCCC 核心机制相平行和交叉的多元多中心治理模式。特别是在跨国城市气候网络的相关研究中，很多学者提出地方政府联盟与国际非政府组织和跨国企业联合发声，能够更好地利用网络性"杠杆作用"来提升其在全球层面的影响力。[③]

（三）从实验主义理论维度来研究国际非政府组织的治理角色

格兰尼·布卡尔（Grainne de Burca）、罗伯特·基欧汉（Robert Keohane）等人系统总结了实验主义全球自主治理的特点：一是在非等级性政策决定过程中，利益相关者参与治理的公开性；二是被广泛同意的公共问题募集和理解开放目标框架的建立；三是较低层施动者基于当地或情景化知识的政策实施；四是持续地反馈、报告和监督。[④] 特别是由于 2009 年

---

① Elinor Ostrom, *Understanding Institutional Diversity*, NJ: Princeton University Press, 2005, pp. 100 – 134.

② 在不存在外部强制或者诱因的情景中，克服集体行动困境并提供基于内部的激励的公共产品还要依赖于两个核心条件：一是治理规模不能太大，参与者能够相对低成本地发现其他参与者的违规行为；二是重复博弈，一旦发现其他参与者的违规行为后，人们能够迅速地调整自己的策略。Elinor Ostrom, "Collective Action and the Evolution of Social Norms", *The Journal of Economic Perspectives*, Vol. 14, No. 13, 2000, p. 142.

③ Schultze, "Cities and EU Governance: Policy-takers or Policy-makers?", *Regional and Federal Studies*, Vol. 13, No. 1, 2003, pp. 121 – 147; M. Betsill and H. Bulkeley, "Transnational Networks and Global Environmental Governance: The Cities for Climate Protection Program", *International Studies Quarterly*, Vol. 48, 2004, pp. 471 – 493.

④ Grainne de Burca, Robert Keohane and Charles Sabel, "New Modes of Pluralist Global Governance", *New York University Public Law and Legal Theory Working Papers*, January 25, 2013, pp. 1 – 61.

哥本哈根大会未能达成一个具有约束力的多边协议，从而刺激了非国家行为体的创新性思维和实验性实践，他们积极争取国家承诺提供去中心化的行动空间。实验主义治理理论强调两大条件：第一是战略不确定性（Strategic Uncertainty），战略不确定性会督促行为体不断学习和适应新的任务目标，同时也推进行为体在应对新问题中的自主性创新；第二是权力的多头分配，在权力多头分配中，没有一个行为者有能力将自己偏好的解决方案强加在别人身上。这在一方面保证了治理方案不会因某些势力较强的行为体而受到影响；另一方面也使得新型治理机制更加平面化。

2009 年哥本哈根会议之后，自下而上的实验主义治理模式成为非国家行为体进行气候治理创新实践的重要支持。一方面，日益复杂的气候治理体系和战略选择面临更多不确定性。面对弥散性与复杂性并存的气候变化，国际和国家层面应对气候变化战略存在"有限理性"。这意味着地方层面的次国家行为体和非国家行为体可以根据自身情况来推进社区行动议程，将从其他地区习得的信息和最优实践融入其中。① 创新政策更容易在较小范围内首先开展，随后最优实践的出色表现更加具有说服力，可以促进各种跨国网络中更多行为者的模仿和学习。② 另一方面，全球气候多层治理模式也进一步促进以公约为核心的气候机制把自由裁量权下放至更低层级，进一步保障了权力的多级分配，推进了参与性治理的形成。③ 目前，全球气候治理机制复合化发展态势为非政府组织和其他非国家行为体的参与提供了一种政治机会，使其能够以更加制度化的渠道接近重要的政策决策者和国际资源。④ 地方层面的利益相关者在推进气候治理实践创新方面沟通交流频率会更高，彼此建立了信任和依赖，更容易建立共同的行为准则和互惠的处事模式。围绕着多中心治理行动的许多地方性创新实践

---

① "EU Climate and Energy Package", *European Commission*: *Climate Action Document*, http://ec. europa. eu/clima/policies/package/docs/climate_ package_ en. pdf.

② Carlsson, Lars; Sandström, Annica, "Network Governance of the Commons", *International Journal of the Commons*, Vol. 2, Issue 1, 2008, pp. 33 – 54.

③ 参与性治理体现了多元网络将不同的行为体联系在一起，强调自下而上的活动同自上而下的交流方式共存。网络平台使次国家行为体可以塑造争论、影响政治议程、联合控制政策结果，同时这种多层伙伴关系有利于增强政策的执行力。参见 Claus J. Schultze, "Cities and EU Governance: Policy-Takers or Policy-Makers?", *Regional & Federal Studies*, Vol. 13, No. 1, 2010, pp. 126 – 127.

④ Simon J. Bulmer and Christian Lesquesne, *The Member States of the European Union*, Oxford University Press, 2005.

均为"自下而上"的国家承诺减排模式奠定了基础，如马修·霍夫曼（Matthew J. Hoffmann）在其著作《十字路口的气候治理》中关注气候治理机制复合体中的行为体主动反思的生成机制，从而探析了气候治理的规范变迁以及实验性治理案例的基本特点。他考察了全球 58 个与气候变化相关的自主治理"试验性机制"，这些实验性机制包括非政府组织同企业及地方权威之间的创新性合作；其中有 46 个建立于 2002 年之后，而且绝大多数都是奉行自愿性的、市场导向的运行规则，并且在实验性治理中具有自我学习与自我组织的趋势。[1] 这种田野调查也为上述理论建构提供了有力的实践性案例支持。

（四）国际非政府组织外交的分析视角

米歇尔·贝兹尔（Michele M. Betsill）和伊丽莎白·科雷尔（Elisabeth Corell）主编的《非政府组织外交：非政府组织在国际环境谈判中的影响力》一书正式提出了非政府组织外交的概念，他们认为越来越多的非政府组织参与国际环境谈判的政治进程反映出国际政治外交的性质发生了巨大变化。在国际关系学中，外交常常被视为一种国家行为，属于国家对外政策的重要组成部分。但是随着低级政治议题重要性提升以及全球治理问题的复杂化，越来越多的非国家行为体参与到国际环境谈判中，这些行动者代表不同的利益。在关于环境和可持续发展的多边谈判中，非政府组织谈判代表充当了外交人员的角色，但是与政府外交官又有很大区别。政府外交官是代表主权国家特定领土中人们的利益，而非政府组织外交人员所代表的是不受地域限制，对某个特定环境议题有着共同价值观、相同认知以及有共同利益的人们。他们为非政府组织对决策过程的影响力和对谈判结果的影响力相结合的研究提供了一个分析框架，对非政府组织在有关气候变化、生物安全、荒漠化、捕鲸以及森林等谈判中的作用进行了研究。[2] 在气候治理领域，特别是 1995 年至 1997 年的《京都议定书》谈判期间，环境共同体通过气候行动网络（CAN）这个平台进行合作，并积极参与国际气候谈判，发挥了重要的影响力。CAN 成员不仅对有关排放

① Matthew J. Hoffmann, *Climate Governance at the Crossroads: Experimenting with a Global Response after Kyoto*, New York: Oxford University Press, 2011.

② Betsill, Michele M., and Elisabeth Corell, *NGO Diplomacy: The Influence of Nongovernmental Organizations in International Environmental Negotiations*, Cambridge, MA: The MIT Press, 2008.

交易和碳汇议题辩论的性质产生了直接的影响，而且通过对欧盟谈判代表和美国谈判代表的施压从而间接地影响了有关减排目标和时间表的谈判。

事实上，许多主权国家在制定气候政策和履行气候谈判条约的时候，都会或多或少地受到非政府组织影响。首先，通过构建（或重新构建）环境问题框架，非政府组织可以强调特定方面的问题，如驱动力原因或谁有责任采取行动，从而推动国家必须制定其响应的界限。[①] 其次，非政府组织在外交方面的另一潜在影响与议程设定有关。非政府组织可以通过引起注意的方式来创造气候传播影响的机会，如通过确定环境危害来促进国际行动，呼吁各国采取措施。[②] 而且，在外交谈判期间，非政府组织可以通过边会活动、场外游说、科学报告等对关键国家的立场产生影响，并以此作为其形成影响力的有效机制。在国际气候谈判大会中，非政府组织的宣传、游说、信息咨询以及相关气候倡议的起草都无一不在影响着全球气候行动。在灵活多元的气候外交作用下，非政府组织在气候变化问题的外交解决路径方面正在形成一种全新的治理互动模式。

（五）从跨国治理范式来研究国际非政府组织在气候治理中的角色

近年来，对于非政府组织的研究日益趋向一种跨国范式，在既有的跨国关系研究中，根据不同跨国网络的治理动机，可以划分为四种不同的类型：一是对因果关系具有共同理解的网络，如科学团体或认知共同体；二是以共同的道德观念或价值观念为动机的网络（跨国倡议网络）；三是侧重于公共政策执行的跨国政策网络；四是社会空间网络。

首先，根据彼特·哈斯（Peter Hass）的定义，认知共同体（Episte-

① Betsill, Michele, "Environmental NGOs Meet the Sovereign State: The Kyoto Protocol Negotiations on Global Climate Change", *Colorado Journal of International Environmental Law & Policy*, No. 13, 2002; Chatterjee, P, and M. Finger, "The Earth Brokers: Power, Politics and World Development", *Contemporary Sociology*, Vol. 25, No. 5, 1996, pp. 650 – 617; Jasanoff, Sheila, "NGOs and the Environment: From Knowledge to Action", *Third World Quarterly*, Vol. 18, No. 3, 1997, pp. 579 –594.

② Peter, and Newell, "Climate for Change: Non-State Actors and the Global Politics of the Greenhouse", *Agricultural & Forest Meteorology*, Vol. 109, No. 1, 2000, pp. 75 – 76; Raustiala, Kal, and N. Bridgeman. , "Nonstate Actors in the Global Climate Regime", *Social Science Electronic Publishing*, 2007; Petropoulos, Sotiris, and A. Valvis, "Crisis and Transition of NGOs in Europe: The Case of Greece", *Societies in Transition*. 2015. Esty, D. C. , and M. H. Ivanova, "Global Environmental Governance: Options & Opportunities", *Yale School of Forestry & Environmental Studies*, 2002.

mic Community）是在一个特定领域中具有能力、专业知识和技术的专家和相关组织组成的网络。① 认知共同体中的专家具备两个条件：拥有共同知识和共同目标。共同的知识是指专家有共同的规范和原则、共同的逻辑思维、共同的知识基础，这是专家能够聚合并有效发挥作用的前提。② 专家通过发布研究报告、提供政策建议来影响和推动政府决策的制定和执行是为了实现共同的既定目标，实现共同的理想抱负。目前，一些具有跨国合作的智库或者科学共同体属于此类政策网络，致力于科学研究的非政府组织也在其中积极行动，该群体凭借其知识权威和跨国网络平台对政府政策产生影响。

其次，玛格丽特·凯克（Margaret E. Keck）和凯瑟琳·辛金克（Kathryn Sikkink）关注到国际非政府组织和社会运动在当代国际政治中的表现、影响和作用途径，提出了"跨国倡议网络"的概念。该网络指来自不同国家的民间活动家拥有共同的道德观念或价值观念，为完成共同事业而相互合作，建立跨国联系。该网络是以自愿、互利、横向的交往和交流模式为特点的组织形式。他们强调虽然在国内社会和国际舞台上非政府组织的物质实力不强，但是其重视道德、观念和规范所带来的规范力量比较强大，通过回飞镖模式（Boomerang Pattern）超越国家层面来影响国际层面，最后再由国际层面施压于国内政府。③

再次，"跨国政策网络"最早由彼得·卡赞斯坦（Peter Katzenstein）提出，"认为政策网络是包含不同形式的利益调和与治理、在政策制定过程中形成国家与社会之间系统网络结构"。④ "特定政策领域内由公共部门、半公共部门和私营部门行动者构成的网络，在一群相互依赖的行动者之间建立某种稳定的社会关系状态，以促成政策问题或方案的形成或发

---

① Haas, Peter M. "Banning Chlorofluorocarbons: Epistemic Community Efforts to Protect Stratospheric Ozone", *International Organization*, Vol. 46, No. 1, 1992, pp. 187 – 224.

② Dunlop, Claire A., "Policy Transfer as Learning: Capturing Variation in What Decision-Makers Learn from Epistemic Communities", *Policy Studies*, Vol. 30, No. 3, 2009, pp. 289 – 311.

③ M. E. Keck & K. Sikkink, *Activists Beyond Borders: Advocacy Networks in International Politics*, Cornell University Press, 1998.

④ 李玟：《西方政策网络理论研究》，人民出版社 2013 年版，第 9 页；Katzenstein P. J. eds., *Between Power and Plenty: Foreign Economic Policies of Advanced Industrial States*, University of Wisconsin press, 1978, p. 9; Benson, J. K. *A Framework for Policy Analysis*, Iowa State University Press, 1982, p. 165.

展"等。① 全球政策网络可以被定义为：全球范围内，为实现共同目标（共同应对一个或几个领域的全球治理挑战，在相关政策制定和实施上具有共识）的主体——来自公共部门、私人部门和公民社会的超国家、国家、次国家和非国家的跨部门、跨领域、跨层级的行为者（包括人、团体或组织）——之间互动交往、交换资源，形成了资源相互依赖关系和利益调和关系。这些主体和主体间的互动关系构成的非正式和非层级的松散的组织结构即为全球政策网络。

最后，就动态发展而言，数字空间和网络空间被越来越多的学者认为是非政府组织未来发展的突破口。海伦·亚纳科普洛斯（Helen Yanacopulos）在 2015 年出版的《国际非政府组织的参与、倡导、行动：变革的面貌和空间》一书中强调了非政府组织参与全球治理的创新性空间，她认为就数字空间而言，通信技术的进步推动了国际公民跨国行动数量和质量的增加，并推动了国际公民社会在全球范围内的流动。② 登科（Dencik）指出随着新媒体技术的改变，政治社会交往空间的不断扩大为非政府组织的参与性治理提供了一个更大的"全球政治空间"③。信息时代三部曲即《网络社会的兴起》《认同的力量》和《千年的终结》的作者曼纽尔·卡斯特（Manuel Castells）提出了空间的社会理论与流动空间理论，认为以资本流动、信息流动、技术流动、组织性互动流动为代表的流动性因素建构了我们的网络社会。他在 2012 年的《愤怒与希望网络》一书中概述了"社会运动的公共空间如何被逐步构建为互联网社交空间和城市互动空间之上的一种混合性空间，从而构成了技术和文化上的即时社区"④。数字空间允许各国公众和国际非政府组织之间进行多维度的接触和对话，从而强化了国际非政府组织参与跨国网络社会的互动频度和融入深度。

二　国内研究综述

国内对于非政府组织研究的起步较晚，进入 21 世纪之后，学界日益

①　Kickert W J M, Klijn E H, Koppenjan J F M., *Managing Complex Networks*, Sage Press, 1997, p. 84.

②　Helen Yanacopulos, *International NGO Engagement, Advocacy, Activism: The Faces and Spaces of Change*, Palgrave Macmillan, 2015.

③　Dencik, L, "Alternative News Sites and the Complexities of 'Space'", *New Media Society*, Vol. 15, No. 8, 2013, pp. 1207–1223.

④　Castells, M, *Networks of Outrage and Hope*, Cambridge: Polity Press, 2012.

开始关注国际非政府组织在全球治理中的作用。2004 年出版的《全球治理中的国际非政府组织》由学者王杰、张海滨、张志洲主编①，该书从国际非政府组织的概念、属性入手，从全球治理的角度对国际非政府组织的历史演变、角色影响等各方面进行了较为深入的探析，对安全、经济、人权和环境等领域的国际非政府组织进行了个案研究，是目前国内对国际非政府组织进行较为系统研究的一本专著。相比西方而言，中国学界对于非政府组织的关注度仍然较低，随着全球权力格局变迁，经济发展迅速的新兴发展中国家在全球气候中的权重不断提升，越来越多的国内学者开始关注以非政府组织为代表的非国家行为体在全球气候治理中的作用，如分析其同其他治理行为体的互动关系、评析非政府组织对于参与全球治理的合法性策略诉求，从气候传播的理论角度分析其同媒体及其他行为体的合作行为，或者尝试从公共外交的维度来分析发展中国家社会组织走出去（国际化）对于国家气候治理能力提升的重要性。②

（一）非政府组织与其他治理行为体互动关系的分析维度

中国学界对于非政府组织的关注首先在于其在全球治理谱系中的相对位置，即非政府组织同其他治理行为体的互动关系。盛红生和贺兵将非政府组织视为当代国际关系中的"第三者"，从宗旨原则、行动特点、法律地位、职权范围等维度入手来归纳非政府组织在当代国际关系中的独特作用。③ 霍淑红指出应该超越国际关系中国家中心论，以全球主义的视角来看待非政府组织在国际机制中提升的参与空间，推进在全球公民社会之上的国际非政府组织在国际机制中的建构性作用。④ 刘贞晔在其 2005 年出版的《国际政治领域中的非政府组织：一种互动关系的分析》一书中主要探讨了非政府组织与主权国家和国际政府间组织的互动关系，基于对国

---

① 王杰、张海滨、张志洲编：《全球治理中的国际非政府组织》，北京大学出版社 2004 年版。

② 参见刘贞晔《国际政治领域中的非政府组织——一种互动关系的分析》，天津人民出版社 2005 年版；甘锋《国际环境非政府组织与全球治理》，上海交通大学出版社 2011 年版；霍淑红《国际非政府组织（INGOs）的角色分析：全球化时代 INGOs 在国际机制发展中的作用》，中央编译出版社 2011 年版；张蛟龙《全球粮食安全治理——以制度复合体为视角》，外交学院 2019 年博士学位论文。

③ 红生、贺兵：《当代国际关系中的"第三者"：非政府组织问题研究》，时事出版社 2004 年版。

④ 霍淑红：《国际非政府组织的角色分析——全球化时代非政府组织在国际机制发展中的作用》，华东师范大学 2006 年博士学位论文。

际禁雷运动（ICBL）和非政府组织国际形势法庭联盟（CICC）等重要非政府组织的经典案例分析，他指出非政府组织与主权国家的关系从抗争逐步走向合作，而非政府组织与国际政府间组织的关系从参与逐步走向合作。同时分析了非政府组织的活动在推动国家的社会化、权利政治和公益政治、新的非国家政治空间的出现，以及影响国际议事日程，促进国内政治问题的国际化和增强国际政治的合法性等方面所具有的重要作用。①

　　吴志成和何睿在《国家有限权力与全球有效治理》一文中指出国家虽然是最重要的国际行为体，但其权力在纵横两个维度上都在减少，其权力的有限性在全球问题复杂化背景下日益凸显，国家控制力和治理力的保持需要与时俱进的统治、管理与协商的模式，这意味着国家在政府决策中要重视来自社会、市场等不同主体的利益诉求，在国际事务中要加强与非国家行为体的协作。② 可以说国际关系理论的发展已经从国家中心论演进到跨国主义理论、复合体治理、相互依赖理论、国际多元/多边机制及多元主义理论，政府以外的民间力量结合，正日渐扩大其在国际关系间的影响力。如何借由非政府组织不同途径的研究，观察国际关系中影响因素的质变与量变，已经成为 21 世纪新兴的研究课题。沈中元指出在全球化发展趋势下，非政府组织与各国政府、国际组织、非政府组织之间以及市场行为体的互动都呈现出新的特点。为了提升自身的全球性影响力，非政府组织注重区域整合策略和国际网络化策略，并且通过密切同其他市场和社会行为体的伙伴关系等措施来加强对于政府决策过程和国际治理议程的影响力等。③ 刘晓凤和王雨等学者进一步从批判地缘政治的视角出发，指出国家单一主体在环境问题等国际公共事务上发挥的作用受限，而且国家的"地域"在不断被解构和重构，地缘空间的跨国性、模糊性和公共性不断加强。在这一背景下，国际非政府组织和本土草根社会组织开始在全球、国家和地方等多个空间尺度上同国家、国际组织、跨国企业以及国内企业等多元行为体进行联合与互动，实现推动环境政策、行动、标准的制定或

① 刘贞晔：《国际政治领域中的非政府组织：一种互动关系的分析》，天津人民出版社2005 年版。
② 吴志成、何睿：《国家有限权力与全球有效治理》，《世界经济与政治》2013 年第 12 期，第 4—24 页。
③ 沈中元：《全球化下非政府组织之研究》，复旦大学 2003 年博士学位论文。

变动的目标。[1]

（二）非政府组织参与全球治理的合法性策略角度

叶江、谈谭曾指出国际政府间组织因其依赖于成员国——民族国家的资源、意愿和授权而具有相对较弱的合法性，而国际非政府组织则因其组织性质的公民性而拥有较高的规范性和道义性。国际非政府组织通过制度化直接参与和通过对话广泛参与两种模式介入国际政府间组织的活动从而提升其治理合法性。[2] 但他们在研究中忽视了非政府组织自身也日益面临着合法性和承认性的困境，即在监督非政府组织的同时如何提升其多元认可度。陈超阳在《全球治理中非政府组织"战略三角"问责模式研究》一文中指出非政府组织的问责制完善可以从根本上提升其参与全球治理的合法性。非政府组织的"战略三角"问责模式包括价值、支持与合法性、运营能力三个维度，将问责与非政府组织的使命实现紧密相连，为其生存发展提供了坚实的合法性基础。[3] 可以看出，在日益复杂的全球治理多元化、多维化进程中，国际非政府组织参与全球治理的合法化制度演进路径依赖于以下三个策略：取得权威认可的身份、采纳适当的行为程序并提供有效公共物品和公共服务。

国外学者克里斯·奥尔登（Chris Alden）与克里斯托弗·休斯（Christopher R. Hughes）认为中国的非政府组织发展非常薄弱，相当程度上限制了中国政府利用国内社会组织的专业知识和治理能力来发展对外交往的能力与合法性空间，即使面对全球公民社会与西方国际非政府组织对中国政府的施压也缺乏应对力。[4] 基于此，越来越多的国内学者开始关注如何提升中国社会组织的合法性和问责性。获取必要的组织合法性是

---

① 刘晓凤、王雨、葛岳静：《环境政治中国际非政府组织的角色——基于批判地缘政治的视角》，《人文地理》2018 年第 5 期，第 123—131 页。

② 叶江、谈谭：《试论国际制度的合法性及其缺陷——以国际安全制度与人权制度为例》，《世界经济与政治》2006 年第 12 期，第 42—49 页。

③ 陈超阳：《全球治理中非政府组织"战略三角"问责模式研究》，《四川行政学院学报》2015 年第 2 期，第 31—34 页。

④ Chris Alden and Christopher R. Hughes, "Harmony and Discording China's Africa Strategy: Some Implications for Foreign Policy", *The China Quarterly*, Vol. 199, 2009, pp. 563 – 582; Katherine Morton, "Transnational Advocacy at the Grassroots: Benefits and Risks of International Cooperation", in Peter Hoand Richard Louis Edmonds, eds., *China's Embedded Activism: Opportunities and Constraints of a Social Movement*, London and NewYork: Taylor & Francis, 2007, pp. 195 – 215.

"一带一路"背景下中国非政府组织参与全球治理的重要前提。王杨和邓国胜在《中国非政府组织参与全球治理的合法性及其行动策略——以中国非政府组织参与海外救灾为例》一文中指出随着"一带一路"倡议的提出，中国非政府组织在"走出去"的过程中仍面临身份合法性、行为合法性和结果合法性三个维度的合法性挑战。基于中国非政府组织参与尼泊尔救灾行动的案例分析，他们认为中国非政府组织通过遵循国际原则、融入行业网络、与其他相关方保持良性关系的策略以获得身份合法性；通过遵守国际规范、学习建立网络成员规范、整合组织的社会网络策略来获得行为合法性；通过输出服务经验与品牌项目、提高创新示范性作用、注重形象管理策略以获得结果合法性。[1]

（三）国际非政府组织在气候传播中的角色分析维度

气候传播学研究源于美国，亚利桑那大学传播系李帕克（Lea J. Parker）教授奠定了环保传播的基础，将其概念定义为有效的环境信息通过各种渠道和方式到达受众的信息传递、互动过程。[2] 国内较早关注这一研究领域的是郑保卫教授，他通过研究政府、媒体、非政府组织三者在气候传播中的互动性角色及影响力的分析发现三方的角色既各自独立又有着密切的联系：在谈判问题上，政府占主导地位，但同时需要媒体和非政府组织的支持，从而发挥促进和推动作用；在社会宣传与发挥影响方面，媒体和非政府组织承担着更大的作用，同时也需要政府的政策与法律方面的相关支持。一般情况下，非政府组织把对谈判内容的分析和解读提供给媒体，媒体加以报道引起政府关注并着力解决相关问题。为了更好地通过互动合作做好气候传播，三方均需增强国际视野并要相互理解与支持。[3] 特别是在政府提升在全球气候治理的规则制定权和话语权方面，同国际媒体和国际非政府组织的合作更加重要。作为发展中国家，中国政府一方面可以更加大胆地与国际非政府组织交流，充分调动国际宣传资源；另一方面中国媒体和中国本土社会组织需要提升自身的专业化程度，加强对于目标受众的接受程

---

① 王杨、邓国胜：《中国非政府组织参与全球治理的合法性及其行动策略——以中国非政府组织参与海外救灾为例》，《社会科学》2017 年第 6 期，第 15—24 页。

② 宫兆轩：《试论气候传播的受众和传播效果》，《新闻学论集第 27 辑》2011 年，第 244—257 页。

③ 郑保卫、王彬彬、李玉洁：《在气候传播互动中实现合作共赢——论气候传播中中国政府、媒体、NGO 的角色及影响力》，《新闻学论集》2010 年第 24 辑，第 122—140 页。

度及接受习惯的分析，精心设计更有针对性的传播策略。① 王彬彬的研究
进一步拓展了气候传播中的行为体互动研究视域，她将气候传播界定为以
解决气候变化问题为目标的社会传播活动，即通过提升社会与公众对气候
变化信息及其相关科学知识的学习、理解和掌握，从认知层面改变公众的
态度行为。另外，气候传播所涉及的不仅仅是环境知识的传播，更是发展
路径的诠释，只有代表了南北共治的气候传播才能确保全球气候治理在公
平公正的基础上推进各国对于国际核心规则的有效遵守和实施，为助推全
球共治行动并为气候目标的实现做出积极贡献。② 王彬彬于 2018 年出版
了《中国路径：双层博弈视角下的气候传播与治理》一书③，从国家和国
际的双层互动多维治理的视角入手，指出在气候传播中要将政府、企业、
媒体、公众和非政府组织的五方联动考虑在内，参照多利益相关方在国际
和国家两个层面的策略变化，可以将最新的实践进展及时纳入研究框架，
为全球气候治理的制度创新建设提供支撑。

（四）国际非政府组织在公共外交中的角色分析维度

中国学界对于非政府组织在中国外交中的影响力研究还处于零星和分
散化状态。王逸舟在研究公民社会与政府外交的关系时，曾讨论过中国非
政府组织在对外交往中的角色，指出中国非政府组织较少涉及政治与安全
议题，但在环境治理这类低级政治领域发挥着日益重要的作用。④ 李庆四
在研究社会组织的外交功能时曾提出中国政府若想发展出与国际非政府组
织打交道的视野、观念、策略和技能，必须时常与国内非政府组织打交
道，并且需要激励中国国内的社会组织在对外交往方面的积极性。⑤

近年来，公共外交研究日益走入学术视野，但是发展初期非政府组
织并没有占据显著位置。伴随着气候变化问题在国际政治中的重要性不

---

① 郑保卫、李玉洁：《论新闻媒体在气候传播中的角色定位及策略方法——以哥本哈根气
候大会报道为例》，《现代传播（中国传媒大学学报）》2010 年第 11 期，第 33—36 页；
余越：《国际非政府组织战略传播研究》，上海大学 2016 年博士学位论文。

② 王彬彬：《全球气候治理变局分析及中国气候传播应对策略》，《东岳论丛》2017 年第 4
期，第 43—51 页。

③ 王彬彬：《中国路径：双层博弈视角下的气候传播与治理》，社会科学文献出版社 2018
年版。

④ 王逸舟：《探寻全球主义国际关系》，北京大学出版社 2005 年版，第 241—248 页。

⑤ 李庆四：《社会组织的外交功能：基于中西互动的考察》，《世界经济与政治》2009 年第
6 期，第 70—72 页。

断提升，特别是为了提升中国的绿色国际形象以及增强中国在气候变化问题上的外交话语权，非政府组织在公共外交中的作用才受到一定的关注。① 赖钰麟基于中国非政府组织应对哥本哈根大会的主张与活动，提出中国本土社会组织与国际非政府组织驻华机构通过政策倡议联盟，进而提出新的气候治理诉求议题，这反映了气候公共外交的创新性进展。② 它们开始"走出去"参与国际谈判会议，不仅提出了对于各国谈判立场的主张，还提出了对于中国政策制定过程、联合国议事规则以及世界环境组织等重要议题的主张，对于中国日后的外交转型与外交研究都具有相当重要的意义。张丽君做了关于非政府组织参与中国气候公共外交的长期跟踪调研，指出 2009 年以前中国气候外交的主要维度是政府间外交，之后中国有意识地开展气候公共外交。在 2009 年哥本哈根会议上，中国认识到在《联合国气候变化框架公约》缔约方谈判中通过政府间外交设定谈判议题和控制谈判议程固然重要，但取得国际社会对中国在气候变化问题上内政外交的理解与支持同样意义重大。自此，中国政府不断强化气候公共外交，鼓励民间组织、媒体、学术机构、企业参与气候公共外交。这不但改进了对中国在气候变化问题上主张和立场的叙述方式，还拓展了气候公共外交的多维手段。除了举行记者招待会、发布环境保护和气候治理研究报告外，自 2011 年德班气候大会以来，中国还增加了在气候变化大会上举行"中国角"、设立中国气候形象大使、资助本土社会组织参与国际气候大会、支持各类气候治理学术项目、进行气候治理学术交流等方式。③ 中国加强与国内外非政府组织的合作，也有助于促进中国在气候变化国际谈判和治理中的合法性和有效性，也有助于在气候变化领域形成良好的国际形象。④

---

① 姚玲玲：《应对气候变化，中国环保 NGO 在行动》，《中华环境》2018 年第 9 期，第48—50 页。

② 赖钰麟：《政策倡议联盟与国际谈判：中国非政府组织应对哥本哈根大会的主张与活动》，《外交评论》2011 年第 3 期，第 72—87 页。

③ 张丽君：《气候变化领域中的中国非政府组织》，《公共外交季刊》2016 年第 1 期，第48—53 页。

④ 张丽君：《非政府组织在中国气候外交中的价值分析》，《社会科学》2013 年第 7 期，第15—23 页。

三　既有文献评析

基于上述文献综述，可以看出西方学界对于非政府组织的研究不仅入手早，而且侧重于理论性提炼。从最为经典的全球多层治理维度来分析非政府组织的纵向和横向参与，到从自主治理、多中心理论和实验主义等维度来研究非政府组织的治理角色，再到对于"非政府组织外交"这一专有概念的概括和提炼都体现了西方学界对于非政府组织在全球治理和政策制定过程中角色价值的肯定。近年来，越来越多的学者更是从跨国治理范式来研究非政府组织，这从根本上反映了随着全球气候治理的复杂化、多元化和碎片化，以非政府组织为代表的非国家行为体在治理认知共同体网络、跨国倡议网络、跨国政策网络和社会空间网络中扮演了重要倡议者、支持者、创新者、推进者和引导者等角色。

中国学界对于非政府组织的研究起步较晚，现有的研究理论性突破较少，主要侧重于在案例分析领域，特别是结合中国目前参与全球气候治理的制度性权力和话语性权力困境而对非政府组织参与治理必要性的反思。较早的研究多是侧重于厘清非政府组织同各国政府行为体、全球或地区层面的国际组织、跨国企业等其他治理行为体之间的关系，进一步确定其治理角色。近年来，随着中国"一带一路"倡议的推进以及中国在全球治理领域的积极性全面参与，单纯性官方高层外交在应对全球公民社会和境外非政府组织的国际非议方面（如中国气候责任论、中国资源开发威胁论、中国新殖民主义论等）越来越力不从心，导致中国在全球环境气候治理中缺乏话语权、议程倡导权和规则制定权。因此，中国学界从更加灵活和务实的角度来分析非政府组织在气候传播和公共外交中的积极性角色。与此同时，随着中国本土社会组织"走出去"步伐的加快，讨论社会组织的国际化和合法化问题也成为提升中国社会力量在全球治理中的认可度和承认度的重要一环，特别是对于合法性策略和国际化路径的研究必不可少。

总之，既有研究成果虽然为本书的研究提供了有益的启发和借鉴，但学界对于非政府组织参与全球气候治理的研究，特别是对于全球气候治理碎片化格局及全球气候治理机制复合体中的行为体的互动研究仍有待深入化和体系化，其不足之处包括以下三个维度。

首先，在研究视角上，相关成果多停留在对非政府组织参与全球

（气候）治理的单维度描述和分析层面，虽有学者关注气候治理碎片化格局的出现以及全球气候治理机制复合体的发展，并尝试从跨国主义范式来理解非政府组织的网络化参与趋势，但是未能进一步探析其中多元行为体的互动模式；而中国学界虽然开始关注非政府组织同其他治理行为体的互动模式的演进，但是又未能将这种互动放入全球气候治理复杂化和碎片化的大背景中进行分析。因此，目前立足于全球气候治理机制复合体演进过程中非政府组织同其他行为体进行网络性治理互动研究的成果尚不多见。

其次，在研究深度上，涉及非政府组织系统性参与全球气候治理的相关成果提出的观点比较零散，鲜有研究明确提出治理嵌构或治理互动的概念，其理论体系尚有待完善。现有西方学术成果虽然试图借鉴国际关系和公共治理中的既有理论，如多层治理、自主治理、创新性外交和跨国范式理论对非政府组织的治理行为进行分析，但是忽略了将多元行为体的网络化和互动性进行有机整合；同时也未能从一种历时性变动视角来分析非政府组织参与模式的创新。随着气候治理复合体的演进，我们需要对非政府组织在全球气候治理碎片化格局中的积极协调作用和网络合作进行综合性的分析，特别是本书通过对于"治理嵌构"理论的系统性建构，旨在为理解非政府组织在全球气候治理中的参与逻辑提供理论支持；并且从一种动态发展的视角来考察非政府组织的参与策略路径和权威空间的变迁。

最后，在研究观点上，国外学界多数成果仅仅关注源于西方的国际非政府组织在全球气候治理中的作用，未能对发展中国家非政府组织的参与给予足够的关注，有些观点有失偏颇。中国学界虽然意识到非政府组织的参与性治理对于提升国家形象和制度性话语权等具有重要贡献，但仍然鲜有研究将本土社会组织的发展置于全球气候治理机制复合体演进的大背景中，同时也缺乏对本土组织同西方国际非政府组织、国际组织以及国际媒体的多维互动的分析。因此，本书注重从"南北分割"视域下分析目前非政府组织参与全球气候治理的局限性。一方面发展中国家在全球气候治理中的影响权重不断提升，在全球气候治理嵌构中也开始逐步发挥自身的网络性作用；另一方面发展中国家不仅缺乏同国际非政府组织的良性互动能力，同时本土社会组织的国际化程度也极为有限，这些都导致了看似均质性的治理网络存在着等级性。随着非政府组织在后巴黎时代影响力的不断提升，这给予以中国为代表的发展中国家更多机遇与挑战。本书将立足于全球气候治理机制复合体演进的最新态势，从网络性和互动性兼顾的治理嵌构的理论视角来全面探讨非政府组织参与全球气候治理的行动逻辑，以期对既有研究进行推进、深化、拓展与创新。

第三节　研究方法与创新之处

一　研究方法

结合气候治理机制复合体演进的大背景，本书通过多种研究方法交叉融合来对国际非政府组织参与全球气候治理的嵌构逻辑进行分析。基于文献研究、案例分析、比较论证，本书既注重对于权威性报告的资料整理和数据挖掘，又注重通过半结构化访谈等调查研究方法对一手材料进行收集和探析，从而确保研究的开放性、深入性、前沿性和权威性。

1. 文献与数据分析法。本书广泛搜集、积累、整理和分析国内外有关的图书资料和期刊资源，充分借助高校研究的网络资源优势，获取CNKI、Elsevier Science Direct、EBSCO、JSTOR、ProQuest、Wiley、Taylor、Web of Science 等数据库中最新的中英文期刊资源，借鉴前人研究成果，追踪学术前沿。结合国际非政府组织的研究特点，关注气候治理中主要国际非政府组织的网站报告以及运用既有的国际非政府组织参与的在线数据库，对数据进行比较、分析与运用，如借助相关权威性数据库对于国际非政府组织网络化嵌入的数据进行整理分析。比如《联合国气候变化框架公约》的非国家气候行动区域数据库（The Non-State Action Zone for Climate Action，NAZCA），Ecofys/CISL 和世界资源研究所（WRI）制作的气候倡议平台数据库（The Climate Initiatives Platform，CIP），学者伯克利（Bukeley）及其同事制作的跨国气候变化治理倡议数据库（The Transnational Climate Change Governance Initiatives，TCCGIs），以及德国发展研究所（DIE）和伦敦政治经济学院（LSE）制作的气候行动全球聚合体数据库（the Global Aggregator for Climate Actions，GAFCA）以及针对中国国内社会组织最新发展和实践行动的中文网站"中国发展简报"（http：//www. chinadevelopmentbrief. org. cn/index. html）等。

2. 案例分析法。本书在进行国际非政府组织治理嵌构分析过程中运用了大量的案例数据，特别是通过查询在气候谈判和气候治理中影响力较大的国际非政府组织官方网站，对其参与气候谈判的态度以及最新的科学研究报告进行分析。这些案例包括绿色和平组织（Greenpeace）、忧思科学家联盟（The Union of Concerned Scientists，UCS）、世界资源研究所（World Resources Institute，WRI）、世界自然基金会（World Wide Fund for Nature，WWF）、科学与环境中心（Center for Science and Environment，CSE）、国际自然保护联盟（International Union for Conservation of Nature，IUCN）、国际环境法中心（Center for International Environmental Law，CFIEL）等。同时，本书还关注由国际非政府组织参与的重要跨国多元伙伴关系网络，如第三章在分析全球气候治理嵌构中国际非政府组织网络化参与路径及参与策略时，就分别对21世纪可再生能源政策网络（REN 21）、可持续低碳交通伙伴关系（SLoCaT）、国际标准化组织（ISO）以及世界自然基金会碳减排先锋网络（WWF Climate Saver）四个案例进行过程追踪性分析与比较。

3. 比较分析法。本书通过"纵向"和"横向"相结合的实证比较法来探讨全球气候碎片化格局和气候机制复合体的演进以及国际非政府组织参与全球气候治理的嵌构性行动逻辑。首先，源于历史考察的历时性纵向比较研究贯穿全书，在多利益攸关方参与全球气候治理的嵌构阶段性发展、国际非政府组织在全球气候治理中地位的阶段性变迁、中国本土社会组织参与气候治理的变迁等方面均运用了纵向比较，从时间推进的维度进行深入性过程追踪并分析每一阶段的特点；其次本书运用横向案例性比较对全球气候治理嵌构中国际非政府组织参与的不同跨国网络类型和治理路径进行多案例横向比较；最后，就气候嵌构三角谱系中的七类嵌构模式专门进行深入比较，通过比较能够更好地总结出每种类型的特点及内源性动力所在。

二　研究创新

国际非政府组织参与全球气候治理不仅丰富了气候治理实践创新并推进全球气候谈判的发展进程，而且还在全球气候治理机制复合体中发挥着不可小觑的聚合性和协调性作用。在国际非政府组织参与全球气候治理嵌构逻辑的系统性研究方面，本书力图实现以下三个向度的创新。

首先，在研究视角上，本书超越了对于国际非政府组织参与全球治理的单相性研究，没有单纯研究国际非政府组织同其他单一行为体（如主权国家、国际组织、跨国组织等）的单维度互动以及其在全球气候治理中的角色和影响。而是在全球气候治理格局碎片化以及气候机制复合体不断演进的基础上，将国际非政府组织放入一种跨国性和网络化的研究范式中进行审视，并进行相应的理论建构和实证分析。在全球气候治理日益发展成为一种机制复合体的过程中，国际非政府组织的治理实践是通过一种嵌入方式同气候治理机制复合体中的其他治理关系网络进行联系，同时不断重构治理体系的过程。治理嵌构已经成为包括国际非政府组织在内的不同治理行为体互动的基本逻辑。

其次，在研究内容上，一是拓展了研究范围，本书没有停留在既有的国际机制互动和气候治理机制复合体研究层面，而是将全球气候治理主体结构谱系的"互动性"与"网络性"结合起来，重点对以国际非政府组织为代表的非国家行为体的治理嵌构行动逻辑进行分析。在对全球气候治理碎片化以及气候变化治理机制复合体进行内涵与属性探析的基础上，本书重点分析了治理嵌构的定义、嵌构路径、嵌构演进阶段以及气候治理嵌构的三角谱系，从动态性和关系性维度深入分析气候治理机制复合体中的多利益攸关方（特别是跨国行为体）如何同外界各种机制（组织层面、制度层面以及规范层面）进行互动互建。二是推进了研究深度，嵌入治理过程体现为一种动态网络状治理空间的形成，本书探讨了多元行为体通过关系性嵌入、结构性嵌入和规范性嵌入三种途径内嵌到全球治理机制复合体的过程，特别是通过治理嵌构三角谱系图的绘制将公共部门（政府、国际组织）、私营部门（企业、投资者等市场力量）以及社会部门（非政府组织、社会组织）三方纳入互动分析中，得出七种网络性互动范式。在其中，国际非政府组织作为治理嵌构的重要参与方，充分利用了气候治理中日益拓展的复合性治理空间，不断加强自身在全球治理体系中的网络化互动，树立治理权威，其科学权威性的提升、治理专业性的需求、规范性身份诉求、网络媒体中话语权的强化都进一步提升其在气候治理复合体中的影响力。

最后，在学术观点上主要体现为以下"三个侧重"：一是侧重国际非政府组织参与全球气候治理嵌构的"过程"与"结构"两维度相结合。本书从"过程"维度来探析国际非政府组织参与气候治理的网络化嵌入进程以及国际非政府组织参与策略的变迁；从"结构"维度重点分析气候治理嵌构中国际非政府组织参与的权威来源，以及在治理嵌构中这种权威结构空间的拓展。值得注意的是，"网络化过程"和"权威空间结构"的分析都同特殊的案例分析相结合，前者结合了 21 世纪可再生能源政策网络（REN 21）、可持续低碳交通伙伴关系（SLoCaT）、国际标准化组织（ISO）以及世界自然基金会碳减排先锋网络（WWF-CS）四个网络化嵌入案例的比较分析，后者侧重于分析特朗普政府宣布退出《巴黎协定》并在国家层面采取全面"去气候化"政策的背景下，以国际非政府组织、城市、企业为代表的非国家行为体做出了"应激式"的积极回应来追求一种地方性领导力。二是侧重从"南北分割"维度审视目前国际非政府组织参与格局的非均质性。关于国际非政府组织参与气候治理的既有研究多是关注西方国际非政府组织，而忽视了发展中国家社会部门的参与角色与能力。尽管参与各种全球环境治理带来了机会，但国际非政府组织的影响是高度选择性的。专业化程度较低的国际非政府组织代表，特别是全球南方的要求大多被忽视，通常来自发展中国家在气候减缓和适应中所遇到的许多特殊性问题及利益诉求被边缘化。亟须我们关注看似"均质"的网络化气候治理中的等级性。三是侧重于问题导向性的本土社会组织参与气候治理嵌构的能力建设研究。随着非国家行为体在全球气候治理中的参与度不断提升，全球气候谈判格局变得日益复杂化。相比于欧美国家，以中国为代表的新兴发展中大国还缺乏长期同以国际非政府组织为代表的非国家行为体互动的经验以及相应的治理能力。这种格局不利于中国在后巴黎时代气候治理格局中获得更多的绿色话语权与制度性影响力：如中国本土社会缺乏专业化运作，整体国际化水平仍较低；在国际气候治理中的议程设置能力有限；国内民众的信任基础仍较为薄弱；公共部门—私营部门—社会组织的良性互动模式还未形成等。针对上述挑战，本书指出在推进本土社会组织参与全球气候治理进程中，要注意到目前这种碎片化格局下治理嵌构的大趋势，因势而动，注重提升社会组织自身网络嵌构治理的参与能力，特别是以下六种能力，即提升国际化参与能力、专业性去权威能力、议题设定和话语传播能力、伙伴网络建设能力、政产学研界的综合性资源统筹能力以及气候公共外交能力。

第四节　研究路径与分析框架

一　本书逻辑路径

本书着重在厘清全球气候机制复合体演进新态势下分析国际非政府组织在全球气候治理中的网络化嵌构逻辑以及中国本土社会组织提升嵌入式参与能力的战略选择问题。本书沿着"背景梳理与概念界定—治理嵌构理论建构—网络化参与进程（过程）—权威空间与协调潜力（结构）—后巴黎时代的影响与局限—中国社会组织策略选择"的基本思路展开。

如图 0－1 本书研究逻辑框架图所示，本书可以分为三个逻辑模块，第一个逻辑模块是研究背景和理论框架，这为全书的系统性分析提供了重要的理论分析框架。在梳理全球气候治理演进以及治理主体结构谱系多元化的背景下，本书界定了全球气候治理中的国际非政府组织这一核心概念（属性、分类和角色），进而在厘清全球气候治理碎片化格局和全球气候治理机制复合体等概念的基础上对治理嵌构理论体系进行建构与分析。重点探讨了气候治理嵌构的三种嵌入路径、行为体互动的三角谱系以及其中非政府行为体的行动逻辑。

第二个逻辑模块是从过程和结构的维度对于国际非政府组织参与气候治理嵌构的方式以及特殊角色进行深入分析。在参与和推进全球气候治理网络性嵌构的过程中，国际非政府组织通过两种方式发挥自身的独特功能：一是从过程性维度推进了全球气候治理的网络化拓展，由国际非政府组织所带动的各类跨国治理网络不断推动气候治理中多元行为体和多维机制之间的网络性互动。这种网络性互动和扩散过程不断强化了全球气候治理嵌构的拓展性。二是从结构性维度探讨国际非政府组织的权威来源及其影响力提升。在全球气候治理中，国际非政府组织获得更多的权威性影响力，进而在促进全球气候治理碎片化格局的积极性协调方面具有日益上升的潜力。国际非政府组织在治理协调中的权威影响提升进一步强化了全球气候治理嵌构的聚合力。基于对国际非政府组织参与气候治理的网络化过程和权威结构的分析，本书最后评价了后巴黎时代非政府组织的嵌入性参与对于气候治理整体格局的长远性影响及其不可否认的局限性。

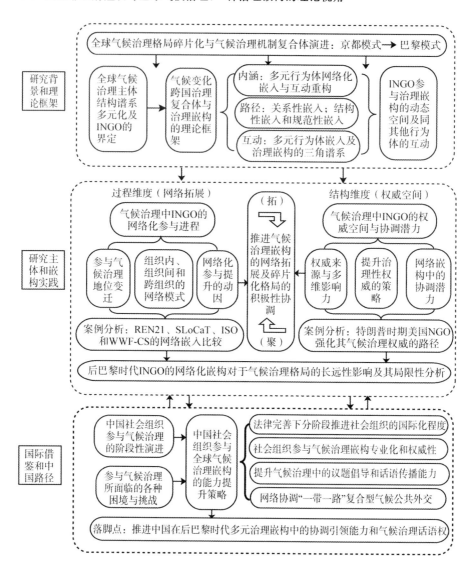

图 0 - 1 本书研究逻辑框架：国际非政府组织参与全球气候治理的嵌构逻辑
　资料来源：笔者自制。

　　第三个逻辑模块是将全球层面的分析回落到中国层面，旨在为提升中国本土社会组织参与全球气候治理嵌构能力提出科学性和前瞻性的对策建议。这一部分首先梳理了中国本土社会组织参与全球气候治理的演进阶段及其特点，然后根据其所面临的困境与挑战，深入分析在后巴黎时代的气候治理嵌构中，中国本土社会组织如何全面提升自身在全球气候治理嵌构中的参与水平并不断强化自身的互动性嵌构能力。

二　本书框架设计

本书主体部分共分为导论、六个主体章节以及结论部分。首先是导论部分，提出研究的问题，分析国内外研究现状，在现有研究的基础上提出自己的研究视角，界定研究对象并提出本书的主要研究方法和研究框架。

第一章作为整个报告之肇始，首先分析全球气候治理的阶段性演进（从京都模式到巴黎模式）和全球气候治理主体结构谱系的多元化态势。基于此宏观背景，进而审视国际非政府组织在全球气候治理主体结构体系中的定位，着重就国际非政府组织的概念、属性、分类、角色等基本内容进行界定，为后续章节对国际非政府组织行动逻辑的深入研究奠定一个良好的概念基础。

第二章是整书的核心理论建构章节，重点讨论全球气候治理机制复合体演进中的治理嵌构逻辑，为深入探讨国际非政府组织在全球气候治理中的嵌入式治理奠定理论基础。本章分为四个部分，第一节深入分析了全球气候治理中的碎片化格局及其内部驱动力，特别强调全球气候治理制度碎片化从本质上而言是一种"碎"而不"乱"的格局，全球气候治理是否失灵需要关注气候治理复合体中的行为体互动逻辑和协调程度。第二节分析了气候治理复合体和跨国治理复合体的内涵，指出虽然碎片化格局日益复杂，但是碎片化格局中多元行为体和多维机制之间的互动协调状态最终决定了治理体系的成效。由国际非政府组织、企业、城市等多元行为体组成的各类跨国倡议网络、跨国伙伴关系，以及跨国政策网络是促进碎片化格局积极性协调的黏合剂。在此基础上，第三节建构了治理嵌构理论，重点就治理嵌构路径、气候治理嵌构三角谱系中多元行为体的互动逻辑进行探析。气候治理嵌构可以理解为在气候治理机制复合体中的包括国际非政府组织内在的多利益攸关方通过跨国网络性合作，以关系嵌入、结构嵌入和规范嵌入的方式同气候治理各种机制（组织层面、制度层面以及规范层面）的互动互建的进程。第四节专门就全球治理嵌构中国际非政府组织的行动逻辑进行论述，他们参与全球气候治理嵌构的动态空间不断拓展，同主权国家、国际组织、企业等其他治理行为体在治理嵌构逻辑下呈现出独特的互动关系。

第三章从过程维度出发，重点分析气候治理嵌构中国际非政府组织的网络化参与进程，主要分为四个部分。第一节梳理了国际非政府组织在全球气候治理中的地位变迁及其阶段性特点，以国际非政府组织为代表的非国家行为体开始拥有更多制度性参与渠道和互动路径参与到联合国主导的核心框架中。第二节分析了全球气候治理中国际非政府组织的网络化嵌构模式的演进，这包括组织内、组织间及跨组织伙伴关系维度。第三节对治理嵌构格局下国际非政府组织提升网络化参与的内外部动因进行分析。第四节对气候治理嵌构中的四个国际非政府组织案例，即国际标准化组织（ISO）、世界自然基金会碳减排先锋网络（WWF-CS）、21世纪可再生能源政策网络（REN 21）和可持续低碳交通伙伴关系（SLoCaT）的网络化参与进行比较分析。

第四章从结构维度出发，重点对气候治理嵌构中国际非政府组织的权威空间演进和在治理碎片化格局中的协调潜力深入探析。第一节主要分析了国际非政府组织在气候治理中的权威来源以及多维影响力谱系。国际非政府组织日益注重利用自身在全球气候治理中的认知性权威、手段性权威、社会性权威、资源性权威和象征性权威来提升国际层面的影响力。第二节指出随着国际非政府组织在全球嵌入式治理中的参与度不断提升，他们日益注重通过自身的多维度权威来提升在气候治理中的影响力。这一部分具体分析了国际非政府组织提升气候治理中权威性影响的四种策略选择。第三节指出基于国际非政府组织权威空间的拓展和影响力的提升，其在气候治理碎片化格局中的协调引领潜力不断提升，可以通过机制目标提出、说服机制、支持机制、物质激励和声誉激励等策略发挥自身在机制领导塑造中的影响力。第四节是案例分析，探析了特朗普政府时期"去气候化"背景下美国非政府组织强化其治理权威的路径。

第五章在"网络化过程分析"和"权威结构分析"的基础上，进一步论述了后巴黎时代国际非政府组织在治理嵌构中的长远性影响及其局限。第一节首先分析了国际非政府组织的网络性拓展和权威空间提升对于后巴黎时代的整体性影响，特别是对治理规范和治理标准、治理话语权、国际法主体地位、气候谈判集团的策略选择，以及气候治理中的"南北格局"所形成的长期性影响。第二节指出尽管国际非政府组织在参与全球气候治理嵌构过程中影响力不断提升，但是不可否认的是，其参与全球气候治理嵌构的过程还存在着诸多制约性因素：如国际非政府组织本身缺乏制度性规制、自我维持能力差、合法性与问责制度等方面的内部制约；

网络化治理嵌构中互动能力的有限性；气候治理体系中的外部结构性制约；"南北分割"视野下发展中国家同国际非政府组织互动的治理能力低等问题。

第六章从全球视野回到了中国自身的治理策略，特别是关注治理嵌构趋势下中国本土社会组织参与气候治理的路径选择。第一节首先分析了中国社会组织参与气候治理的演进阶段及其特征。第二节指出尽管自2007年以来，中国政府在同国际非政府组织和本土社会组织互动与合作方面取得了一定的进展，但是中国社会组织在参与气候治理过程中仍面临着不可忽视的国内外层面的困境与挑战。第三节对后巴黎时代中国本土社会组织气候行动能力的提升路径进行论述：首先要在法律体系完善基础上分阶段推进本土社会组织的国际化程度；其次注重本土社会组织参与气候治理嵌构的专业化和权威性；再次要重视提升本土社会组织在全球气候治理中的议题倡导和话语传播能力；最后通过网络协调策略来推进"一带一路"复合型气候公共外交。

最后是结语，作为全书的总结收尾部分，在重新回顾本研究视角的立意与初衷的基础上，该部分系统梳理提炼了本书的重要研究结论，并对未来的研究拓展方向进行展望。

第一章　全球气候治理演进及其治理主体结构中的国际非政府组织

　　全球治理是一个多元主体在不同领域内的不同层面上共同行动的网络与过程。就全球治理的主体结构而言，其早已突破了国家这个单一主体的限制。联合国全球治理委员会指出，"治理在世界层次上一直以政府间的关系为主，如今则必须意识到它与国际非政府组织、各种公民运动、跨国公司和世界资本市场有关"。奥兰·杨认为，"政府已不能满足复杂化世界中日益增多的治理需求，因此有必要鼓励其他非政府机构协作"①。詹姆斯·罗西瑙也认为在全球治理的空间向度上，权威应该从国家与政府层面向次国家、跨国、非政府层面转移。② 自 20 世纪 80 年代末 90 年代初以来，民间社会团体的规模和知名度以前所未有的速度迅速增长。国际非政府组织在许多国际事务中扮演着日益重要的角色。在气候变化、生物多样性、海洋酸化等环境议题，人权保护、劳工保护、消费者保护等发展问题以及禁止使用某些武器等安全领域十分活跃，并卓有成效。特别是在环境保护领域，1992 年联合国组织召开的环境与发展大会使许多环境保护类非政府组织得以成立，作用不断加强。国际非政府组织积极参与了自 1992 年里约会议至 2018 年卡托维兹气候大会等一系列国际进程，后巴黎时代全球气候治理也将离不开国际非政府组织的参与和努力。可以说国际非政府组织及其活动给国际社会带来新的生命与活力，也赋予气候治理模式演进以新的维度和意义。

---

① Oran R. Young, *International Governance：Protecting the Environment in a Stateless Society*，Ithaca：Cornell University Press，1994，p. 23.

② 俞可平：《全球化：全球治理》，社会科学文献出版社 2003 年版，第 56 页。

第一节　全球气候治理的演进及其
多元化的治理主体谱系

联合国治理委员会指出全球治理是："公共的或私人的个人、团体和机构管理的共同事务的诸多方式的总和。它是一个持续的过程，在这一过程中，不同或者相互冲突的利益得到调和并且促使其共同行动。"① 全球治理意味着国际舞台上的行为体通过集体行动来解决全球共同问题的过程，在对全球治理层次的推进研究中，多层多元的合作性治理逐步成为各方具有高度共识的全球治理创新路径。全球治理模式从国家中心主义治理向多元多层协同性治理的转型，不仅是对全球治理日益复杂化、专业化和多态化的现实性反映，也是全球治理不断走向深入及不断拓展的必然表现。这不仅有利于推动全球治理朝着更加民主、公正、包容的方向发展，也将推动治理体系逐渐逐步向一种动态网络、多元互动、调试发展的方向迈进。这种态势不仅提升了全球治理的有效性，也将提升整体治理的协同效果。全球气候治理作为"低级政治"中的重要议题，具有自身独特的内涵属性和发展路径；同时其治理主体结构也呈现出更为多元和包容、互动性更强的特点。

一　全球气候治理的阶段性演进：从京都模式到巴黎模式

1972 年，在斯德哥尔摩召开的联合国人类环境会议标志着在环境和可持续发展领域的国际决策正式进入联合国政治议程之中。1988 年 6 月，在加拿大多伦多举行的"变化中的大气：对全球安全的影响"国际会议，将气候变化问题的重要性提升至事关全球安全的突出位置。同年 9 月，气候变化问题首次被联合国列为大会议题之一，并正式进入国际政治领域的关注范畴。该次会议还通过了成立政府间气候变化专门委员会（Intergovernmental Panel on Climate Change，IPCC）的决议，旨在为国家间多边气

---

① CGG, *Our Global Neighborhood*, The Report of the Commission on Global Governance, 1995, http：//www. gdrc. org/u-gov/global-neighbourhood/.

候谈判提供知识基础与科学指导。① IPCC 本身并不开展研究，主要是评估关于了解气候变化、气候变化的影响和未来风险以及适应和减缓气候变化的方案的科学、技术和社会经济文献，为各国政府和国际谈判提供决策咨询与智力支持。自 20 世纪 90 年代初以来，全球气候治理主要围绕着 UNFCCC 框架下的公约缔约方谈判会议（Conferences of the Parties，COP）展开的，当然这一过程中也伴随着非国家治理行为体的增多以及框架外合作机制的拓展。整体而言，全球气候治理演进可以分为三个阶段："自上而下"的京都模式确立阶段、后京都谈判过渡期以及"自下而上"的巴黎模式确立阶段。

（一）"自上而下"的京都模式确立阶段（1990—2005 年）

1990 年 12 月 21 日，联合国通过了第 45/212 号决议，决定成立气候变化框架公约政府间谈判委员会，致力于寻求解决气候变化问题的路径。同年联合国环境规划署（UNEP）和世界气象组织（WMO）共同发起并召开了规模更大、规格更高的第二次世界气候大会，通过《部长宣言》呼吁各国政府应该采取切实有效的气候变化应对措施。此次大会受到了国际社会的广泛关注，特别是在各大媒体的大力宣传后，人类对气候变化问题的认识达到了一个新的高度，并为 1992 年巴西里约热内卢联合国环境与发展大会（UNCED）的召开做了铺垫。

1992 年 6 月，里约环境与发展大会确立了"可持续发展"概念，从而为发达国家和发展中国家的环境合作奠定了共识基础。会议在通过关于环境与发展的《里约热内卢宣言》和《21 世纪行动议程》的同时，还促使 166 个国家签署了《联合国气候变化框架公约》（UNFCCC，以下简称《公约》），为全球气候治理的展开提供了正式的政治协议框架，有助于国际气候谈判的有序开展。② 《公约》成为全球气候治理的核心机制：确立了"共同但有区别性责任原则"，为后续的发达国家和发展中国家"二轨"制谈判设定基础；规定了缔约方履约行动的目标、原则、义务、资金机制、技术转让及能力建设标准；还提出了发达国家应将温室气体排放

① 于宏源：《气候变化国际合作：利益博弈与协同的艰难进程》，《绿叶》2009 年第 10 期，第 92—97 页。

② 陈迎：《国际气候制度的演进及对中国谈判立场的分析》，《世界经济与政治》2007 年第 2 期，第 52—60 页。

水平恢复到 1990 年水平，但并没有制定量化指标。

1994 年《联合国气候变化框架公约》生效，并开启了每年召开公约缔约方大会（COP）的惯例，首要解决议题便是为发达国家的温室气体减排设定量化指标。经过一系列的谈判，公约缔约方大会第三次会议（COP3）于 1997 年 3 月在日本京都召开，达成并通过了《京都议定书》，定量确定了发达国家 2008—2012 年平均排放数量比 1990 年下降 5.2% 的限额。[①] 根据《京都议定书》的规定，在 2008—2012 年间，37 个发达国家温室气体排放量应在 1990 年水平基础上减少 5.2%，其中欧盟整体减少 8%，美国减少 7%，日本和加拿大减少 6%。同时还规定了促进全球温室气体减排的三个灵活机制：碳排放交易机制（ETS）、联合履约机制（JI）以及清洁发展机制（CDM）。三个灵活机制的提出是强调"指标性减排"的欧盟同强调"自下而上"市场力量的美国之间的妥协产物。前两者旨在推进发达国家内部以及发达国家之间的碳减排措施，第三者旨在推动发达国家对于发展中国家绿色低碳项目的技术支持与资金援助。然而，这种"自上而下"设定量化减排指标的模式受到很多国家的抵制。最大的挫折便是 2001 年小布什总统上台伊始就宣布退出《京都议定书》，使议定书的生效程序蒙上阴影。基于此，欧盟开始在全球气候治理中发挥积极性领导者角色：一方面加大联合发展中国家的力度；另一方面斡旋于伞形国家集团。最终在日本和俄罗斯批准《京都议定书》之后，该议定书于 2005 年正式生效。

（二）后京都谈判过渡期阶段（2006—2014 年）

2004 年《京都议定书》生效之后，立刻面临《京都议定书》第一承诺于 2012 年到期的压力。因此，2005 年议定书生效后立刻开启了"后京都"时代的谈判。[②] 该阶段气候变化谈判的主要任务是在《京都议定书》下成立"后京都谈判"特设工作组，就 2012 年之后的发达国家第二承诺期的减排义务进行谈判。与此同时，各国还在《公约》二轨制谈判基础框架下就促进国际社会应对气候变化的长期合作行动进行谈判对话。

---

① 韩昭庆：《〈京都议定书〉的背景及其相关问题分析》，《复旦学报》（社会科学版）2002 年第 2 期，第 100—104 页。

② 何建坤、刘滨、陈文颖：《有关全球变化问题上的公平性分析》，《中国人口·资源与环境》2004 年第 14 期，第 12—15 页。

2007 年，IPCC 第四次科学评估报告发表，确定了人类活动是近 50 年全球气候系统变暖的主要原因，气候变化已经对许多自然和生物系统产生了可辨别的影响。此时，气候变化议题逐步嵌入多边国际合作框架中，成为从八国峰会（G8）到联合国大会、安理会、二十国集团会议（G20）等国际合作会议的重要议题。[①] 2007 年，"巴厘路线图"的通过旨在将之前退出《京都议定书》的美国继续拉入国际气候合作中，并在二轨谈判的基础上进一步推进发展中国家的自主性减排承诺。基于此，一方面"巴厘路线图"要求所有签署《京都议定书》的发达国家要不遗余力地履行议定书规定，严格履行"可测量、可报告、可核实"的温室气体减排责任，特别是在第一承诺期结束之后继续执行 2012 年以后的大幅度量化减排指标；另一方面则要求发展中国家和未签署《京都议定书》的发达国家（主要指美国）要在《公约》框架下进一步采取应对气候变化的措施。为了提升发展中国家的气候应对能力，路线图强调国际社会需对气候适应、技术转让以及资金援助等问题引起重视。

2008 年由美国次贷危机引起的国际金融危机加速了世界权力格局的变迁，世界经济重心由西方向东方逐步转移，特别是新兴发展中大国成为世界经济增长和能源消费的新增长点。在此背景下，2009 年 12 月哥本哈根气候变化大会的召开标志着全球气候变化谈判进入了一个新的阶段，各国对在本次会议上达成"后京都时代"第二承诺期的协定充满期待。随着气候谈判集团的进一步碎片化发展，欧盟（以东道国丹麦为主导）、美国为首的伞形国家集团、"基础四国"[②]、拉美国家集团、小岛屿国家集团等都纷纷提交了各自的协定版本，但在减排、资金、适应、技术等方面差异甚大。最后《哥本哈根协议》（*Copenhagen Accord*）主要由美国和"基础四国"主要推动达成，但未获缔约方大会一致通过，仅被大会以附注方式通过。主要国家和谈判联盟在以下两个问题方面展开激烈博弈：一是气候变化谈判程序规范问题；二是减排责任与义务问题。

哥本哈根气候大会之后，新兴发展中大国因其增长迅速的温室气体排

① 崔大鹏：《国际气候合作的政治经济学分析》，商务印书馆 2003 年版，第 101—115 页。
② 巴西（Brazil）、南非（South Africa）、印度（India）、中国（China）四个新兴发展中大国首字母刚好组成英文单词：BASIC（基础）。2009 年 11 月 26—27 日，印度、巴西、南非代表齐聚北京，共商哥本哈根气候大会的基本立场，开始被冠以"基础四国"的称谓。

放量而受到国际社会关注。"共同但有区别性责任原则"开始弱化，全球气候治理开始出现从"双轨制"向"单轨制"转变的倾向。2010 年在坎昆会议上，各方重点围绕全球减排和资金技术援助机制等议题达成共识，发达国家承诺到 2020 年根据 1990 年的基准减排温室气体 25%—40%，但也指出世界各国需要共同努力把全球变暖控制在 1.5℃—2℃ 之内。会议设立了"绿色气候基金"，旨在落实发达国家 300 亿美元快速启动气候融资来满足发展中国家的短期需求，并提出将在 2020 年之前募集 1000 亿美元资金，帮助贫穷国家发展低碳经济并提升气候适应能力。① 2011 年南非德班气候大会上建立了"德班增强行动平台"，围绕 2020 年后的国际气候机制谈判方案、国际气候条约的法律地位、时间表安排、框架与主要议题等进行谈判。该平台首次将在应对气候变化中承担不同责任与义务的缔约方纳入同一个国际气候条约的法律框架下，实现了应对气候变化参与的广泛性。之后 2012 年到 2015 年的气候谈判重点推动发展中国家与发达国家在"德班增强行动平台"下共同承担义务。②

　　2012 年 12 月召开的多哈气候变化大会最后挽救了《京都议定书》，确定 2013 年至 2020 年为《京都议定书》第二承诺期，这使《京都议定书》作为具有法律约束力的减排框架得以维持。会议各方就防止全球变暖采取进一步行动达成了一揽子共识，从而通过 2020 年之后开始新框架公约的计划。然而以美国为首的伞形国家对于参加《京都议定书》第二承诺期持消极与抵触态度。以各种借口拒绝批准《京都议定书》的美国起到了"负面带头"作用，其他伞形国家如日本、新西兰和加拿大等也纷纷表示不参加第二承诺期，这导致实施强制减排的发达国家份额低于20%。这种伞形国家的"负面示范"效应不仅使得其他发达国家更加有理由拒绝履行减排义务，同时也加强了国际社会对于发展中国家温室气体的减排压力。

---

① 于宏源：《2015 年气候治理发展及动向展望》，《上海交通大学学报》（哲学社会科学版）2016 年第 1 期，第 5—16 页。

② Jonathan Watts，"Durban Conference：China and India Cautiously Upbeat"，*Guardian*，December 13，2011.

表1-1　　　　　　　全球气候治理阶段性演进及其主要里程碑事件

阶段	时间	重要事件	主要成果
"自上而下"的京都模式确立阶段	1992/6	里约环境与发展大会	通过《21世纪议程》、开放签署《联合国气候变化框架公约》和《生物多样性公约》，成立联合国可持续发展委员会
	1996/7	日内瓦气候变化大会（COP 2）	通过《日内瓦宣言》，赞同IPCC第二次评估报告结论呼吁发达国家制定具有法律约束力的限排目标，做出实质性排放量削减
	1997/12	京都气候变化大会（COP 3）	通过《京都议定书》，为附件I缔约方规定了具有法律约束力和时间表的减排义务，并引入ET、JI和CDM。CDM旨在帮助附件I缔约方实现减排义务和促进可持续发展双重目标
	2001/3	美国宣布拒绝批准《京都议定书》	美国退出《京都议定书》使其生效面临着重大威胁，欧盟开始发挥气候治理体系的领导者作用，团结发展中国家以推进议定书的生效
	2001/7	第六次缔约方大会续会波恩会议	达成《波恩政治协议》从而挽救了《京都议定书》
	2004/12	布宜诺斯艾利斯大会（COP 10）	会议达成了继续展开减缓全球变暖非正式会谈的决议，但在关键议题的谈判上没有显著进展，也没有得到美国的实际承诺
	2005/2	《京都议定书》正式生效	后京都谈判在2005年底前开启，需要在2012年《京都议定书》第一承诺期失效之前达成新的承诺协议
后京都谈判的过渡阶段	2007/12	巴厘气候变化大会（COP 13）	通过了"巴厘路线图"，重新强调合作包括美国在内的所有发达国家缔约方都要履行可测量、可报告、可核实的温室气体减排责任，同时对适应气候变化问题、技术开发和转让问题以及资金问题做出了说明
	2008/12	波兹南气候变化大会（COP 14）	会议确定了长期气候合作框架，制订了详尽的工作计划，赋予"适应基金"独立的法人资格
	2009/7	意大利八国峰会（G8）	会议确定把工业革命以来的温升控制在2℃以下，到2050年将全球温室气体排放量减少50%，发达国家排放总量减少80%以上的目标
	2009/9	联合国气候变化峰会	会议旨在为2009年底的哥本哈根气候变迁会议奠基。中国提出了显著降低碳强度和携手应对气候变化等主张

续表

阶段	时间	重要事件	主要成果
后京都谈判的过渡阶段	2009/12	哥本哈根气候变化大会（COP 15）	作为主要成果的《哥本哈根协议》无国际法约束力、以"附注"形式被缔约方大会提及
	2010/12	坎昆气候变化大会（COP 16）	明确世界各国共同努力把全球变暖控制在 1.5—2℃之内，发达国家承诺到 2020 年根据 1990 年的基准，减排温室气体 25%—40%，设立了"绿色气候基金"，落实快速启动气候融资
	2011/12	德班气候变化大会（COP 17）	会议启动新的谈判进程"德班增强行动平台"，授权从 2012 年起就 2020 年后包括所有缔约方的全球减排框架进行谈判
	2012/12	多哈气候变化大会（COP 18）	确定 2013—2020 年为《京都议定书》第二承诺期。通过了 2020 年开始的新框架公约起草计划，就防止全球变暖达成了一揽子共识
	2013/11	华沙气候变化大会（COP 19）	一是德班增强行动平台基本体现"共同但有区别的原则"；二是发达国家再次承认应出资支持发展中国家应对气候变化；三是就损失损害补偿机制问题达成初步协议，同意开启有关谈判
"自下而上的"巴黎模式的确立阶段	2014/12	利马气候变化大会（COP 20）	达成"利马气候行动倡议"，要求各国次年递交本国应对全球变暖的行动计划，作为 2015 年巴黎气候大会全球协议签署的基础
	2015/11	巴黎气候变化大会（COP 21）	成功通过《巴黎协定》，国家自主贡献（INDCs）得到国际法律确定
	2016/11	马拉喀什气候变化大会（COP 22）	马拉喀什大会是《巴黎协定》生效后的第一次缔约方大会，也是一次落实行动的大会，发表了《马拉喀什行动宣言》
	2017/11	波恩气候变化大会（COP 23）	波恩气候变化大会达成"斐济实施动力"共识，提出"促进性对话机制"（Talanoa），提升多利益攸关方的制度性参与
	2018/12	卡托维兹气候变化会议（COP 24）	卡托维兹气候变化会议成为落实《巴黎协定》实施细节的重要会议，通过《卡托维兹气候一揽子计划》纲领文件和《巴黎协定》的实施细则（Paris Rulebook）

阶段	时间	重要事件	主要成果
"自下而上"的巴黎模式确立阶段	2019/9	联合国秘书长气候行动峰会	多次强调多利益攸关方合作对实现《巴黎协定》2℃目标的重要性，并首次在联合国峰会议程中将主权国家领导人和非国家行为体代表的发言位置并列
	2019/12	马德里气候变化大会（COP 25）	因谈判各方分歧严重，大会未就《巴黎协定》第六条实施细则谈判这项核心任务达成共识
	2021/11	格拉斯哥气候变化大会（COP 26）	《格拉斯哥气候公约》在减少燃煤使用、减少碳排放和资助脆弱国家等相关条款上艰难达成共识，各方就《巴黎协定》第六条实施细则关于市场和非市场的碳交易方法，特别是跨境的碳交易、透明度要求等达成一致。

资料来源：笔者自制。

2013 年 11 月 23 日，华沙气候大会（COP19）召开：一是落实"巴厘路线图"确立的各项谈判任务，特别是发达国家履行资金承诺和提高 2020 年前的减排力度以及建立"损失和危害"国际机制；二是正式开启德班增强平台谈判，制订工作计划。平台基本体现了"共同但有区别性责任原则"和"各自能力"原则，为 2015 年达成新的协议勾画路线图并奠定基础。虽然大会取得了一些进展，但是由于领导力赤字、治理碎片化、资源调动乏力等多重困境存在，以《公约》为核心的气候变化治理体系的影响力、正当性和有效性进一步受到挑战。

（三）"自下而上"的巴黎模式确立阶段（2015 年至今）

在 2014 年秘鲁利马气候大会上（COP20），各方达成了"利马气候行动倡议"，为推动以《公约》为核心的气候变化治理迈出了扎实的一步，有助于形成覆盖所有缔约方并且有一定法律约束力的新协定，从而提高联合国气候治理的合法性与有效性。可以说，利马大会成功地实现了两项重要的任务，其一就后 2020 气候协议的要素案文达成一致，这份文本草案细化了包括气候减缓、气候适应、气候援助资金与技术、气候能力建设、透明度及监督问题等方面的要素，为之后各方在巴黎大会上进一步提出协议草案奠定了较为充分的基础。其二是各国初步明确了 2020 年后各国应对气候变化的"国家自主贡献"应该提交的信息。各大国终于同意在

2015 年 3 月前提交自己的国家自主贡献，其他国家也会在 2015 年 5 月前采取相同的行动。① 最后，利马大会见证了气候变化谈判在资金问题上的进展，绿色气候基金终于实现了超过 100 亿美元的捐赠承诺。② 尽管这个数字距离在 2020 年达到 1000 亿美元的目标似乎还很遥远，但利马会议上的进展无疑为资金谈判环节开创了新局面。

同时，2014 年 11 月 2 日 IPCC 第五次《综合评估报告》为 2015 年《巴黎协定》的签署提供了重要的科学性支持。报告指出人类对气候系统的影响是明确的，且这种影响在不断增强，如果不及时采取进一步行动，气候变化将会对人类和生态系统造成严重、普遍和不可逆转的影响。基于此，第五次评估开始探寻如何在既定的 2℃ 目标之下推进气候行动最大化，开启绿色低碳路径。2015 年底的巴黎气候大会代表了人类应对全球气候变化挑战的一个新里程碑。在欧盟、国际非政府组织等合力推进下，参与《巴黎协定》所有的国家都同意将全球平均气温较工业化前水平升高幅度控制在远低于 2℃ 的目标，同时强调要为 1.5℃ 温控目标度而努力。《巴黎协定》将全球各国纳入一个统一的减排体系中，并设定了相对松散但有一定的顶层管控的减排义务分配体系，其批准意味着在"国家自主贡献（INDC）＋五年评估盘点"机制上，将减排义务分配这一难题从多边层面下放到各国，取消了事先设定减排目标的顶层设计路径，转而允许各国"自行领取"相关义务。其特点是允许每一个国家从其自身国情和能力出发进行气候减缓、适应等行动，同时还规定对贫穷国家施以资金援助，以帮助其完成减排目标和应对极端气候带来的影响。整体而言，2020年后全球温室气体减排进程，将发展中国家纳入温室气体强制减排中，但仍坚持了"共同但有区别性责任原则"和"各自能力原则"，并确立了国家自主贡献减排的法律模式，开创了包括可持续发展机制在内的新的应对气候变化机制。相比于《京都议定书》从签署到生效的 8 年长跑，2016年 11 月 4 日《巴黎协定》生效，从签署到批准生效仅用一年时间。

2016 年 11 月 7—18 日，联合国气候变化大会在摩洛哥马拉喀什召开。马拉喀什气候变化大会是《巴黎协定》生效后的第一次缔约方大会，

---

① Meena Menon, "A Watered-down Deal at Lima", *The Hindu*, December 15, 2014.
② 绿色气候基金旨在帮助发展中国家适应气候变化。该概念在 2009 年哥本哈根大会被提出，2010 年在坎昆会议上被通过，在 2011 年德班会议上被启动但一直进展缓慢。

也是一次落实行动的大会。来自全球 190 多个国家和地区的与会者发表了《马拉喀什行动宣言》，开启了关于执行《巴黎协定》技术细节的探讨。此次会议，国际社会在气候变化科学的基础上达成共识，能源转型、低碳经济、气候韧性的提升成为 21 世纪实现可持续发展目标的迫切和优先任务。2017 年 11 月，波恩气候变化大会通过了名为"斐济实施动力"的一系列成果，就《巴黎协定》的具体实施所涉及的各方面问题形成了平衡性谈判文案，通过加速 2020 年前一系列的行动安排，为《巴黎协定》如期落地奠定了良好基础。尽管美国前总统特朗普 2017 年 6 月宣布退出《巴黎协定》为气候谈判带来不确定性，但在各国推动下仍取得一定的成果。首先是通过国家层面的承诺来推进《巴黎协定》的落实，并且同时推进《巴黎协定》的审查机制。[①] 不仅要求各国要定期通报自己的国家贡献，并且不断提升自主贡献的目标；同时全球盘点机制将会识别全球自主贡献与实现"2℃或 1.5℃目标"之间的差距，并鼓励各国不断提高减排力度以弥补可能的差距。其次是气候绿色投融资的发展，特别是通过大力动员来自私营部门的市场性力量来进一步弥合国家层面气候行动的资金差距。通过引入包括绿色信贷、绿色证券基金、绿色债券、绿色保险、以碳市场为代表的碳金融体系等措施来引导全球绿色融资和投资方向，完善气候融资机制。[②]

2018 年 10 月 IPCC 发布的《全球 1.5℃增暖特别报告》指出，2℃ 增温的真实影响远比《巴黎协定》所预测的更为严重，温控 1.5℃ 是气候变化风险剧烈扩散的临界点，额外升温 0.5℃ 具有巨大的边际风险，所带来的自然生态损失和社会经济损失在一定程度上具有不可逆性。[③] 在此背景下，2018 年 12 月召开的波兰卡托维兹气候大会聚焦在两个议题：其一，围绕《巴黎协定》的实施细则展开谈判与磋商，通过了一揽子全面、平衡、有力度的成果，全面落实了《巴黎协定》各项条款要求。在考虑到不同国情"各自能力原则"并符合"国家自主决定"安排的基础上推

---

① 《巴黎协定》第 4 条第 9、12 款要求各国定期通报国家贡献，并将其"记录在秘书处保持的一个公共登记册上"。第 14 条要求国际社会从 2023 年起通过每五年一次的全球盘点，以为各国调整减缓措施提供参考。

② REN21, *Key Findings of Renewables 2016 Global Status Report*, 2016, pp. 4 – 6.

③ 曾维和、咸鸣霞：《全球温控 1.5℃ 的风险共识、行动困境与实现路径》，《阅江学刊》2019 年第 2 期，第 47—54 页。

进"共同但有区别的责任原则"进一步发展，为协定实施奠定了新的制度与规则基础。其二，大会还希望通过"塔拉诺阿对话"（Talanoa Dialogue，又称作"2018 年促进性对话"）促进各国在 2020 年前继续提高"国家自主贡献"的气候目标和行动力度，加速和增强 2020 年前的气候行动，同时推进非/次国家行为体共同努力来弥合既有的国家自主贡献目标总和同 2℃目标（甚至 1.5℃目标）之间的排放差距。①

2019 年 9 月 23 日，在纽约开幕的联合国气候行动峰会基于气候治理的最新态势强调了气候危机应对的重要性。联合国秘书长古特雷斯指出，我们曾经所称的"气候变化"，现在确实是一场"气候危机"。气候变化的进度和严重程度远远超过十年前的预测和评估，对"气候紧急状况"的应对如同一场赛跑，需要我们尽快改变目前的应对方式，寻找新的合适的应对举措。受到智利内乱的影响，2019 年的联合国气候变化大会（COP25）从智利圣地亚哥移师至西班牙马德里举行。马德里大会是《巴黎协定》全面实施前的一次重要会议，主要解决协定实施细则遗留问题。大会对 2020 年前盘点、适应、气候资金、技术转让和能力建设、支持等议题展开了讨论，但由于与会各国分歧较大，大会未就《巴黎协定》实施细则的落实达成共识。

2021 年初荷兰举行的首届气候适应峰会指出，极端气候灾难将使全球经济在 21 世纪损失 2.56 万亿美元，过去 20 年有约 48 万人死于与极端天气有关的自然灾害。国际危机组织也在《2021 年全球十大冲突报告》中首次将气候变化列为一种跨国风险。2021 年 2 月，联合国安全理事会组织召开"维护国际和平与安全：气候与安全"高级别公开辩论会，这是安理会框架下自 2007 年以来围绕气候安全问题举行的第六次公开辩论。联合国秘书长安东尼奥·古特雷斯在会上强调气候变化、生态恶化和自然灾害加剧了热点地区的紧张局势，呼吁在联合国系统内外建立深入的伙伴关系从而协调各国行动，以减轻气候变化对粮食安全、能源安全、经济安全、生态安全及人类安全的系统性威胁。在此背景下，2021 年 11 月格拉斯哥气候变化大会（COP26）释放出来的最重要信号是，国际社会在全球气候危机共识下，对于加快气候行动助力温控 1.5℃的目标的呼声越来

---

① 于宏源：《非国家行为体在全球治理中权力的变化：以环境气候领域国际非政府组织为分析中心》，《国际论坛》2018 年第 2 期，第 1—7 页。

高。尽管会议尚未将"保持在 1.5℃ 以内"写入《格拉斯哥气候公约》，但各方净零排放的措施都在朝着 1.5℃ 的方向努力。除此之外，《格拉斯哥气候公约》所取得的进展还体现为：一是首次提及化石燃料，指出应逐步减少煤炭使用，减少对化石燃料的补贴。尽管化石燃料问题尚未彻底得到解决，但该议题首次进入联合国气候大会宣言便意味着谈论终结化石燃料的禁忌已被打破。① 另外，印度尼西亚、韩国、乌克兰等在内的 46 个国家，签署了《全球煤炭向清洁能源转型的声明》，其中，发达国家承诺在 2030 年之前逐步淘汰煤炭，发展中国家承诺在 2040 年前逐步淘汰煤炭。二是会议还承诺将通过"适应基金"增加资金支持，促进资金流动和适应气候变化，确保在 2025 年前，敦促发达国家将对发展中国家的支持增加一倍。三是格拉斯哥谈判涵盖了大量《巴黎协定》尚未敲定的技术细节，特别是第六条有关如何建立全球性的市场机制。各方就关于市场和非市场的碳交易方法，特别是跨境的碳交易、透明度要求等进行了艰难谈判，使《巴黎协定》的实施规则最终获得通过，也为一个全球性的碳交易市场的建立铺平了道路。

二　全球气候政治的双重属性：博弈性与治理性

基于全球气候治理的阶段性演进可以看出，以全球气候谈判为核心的气候政治拥有重要的双重属性，即基于利益计算的博弈性以及基于气候善治的治理性。

（一）基于利益计算的气候政治博弈性

气候政治的利益博弈性体现在自 20 世纪 90 年代初开启的国际气候谈判。由于气候谈判的本质是通过各个国家的谈判、协调与妥协从而压缩各国的碳空间，减少石油、煤炭和天然气等化石能源使用过程中往大气中排放的温室气体，然而碳空间的分配从一定程度上限制了一个国家的能源消费结构和经济发展空间，因此气候谈判本身是基于各国利益计算和理性选择的动态博弈。自 1994 年《气候变化框架公约》生效之后，在每年召开的缔约方大会（COP）上，各国都围绕气候减缓和气候适应问题进行了旷

---

① 在协议草案即将生效的时刻，以印度为首的国家代表提出了动议，将文本中关于燃煤使用的规定由"逐渐停止"（phase out）改为"逐渐减少"（phase down）。尽管有其他国家代表对此表达了失望，但并未投下否决票，大会最终通过了此项公约。

日持久的谈判。

如在推进 1997 年《京都议定书》的签署和生效过程中，欧盟希望按照京都模式规定的"自上而下"进行强制减排指标分配的方式来倒逼各国的低碳转型，而美国则希望通过"自下而上"的市场模式进行碳减排。他们最终的利益妥协体现在《京都议定书》的三个灵活机制中，即碳市场交易机制（ETS）、联合履约机制（JI）和清洁发展机制（CDM）。自1992 年《公约》框架确立以来，发展中国家就强调基于"共同但有区别性责任"原则来保障自身的经济发展空间和经济后发优势，以自愿方式进行减排，注重催促发达国家履行自身气候援助和技术转移等承诺。2001年美国小布什政府退出《京都议定书》，欧盟为了推进"京都模式"的生效，开始加强同发展中国家的合作并向伞形国家集团施压。气候谈判中的"双轨制"原则得以保持与强化，即发达国家具有法律约束力的减排义务，而发展中国家则是自愿性减排。然而自 2008 年金融危机以来，随着全球权力格局逐步"东升西降"和亚太经济不断崛起，新兴发展中大国的能源消耗量和温室气体排放量均上升迅速，欧盟和美国均开始向新兴发展中国家施压，试图将"双轨制"变为"单轨制"从而缔结覆盖所有缔约方的具有法律约束力的新型气候减排协议。特别是 2011 年德班会议上德班增强行动小组的成立标志着西方国家大力促成一个包含所有缔约方在内的具有法律约束力的全球气候治理框架。

2015 年《巴黎协定》的签署从某种程度上而言也是利益博弈的产物：一方面符合美国和发展中大国的意愿，"自下而上"通过国家自主贡献的方式在"自愿基础"之上进行气候减缓和气候适应行动；另一方面，在长期的"双轨制"与"单轨制"的博弈中最终体现了欧美西方大国的倾向，逐步淡化了"共同但有区别性责任"的原则，将所有国家纳入"单轨制"的气候政治框架中，并且通过"全球盘点"机制对所有国家的气候治理成效进行评估。当然，在这一过程中，以中国为首的发展中国家也明确强调基于"各自能力"的原则进行国家自主贡献目标的制定和强化。①

作为一个复杂性、专业性、弥散性的全球环境问题，气候变化问题的

---

① 于宏源：《波恩气候变化大会：新进展、新挑战与新趋势》，《绿叶》2018 年第 3 期，第50—58 页。

解决最终需要各国政府克服集体行动的困境，从国家层面发挥主导作用来调动更多的共同治理资源。不能否认，政府作为权力资源的最高拥有者，可以利用自身掌握的各种权力资源，在既有国际权力关系中施展自己的外交策略从而获得国家利益最大化。其中既包括改变他者行为的直接性权力，也包括通过制度框架来影响约束他者的间接性权力。从利益博弈角度而言，自20世纪90年代启动的国际气候谈判仍然是一个重要的主权性行为，是国家以主权利益的战略最大化为主导的，为了一国经济发展空间拓展、国家核心利益和整体声誉维护而进行的多方博弈。虽然国际市场和市民社会对气候治理过程有所参与，但是国家能源转型和绿色发展路径的规划与设定都绕不开主权行为体的确认与主权资源的调动。因此，在硬性权力维度上，非国家行为体的作用仍然是有限的，只能凭借自身的专业性和道义性来追求软性权威影响力。

由于国家利益的不断变化，在国际气候谈判中的利益集团经常面临分化重组，这就需要给有些国家提供必要的补偿以便维持现有联盟或组成新的联盟；或者有些政府在同意进入某种合作机制之前也会要求额外的补偿，这就涉及提供补偿的问题。而应对气候变化问题涉及的绿色投资、适应、资金援助和技术开发与转让等问题在一定程度上都要求发达国家履行对发展中国家（尤其是那些最为脆弱的国家）的补偿。另外，应对气候变化问题的核心在于温室气体的减排。这就涉及剩余碳空间的再分配和减排成本的再分担问题，资金援助和技术转让在很大程度上也是要求发达国家在道义上履行帮助发展中国家的责任，含有资源再分配的任务。而资源再分配问题往往极其困难，发达国家始终不愿履行自身在全球气候治理中的资金支持与技术援助承诺。① 目前国家层面关于应对气候变化的多边国际谈判常因涉及许多政治和经济利益的"单边理性计算"而变得窒碍难行，国家间大多边主义谈判在利益博弈中日益"机制性僵化"和"功能性硬化"。如2009年哥本哈根会议的失败激发了越来越多的非/次国家行为体做出应激性回应，积极发挥自身在气候治理中的灵活性作用。这也解释了为何"自上而下"的京都模式最终被"自下而上"的巴黎模式所取代：一方面，单纯性国家间博弈已经无法应对气候治理本身的复杂性、多元性、专业性和紧迫性，国家层面依据各自能力原则进行自主减排可以

① 刘元玲：《卡托维茨气候大会上的中国之光》，《中华环境》2019年3月15日。

"搁置争议"，在一个更为包容的大框架下推进各国的减排适应承诺与行动；另一方面，UNFCCC 核心气候治理机制也逐步从依赖于国家主权性支持到不断寻求市场与社会资源，在资源的多元协调中旨在提升机制的自主性（摆脱大国的权力支配），从而使非国家行为体的气候治理行动开始得到更多的认可。

（二）基于全球气候善治的治理性

就气候政治的治理性而言，全球气候治理作为一种典型的国际气候公共产品供给具有明显的非排斥性和非竞争性的特点。虽然全球变暖是由全球各种个体（个人、企业和国家）过度使用化石燃料并排放温室气体的行为而引发的，但是那些并不限制其温室气体排放的个体，也无法被有效地排除在享受由其他行为体努力减排而带来的一个良好气候系统的益处之外。因此，那些确实采取行动限制排放的个体并不能单独获益，即使它们要承担这样做的成本。这造成了国家理性行为体较为强烈的搭便车动机和行为。[①] 因此，在其治理过程中很难保证代表公益的公共产品在持续供给的同时有效阻止搭便车行为的发生，出现了一种"个体理性往往导致集体的非理性"的"集体行动困境"。在这种情况下，全球气候善治的实现必然需要超越一种政府间多边谈判的利益博弈困局，吸纳更多的行为体加入日益多维和复杂的全球气候治理实践中。全球化和全球治理的发展在一定程度上打破了国家的壁垒及其对于资源的把持，极大增加了全球的横向和纵向互动层次，为多元性治理奠定了基础。基于此，多元行为体的参与治理能力获得空前的提升，在这一过程中非国家行为体对全球规则和交往方式的塑造能力也大大增强了。表 1 - 2 总结了全球气候治理中的所有主要问题与任务，这些任务的完成显然不能完全依赖单一行为体来实现。因此，全球气候善治的治理性维度意味着超越单纯的国家间博弈，在推进国家之间的国际合作以外，还要注重大力调动市场与社会的各种资源，通过非政府组织、社会组织、企业及其跨国联盟、跨国倡议网络与伙伴关系等来实现气候治理资源使用的最大化效益。

---

① 邵雪婷、韦宗友：《全球气候治理中"搭便车"行为的经济学分析》，《环境经济》2012年第 2 期，第 47—51 页。

表1-2　　　　　　　　全球气候治理的主要问题与任务

问题的本质 ＼ 任务	提供关于气候变化危险及政策选项的可靠信息	建立和监督国家的减排政策	碳空间和减排成本的再分配	创建和维持排放交易体系	创建和维持投资（包括技术）制度	创建和维持适应制度	创建和维持资金援助制度	技术开发与转让制度	森林（土地利用）管理制度	管理地球工程
管理全球公地	√	√								
创建公共产品	√	√		√	√	√	√	√	√	
提供补偿						√	√	√		
资源的再分配			√				√	√		
阻止公共之恶										√

资料来源：Robert O. Keohane and David G. Victor, "The Regime Complex for Climate Change", pp. 10 – 11.

可以说，全球变暖问题的凸显以其特有的紧迫性和影响长远性成为全球治理当中的一个重大议题。2019 年 3 月由中国国家气候变化专家委员会和英国气候变化委员会联合发布的《中英合作气候变化风险评估——气候风险指标研究》报告指出，如果继续推行现行政策并停滞不前，全球将会处于高排放路径上，由此所带来的直接风险和系统性风险将会影响国家安全，并对人类产生深远的影响。在目前路径上，到 2100 年全球平均温度升高和全球平均海平面上升的中心估计值分别约为 5℃ 和 80 厘米。然而，这种增加值还可能会更高，并且在可能发生的"最坏情况"下，温度和海平面的升幅可能是 7℃ 和 100 厘米。这种升温速度将会给人类和自然系统带来严重的不可逆转的系统性威胁。① 2019 年 11 月，英国埃克塞特大学全球系统研究所的蒂姆·莱顿（Tim Lenton）研究小组在《自然》上发表题为《气候临界点：风险太大，不可心存侥幸》的文章。该文指出，越来越多的

① 到 2100 年目前每年发生概率不足 5% 的热浪将几乎每年都会发生；河水泛滥的发生率将增加 10 倍；农业干旱的发生频率将以近 10 倍的速度增长，这将导致全球范围内的粮食危机。UK's Committee on Climate Change and the China Expert Panel on Climate Change：*UK-China Co-operation on Climate Change Risk Assessment：Developing Indicators of Climate Risk*，October 2018，pp. 23 – 25.

证据已经表明，气候比人们最初认为的要敏感得多，地球环境系统已经发生了不可逆转的变化，而我们现在正处于"地球紧急状态"，包括亚马孙雨林地区被广泛破坏、北极海冰减少、大规模的珊瑚礁死亡、格陵兰岛和南极西部冰川融化、永久冻土融化、寒带森林的不稳定以及海洋循环变慢等在内的九个领域已经逼近气候临界点（Tipping Point），而且其发展速度比之前所预测的更快。如果全球变暖继续以目前的趋势发展下去，全球气候危机将走向系统性崩溃的不可逆临界点。①

新冠肺炎疫情自 2019 年 12 月暴发以来，全世界所有的国家和地区都不可避免地受到了疫情的剧烈冲击。本次新冠肺炎疫情再次证明了全球治理已经进入关联性安全时代，在根源上，大规模传染病和气候变化、野生动物买卖、生物多样性减损、贫困及基础卫生条件差等问题息息相关。世界经济论坛发布的《2021 年全球风险报告》指出疫情下各国生命和生计的损失将增加"社会凝聚力侵蚀"的风险，将在未来 3—5 年阻碍经济发展，未来 5—10 年加剧地缘政治紧张局势，可能导致"多边主义受损""国家间冲突"和"资源地缘政治化"态势。该报告中，传染病、气候行动失败、大规模杀伤性武器、生物多样性减损、自然资源危机被列为影响力前五位的全球性危机。显示了疫情肆虐下，气候危机和污染危机依然存在，生物多样性正在下降，陆地生态系统正在以惊人的速度退化。②

面对上述系统性气候变化威胁，全球气候善治意味着我们需要把气候问题放到一个全球层次上来考量，从系统性应对的维度形成一个全球性的气候治理网络，再把全球层面的网络落实到各个地方治理中心开展实践行动。这种模式改变了原本局限于主权国家之间的"自上而下"的治理结构，取而代之的是各个主体之间密切联系的网络结构，而多层次、网络状气候治理模式的构建又不得不依赖于非政府组织、社会组织、企业、智库、跨国倡议网络等非国家行为体。正是以国际非政府组织为代表的治理行为体通过气候行动将联结着区域与区域、区域与全球的跨国界气候治理网络建立起来，它为包括企业、其他社会组织、个人在内的全球气候治理

① Timothy M. Lenton, Johan Rockström, Owen Gaffney, Stefan Rahmstorf et al., "Climate Tipping Points – Too Risky to Bet Against", *Nature*, https：//www. nature. com/articles/d 41586 – 019 – 03595 – 0.

② World Economic Forum, *The Global Risks Report 2021*, https：//reports. weforum. org/global-risks-report-2021/? doing_ wp_ cron = 1612032827. 83589410781860035156250.

主体的互动创造了一个良好的弹性网络平台。如 2019 年 12 月 10 日，12
个国际政府组织与非政府组织、智库、企业等行为体联合在马德里气候会
议上联合成立了"水文气象发展联盟"，旨在提升发展中国家开展高质量
天气预报、建立预警系统以及开展水文和气候服务的能力。联盟成员承诺
在四个方面加强合作：一是通过加强国家观测系统的持续运行能力，以及
寻求创新方法为发展中国家开展观测提供资金，改进系统观测，以获得更
好的数据；二是加强国家层面的科学减缓和适应规划能力；三是通过建立
多灾种国家预警系统，加强早期预警系统建设，改善灾害风险管理；四是
通过促进跨项目的方法来增加投资，提高有效性和可持续性。① 因此，全
球气候政治的治理性维度不仅需要强调治理的多元性、共识性与系统性，
同时还要关注调动各类行为体的治理潜能，通过协同互助来推进气候治理
规范与标准的全球扩散，从政府、市场和社会层面的多维度互动的角度来
塑造遏制全球变暖趋势的有效性集体行动。

三　全球气候治理主体结构谱系的多元化态势

随着经济全球化和地区一体化的发展以及诸如气候变化、能源危机、
公海治理等全球性问题的频现，全球范围内的治理诉求不断上升。全球治
理的本质是克服集体行动的困境从而避免"公地悲剧"，实现全球范围内
某一公共治理领域内行为体之间的协同行动和善治安排。目前，为学界所
广泛认可的权威性全球治理定义来自全球治理委员会基于实践角度的界
定："全球治理是各种各样的个人、团体——公共的或个人的——处理其
共同事务的总和。这是一个持续的过程，通过这一过程，各种互相冲突和
不同的利益可望得到调和，并采取联合行动。"② 詹姆斯·罗西瑙（James
N. Rosenau）认为全球治理概念所突出的全球变革特征之一便是一体化和
碎片化并存背景下权威位置的迁移。③ 随着全球化发展程度的深入，传统
意义上侧重于国家本位的国际合作研究和侧重于全球契约关系的国际机制
研究已无法涵盖全球治理的内涵和外延，不能提供充分的概念和理论研究

---

① 李昕蕾：《步入"新危机时代"的全球气候治理：趋势、困境与路径》，《当代世界》
2020 年第 6 期，第 61—67 页。
② 联合国全球治理委员会：《我们的全球伙伴关系》，牛津大学出版社 1995 年版，第 2 页。
③ ［美］马丁·休伊森，蒂莫西·辛克莱：《全球治理理论的兴起》，《马克思主义与现实》
2002 年第 1 期，第 43—50 页。

基础。特别是自 2008 年国际金融危机以来，全球治理在新的形势下表现出的新趋势和新特点：在治理主体上，从单纯以主权国家为中心的治理拓展到包括国际非政府组织、社会团体、跨国企业等市场行为体在内的多元多中心型治理；在治理体系的行为体互动上，之前基于国家或者国际组织的"自上而下"的治理模式逐步向一种"自上而下"同"自下而上"相结合的模式过渡。[①] 从研究范式发展的角度来看，根据治理主体（国家中心治理和多元治理）以及行为体的互动方式（等级性、多层性和网络性）可以将全球治理分为三种治理范式：国家主义范式、国际主义范式和跨国主义范式（后两者可以统称为全球主义范式）。[②] 每种全球治理范式的治理方式路径、治理权威和治理价值取向存在很大的不同。

表 1－3　　　　　　　　　　全球治理范式的类别划分

	全球治理的多种模式		
治理主体	国家中心治理	多元治理（多中心治理）	
行为体的互动方式	等级性治理（强调国家的支配地位及其他行为体的服从配合性）	多层性治理（强调治理空间的纵向多层次性；以及不同层级间的制度性互动）	网络性治理（在多层治理基础上强调治理空间的横向拓展，在网络中行为体的平等协作性）
治理路径	垂直的过程单向性强调基于国家模式的"自上而下"治理	垂直的过程多向性强调基于不同层级间互动的"自上而下"治理	垂直＋水平的过程多向性强调"自下而上"的治理同"自上而下"治理的协同
治理权威	强调国家在全球治理中的主导性权威。国家间合作是实现全球治理目标的终极单位和最有效途径	强调全球契约关系和制度构建，自上而下的全球治理机制权威可以通过具有约束力的国际条约实现有效治理目标	强调治理权威多元化：跨国政府部门网络；跨国社会团体形成的跨国社会机制；解决全球问题的市场机制，三种机制协同下的有效治理

---

① 张宇燕、任琳：《全球治理：一个理论分析框架》，《国际政治科学》2015 年第 3 期，第 1—29 页。

② 李昕蕾：《全球清洁能源治理的跨国主义范式——多元网络化发展的特点、动因及挑战》，《国际观察》2017 年第 6 期，第 137—154 页。

全球治理的多种模式		
治理主体	国家中心治理	多元治理（多中心治理）
治理范式	国家主义范式	国际主义范式	跨国主义范式
		广义上的全球主义范式

资源来源：笔者自制，部分参考石晨霞《试析全球治理模式的转型——从国家中心主义治理到多元多层协同治理》，《东北亚论坛》2016 年第 4 期，第 108—118 页；张胜军《全球治理的最新发展和理论动态》，《国外理论动态》2012 年第 10 期，第 24—28 页。

　　基于此，我们可以将全球气候治理主体归为两大类：一类是国家和国家间层面行为体，包括各个主权国家、由国家参与的各类地区性和全球性国际组织等；另一类就是各类次国家行为体和非国家行为体，包括城市及跨国城市网络、国际非政府组织、跨国公司、公民社会组织、各类企业及企业联盟、跨国倡议网络和伙伴关系等。

　　首先，主权国家和由主权国家组成的政府间组织是全球气候谈判和气候治理的直接参与方。主权国家得益于其无可争辩的国际法主体地位，成为制定气候政策、参与气候谈判以及执行气候公约的最为重要的力量。根据其谈判立场的不同主要区分为一直致力于在气候治理中发挥领导者角色的欧盟，被视为"拖后腿"角色的伞形国家集团以及 77 国集团＋中国为代表的发展中国家阵营。在全球气候治理中，欧盟作为一种"规范性力量"一直将自己视为气候治理领域的实质性领导者，在碳中和目标制定、气候减缓措施、地区碳交易推进、清洁技术创新与清洁能源发展等方面一直处于全球领先地位。某种程度上而言，全球气候治理领域的重要里程碑式的制度框架《联合国气候变化框架公约》及《京都议定书》的签署与生效，与欧盟不遗余力地积极推动以及与各方谈判斡旋紧密相关。以美国为首组成的伞形国家集团，包含日本、加拿大、澳大利亚、新西兰、俄罗斯等多个国家，他们在国际气候谈判中往往扮演着拖后腿的角色，不仅中期减排目标低、行动力度小，还往往以一些发展中国家参与减排为前提条件。随着日本、加拿大和俄罗斯先后批准《京都议定书》，伞形国家集团力量也有一定程度的削弱。但是在 2012 年多哈会议启动京都议定书第二承诺期之后，很多伞形国家又追随美国的"负面示范"纷纷退出。77 国集团＋中国是气候谈判中的发展中国家阵营，主要包括中国、印度、巴西、南非等新兴发展中大国组成的"基础四国"集团，以及其他中小发展中国家集团，如小岛国联盟和拉美国家联盟等。他们是"共同但有区别性责任"原则的支持者，强调气候减缓必须同时考虑发展中国家的气候适应能力，特别是考虑最不发达国家、小岛屿发展中国家和非洲国家在应对气候变化方面的特殊需求，不断敦促发达国家尽快兑现长期以来的气候变化资金支持与技术转让的承诺。

以联合国为治理核心的政府间组织发起气候谈判，促进国际气候合作，提供谈判场所，协调各方分歧，促进公约执行，提供资金支持等。可以分为三类：第一类是气候治理的核心组织，基于《联合国气候变化框架公约》的缔约方会议（COP）是气候治理机制的"最高机构"，附属科技咨询机构（SBSTA）和附属执行机构（SBI）作为重要协助机制，设有常设秘书处。第二类是关键的支持组织层面：全球环境基金（GEF）、政府间气候变化专门委员会（IPCC）和一些专门的联合国机构（环境署、开发署和世界气象组织）。全球环境基金在为《公约》和《京都议定书》提供正式财务机制方面发挥着核心作用。作为主要国际环境公约的横向金融工具，全球环境基金主要与世界银行、环境署和开发署合作。例如，世界银行在20世纪90年代末通过全环基金赞助了原型碳基金（PCF），将早期投资引入《京都议定书》的清洁发展机制（CDM），以鼓励对发展中国家清洁能源技术和实践的投资。PCF项目的成功经验进一步促进了后续CDM项目的质量提升。作为一个科学的政府间组织，政府间气候变化专门委员会（IPCC）在提供对人类活动造成的气候变化风险的全面科学评估方面发挥着权威作用，并为适应这些潜在的环境和社会经济后果或减轻其影响提供了可能的选择。第三类是气候治理的辅助性组织。这意味着气候治理议题的功能性外溢，比如世界银行（World Bank）、世界贸易组织（WTO）等国际组织中都涉及气候变化的议程设定。

值得一提的是，在科学化与政治化的互动过程中，IPCC作为联合国指导下为国际社会提供气候变化最新科学研究成果的权威机构，成为推进国际气候谈判和全球气候治理进程中功不可没的重要机构。

特别需要强调的是，自1990年以来，IPCC陆续发布的六次气候变化评估报告为全球应对气候危机的行动和国际气候协议的达成起到了十分重要和关键的推动作用。分别于1990年、1995年、2001年、2007年、2014年和2021发布了六次科学评估报告，为1992年的《联合国气候变化框架公约》的签署、1997 年《京都议定书》的签署、2005 年《京都议定书》的生效、2009 年哥本哈根会议的召开、2015 年《巴黎协定》的签署、2021 年格拉斯哥气候大会的召开等全球气候谈判中的里程碑事件提供了重要的科学论据支撑。如 2014 年 11 月 IPCC 第五次《综合评估报告》为 2015 年巴黎气候大会的召开提供了重要的科学性支持，推动了《巴黎协定》确立了将全球平均气温较工业化前水平升高幅度控制在远低于 2℃ 的目标，同时强调要为 1.5℃ 温控目标而努力，同时带动了学界对于 1.5℃ 温控目标的研究热度上升。2018 年 10 月 IPCC 发布《全球 1.5℃增暖特别报告》指出，2℃ 增温的真实影响远比《巴黎协定》所预测的更为严重，温控 1.5℃ 是气候变化风险剧烈扩散的临界点，额外升温0.5℃ 具有巨大的边际风险，所带来的自然生态损失和社会经济损失在一定程度上具有不可逆性。[①] 如果国际社会试图按照《巴黎协定》的要求将全球温升控制在 2℃ 以下并力争限制在 1.5℃，那么必须在 21 世纪中叶实现全球范围内的净零碳排放目标。又如 IPCC 于 2021 年 8 月发布的第六次评估（AR6）为格拉斯哥气候大会的召开提供了更多科学数据支持。IPCC 第一工作组报告《2021 年气候变化：自然科学基础》中发出强有力的全球升温红色警报，全球平均表面气温将在未来 20 年内达到或超过1.5℃，采取进一步的遏制升温行动只剩下一个"短暂的窗口期"。该评估报告推动了格拉斯哥气候大会对于 1.5℃ 目标的存留，巩固了十年来全球致力于加速气候行动的共识，所有缔约方均提出了国家自主贡献（NDC），84% 的国家提高了自己的 NDC 目标。

随着通信和交通技术的发展，信息传播速度更快，信息透明度增加，全球气候治理的参与门槛和成本都逐渐降低。从治理主体维度出发，全球气候治理发展呈现出两个明显趋势：第一个趋势是参与主体不断增多（主体多元）；第二个趋势是权威更加分散化（权力流散）。其动力机制在于：一方面，在信息化全球化时代，主权国家对日益蓬勃的市场和社会力量的控制能力越来越弱，权力流散的态势不断加强且治理机制不断碎片化；另一方面，随着气候治理议题的日益复杂化和专业化，主权国家也需要市场和社会力量的协助，在具体的气候治理实践中推进绿色转型和气候

---

① 曾维和、咸鸣霞：《全球温控 1.5℃ 的风险共识、行动困境与实现路径》，《阅江学刊》2019 年第 2 期，第 47—54 页。

减缓与适应。作为次国家行为体和非国家行为体，包括城市及跨国城市网络、国际非政府组织、跨国公司等在内的行为体通过直接或者间接的方式参与到全球气候治理中，利用各种政治机会在全球气候治理中不断发出自己的声音。[①] 在某些议题和活动领域，他们的影响力和辐射力的上升速度超过了许多政府间国际组织，通过多方游说、羞辱战略、排名战略、杠杆性影响和国际媒体广泛合作等灵活方式对气候治理中的落后性国家进行施压。基于此，非国家行为体和次国家行为体对国家主权构成了一定的侵蚀和制约；主权国家也需要认识到来自权力流散格局中的各类新挑战，逐步学会同非国家和次国家行为体进行有效互动，协同合作。

表 1-4　　　　　参与全球气候治理的行为主体谱系表

行为主体类别	参与方式	治理角色	典型代表
主权国家	直接	制定气候政策；参与气候谈判；执行气候公约等	欧盟；伞形国家集团；77 国集团 + 中国等
政府间组织	直接	发起气候谈判；促进国际气候合作；提供谈判场所；协调各方分歧；促进公约执行；提供资金支持等	气候变化缔约方会议机制（COP）联合国政府间气候变化专门委员会（IPCC）；世界气象组织（WMO）；全球环境基金会（GEF）等
城市/跨国城市网络	直接或间接	城市的低授权性，直接运用的地方性权力来提供气候治理公共产品，如规则和政策制定、政策执行和争议解决；全球治理的权力的下放和分散配置有助于激励地方行为体把私人物品的提供转变成解决当地问题的公共物品	地方政府环境行动理事会（ICLEI）下的城市气候保护网络（Cities for Climate Protection-CCP）、城市气候领导联盟（Climate Leadership Group-C40）、气候联盟（Climate Alliance）等

---

① ［美］詹姆斯·罗西瑙：《没有政府的治理》，张胜军、刘小林等译，江西人民出版社 2001 年版，第 67 页。

续表

行为主体类别	参与方式	治理角色	典型代表
跨国公司/国内企业	直接或间接	自身减排；影响气候政策制定；推动绿色技术革命；为节能环保技术提供资金支持等	英国石油公司；松下公司；福特公司；沃尔玛等
国际非政府组织/社会组织	直接或间接	宣传气候知识；提出气候谈判议题；推动气候谈判进程；监督气候机制执行	自然之友（Friends of Nature）；绿色和平组织（Greenpeace）；世界自然基金会（WWF）；国际地球之友（FOEI）等

资料来源：笔者自制。

具体而言，首先，城市作为一个特殊的次国家治理行为体在全球气候治理中的作用不断提升。全球城市地区的温室气体排放约占全球总量的37%—49%，但同时城市群体也是拥有物质流、资金流、人才流、技术流的集合点，拥有重要的资源调动力和治理践行力。自 20 世纪 90 年代初以来，全球开始涌现出各种跨国城市气候网络，即跨越国界的城市群体为了更好地应对气候变化这一共同挑战，通过城市之间自愿、互利以及协商的方式进行制度性合作的网状组织，旨在提高城市层面在气候政治中的全球影响力。代表性的网络包括城市气候领导联盟（C40）、气候联盟（Climate Alliance）、市长盟约（Covenant of Mayors）、地方政府环境行动理事会（ICLEI）下的城市气候保护网络（CCP）等。上述跨国城市气候网络已拥有过千的成员从而拥有广泛影响力，如 CCP 在 2009 年开发了里程碑式的减排框架和城市温室气体清单核算软件——清洁大气与气候保护（CACP），目前已经有 69 个国家的 1048 个城市采用该方法编制了城市温室气体清单。[①]

以跨国企业为代表的某些商业行为体在气候治理中逐步从一种反面污染者角色走向推动治理的正面角色，依靠自身雄厚的资金技术实力和跨国商业联系成为气候治理中不可或缺的跨国行为体。如由 100 多个大企业组

---

① 李昕蕾、宋天阳：《跨国城市网络的实验主义治理研究——以欧洲跨国城市网络中的气候治理为例》，《欧洲研究》2014 年第 6 期，第 129—148 页。

成的负责任大气政策联盟（ARAP）旨在帮助协调全球与工业有关的管理政策，重视臭氧层保护以及气候变化，在 2016 年所签署的《蒙特利尔议定书》基加利修正案[①]中发挥了积极推动作用，达成了历史性的限控温室气体氢氟碳化物（HFCs）协议。值得注意的是，随着低碳经济和清洁技术成为世界发展大趋势，越来越多的商业精英开始关注清洁能源的发展，与之相关的跨国行为体数量也不断增多，不仅体现在传统的产业协会的规模不断扩大，如全球风能协会（GWEC）和国际太阳能学会（ISES）通过同各国的产业协会合作不断扩大全球影响力；同时也体现在各类跨国政策倡议网络的出现，如约翰内斯堡可再生能源联盟（JREC）、能源可持续发展全球网络（GNESD），可再生能源国际科学工作组（ISPRE）等。

全球化为国际非政府组织的跨国活动提供了包括交流途径、共享信息、流动性资源等在内的基本条件。近 30 年来，国际非政府组织在公共和国际事务中都表现得非常活跃，尤其是在气候治理、生物多样性保护等环境领域，国际非政府组织的数量快速增加且活动日益频繁。在全球气候治理中，国际非政府组织充分展示了其参与全球治理的意愿与能力，并且开始主动通过跨国网络化的方式建构国际同盟与伙伴网络。[②]某种程度上而言，国际政府间组织因其依赖于成员国且缺乏自主性（受制于主权国家特别是机构中大国的利益和意愿）而具有相对较弱的合法性，国际非政府组织则因其组织性质的公民性、社会性和道义性而拥有较高的合法性。[③] 从介入全球治理的方式来看，国际非政府组织介入国际政府间组织的活动主要分为制度化直接参与和通过对话广泛参与两个方面。这意味着在通过组织跨国活动直接参与全球治理的同时，国际非政府组织还积极地介入国际政府间组织的各种活动，通过日益制度化的路径与国际政府间组织的相互协调和广泛合作，从而在全球和区域治理层面发挥更大的影响力。比如国际非政府组织在联合国内获得咨商地位（Consultative Status）

---

① 该修正案协议是继《巴黎协定》后有关气候变化的又一里程碑式的重要文件。协议明确了发达国家和发展中国家不同的 HFCs 限控义务，同时发达国家将为发展中国家履约提供必要的资金支持和技术援助，切实体现了"共同但有区别性责任"原则。

② Keck, Margaret, and Kathryn Sikkink, *Activists Beyond Borders: Transnational Activist Networks in International Politics*, Itaca, NY: Cornell University Press, 1998.

③ 叶江、谈谭：《试论国际制度的合法性及其缺陷——以国际安全制度与人权制度为例》，《世界经济与政治》2005 年第 12 期，第 42—49 页。

是其制度化参与国际政府间组织活动的最为典型范例。国际非政府组织与联合国的渊源可追溯到联合国创始之初，1945 年《联合国宪章》第 71 条款授权联合国经社理事会可以与非政府组织进行磋商协作。[①] 1968 年，联合国经社理事会通过 1296 号决议，规定了联合国同国际非政府组织关系的法律框架，允许国际非政府组织在联合国经社理事会以及联合国体系中的其他机构中获得咨商地位。[②] 虽然从 1996 年开始，非国际性的非政府组织也可申请获取联合国经社理事会里的咨商地位，但是迄今最为活跃的具有咨商地位的组织还是以国际非政府组织为主。[③]

第二节   全球气候治理中的国际非政府组织

"全球治理委员会"（Commission on Global Governance）于 1995 年发表了《天涯成比邻》（*Our Global Neighborhood*）的研究报告，指出全球治理是主体共同参与和互动的过程，这一过程的重要途径是强化国际规范和国际机制，从而导向一个有约束力和广泛共识的集体性规则规范。[④] 随着全球化步伐推进，一种新的公共权威和公共秩序不可能单由传统性的国家政府来创立，而是由权力流散过程中更为多元的行为体通过全球共治共享来实现。[⑤] 相比于传统国家政府所拥有的直接性权力，国际组织所推进的全球治理更多体现为一种间接的制度性权力，新的规则规范日益成为多元行为体实现自身利益的重要工具。[⑥] 在这一过程中，国际非政府组织利用了传统国家权力不断被削弱的契机，在国际层面的规范引导、政策倡议、

---

① Charter of the United Nations, ChapterX, Article71, http：//www. un. org/aboutun/charter.

② United Nations, Economic and Social Council, Resolution1996/3：*Consultative Relationship between the United Nations and Non-Governmental Organizations*, http：//www. un. org/documents/ecosoc/res/1996/eres1996 – 31.

③ 于宏源：《非国家行为体在全球治理中权力的变化：以环境气候领域国际非政府组织为分析中心》，《国际论坛》2018 年第 2 期，第 1—7 页。

④ Oxford University Press, "Our Global Neighborhood：The Report of the Commission on Global Governance", *George Washington Journal of International Law & Economics*, No. 3, 1995, pp. 754 – 756.

⑤ 俞可平：《全球治理引论》，《马克思主义与现实》2002 年第 1 期，第 20—32 页。

⑥ 徐秀军：《规则内化与规则外溢——中美参与全球治理的内在逻辑》，《世界经济与政治》2017 年第 9 期，第 62 页。

建章立制和治理规则变革等方面发挥着多重作用。国际非政府组织凭借自身的专业性、社会性、规范性、相对独立性等优势，在全球规则塑造和规范引领等方面取得较大的进展。2000 年联合国千年峰会后，千年目标和发展议题中凸显了国际非政府组织的重要性，2012 年，联合国峰会将"国际非政府组织作为利益攸关方"。杨洁勉在《大体系》一书中指出"国际非政府组织通过不同途径有效地参与全球治理对当代国际体系的发展和演变产生巨大影响"①。国际非政府组织在参与全球治理过程中呈现出数量大，范围广和活动领域多等特点。《国际组织年鉴》统计世界目前有来自 300 个国家和地区的超过 37500 个活跃的和大约 38000 个休眠国际组织的详细资料，其中包括政府间组织和国际非政府组织，每年大约增加1200 个新组织。② 在一个日益多元开放的全球气候治理体系中，国际非政府组织的参与日益立体化、嵌入化和综合化：一方面，国际非政府组织不断提升自身国际化程度，在国内事务向国际议题转型中不断拓展自身的国际视野，旨在超越本国范畴在国际层面发挥独特的专业性、技术性和规范性影响力；另一方面，国际非政府组织在主权国家的政府引导下为国家政策制定和国际协商或谈判提供科学依据，从而参与国家政策规章的起草并作为技术顾问参与政府协商。另外，在许多发展中国家，国际非政府组织还是国际环境发展项目的关键对接者、落地者和推进者。总之，在各类国际非政府组织及其跨国网络的协同推进下，全球气候治理日益呈现出新的发展态势与创新性路径。③

一　国际非政府组织的概念界定及其属性

20 世纪以来，随着全球性问题的不断涌现，各种非政府组织应运而生，其活动正深入世界的每个角落。非政府组织在提高自身专业能力和影响力的同时，与各主权国家、国际政府间组织以及跨国公司等建立了密切的合作关系，成为全球治理中多元主体的重要部分。在这种情况下，学术

① 杨洁勉：《大体系》，天津人民出版社 2008 年版，第 7 页。
② The Union of International Associations. *UIA Associations Customized Data Extractions* 2018, https://uia.org/sites/uia.org/files/misc_pdfs/UIA_Associations_Customised_Data_Extractions_2018.pdf.
③ 甘锋：《全球治理视野中国际环境非政府组织的作用研究》，博士论文，上海交通大学，2007 年。

界兴起了研究非政府组织的高潮，但至今对其内涵的界定还未形成统一共识。托马斯·韦斯（Thomas G. Weiss）和莱昂·戈登克（Leon Gordenker）指出，非政府组织往往和非营利组织、社会组织等词汇联系起来。由于研究的视角和强调的重点不同，非政府组织到目前为止都没有一个权威、统一而严格的定义。① 世界银行组织编写的《非政府组织法的立法原则》做出以下定义："非政府组织指在特定法律系统下，不被视为政府部门一部分的协会、社团、基金会、慈善信托、非营利公司或其他法人，且其不以营利为目的。即使有赚取任何利润，也不可以将此利润分配。工会、商会、政党、利润共享的合作社或教会均不属于非政府组织。"② 一般认为，非政府组织一词最初是在1945年6月签订的《联合国宪章》第71款正式使用的。该条款授权联合国经社理事会"为同那些与该理事会所管理的事务有关的非政府组织进行磋商作出适当安排"③。此外，世界银行也对非政府组织进行了界定："从事扶危济困，维护穷人利益，保护环境，提供基本的社会服务或从事社区发展的私人组织。"④ 1968年，联合国经社理事会通过1296号决议，规定了联合国同非政府组织关系的法律框架，允许在全球层面活动的非政府组织在联合国经社理事会以及联合国体系中的其他机构中获得咨商地位（Consultative Status）。⑤

　　自20世纪80年代以来，随着非政府组织国际化活动的增多，国际非政府组织的概念日益受到重视。根据美国社会学家西德尼·塔罗（Sidney Tarrow）的界定，国际非政府组织为"成员来自两个以上国家并具有国际性目标，通过与国家、私营行为体和国际组织的经常性互动主要为其他国家公

---

① Weiss, T and L Gordenker, *NGOs, the UN, and Global Governance*, Boulder: Lynne Rienner Publishers, 1996.

② 参见王冠、赵颖《非营利组织的再定义》，《北京青年政治学院学报》2011年第4期，第59—64页；余越《国际非政府组织战略传播研究》，上海交通大学2016年博士学位论文。

③ Charter of the United Nations, Chapter X, Article 71, http://www. un. org/aboutun/charter；代兵：《论19世纪初至1918年非政府组织的发展状况》，《国际关系学院学报》2007年6期，第27—30页。

④ World Bank, *Nongovernmental Organizations and Civil Society/Overview*, http://www. wbln0018. worldbank. org/essd/essd. nsf/NGOs/home, July 2005.

⑤ The United Nations, Economic and Social Council, Resolution1996/3: *Consultative Relationship between theUnited Nations and Non-Governmental Organizations*, http://www. un. org/documents/ecosoc/res/1996/eres1996 – 31.

民提供服务的非政府组织"①。1994 年联合国档案中，将国际非政府组织界定为一个"非营利性且自愿的公民组织"，其成员由一国或多国公民组成，其跨国性行动由其所有成员的共同意志所驱使。② 1996 年联合国经社理事会通过了 1996/31 号决议，对国际非政府组织进行了重新界定，即只要该组织从事一些跨越国界的活动，就是具有国际性的，而不管其组织结构、成员和经费来源是否具有国际性。将认定范围扩大至各国和各地区活动的非政府组织，且允许这一类非政府组织按照一定程序规定，以独立的名义在经社理事会中发表意见。③ 这意味着扩大了对非政府组织的承认范畴，允许国内的非政府组织申请专门咨商地位和在册地位。这种演进和改变一方面是由于在国际社会相互依赖增强的时代里，国际事务和国内事务之间的界限越来越模糊，很难从理论上去对非政府组织的国际性目标进行清晰的界定；另一方面非政府组织常常被当作一个整体概念来运用，统一代表国家、地区和国际等层面的各类非政府组织，本身也包括国际非政府组织，尽管"国际性"和"跨国性"是国际非政府组织界定中最为重要的特性。

尽管国际非政府组织的定义有争议，但至少存在一些共识，即国际非政府组织往往是非营利性的、自愿的，为了一个问题或一个群体的利益而以公共目的进行跨国合作工作。根据艾伦·福勒（Alan Fowler）所述，国际非政府组织之间存在一些重要的相似之处，他认为国际非政府组织与政府和企业不同：它们不是为了盈利建立，也不能将盈余分配给业主或员工；它们不因法律规定产生，也不因法律规定而被禁止，而是人们自主选择的结果，人们自愿去呼吁追求共同的利益或关心；它们是由私人主动组建的，是独立的，因为它们不是政府的一部分，也不受公共机构的控制；根据法律条款注册成立，它们也管理自身机构；注册意味着创始人希望获得社会认可，这就要求接受社会责任原则并将其进行一定程度的制度化。④ 基于非政府组织研究领域中最具权威性的美国学者莱斯特·萨拉蒙

---

① Sidney Tarrow, "Transnational Politics: Contention and Institutions in International Politics", *Annual Review of Political Science*, No. 4, 2001, pp. 1 – 20.

② P. J. Simmons, "Leaning to live with NGOs", *Foreign Policy*, Vol. 112, Fall, 1998, p. 81.

③ ECOSOC: "Resolution 1996/31: Consultative Relationship between the United Nations and Non-Governmental organizations", Part 1, "Principles to be Applied in the Establishment of Consultative Relations", http://www.un.org/esa/coordination/ngo/Resolution_ 1996_ 31/.

④ Fowler, A, *Striking a Balance*. London: Earthscan Publications, 1997.

(Lester Salamon)的研究,本书将国际非政府组织的属性界定为以下七个方面:组织性,指有正式的组织机构,有成文的章程、制度,有固定的工作人员等;民间性,指不是政府及其附属机构,也不隶属于政府或受其支配;非营利性,指不以营利为目的,不进行独立的决策或利润分配;自治性,指有独立的决策与行使能力,能进行自我管理;志愿性,指成员的参加特别是资源的集中不是强制性的,而是自愿和志愿性的,组织活动中有一定比例的志愿者参加;非政治性,指不是政党组织,不参加竞选等政治活动;跨国性,指由跨国成员组成、在两个以上国家设立办事机构。① 正因为国际非政府组织特有的民间性、志愿性、非政治性、非营利性、跨国性等上述优势使得它们能够在国际气候谈判与合作这样一个大舞台上,发挥比主权国家和国家间组织更为灵活的作用,这也决定了它们在全球气候治理中所扮演的独特角色。

二　气候治理中国际非政府组织的分类

关于环境类国际非政府组织,学术界并无明确统一的定义。挪威弗里德约夫·南森研究所(Fridtjof Nansen Institute)编写的《绿色全球年鉴2000/2001》在确定环境领域的国际非政府组织时使用了以下标准:它们是跨国家的,拥有组织成员、国家分支机构或办事处;它们的绝大部分活动是在环境与发展领域;它们独立于政府之外(世界自然保护联盟例外)且不是基金会或者研究机构。② 这是对国际环境非政府组织比较狭义的理解。《环境组织世界名录》则将与环境和资源保护有关的国际非政府组织都列入国际环境非政府组织的范畴③,这是对国际环境非政府组织比较广义的理解。另外,有的学者强调国际环境非政府组织应具有形式和视野上的国际性以及拥有跨国的办事机构且活动领域主要侧重于环境治理方面。④ 根据研究的需要,笔者将国际环境非政府组织定义为由跨国成员组

---

① 罗辉:《第三域若干问题研究》,中国地质大学出版社 2006 年版,第 9—11 页。

② 挪威弗里德约夫·南森研究所编,中国环境保护总局译:《绿色全球年鉴 2000/2001》,中国环境科学出版社 2002 年版,第 309 页。

③ Ted Trzyna, ed, *World Directory of Environmental Organizations* (Sixth Edition), California Institute of Public Affairs, 2001.

④ Neil Carter, *The Politics of the Environment*, Cambridge University Press, United Kindom, 2001. p. 132.

成、在两个以上国家设立办事机构，主要从事环境与资源保护活动的非政府组织。①

根据约翰·法林顿（John Farrington）和安东尼·贝宾顿（Anthony Bebbington）所述，将国际非政府组织作为一个广泛的类别讨论存在的问题是这种分类没有完全区分组织的职能、所有权和业务规模。② 与其他国际非政府组织的复杂性和多样性一致，国际环境非政府组织种类繁多，其地缘政治归属、环境理念差异、规模、关注层次、资金来源、组织内部结构和组织行动模式不尽相同。③ 具体而言，第一，从其宗旨与活动领域看，国际环境非政府组织可分为综合性国际环境非政府组织与专门性国际环境非政府组织。综合性国际环境非政府组织，如绿色和平组织几乎关注同气候变化、绿色能源、海洋酸化和海洋污染、生物多样性保护、土壤退化、森林保护等大部分领域的环境问题。而专门性国际环境非政府组织意味着受到组织历史发展沿革影响、组织调动资源的限制或者组织的特色定位等，将主要关注点聚焦在某一个特定的环境领域活动，如巴塞尔行动网络（Basel Action Network，BAN）主要关心有害产品和废物的越境转移问题，气候行动网络（Climate Action Network，CAN）专注于防止气候变暖并推进国家的气候减缓与适应行动。第二，以地缘经济与政治相结合，可分为北方发达国家的国际非政府组织和南方发展中国家的非政府组织。而北方国际环境非政府组织主要指来自发达国家的国际非政府组织，其服务范围多在发展中国家，具体活动领域一般可以归纳为三类：一是着眼于环境灾害的救援工作；二是以推动当地社会可持续发展为己任；三是主要致力于生态环境领域的倡议性活动（同时还会包括妇女、人权、裁军、贸易等方面的倡议性活动）。南方国际环境非政府组织主要指来自发展中国家的非政府组织，由于受到资源和资金可获性、人员专业化水平、活动规模可持续性等方面的局限，其影响力要远远低于北方组织，并且其行动有时会受到"域外国家"或者西方国际非政府组织的控制性影响。第三，

---

①　Doyle, Timothy, Doug McEachern, and Sherilyn MacGregor. *Environment and Politics*, Routledge, 2015.

②　Farrington, J and A Bebbington, *Reluctant Partners*, *Non-governmental Organizations*, *the State and Sustainable Agricultural Development*, London: Routledge, 1993.

③　Helen Yanacopulos, *International NGO Engagement*, *Advocacy*, *Activism*: *The Faces and Spaces of Change*, Palgrave Macmillan, 2015.

从规模上（成员、经费的多少）看，环境非政府组织有大型和小型的区别，相差悬殊。如在国际上具有较大影响力的绿色和平组织已经拥有会员500 多万，其年度预算开支可以高达 1 亿美金左右，毋庸置疑，它属于典型的大型国际环境非政府组织。与之相比，地球理事会（The Earth Council）的成员只有 18 位世界各领域的知名人士，可以调动的资源也极为有限，属小型国际环境非政府组织。① 第四，从组织活动范围看，可以分为区域和全球性环境非政府组织。区域性环境非政府组织集中处理本地区所面临的环境问题。如大湖联盟（Great Lake United）基于特殊的地缘环境保护视野，主要围绕美加之间的大湖盆地展开活动。全球性环境非政府组织则主要关注全球所面临的主要环境问题，如世界自然保护联盟（IUCN）、世界自然基金会（WWF）等。第五，从不同的经费来源看，环境非政府组织可分为主要依靠会费及成员捐款的内部支持型组织，主要依靠社会捐助独立性外部支持型组织，以及接纳包括社会、政府和企业支持在内的综合性外部支持型组织。内部支持型组织的典型代表为地球之友国际，主要依靠会费来进行活动组织。独立性外部支持型组织的典型代表为绿色和平组织，主要接受个人和基金会的赞助，不接受政府和企业的捐款从而明确自身的中立性立场。将政府与商业支持排除在外，前两类可以调动的资源要明显少于第三类，但其优势是可以更好地保护自身发展路径的独立性。综合性外部支持型组织的代表有世界自然保护联盟（IUCN），由于其半官方性质，主要依靠政府和企业的双边赞助，世界自然基金会（WWF）在接受社会捐助的同时也欢迎企业的赞助，同企业进行绿色项目的合作。第六，从组织结构上看，可分为权力集中型和松散型的国际环境非政府组织。绿色和平组织是权力集中型的代表，而内部由多个非政府组织以伙伴性合作关系组成的联盟性质的国际环境，非政府组织多属于松散型，其中代表有地球之友和国际气候行动网络。

最后，联合国机构（如联合国经社理事会）还依据国际环境非政府组织同其合作程度进行分类。第一类是指同联合国机构合作关系非常紧密并且有制度性的交流渠道，体现为关心经社理事会的大多数活动并在其中做出贡献发挥重要影响力，具有联合国咨商地位的国际非政府组织；第二

---

① Ted Trzyna ed. , *World Directory of Environmental Organizations*（*Sixth Edition*）, California Institute of Public Affairs, 2001, p. 77.

类是同联合国机构合作紧密度较为一般，主要在经社理事会的少数几个特定的活动领域具有特别能力和特别关切的国际非政府组织，虽然具有联合国的咨商地位但提供贡献相对有限；第三类是仅仅在联合国机构注册的国际非政府组织，它们不具备一般的或特定的咨商地位，但偶尔对联合国机构做出与其能力相称的较小的贡献。近年来，非政府组织作为气候变化大会中的重要非缔约方利益相关者，获会议准入的注册非政府组织的比例不断提升。以2015—2017年缔约方会议为例，获准入非政府组织比例最高为49.1%，其他非缔约方利益相关者还包括联合国系统（22.8%）、获准入政府间组织（6.7%）及其他相关者（21.3%）。

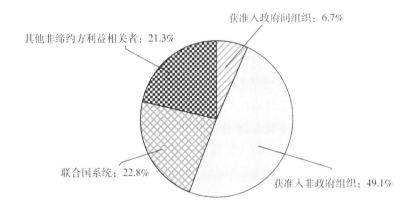

图1-1　2015—2017年非缔约方利益相关者会议准入构成

资料来源：联合国UNFCCC2018年统计。①

根据气候谈判和治理实践两个维度，本书更倾向于将国际环境非政府组织分成六类：第一类是侧重于通过提供科学研究报告和政策咨询建议等智力性支持来影响全球气候谈判，诸如忧思科学家联盟、科学与环境中心、世界资源研究所、全球发展中心、国际气候与环境研究中心、国际环境法中心以及卡耐基科学研究所等在内的研究机构。第二类是侧重于直接参与全球气候谈判，诸如气候行动网络、"气候正义现在就要"、绿色和平组织、国际自然保护联盟、公民气候游说团、气候联盟、国际地球之友

---

① UNFCCC，*Non-Party stakeholder submissions* 2015 – 2017，https：//unfccc. int/process-and-meetings/parties-non-party-stakeholders/non-party-stakeholders/statistics#eq – 2.

以及地球正义等在内的研究机构。第三类是侧重于对国际气候谈判产生间接性影响,诸如世界自然基金会、国际环境法中心、自然资源保护协会、拯救地球和大气环境全国市民会议、保护国际基金会、环境保护基金、国际工会联盟、国际乐施会、世界基督教协进会、教会联合行动联盟、国际行动援助以及聚焦全球南方组织等。第四类是侧重于影响国内气候政策的,诸如基督教援助协会、气候与能源解决方案中心、全印妇女会议以及芬兰非政府组织平台等在内的研究机构。第五类是侧重于组织与实施具体的环境治理项目,诸如国际热带农业中心、国际山地综合开发中心、国际粮食政策研究所、亚洲资源基金会、英国文化协会、国际鸟盟、国际关怀组织、环境品质文教基金会、世界森林、城市生活论坛等。第六类是侧重于直接和企业合作或规范企业的气候实践,诸如可持续能源商业委员会、负责任大气政策联盟、节能联盟、可持续能源欧洲商业委员会、欧洲气候基金会、欧洲地区能源与环境机构、国际商会、世界可持续发展工商理事会以及日本电气事业联合会等在内的研究机构。当然这种分类不是绝对的,只是针对不同国际非政府组织所侧重的领域进行分类,并不意味着该组织只在这一领域活动。比如绿色和平组织不仅侧重于直接参与气候谈判,同时也关注对于国内各类气候能源政策的影响。

表1-5   参与气候谈判和气候治理的国际非政府组织分类

序号	类别属性	代表性国际非政府组织
1	侧重于通过提供科学研究报告或政策咨询建议等来影响全球气候谈判	优思科学家联盟、科学与环境中心、世界资源研究所
2	侧重于直接参与全球气候谈判	绿色和平组织、国际自然保护联盟、气候行动网络
3	侧重于对国际气候谈判产生间接性影响	世界自然基金会、国际环境法中心、自然资源保护协会
4	侧重于影响国内气候政策	基督教援助协会、气候与能源解决方案中心
5	组织与实施具体性气候治理项目	国际热带农业中心、国际山地综合开发中心、国际粮食政策研究所
6	直接和企业合作或影响规范企业的气候实践	可持续能源商业委员会、负责任大气政策联盟、节能联盟

资料来源:笔者自制。

三　国际非政府组织在气候治理中的基本角色

目前国际非政府组织数量呈现不断攀升的态势并呈现出以下三个特点。首先是范围广，国际非政府组织的活动遍及全球治理的各个领域与议题。其次是活动方式多，国际非政府组织的活动方式包括研究与教育，知识传播和信息披露，直接提供产品或服务，参与、监督和协调政府或政府间国际组织的决策与行为、倡议与游说、抗议与斗争等。最后是国际非政府组织发展的联盟化和网络化，如气候行动网络（CAN）、气候正义现在就要（CJN）等联盟的治理能力和权威性影响都在不断提升。虽然全球气候治理的核心是主权国家以及多边主义的政府间合作范式，但国际非政府组织在历次气候变化重大会议和事件中扮演了不容忽视的角色，体现在以下几个方面：一是通过科学研究、报告发布和评估项目等，为国家气候政策制定和国际气候谈判提供科学性和前瞻性的智力支持；二是通过广泛气候传播和气候教育，提高公众对于气候变化的理性认知与感性共鸣从而提升其气候支持性活动的参与度；三是在气候治理中代表不同利益群体，特别是为弱势群体与脆弱国家代言，通过各种手段形成舆论压力和政治杠杆，从而影响国际和国内的决策过程；四是注重网络性伙伴关系建设，并通过与国际组织的制度性合作来提升自身的合法性和影响力等。基于上述分析，国际非政府组织在气候治理领域内主要扮演以下六类重要角色：全球气候变化意识的宣传者、全球气候治理信息的提供者、全球气候变化的政策倡议者、全球气候保护行动的监督者、全球气候治理主体的沟通者和全球气候治理中国家形象的塑造者。

（一）全球气候变化意识的宣传者

只有意识到全球气候变暖的严重性才能付诸致力于气候保护的一系列行动，基于此，许多环境国际非政府组织把普及大气环境知识、提高公众的气候变化意识、提升自觉性的气候应对行动作为重中之重。从建构主义角度而言，只有通过知识的广泛传播和信息资源贡献互动，才能逐步重塑人们的主体间信念和身体认知，从而在根本上改变公众的利益和偏好的界定。对于气候类国际环境非政府组织而言，遏制全球变暖、促进人类可持续发展无疑是组织成立的最初宗旨和所要达到的最终目标。因此，全球气候变化意识的宣传者可以说是气候环境类非政府组织在气候治理中扮演的最重要的角色。

目前存在的许多气候环境领域内的非政府组织都以提高社会公众的气候意识为己任，并且通过各种渠道宣传气候保护意识。在发达国家，国际非政府组织深入各个社区，宣传低碳生活的迫切性；在发展中国家，国际非政府组织竭力倡导各国避免走发达国家以过度消耗资源，污染大气环境为代价的工业化老路。国际非政府组织作为全球气候变化意识宣传者的角色定位可以追溯到1972年罗马俱乐部发表的《增长的极限》这一报告，该组织通过科学研究和信息发布首次在全球范围内引发了人类对环境污染问题的关注。在过去的几十年里，非政府组织主要通过实地科考、媒体合作、游行示威、行为艺术甚至一些破坏性的活动来传播自身的环境理念。近年来，随着互联网的普及和新媒体的快速发展，国际非政府组织又利用Instagram、Facebook、Twitter、Youtube、TikTok、LinkedIn等新媒体信息和视频录播扩散工具，大力向公众传播气候变暖的危害以及控制温室气体排放的必要性，多元化传播更为灵活生动地唤醒全球人们的气候保护意识。比如绿色和平组织通过对于瑞士阿尔卑斯山的阿莱奇冰川消融的实地考察，通过摄影图片、纪录片、微视频、案例故事、社会交流活动等方式呼唤社会民众、各国政府对全球气候变化危害性不断加剧的深刻认知。

（二）全球气候治理信息的提供者

气候治理是一项科学性很高的工作，涉及气象学、地理学、地球物理学、生物化学等众多学科在内的研究对象。由于气候问题存在多变性和不确定性，全面了解、系统分析并准确把握全球气候变化信息是国际社会采取气候减缓和适应行动，以及政府做出相关政策决策的先决条件。鉴于气候变化以及气候治理的信息是复杂的，成为全球气候信息的供给者意味着有实力的国际非政府组织需要进行专业性、长期性、系统性的追踪研究。一些环境国际非政府组织长期从事地球环境与大气理论研究，尤其是智库类的气候研究型组织，聚集了本身就从事于气候环境研究的众多专家和科研人员，有些还是大气领域内的权威专家。这些组织以其专业的优势掌握全球气候方面的重要信息，可以在第一时间内捕捉到气候变化最新进展，并通过科学的判断与专业性的分析提供气候信息和分析报告。这些国际非政府组织凭借其专业性权威和道义性感召力，在扮演全球气候治理信息的提供者角色上有着很强的说服力和科学性，有效地弥补了政府及政府间组织在气候治理政策制定和施行等方面的不足。

具体而言，主权国家和联合国等政府间组织在形成气候决议的过程中由于种种原因无法对气候进行专业的、全方位的监测，有时候甚至对某些科学信息产生分歧；而国际非政府组织凭借其中立的态度和专业的分析所提供的气候信息往往会成为主权国家和国际组织做出气候保护决策的重要依据。除了向政府公众提供专业的气候信息促成它们的决议之外，国际非政府组织还通过向公众提供各种大气污染的最新信息，从而来警示遏制气候变化的紧迫性。比如他们充分利用大众传媒和新媒体，如电视、广播、Facebook、Twitter、Youtube、TikTok 等方式进行信息的传播与交流，提供高水准的专业知识咨询服务，鼓励民众积极参与到全球气候治理的行动中来。如世界资源研究所、国际可持续发展研究所等组织，会定期或者不定期地发布关于全球环境问题的研究与评估研究报告，这些带有大量检测数据的报告为全球气候治理提供了重要的气候变化信息和治理数据。

（三）全球气候变化的政策倡议者

国际非政府组织在参与全球气候治理过程中，得益于自身广泛而深厚的社会资本，更容易发现社会民众的各种需求、更好监督政策落实过程中的各种漏洞以及即时反馈气候实践行动中的各类困难等，从而可以更快促成气候政策改革，包括推进相关法规和政策的制定，修订及完善。近年来，国际非政府组织已经不再满足于在政策体系中仅仅作为政府或市场的补充者或弥补者的角色，而是希望凭借自身的社会性、专业性、中立性等优势，采用更为积极主动的方式来加快推进政策改革或者创新性政策的出台，从而更为直接地实现组织目标。政策倡议是指通过宣传自身理念和政策主张所进行的社会鼓动，旨在将创新性理念纳入国家或者国际层面的政策议程中，为气候政策体系的创新与完善提供新的政策选择。

国际非政府组织参与国家和全球层面气候治理的主要方式就是倡议和游说，即通过演讲呼吁、对话劝说、组织性游说、街头运动、媒体宣传、案例调研、发行相关研究报告、举行研讨会等多元方式形成舆论压力，以此来影响政府的政策不断向其宗旨或目标靠拢。如果该政府对其政策倡议不做出任何反应，那么国际非政府组织将以更为灵活的方式对该国政府实施间接压力。最常见的就是正如玛格丽特·凯克（Margaret E. Keck）和凯瑟琳·辛金克（Kathryn Sikkink）在跨国倡议网络研究中所提出的"回飞镖模式"（Boomerang Pattern），拥有共同信念的国际非政府组织跨国进行联合与合作，从而形成跨国倡议联盟。该联盟绕开国家层面而向国际层面特别是各种国际组织输入新的政策选择和规范价值，一旦受到国际组织的认可,便从国际层面返回来促使政府进行规范接纳与政策调整。另外,值得注意的是,已经有越来越多的政府间组织,正通过诸如给予咨询地位等方式来吸纳国际非政府组织积极参与到政策制定或评审的过程之中。国际非政府组织也不断地尝试利用多种渠道有效地参与并影响政府和政府间组织的各项决策,为全球气候治理的政策议程提供更多创新性理念与方案。

(四) 全球气候保护行动的监督者

现在国际非政府组织不但参与国际组织与政府的决策过程,还积极地对很多国际条约、国家承诺、决策实施甚至具体治理项目等的落实情况与推进过程进行监督。环境非政府组织由于不受国界的约束,主动性和灵活性比较强。因此,它们可以自主地根据组织的宗旨目标、价值规范和治理意愿对各种气候条约、国家承诺和治理项目进行全面监督和披露行动,从而提高政府政策落实的透明度和普通民众对于国家承诺的知情权,有效地督促各国政府更好地履行其责任。

在全球气候治理中,国际环境非政府组织由于自身的公益性、专业性、非营利性、群众性等特点和优势,可以根据自己的意志独立自主地开展行动,如进行监督、揭露、批评和谴责等,以此来协助提高主权国家和政府间国际组织履约的透明度,督促政府履行他们应承担的义务和责任,在调查和报告违反环境条约事件以及发挥监督披露作用方面有独到之处。具体而言,国际非政府组织通过搜集相关的信息,跟踪调查某些国家的温室气体排放量,通过对违反义务规定的行为进行揭露和谴责以此来扮演监督者的角色。除了对主权国家的温室气体排放量开展监督之外,国际非政府组织还开展对跨国公司的监督。国际非政府组织通过汇集数据库和发放信息,揭露跨国公司的污染排放,监督其违规行为,甚至直接开展反对跨国公司排污的实际行动。不少国际非政府组织还会采用全球网络的合作机制,通过及时准确的信息收集和实时发布,从而更快唤起公众的环境意识并更好保护公众的环境信息知情权,以此来对部分主权国家与跨国企业的行动施加舆论压力和影响,从而起到监督的作用。①

① 参见孙景民《非政府组织的政治行为研究》,中共中央党校 2005 年博士学位论文;徐莉《非政府组织与社会支持体系的构建》,武汉大学 2009 年博士学位论文。

（五）全球气候治理主体的沟通者

在世界经济与政治全球化日益深入的今天，世界上存在着诸如主权国家、政府间组织、非政府组织、企业甚至个人等多种气候治理主体。作为全球气候治理的重要主体之一，非政府组织还扮演了联结诸多治理主体的角色。

首先，国际非政府组织本身就是来自民间的力量，自然整合了社会公众的环境意识，联结了公众对于气候保护的意愿，积极将民众诉求反映到国家以及国际政策层面。其次，作为民间气候意识的代表，要促进民众的表达，国际非政府组织又扮演了与政府沟通的角色。在世界无政府状态下，主权国家的减排无疑是遏制全球气候变暖的决定性因素。在国际非政府组织极力推动下，诸如气候变化等全球性环境问题被逐步纳入国家外交事务的议程中，全球环境利益被纳入国家利益的考量范畴。与主权国家政府沟通合作，并积极影响其气候政策议程是国际非政府组织作为一种社会力量与政府沟通的最好方法。再次，国际非政府组织同跨国企业及企业联盟的关系也发生了一定程度的转变，从过去的"对抗"逐步转变为寻求"沟通合作"，通过参与企业的绿色营销、绿色产业链管理、绿色标准制定等来影响企业的运营模式。最后，国际非政府组织同联合国之间的沟通协作是其参与全球气候治理的一种重要方式。尤其是最近这十几年间，气候环境类国际非政府组织在联合国做出环境决议的时候扮演了重要角色。它们不仅参与协商会议，还为联合国的某些气候治理方案提供政策建议。与此同时，国际非政府组织凭借自身强大的号召力和日益发达的网络媒介联结了世界各地的气候保护者。例如，气候行动网络（CAN），它联结全世界范围包括欧洲、北美洲、拉丁美洲、南亚、东南亚、中东、非洲在内的 1000 多个非政府组织，可以随时交流气候变化信息，开展气候保护行动。联结起来的跨国性气候组织具有更大的影响力，是全球气候治理中的一股不容忽视的力量。总之，作为沟通者与协调者，国际非政府组织在不同的气候治理主体之间建立起某种非正式的对话渠道，把不同的力量进行整合凝聚，在全球气候治理中构架了一座桥梁。

（六）全球气候治理中国家形象的塑造者

在众多全球性问题中，气候变化问题无疑是影响最深远、最广泛的问题。因此，各国在解决该问题上的表现直接影响到其国际形象。塑造积极正面的国际社会影响力成为国家软实力建设过程中的重要一环。良好的国家形象能使国家的行为和政策得到更多民众和国际社会的理解和支持；而被丑化的国家形象则意味着国家难以取得民心，难以得到国际社会的支持，容易受到舆论攻击、经济制裁与外交孤立，甚至引起国际干预，从而产生较大的国内外政治压力。因此，任何国家都无法漠视各种社会性影响力，不断塑造与提升国家形象对于任何主权国家来说都具有极其重要的意义。

大量的国际非政府组织作为全球气候治理中活跃的一分子，凭借其同国际市民社会和国际媒体的密切联系，可以通过营造社会性影响和发挥杠杆性作用来引导国际舆论，对褒贬一国的国际形象起着不可小觑的作用。在全球气候治理中，他们通过"丑化"型颁奖、气候行动指数排名、要求信息透明度并披露关键性信息、发布报告、组织会外活动等方式来进行"施压"或者"羞辱"战略，对于气候变化应对过程中的拖后腿者施加更多的国际压力。如在气候谈判大会上，CAN 每天都会出版一张名为 ECO 的简报，分析前一天的会议进展，并点名批评在当天谈判中态度不积极的国家。同时，给其认为表现最差的国家颁发"当日化石奖"，使某些国家的行为直接暴露在国际社会面前，从而给该国的国家口碑与国际形象塑造带来不小的挑战。

第二章　气候治理机制复合体与
治理嵌构理论

　　研究国际机制的学者注意到了各个国际机制之间并非独立，而是具有互动和关联的特点。奥兰·扬（Oran Young）指出大部分研究国际机制的学者都把国际机制作为独立或单独的实体进行分析，这种方法对于理解国际机制的基本性质并提高对某项国际机制的分析能力无疑具有可取之处，但这种方法也存在严重局限性，即未能充分探析多种国际机制之间的互动和关联，以及机制之间的关系对于国际机制有效性的影响。研究机制互动性的前提就是全球治理特定领域的相似机制的不断增多。其动力机制的解释首先可以从功能主义出发，即当前机制难以满足问题解决的需要，多元利益攸关方为更好地解决问题只能另行构建，机制增多并和原有机制产生感应互动。其次，还有一种政治学的解释，在目前的全球治理中由于权力流散的增强，利益高度分散，机制权利义务分配不确定性增多，行为主体也无法在某一机制中都获得自己想要的东西，由此激励多元行为体积极参与到多维机制的创建中。[1] 最后是机制联结论的研究视角。随着全球环境系统的变化，不同问题领域的纽带性和互嵌性越来越强，某一具体问题领域的治理方案常常受到其他问题领域制度框架和实践的约束，联结现象和纽带性联系越发凸显。[2] 所谓联结，其实就是传导性和联系性。传导性是指一种某问题领域的治理机制传导到其他问题领域；而联系性则强调不同议题的渗透性，这两种属性导致具体问题很难在自身范围内得到解决，必

---

① 仇华飞、张邦娣：《欧美学者国际环境治理机制研究的新视角》，《国外社会科学》2014年第5期，第49—57页；［美］奥兰·扬：《世界事务中的治理》，陈玉刚、薄燕译，上海人民出版社2007年版。

② Karen J. Alter, and Sophie Meunier, "The Politics of International Regime Complexity", *Perspective on Politics*, Vol. 7, No. 1, March 2009, pp. 13 – 24.

须和相关领域机制有所协同，譬如气候—能源—水—粮食治理的多议题渗透交叉密切。① 这种跨议题的机制合作也必然带来机制创新。虽然这种纵向和横向上治理空间中的国际机制和参与行为体数量的不断增多导致了全球气候治理格局的碎片化，但能否实现有效治理取决于不同碎片化格局中各类机制与多元行为体的互动协同模式。在目前全球气候治理机制复合体中，跨国性和网络性气候治理复合体成为聚合公共部门、私营部门和社会部门的治理能力的重要载体。基于治理嵌构理论的分析，本章认为研究国际非政府组织在气候机制复合体中的嵌构作用对于推进全球气候治理中的机制协调和良性议题互动具有重要的理论意义和实践价值。

第一节　全球气候治理中的碎片化格局

全球治理中的碎片化主要表现为国际关系特定领域的权力流散化、制度分散化与行为体多元化的趋势，在特定政策领域呈现出一种由具有不同特征、不同空间范围和不同主导问题构成的各种国际制度所组成的机制复合体。② 全球气候治理机制的碎片化可以定义为，全球气候治理的多边进程中除了核心的 UNFCCC 联合国框架下治理体制之外，随着国际气候谈判和全球气候治理的推进，在政府间以及非政府间的其他多边、双边及单边渠道也日益涌现出多种涉及气候治理的创新性机制与治理实践。这种全球治理机制的碎片化趋势为后来的全球气候治理机制复合体（Complex of Climate Change Regimes）研究提供了基本前提。这种在核心治理机制之外的治理碎片化有时被解读为一种全球气候治理中的双重困境，即治理碎片

①　Karen N. Scott, "International Environmental Governance: Managing Fragmentation Through Institutional Connection", *Melbourne Journal of International Law*, Vol. 12, No. 1, June 2011, pp. 1 – 40. Franz Xazer Perrez and Daniel Zieggerer, "A Non-institutional Proposal to Strengthen International Environmental Governance", *Environmental Policy and Law*, Vol. 38, No. 5, 2008, pp. 253 – 261.

②　Frank Biermann, Philipp Pattberg, Harro van Asseltand Fariborz Zelli, "The Fragmentation of Global GovernanceArchitectures: A Framework for Analysis", *Global Environmental Politics*, Vol. 9, No. 4, 2009, pp. 14 – 40; Fariborz Zelli and Harro van Asselt. "The Institutional Fragmentation of Global Environmental Governance: Causes, Consequences and Responses", *Global Environmental Politics*, Vol. 13, No. 3, 2013, pp. 1 – 13.

化必然同领导力缺失并存。[1] 但是弗兰克·贝尔曼（Frank Biermann）等学者指出，全球气候治理制度碎片化代表了一种"碎"而不"乱"的格局，并不意味全球气候治理失灵，其治理谱系可以通过碎片化程度和类型来进一步进行衡量。[2] 但要注意的是，这种分类需要基于两个基本性前提假设：一是全球气候治理机制复合体并非完全无等级性，在全球气候治理中存在一个以 UNFCCC 联合国框架为核心制度的弱等级性，框架所承载的规范被视为一种核心价值规范；二是在弱等级的机制复合体中，治理有效性程度取决于核心制度和价值规范同其他制度和规范的互动程度，以及制度之间的协调整合能力。但是议题的复杂性、政治权力的博弈和国内政治的干扰都成为影响机制间良性互动的负面因素。

一　全球治理体系中的碎片化格局分类

按照是否存在一个核心制度（规范）以及其他制度（规范）同核心规范相融合的程度，弗兰克·贝尔曼将全球治理体系中的碎片化格局分为协同型、合作型和冲突型三种。然而这种分类忽视了合作过程中主动性（积极）和被动性（消极）参与的重要区别，因此本书将这一分类拓展为四种，即协同型、积极合作型、消极合作型以及冲突型碎片化。协同型碎片化是整合程度较高的具有明显核心制度的机制复合体，积极合作型和消极合作型碎片化的互动程度有待提升，加以正确引导可产生较强的治理动力，而冲突型碎片化意味着存在同核心规范相冲突的各种分散性机制，从而使治理陷入一种完全的松散无序（无等级）性状态。

表 2 - 1　　　　　　全球治理体系中的碎片化格局分类

分类标准	协同型	积极合作型	消极合作型	冲突型
机制复合体谱系	较高整合性和等级性	一般整合性，具有较大协调空间	较低整合性，协调空间有限	分散性及无等级性

① 于宏源、王文涛：《制度碎片和领导力缺失：全球环境治理双赤字研究》，《国际政治研究》2013 年第 3 期，第 38—51 页。

② Frank Biermann，Philipp Pattberg，Harro van Asseltand Fariborz Zelli，"The Fragmentation of Global GovernanceArchitectures：A Framework for Analysis"，*Global Environmental Politics*，Vol. 9，No. 4，2009，pp. 14 - 40.

续表

分类标准	协同型	积极合作型	消极合作型	冲突型
制度一体化程度	仅一个核心制度，其他相关制度都与核心制度密切相容	其余相关制度与核心制度维持一种松散的相容度	其余相关制度与核心制度维持一种有限的相容度	拥有不同的、大量不相关的制度
规范冲突程度	制度的核心规范是一体化的	核心规范相容度高	核心规范有相容性但也存在一定冲突	核心规范冲突
行为体结构	所有相关行为体都支持相同的制度	一些行为体在主要制度之外，但能推动合作	一些行为体在主要制度之外，但能维持不冲突	关键行为体支持不同的制度
制度互动程度	制度互动程度高，合作频率高	制度互动程度较高，合作频率较高	制度互动程度较低，合作潜力存在	制度之间基本无互动

资料来源：作者在 Frank Biermann, et al（2009）基础上对碎片化格局的分类进行了调整。

　　1992 年签署的《联合国气候变化框架公约》（以下简称"《公约》"）奠定了联合国框架作为治理核心机制和权威性规范载体的基础。20 世纪 90 年代《公约》外的气候机制寥寥无几，无论是政府间气候变化专门委员会（IPCC），还是一些多边和双边气候机制都是围绕着《公约》所确定的治理目标展开并且基于其核心规范运作的，呈现为一种机制协同型性低碎片化状态。因涉及众多的利益相关者和经济社会领域，基于大多边治理的全球气候政治实质上始终沿着两条轨道前行：一条是以《公约》为核心的联合国框架下的气候治理，试图通过艰难的国际气候谈判，构建一种一体化的综合性的具有法律约束力的全球减排协议；另一条是在联合国气候治理体系之外，由各气候集团以及各种行为体创建的各种大小不一、性质各异、涉及多个领域的治理机制。

　　而气候治理制度的碎片化事实上也同时在这两条轨道内展开。① 发生于制度内部的碎片化（可称为第一轨道碎片化）主要包括两种：其一是联合

---

　　① 李慧明：《全球气候治理制度碎片化时代的国际领导及中国的战略选择》，《当代亚太》2015 年第 4 期，第 128—156 页。

国框架下的《公约》缔约方谈判集团的分化与重组，集中体现为参与气候变化缔约方会议的缔约方谈判集团数量的不断增多。特别是自从2009年哥本哈根会议所凸显的京都治理困境以来，发展中国家阵营内部的分化和重组不断加剧。从根本上而言，这体现了气候谈判中的利益碎片化倾向。这种碎片化源于国家内部的利益计算，所导致的集体行动困境不利于制度内部碎片化的协调。其二是功能性细化和拓展造成的碎片化，即随着谈判议题的增多以及越来越多的相关机制的建立，如减少发展中国家毁林和森林退化机制（REDD）、气候变化下的生物多样性保护机制、气候基金等资金援助机制、技术开发与转让机制等。这相应体现在几乎每年的《公约》缔约方会议都有一系列协议达成，但这些外延性机制都是同《公约》核心规范高度一致的支持性制度，基本可以视为是积极合作型和协同性碎片化。

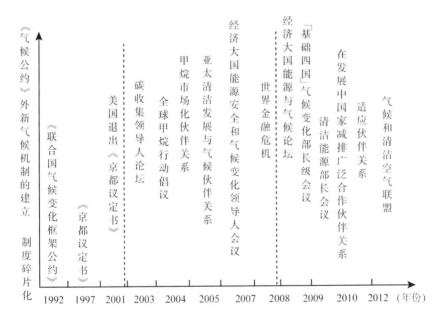

图2－1　全球气候治理中的制度性碎片化演进

资料来源：笔者自制。

　　发生于核心制度外的碎片化（可称为第二轨道碎片化），也主要表现为两种：其一是《公约》之外气候治理机制的大量涌现。这既包括传统国际组织日益涉及气候变化议题（如 G8/7、G20 和亚太经合组织越来越多地触及气候变化议题）等，也包括大量的地区性（俱乐部性）、非国家性（市场性/社会性）气候治理机制的涌现。其二是除国家之外的非国家行为体和次国家行为体等多元利益攸关方的参与，这些行为体参与的碎片化同机制碎片化相互交织在一起，由此形成了一种两轨并行、制度交错的复杂现象。当然"制度外碎片化"的属性要比制度内碎片化复杂的多，按照不同治理制度所遵循的规范同《公约》核心机制规范的相容程度以及同《公约》的协调合作程度，可以分为四种碎片化类型：一是想取代基本框架公约的"冲突型碎片化"；二是虽没有明确同基本框架规范的相悖性，但是同其合作呈现消极状态的"消极合作型碎片化"；三是同基本框架规范相容且积极与之协调互动的"积极合作型碎片化"；四是能够同制度内碎片化相媲美的"协同型碎片化"。

二　碎片化格局的双驱动力：利益博弈性与多元治理性

从某种程度而言，这种机制复合体的碎片化加剧主要受两大因素驱动：一是从国际气候谈判维度而言，治理机制碎片化源于大国之间的利益博弈以及协调失利；二是从全球气候治理的维度而言，同能源结构和消费模式紧密相关的气候治理同国内民众生活紧密相关，其治理过程必然是一个多利益攸关方不断介入的过程并在进程中不断推进治理制度和治理实践的多元化发展。下面结合气候政治的历史演进具体来看。

（一）气候谈判维度下利益博弈所导致的制度内和制度外碎片化

从气候谈判维度而言，由于各国的利益诉求不同从根本上导致了气候机制的消极型碎片化，集中体现为制度内部谈判集团的不断分化重组以及美国所主导的框架外气候机制的不断涌现。[①]

首先，就谈判集团利益博弈所导致的谈判集团不断分化而言，这属于制度内碎片化进程。1997 年签署的《京都议定书》所承载的"自上而下"顶层分配减排指标的治理机制成为全球气候治理的核心规范，欧盟、伞形集团、"77 国集团 + 中国"三足鼎立的谈判集团局势正式形成。但在1997 年京都谈判的过程中就暴露了欧盟和美国在一些核心问题上的分歧，

---

① Daniel Bodansky, "The History of the Global Climate Change Regime", in Urs Luterbacher and Detlef F. Sprinz eds. *International Relations and Global Climate Change*, Cambridge: The MIT Press, 2001.

如对于温室气体种类界定以及减排模式的争议，都导致《京都议定书》的签署仅仅是大国妥协的产物。当时的最大排放者美国最终没有批准议定书，其推脱理由是气候减排对于其经济发展具有负面影响，以及质疑《京都议定书》中的"共同但有区别性责任原则"并要求发展中国家也必须履行相应的减排责任；加之京都灵活机制（排放交易机制、联合履约机制和清洁发展机制）在不同国家和地区的推广实施不同步且遇到各种阻力，以上都对积极合作型碎片化协调造成阻碍。作为伞形集团的领导者，美国的退出大大延迟了《京都议定书》的生效时间，同时让伞形集团中其他国家（加拿大、澳大利亚、挪威、新西兰、韩国和俄罗斯等）也逐渐走向抵触《京都议定书》的道路。欧盟发挥自身的领导力，一方面加强同发展中国家的合作；另一方面不断同可能妥协的伞形国家进行斡旋，促使俄罗斯、日本终于签署了《京都议定书》，最终推动了《京都议定书》得以在 2005 年生效。此时，伞形集团内部的分化已经初见端倪。2007 年"巴厘路线图"的达成在一定程度上说明了气候治理中的关键性大国再次相互妥协，特别是美国作为 UNFCCC 基本框架中的成员又回到了气候谈判中，致使整体性气候治理又走向了积极合作协同型。但是，2009 年哥本哈根气候谈判大会的失败首先充分暴露了欧盟、以美国为首的伞形国家与发展中国家在气候治理关键问题上的矛盾与分歧；其次哥本哈根会议也显示了欧盟在气候谈判中领导力的式微，导致中美欧妥协而成的《哥本哈根协议》又进一步偏离了京都进程，公约下的制度框架又有走向准冲突型碎片化的趋势。

　　与此同时，在 2008 年国际金融危机后召开的哥本哈根会议中，经济仍然高速增长的新兴发展中大国排放量加速上升，致其在全球气候减排中的责任与压力倍增。在西方国家的分化和影响下，"77 国集团＋中国"集团成为气候谈判中最不稳定的国家集团，气候谈判的主要矛盾从"南北对立"转变为排放大国和排放小国的矛盾：一方面新兴发展中国家中的代表中国、印度、巴西和南非面对更大国际压力组成了基础四国集团（BASIC FOUR），强调在坚持"共同但有区别性责任原则"的基础上推进减排的（自愿性）自主贡献；另一方面，小岛屿国家联盟（Alliance of Small Island States，AOSIS）、非洲集团（African Group）和拉美国家动议集团（Latin American Initiative Group，GRILA）考虑到自身的特殊的国情和利益诉求，与之前发展中国家阵营出现了立场的背离，转而对发展大

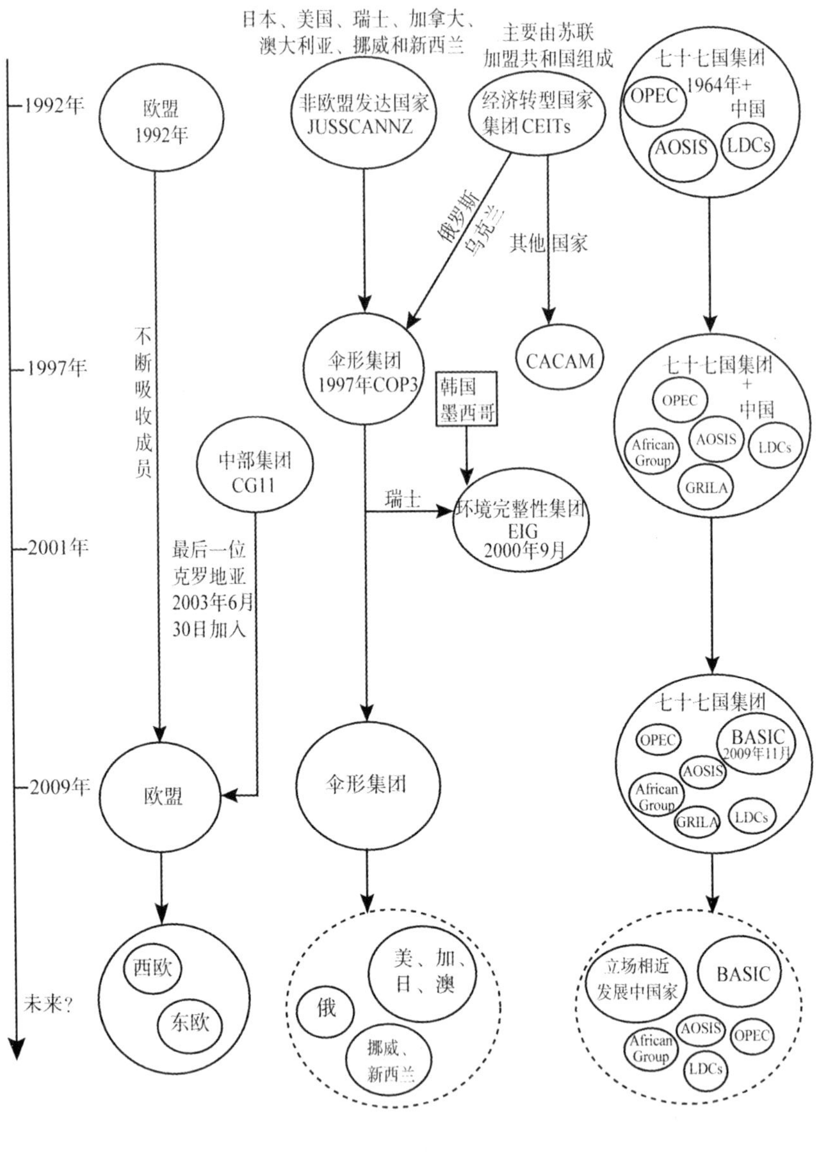

图 2 - 2　气候谈判集团演变和气候治理碎片化过程

资料来源：牟初夫、王礼茂：《气候谈判集团的演化过程与演变趋势分析》，《工程研究——跨学科视野中的工程》2015 年第 3 期，第 232—240 页。

国和发达国家同时施压。欧盟在经历了哥本哈根会议领导权被边缘化后，积极调整领导策略，开始强调"领导协调力"。这意味着欧盟从一种规范性方向领导转变为一种协调型领导，加强同小岛屿国家联盟（AOSIS）和非洲集团（African Group）等中小发展中国家集团的互动以提升影响力，通过在 2011 年德班气候谈判中建立德班强化行动平台来推进"覆盖所有缔约方的温室气体减排模式"的一轨制转型。经过各方又一次妥协，开启了后 2020 年国际气候协议的谈判。2012 年的多哈气候谈判最终就 2013 年起执行《京都议定书》第二承诺期达成了一致，从而挽救了《京都议定书》并开启了针对后多哈时代"覆盖所有缔约方"的 2020 年气候治理模式的谈判。但是此时气候谈判的政治地图进一步碎片化，日本、新西兰、加拿大及俄罗斯已明确不参加《京都议定书》的第二承诺期，这也导致后多哈谈判各国更趋向务实态度。2015 年《巴黎协定》的签署离不开中美联合努力，在中美同欧盟的共同协调下，气候治理碎片化模式向着一种积极合作型的方向演进，最终助推了《巴黎协定》的成功达成，标志着基于"自主贡献 + 五年盘点"的巴黎模式诞生。相比于《京都议定书》长达八年生效的坎坷历程，《巴黎协定》于 2016 年仅用一年时间就生效，尽管这一成果继而受到特朗普政府于 2017 年上台伊始就退出协定并实行全面"去气候化"政策的威胁。

其次，以美国为代表的国家出于自利考虑而退出《京都议定书》和《巴黎协定》来消极应对气候变化核心治理框架的这一行为，属于制度外碎片化。2001 年，美国小布什政府一方面以"气候变化阻碍经济发展以及发展中国家不需要减排"为由退出《议定书》；另一方面仍不愿放弃自身在气候治理中的话语权，为了继续维持自身在气候政治中的影响力，美国开始主导建立了大量地区层面的小多边低碳合作机制来挑战联合国的政府间大多边治理框架的权威，包括 2003 年的碳封存领导人论坛（CSLF）、2004 年的全球甲烷倡议（GMI）、2005 年的亚太清洁发展与气候伙伴计划（APP）、2007 年的主要经济体能源与气候论坛（MEF）、2012 年的气候与清洁空气联盟（CCAC）等。虽然就气候减缓、绿色发展和低碳转型的效果而言，这些机制是对 UNFCCC 政府间多边谈判的一种补充，但在当时这些区域性小多边机制所奉行的"自下而上"自愿性原则同京都模式所强调的"自上而下"的减排目标分配存在冲突。比如 2005 年亚太清洁发展与气候伙伴计划（APP）自建立之初就强调要按联合国《公约》原则开展气候减缓与适应合作，是对《京都议定书》的补充而非取代；① 但其所追求的自愿减排模式和清洁发展规范已经发生了变迁，各成员之间并没有法律约束性承诺并且反对制定强制性减排目标总量。② 基于此，许多学者指出无论在指导规范还是在具体实施方式方面，APP 都与《公约》有所冲突。③ 这些气候谈判中的多种利益博弈最终造成了整个气候治理体系开始逐步滑向消极合作型碎片化。2017 年特朗普政府上任便着手废除奥巴马任期的所有"气候政治遗产"，不仅退出《巴黎协定》还废除了奥巴马要求在联邦基础设施项目中考虑海平面上升的气候行政命令，并且停止向联合国国际"绿色气候基金"捐款，从而进一步加强了消极合作型碎片化的负面影响。即使 2021 年拜登政府上台之后就宣布重回《巴黎协定》，仍然无法完全挽回美国在全球气候治理领域的领导力与公信力以及无法完全修复美国两党政治在气候议题上的摇摆对于全球气候合作凝聚力的减损。拜登上台后，也致力于在《公约》框架之外推进各类小多边低碳合作机制，如全球电力系统转型集团（G-PST）、净零生产者论坛（NPF）、全球甲烷承诺（GMP）等。以 GMP 为例，美国作为主要提出者，其主要打击对象是石油和天然气行业（仅涉及 30% 的甲烷排放），而未能对造成高比例甲烷排放的农场动物及其土地变化有所作为。

表 2 - 2 由美国主导或者参与的非《公约》地区性小多边气候治理机制

气候机构	时间	成员国
碳收集领导人论坛（Carbon Sequestration Leadership Forum, CSLF）	2003	由美国发起，参与国家包括澳大利亚、巴西、中国、欧盟、法国、德国、希腊、印度、意大利、日本、韩国、荷兰、新西兰、挪威、波兰、俄罗斯、沙特阿拉伯、南非、阿拉伯联合酋长国、英国

① APP：《亚太清洁发展和气候新伙伴计划意向声明》，http://www.asiapacificpartnership.org/pdf/translated_versions/Vision%20Statement%20Chinese.pdf。

② Matthew J. Hoffmann, *Climate Governance at the Crossroads*: *Experimenting with a Global Response after Kyoto*, New York: Oxford University Press, 2011, p. 8; Peter Lawrence, "The Asia Pacific Partnership on Clean Development and Climate（AP6）: A Distraction to the Kyoto Process or a Viable Alternative?", *Asia Pacific Journal of Environmental Law*, Vol. 10, No. 4, 2007.

③ Frank Biermann, Philipp Pattberg, Harro van Asselt and Fariborz Zelli, "The Fragmentation of Global Governance Architectures: A Framework for Analysis", *Global Environmental Politics*, Vol. 9, No. 4, 2009, pp. 14 - 40.

续表

气候机构	时间	成员国
全球甲烷行动倡议（Global Methane Initiative，GMI）	2004	由美国发起，参与国家包括阿根廷、澳大利亚、加拿大、智利、中国、韩国、俄罗斯、多米尼加共和国、印度尼西亚、欧盟、保加利亚、意大利、挪威、德国、英国、乌克兰、波兰、土耳其、巴基斯坦、塞尔维亚、斯里兰卡、巴西、日本、秘鲁、泰国、约旦、菲律宾、加纳、印度、墨西哥、蒙古、尼加拉瓜、尼日利亚、沙特阿拉伯、越南，另外还包括私营部门成员、开发银行、大学以及国际非政府组织
甲烷市场化伙伴关系（Methane to Markets Partnership，MMP）	2004	由美国发起，参与国家包括阿根廷、澳大利亚、巴西、中国、印度、意大利、日本、墨西哥、尼日利亚、俄罗斯、韩国、乌克兰、英国
亚太清洁发展与气候伙伴关系（Asia-Pacific Partnership on Clean Development and Climate，APP）	2005	由美国主导，参与国家包括澳大利亚、中国、日本、韩国、印度、加拿大
经济大国能源安全和气候变化领导人会议（Major Economies Meetings on Energy Security and Climate Change，MEM）	2007	由美国发起，参与国家包括澳大利亚、巴西、加拿大、中国、欧盟、法国、德国、印度、印度尼西亚、意大利、日本、韩国、墨西哥、俄罗斯、南非、英国
经济大国能源与气候论坛（Major Economies Forum on Energy and Climate，MEF）	2009	由美国主导，参与国家包括澳大利亚、巴西、加拿大、中国、欧盟、法国、德国、印度、印度尼西亚、意大利、日本、韩国、墨西哥、俄罗斯、南非、英国、美国
清洁能源部长会议（Clean Energy Ministerial，CEM）	2010	由美国发起，参与国家包括澳大利亚、巴西、加拿大、中国、丹麦、欧盟委员会、芬兰、法国、德国、印度、印度尼西亚、意大利、日本、韩国、墨西哥、挪威、俄罗斯、南非、西班牙、瑞典、阿拉伯联合酋长国、英国
气候适应伙伴关系（Adaptation Partnership）	2010	25个伙伴国家，美国是理事国之一，处于主导地位

气候机构	时间	成员国
气候和清洁空气联盟（Climate and Clean Air Coalition to Reduce Short-Lived Climate Pollutants, CCAC）	2012	由美国主导，成员国包括加拿大、墨西哥、瑞典、加纳、孟加拉国等
全球电力系统转型集团（The Global Power System Transformation Consortium, G-PST）	2021	美国和英国与世界各地的主要电力系统运营商、研究机构等合作，在美国国家可再生能源实验室（NREL）的协调下，与其分享提升电网弹性安全和绿色包容的运营方案
净零生产者论坛（The Net Zero Producers Forum, NPF）	2021	美国还与加拿大、挪威、卡塔尔和沙特阿拉伯等传统油气国合作（占全球油气产量的40%），通过部署清洁能源、推进碳循环经济以及开发碳捕获技术实现净零排放
全球甲烷承诺（Global Methane Pledge, GMP）	2021	在格拉斯哥气候峰会上提出，由美国和欧盟主导，90多个国家加入，表示到2030年前将削减甲烷的排放至2020年的70%，帮助减缓气候变化

资料来源：笔者自制。

（二）气候治理维度下议题外溢和多利益攸关方参与所导致的制度外碎片化

作为一个全球性议题，气候变化问题具有深远的经济、政治和社会影响，不可避免地与其他国际经济、能源、社会问题交织在一起，包括国际金融流动、国际贸易政策以及发展援助等。从治理维度而言，这首先体现为气候议题的制度性外溢。在自1997年《京都议定书》签署到2005年艰难生效的这八年过程中，围绕《公约》的各种周边治理机制数量猛增且气候议题不断外溢到其他国际组织，通过议题嵌入方式成为世界银行、国际货币基金组织、世界贸易组织、G8/7及G20等机制平台中所讨论的政治议程，且同气候减缓相关的低碳原则日益融入全球金融市场规则、国际贸易体制、知识产权原则与金融投资规则之中。与此同时，特别是2005年《京都议定书》生效之后，大量同气候变化、清洁能源、可持续发展和低碳发展有关的机制建立起来，如21世纪可再生能源政策网络（REN21）、全球生物能源伙伴关系（GBEP）、国际能效合作伙伴关系

（IPEEC）、国际可再生能源机构（IRENA）、清洁能源部长会议（CEM）、联合国"人人享有可持续能源"倡议（SE4ALL）等不断涌现。① 随着从"自上而下"的京东模式过渡到"自下而上"的巴黎模式，这些制度外的多元碎片化机制同核心治理规范的相容度不断提升，以《公约》为代表的核心治理机制也为多元机制间互动提供了更多制度性合作渠道，意味着一种积极合作型碎片化协调格局日益形成，尽管功能相似的制度间仍存在某种程度的竞争。

其次，随着全球经济低碳化发展，经由绿色贸易保护（挑战论）到绿色共识（机遇论）的认知转变，这是国家利益认知转变同低碳市场发展和绿色私营部门兴起的一种协同效应。全球低碳经济的迅速发展并呈现出更多的绿色包容性，这为多元行为体在全球气候治理中发挥作用提供更大的空间，从而体现为一种治理行为体的碎片化。除了国家行为体之外，私营部门、国际非政府组织、社会组织、倡议集团、地方政府等原本在全球气候治理体系中处于边缘位置的行为体日益拥有更多的治理权威和行动空间，如各类国际非政府组织在气候公共外交中的地位不断提升，并且通过网络协作的方式来提升对于气候治理的杠杆性影响力；国际城市占全球能源消耗和温室气体（GHG）排放的四分之三，他们通过建构各种跨国城市网络来提升其应对气候变化的能力。可以看出，各种市场主体正和国际非政府组织一道，通过设立绿色设计理念、绿色采购标准、绿色贸易规则、绿色消费理念等的建立来推动全球供应链和产业链的低碳转型。越来越多的国家也倾向于通过市场手段来推进气候变化的应对，通过建立碳市场等行动深刻地改变全球经济（尤其是贸易）规则。② 从某种程度而言，科技创新与技术进步本身所带来的间接性影响之一便是低碳发展乃至"脱碳化"转型。发展绿色产业、提升绿色竞争力不仅成为应对气候变化的根本性举措，同时相联系的低碳转型诉求已经成为一国在国际秩序转型过程中占据发展优势地位的重要筹码。

如何激活日益僵化的京都模式，从而联合更多的基于自愿性、市场导

---

① 李昕蕾：《全球清洁能源治理的跨国主义范式——多元网络化发展的特点、动因及挑战》，《国际观察》2017 年第 6 期，第 137—154 页。

② Harald Heubaum, Frank Biermann, "Integrating Global Energy and Climate Governance：The Changing Role of the International Energy Agency", *Energy Policy*, No. 87, 2015, pp. 229 – 239.

向性规则的气候变化机制成为能否有效协调气候治理机制碎片化的关键。[1] 2015年强调"自下而上"模式的《巴黎协定》出台意味着联合国层面对之前气候治理规范的一种务实性调整，本质上有利于气候机制复合体内部的多元机制互动，并吸纳更多的私营部门行为体进入核心制度中，从而推进更具韧性的网络化治理并促使其向积极合作型碎片化过渡。京都模式代表了一种集团外交博弈状态，随着全球经济低碳化的发展，全球气候政治逐步从一种以减排义务分配为核心的多边谈判博弈模式逐步过渡到一种以低碳发展和绿色竞争为核心的治理模式，而巴黎模式更多代表了一种多元治理与外交博弈共存状态。由于《巴黎协定》采取了不同于京都模式的"自下而上"的动力路径，从而有助于鼓励多元行为体在低碳市场和低碳治理中的积极性，最终推动了经济低碳化更为快速地发展。

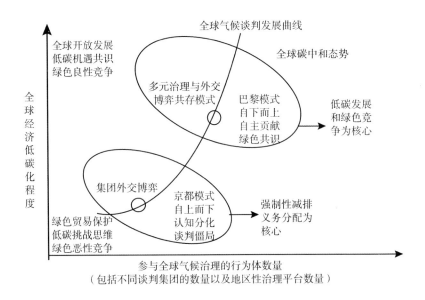

图2-3 从京都模式到巴黎模式的全球气候谈判发展

资料来源：笔者自制。

---

① 马修·霍夫曼（Matthew J. Hoffmann）曾经考察了全球58个与气候变化相关的"试验性机制"，有46个建立于2002年之后，而且绝大多数都是奉行自愿性的、市场导向的运行规则。参见 Matthew J. Hoffmann, *Climate Governance at the Crossroads：Experimenting with a Global Response after Kyoto*, New York：Oxford University Press, 2011。

在后巴黎时代，"自下而上"的巴黎模式与全球碳中和态势结合日益紧密，进一步推动全球经济低碳化维度的发展。2019年12月，欧盟委员会通过《欧洲绿色协议》，旨在到2050年将欧盟转变为一个现代的、资源节约型的、有竞争力的经济体并实现气候中和，并加速全球范围碳中和目标的提出。2020年年初以来，新冠肺炎疫情的全球肆虐给世界各国带来了严重的公共卫生危机、经济危机和能源危机，但同时面对日益加剧的气候危机，以中、美、欧为首的世界大国与地区仍相继提出了21世纪中叶实现碳中和的目标，坚持制定疫情下的绿色复苏路径和绿色产业崛起战略。目前，碳中和已经成为一种为国际社会广泛接纳的全球性规范。在2021年11月英国格拉斯哥会议之前，应对气候变化相对消极的俄罗斯、土耳其、沙特和澳大利亚相继提出净零目标。曾在会议前夕拒绝净零承诺的印度也在会上突然宣布2070年碳中和目标。[①] 根据气候观察数据库的零碳追踪（Net-Zero Tracker）统计，截止到2021年11月底，总共有136个国家提出净零目标，其中全球已有苏里南和不丹实现了碳中和，13个国家已经通过立法的形式规定了这一目标，35个国家已在政府政策文件中明确了净零目标的实现路径。国家层面之外，还有115个地区、235个城市和681个公司提出自己的净零排放目标。上述所有承诺占全球总人口的85%、全球GDP的90%以及全球温室气体总排放的88%。[②]全球"净零"承诺如果得到全面实施，有助于将全球升温幅度控制在2.2℃的水平，表明了采取进一步气候行动有望避免气候变化的灾难性影响。但目前各国的"净零"承诺多数尚不完整，存在含混不清的问题，需要将其具体实践路径且同各国的2030年国家自主贡献目标进行充分对接。基于碳中和目标，各国各地区的绿色创新发展不断加速，倾向于通过"自下而上"的创新性治理实践来诠释净零目标的实现路径。如2021年6月28日，欧盟成员国首脑会议通过了《欧盟气候法》，成为欧盟确立依法迈向2050年零碳之路的里程碑。2021年7月14日，欧盟委员会正式提出应对气候变化一揽子计划提案（Fit for 55），涉及汽车碳排放标准、能源税、

---

① "碳中和"是指国家、企业、产品、活动或个人在一定时间内直接或间接产生的二氧化碳或温室气体排放总量，通过植树造林（碳汇）、清洁能源、节能减排、碳捕获与储存技术（CCS）等形式，以抵消自身产生的二氧化碳或温室气体排放量，实现正负抵消，达到相对"净零排放"。

② Zerotracker, https：//zerotracker.net/.

可再生能源发展目标、碳边境调节机制、碳排放交易系统改革等十几项内容，特别是强调到 2030 年将可再生能源在能源消费中的比重提高至 40%，且 2035 年所有新销售汽车全部为零排放车辆，对能源税规则进行修订，以鼓励清洁技术发展。[①]

第二节　碎片化格局下气候治理机制复合体的演进

一　气候治理机制复合体的界定

根据国际机制研究权威专家斯蒂芬·克拉斯纳（Stephen Krasner）的解释，国际机制是行为主体围绕既定问题领域一系列明确或者隐含的原则、规范、准则和决策程序，从而确保国家间相互信守承诺，其形式是建立在核心条约之上，不同机制间相互独立。[②] 然而随着全球治理问题的复杂化，与之相关的行为主体、利益、规范、政策工具越来越多，机制数量也日益增多，机制间感应、互动日益频繁，于是导致一种复杂联动的"制度面碗"效应的出现，围绕特定治理议题出现了多行为体参与的多层次多维度国际机制复合体。最早对国际机制复杂化开展研究的是卡尔·罗斯提亚拉（Kal Raustialia）和戴维·维克特（David Victor）的经典论文《植物基因资源的机制复合体》。他们较早提出了"机制复合体"（Regime Complex）的概念，认为机制复合体是指管理某一特定问题领域的相互交错的、无等级的一系列国际机制的总称。这意味着一系列各类行为体对具体问题领域（如植物基因管理、海洋治理、气候变化议题等议题）的合理预期的原则、规范、规则和决策程序等的聚合状态。他们案例中所提到的植物基因资源管理就有五个源自不同领域的国际协议，而这五个国际协议通过基本机制相互联结，带有机制的复合性和传导性。随着经济社会复杂性和管理制度密度的提升，不同领域机制的相互交叉渗透以及各种创新

---

① EU, Fit for 55, https：//www. consilium. europa. eu/en/policies/green-deal/eu-plan-for-a-green-transition/.

② S. D. Krasner, "Structural Causes and Regime Consequences：Regimes as Intervening Variables", in S. D. Krasner ed., *International Regimes*, Cornell University Press, 1983, pp. 1 – 22.

性机制的产生几乎是必然趋势。①

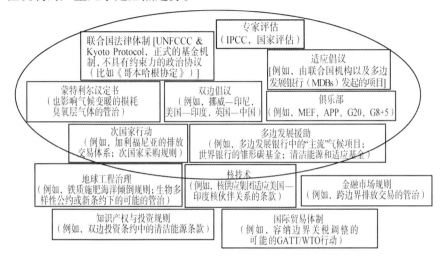

图 2 - 4　气候变化机制复合体

　　说明：椭圆形内部的元素表示一些论坛，它们集中于管理由气候变化引起的合作问题多样性所需要的任务，规则制定的重大努力已经发生；而椭圆形外部的元素表示气候规则制定还要求另外的、支持性规则的问题领域。

　　资料来源：Robert O. Keohane and David G. Victor (2011)，p. 10.

　　后来美国学者罗伯特·基欧汉（Robert Keohane）和维克特（David G. Victor）进行合作，单纯就全球气候治理机制复合体进行研究。他们将机制复合体界定为多元机制互动的治理谱系，谱系一端是完全一体化的综合性机制，其中存在一套整合的、等级制的、全面的规则体系；另一端是完全碎片化的体制，其中存在一个是高度分散的、碎片化的彼此之间毫无关系的规则体系。他们认为，目前的全球气候治理正处于一种完全一体化综合性机制与完全碎片化机制之间的中间状态。由于气候变化问题本身的多样性，进而形成与此相联系的多样化的利益、权力、信息与信念政治格局，加之参与气候治理的行为体日益多样化，都注定了气候治理很难形成一种一体化的、综合性的气候变化机制，而是形成了一种"气候变化机制复合体"（The Regime Complex for Climate Change）。这种机制复合体是

　　① Kal Raustiala and David Victor，"The Regime Complex for Plant Genetic Resources"，*International Organization*，Vol. 58，No. 2，April 2004，pp. 277 - 279.

一个松散联结在一起的制度体系，各制度之间没有清晰的等级划分，也没有核心制度存在。① 从某种程度上而言，整个全球气候治理体系结构的总体特征可以总结为治理碎片化格局中的"机制复合体"，机制中各种要素之间或多或少是相互密切联结的。② 其中，它们有时候相互冲突，有时候相互加强，全球气候治理体系处于一种"碎"而不"乱"的状态，各种制度和机制之间或紧密或松散地联结在一起，形成了程度不同的碎片化状态。从全球气候治理格局碎片化演进过程中也可以看出，虽然碎片化格局日益复杂，但是碎片化的不同协调状态最终决定了治理体系的成效。这需要参与治理的所有行为体尽量避免一种冲突性的碎片化，将消极性合作碎片化推向一种积极性合作碎片化，最终实现一种协同型碎片化格局。

二　从气候治理复合体到网络性跨国治理复合体

基于气候治理机制复合体理念，肯尼斯·阿尔伯特（Kenneth W. Abbott）指出其存在有三个前提：第一，全球治理体系不同问题领域、不同维度、不同空间尺度的规则制定和执行系统相互影响和渗透，基本不可能单独被解决。其中各种问题相互贯穿与缠绕，不再有纯粹的政治、经济、贫困或者环境问题。第二，很多核心国际机制在建立过程中存在"战略模糊"和不确定性的特征，后期的治理框架落实需要更加细致的协议和文本予以支持。为了更好应对未能预料的新情况，这样就需要衍生协议、各类次级机制的支撑，这些次级机制需要特定政治机会结构来加强同核心机制的互动。第三，原初机制在吸引更多数量和类型的行为主体参与以提升自身的合法性和治理效能的过程中，政府、市场和非政府等不同行为主体类型之间多元多层的关系需要协调，从而推进了一种网络化协作的发展。③

如何促成气候变化机制复合体中的不同行为主体之间的积极性碎片化

---

① Robert O. Keohane and David G. Victor, "The Regime Complex for Climate Change", *Perspectives on Politics*, Vol. 9, No. 1, 2011, pp. 7 – 23.

② 王明国：《国际制度复杂性与东亚一体化进程》，《当代亚太》2013 年第 1 期，第 4—32 页。

③ André Broome, Liam Clegg, and Lena Rethel, "Global Governance and the Politics of Crisis", *Global Society：Journal of Interdisciplinary International Relations*, Vol. 26, No. 1, January 2012, pp. 3 – 17.

协调是机制复合体研究的核心议题。肯尼斯·阿尔伯特在上述的三个基本条件中特别注重分析多元行为体的网络化协作发展。面对气候治理格局的碎片化，他认为由国家、非政府组织、企业、城市等多元行为体组成的各类跨国倡议网络、跨国伙伴关系、以及跨国政策网络是促进碎片化格局积极性协调的黏合剂。基于此，肯尼斯·阿尔伯特提出了气候变化跨国治理复合体的概念（Transnational Regime Complex for Climate Change，TRCCC），强调分享相似原则、规范、规则和决策程序的各类网络性跨国性气候治理组织和伙伴关系等是治理机制复合体的重要组成部分，对于推进气候机制复合体碎片化格局中的积极性互动具有重要作用。[1] 这些组织之所以是"跨国性质"的，是因为他们包含了私人行为体和/或地方政府，国际非政府组织或跨国组织，并且在开展倡议时进行跨国运作。各类气候类跨国组织往往采取自愿性原则而非约束性原则，充分调动了私营部门和社会层面的积极性治理力量，并在塑造创新性规则的同时积极参与行动落实。[2]

目前有众多的多元跨国组织致力于解决气候变化议题，发挥了重要的治理作用，比如他们建立了衡量和报告二氧化碳排放和碳补偿的标准，规整碳交易市场，促进可再生能源项目融资，推动低碳规范传播等。肯尼斯·阿尔伯特对近 70 个跨国气候治理组织进行分析并建立数据库。霍夫曼对 60 多个"气候实验"进行分类，其中大多数涉及政府间组织或跨国组织。[3] 托马斯·黑尔（Thomas Hale）和查理斯·罗格（Charles Roger）将这些数据集合在一起，对 75 个跨国气候倡议组织进行了界定。[4] 可以说，目前从地方到全球、从社会到大型跨国网络囊括了不同行为主体（国际组织、国际非政府组织、国内社会组织、跨国企业、国内企业、城市等），扩张的多元参与模式和全球治理空间的重组重构为各类跨国治理实验创新提供了重要契机，创新型复合多元的治理路径和集体行动准则正

---

① Kenneth W. Abbott, "Strengthening the Transnational Regime Complex for Climate Change", *Transnational Environmental Law*, Vol. 3, No. 1, 2014, pp. 57 - 88.

② Hale, Thomas, and Charles Roger. "Orchestration and Transnational Climate Governance", *Review of International Organizations*, Vol. 9, No. 1, 2014, pp. 59 - 82.

③ Matthew J. Hoffmann, *Climate Governance at the Crossroads: Experimenting with a Global Response after Kyoto*, New York: Oxford University Press, 2011, p. 83.

④ Karin Bäckstrand, and J. W. Kuyper, "The Democratic Legitimacy of Orchestration: The UNFCCC, Non-State Actors, and Transnational Climate Governance", *Environmental Politics*, Vol. 26, No. 4, 2017, pp. 764 - 788.

在开启。

三　气候变化跨国治理复合体的运行特征

IPCC 第六次评估报告（AR6）的第一工作组报告《气候变化 2021：自然科学基础》首次在第 11 章对极端温度、强降水、农业生态干旱、极端风暴等极端气候事件变化进行了全面而系统的评估，着重评估了两个或两个以上同时发生或者连续先后发生的复合事件。[①] 气候变化的加速已经使全球每个区域的极端气候事件和复合事件比例不断增加且有常态化发生的趋势，从而造成水资源分布失衡、生态系统受损，长期和持续的气候风险由自然系统向经济社会系统渗透蔓延并对整体性国际安全构成严重威胁。[②] 面对气候危机的复合性影响，全球气候变化跨国治理复合体能够更好地推动多元行为体参与的系统性危机应对，甚至是超越单纯的气候问题，从政治、社会、经济、科学等角度探索综合性的解决路径。具体而言，在推进气候治理碎片化格局的积极合作性协调方面，气候变化跨国治理复合体（TRCCC）扮演了重要的推动性角色，在参与全球气候治理运作时存在以下三个特征。

（一）跨国性多元参与治理

跨国性的多元参与至少包括以下两个维度：一是非国家行为体（如环境方面的国际非政府组织、商业企业和技术专家）和/或次国家行为体（地方政府集团例如市政府或省政府）在全球治理上发挥了重要作用，在国家和/或政府间组织之外发挥相互协作的角色。二是跨越国境的运行模式。在国际法和全球治理方面的条约文献中提供了对"跨国性"的多种理解，跨国组织在成员构成上有多种类型，这意味着社会部门和私营部门参与组建了许多跨国性机制。通常，这些跨国性机制的同质性程度较高，如环境方面的非政府组织联盟，代表有气候、共同体与生物多样性联盟（Climate, Community & Biodiversity Alliance, CCBA）；商业组织跨国联盟，代表有碳标准认证联盟（Verified Carbon Standard, VCS）；还有很多组织

---

① 气候复合事件包括热浪和干旱复合事件、与野火有关的复合天气事件（炎热、干燥、大风的组合）、沿海和河口地区的洪涝复合事件（极端降水、风暴潮、河流流量等多种因素共同导致的洪涝事件）等。

② IPCC, Climate Change 2021: The Physical Science Basis, https://www.ipcc.ch/report/sixth-assessment-report-working-group-i/.

是将次国家行为体/地方政府联合起来，代表有可持续发展地方政府委员会（Local Governments for Sustainability，ICLEI）、C40 城市气候领导网络（C40 Cities Climate Leadership Group）。当然新出现的趋势是来自公共部门、私营部门和社会部门不同行为体之间的互动随之增强，如公共部门、私营部门和非政府组织所组成的可持续低碳交通伙伴关系（SLoCaT），包容性合作的进展给予跨国行为体同国家和政府间组织之间更多的制度性互动渠道。

（二）多中心性治理

气候治理的多种跨国机制在一种缺乏等级化权威和强关联性的无政府状态中组成了"多中心秩序"①。这些跨国组织复合体作为一个整体，其机制化程度较为脆弱，呈现为一种多中心治理状态。多中心治理状态主要指在公共治理过程中，并非只有政府一个主体，而是存在多个决策中心，中央政府、地方政府、各种非政府组织、私人机构以及公民个人都可以参与其中，并且在既定的制度约束下共同行使治理主体性权力。②

多中心治理模式具有三大特点：一是多中心强调治理过程中的决策中心下移，面向地方和基层决策的合理性在于有效利用地方性信息做出"因地制宜"的决策，从而增强公共决策的有效性。二是治理制度上的多样选择性和包容性，如多中心公共合作论坛以及多样性制度与公共政策安排，通过网络性弹性合作来实现公共利益的可持续发展。三是提高公共产品供给的地区化和私有化。在公共产品供给方面，多中心治理通过多层级、多样化的公共控制将外在效应事务治理内部化，提升公共治理中的私人治理性质，从而减少了搭便车的可能性。从全球治理的角度来看，多中心治理理论同区域性公共产品理论内涵有很多相似之处，如区域性公共产品理论从区域合作和区域一体化的功能主义理论出发，提出一种地区层面以问题为导向的和解决问题的关系网络。区域性公共产品的受益者不只是一个国家，但又不会扩散到全世界所有国家，从而实现了一种国际公共产品供给私有化过程。多中心治理理论同样强调将治理权限下放到规模较小

---

① V. Galaz, B. Crona, H. Österblom, P. Olsson & C. Folke, "Polycentric Systems and Interacting Planetary Boundaries-Emerging Governance of Climate Change-Ocean Acidification-Marine Biodiversity", *Ecological Economics*, Vol. 81, No. 3, 2012, pp. 21 – 32.

② 李昕蕾：《跨国城市网络在全球气候治理中的行动逻辑：基于国际公共产品供给"自主治理"的视角》，《国际观察》2015 年第 5 期，第 104—118 页。

的地方行为体。从这种意义而言，规模较小的治理领域更容易为小范围的善治做出贡献，集体行动就成了私人物品提供的副产品。①

（三）对于"绕开性治理"的坚持

气候变化跨国治理复合体（TRCCC）通过网络化的次国家行为体和/或非国家行为体直接在国际层面提出规则、规范和倡议以绕开国家层面，特别是在某些议题上"绕开"持反对立场的国家以及应对气候变化行动乏力的国家。首先，TRCCC 直接鼓励与支持次国家行为体和非国家行为体参与到国内和跨国的多层次气候治理中来。这些治理实践是基于经济和社会交往建立其自愿性规范，而非国家间交往的官方互动，例如，跨国组织能够接受和推广城市、国际非政府组织、商业公司和其他私营部门经过相互协商之后所提出的碳排放标准。尽管这种标准不具有法律约束力，但可能通过经济、政治、社会倡议与实践得到实质性的落实与加强。这代表了一种不同于"自上而下"的国家间减排指标分配模式，而是采取"自下而上"的创新性地方实践，最终通过气候治理创新模式来推动国际气候谈判的推进。除了设定标准，跨国组织还能够容纳非政府组织、城市、公司和其他行为体为其提供信息，推广专业知识普及，提供话语空间，创造学习机会，加强行动承诺，从而提升非国家行为体和次国家行为体在全球气候治理中的杠杆性影响力。其次，TRCCC 也能够帮助或者监督那些缺乏落实减缓与适应措施能力的国家行为体应对复杂的治理现实，比如"管理"持反对立场的国家，至少使其回到比较温和的立场。TRCCC 可以聚焦于国际倡议，创造示范效应，推广规范和价值，并动员各类国际性联合力量向国内政府施加压力，从而推动其采取实际行动以应对气候变化。因为 TRCCC 是一个多层结构，这种压力能够在多个源头和多层间流动，从而向国家间层面和国内层面施加多维影响。② 如 TRCCC 会以一种比较温和的方式对国家行为体履行国际气候承诺以及实施相关的国内行动进行

---

① ［西］安东尼·埃斯特瓦多道尔、［美］布莱恩·弗朗兹、［美］谭·罗伯特·阮：《区域性公共产品：从理论到实践》，张建新、黄河、杨国庆等译，《复旦国际政治经济学丛书》，上海人民出版社 2010 年版，第 13 页。

② K. W. Abbott, P. Genschel, D. Snidal & B. Zangl, "Orchestration: Global Governance through Intermediaries", in K. W. Abbott, P. Genschel, D. Snidal & B. Zangl eds., *International Organizations as Orchestrators*, Cambridge University Press, 2014; K. W. Abbott, "Engaging the Public and the Private in Global Sustainability Governance" *International Affairs*, Vol. 88. No. 3, 2012, pp. 543 –564.

劝说和施压。为了影响国家行为，有必要修正其成本/收益计算，影响国内政治利益，和/或原则性信念或价值。正如玛格丽特·凯克（Margaret E. Keck）和凯瑟琳·辛金克（Kathryn Sikkink）在跨国倡议网络（Transnatioanl Advocacy Network）研究中所提出的"回飞镖模式"（Boomerang Pattern）一样，拥有着共同信念的跨国治理网络往往绕开国家层面而向国际层面输入新的规范和价值。国际组织内化新规范之后，可以通过"羞辱"（Shaming Strategy）战略及旨在推进新标准的"竞优平衡"（Race to the Top）战略等从国际层面返回来向国内层面劝说式施压，从而促使各国政府不断调整其利益认知与身份角色以实现国际规范内化和国内政策落实。值得一提的是，TRCCC 的另一个重要战略就是创造"宣示效应"（Demonstration Effects）。这意味着通过商业运作和各类跨国活动来推行社会行为体的温室气体减排自发性标准（行为规则和管理规范），并强调这些规则与活动所带来的潜在性收益、可行性和适用性，从而发挥巨大的示范性和引领性影响。该战略体现了"自下而上"（社会层面自主性先驱实践示范）同"自上而下"（社会层面经由国际层面向国家施压）相结合的一种"双层回飞镖模式"。

第三节　全球气候治理嵌构的理论框架

在气候治理领域，与机制碎片化趋势并行不悖的是非国家多利益攸关方参与程度的提升，其中公共部门同社会部门和私营部门主体之间的合作日益紧密而复杂。然而在这一现象背后，应该如何理解不同非国家行为体，特别是国际非政府组织参与气候治理机制复合体的逻辑呢？本节认为这种变迁背后蕴藏了一种"治理嵌构"机制，呈现为各行为体在机制复合体中相互融入和彼此沟通合作的网络化嵌入和治理重构过程。这种"嵌入性"视角强调某种变量根植于其他变量之中或者强调两种事物之间的依附共生关系。①

---

① Rodrigues, João, "Endogenous Preferences and Embeddedness: A Reappraisal of Karl Polanyi", *Journal of Economic Issues*, Vol. 38, No. 1, 2004, pp. 189–200.

一 气候治理嵌构的界定及其嵌入路径

嵌入性概念最早可以追溯到著名的经济史学家卡尔·波兰尼（Karl Polanyi），他在 20 世纪 60 年代就提出经济活动必然会受到非经济制度性因素的约束。随着 20 世纪 80 年代的新经济社会学的兴起，其代表学者马克·格兰诺维特（Mark Granovetter）从嵌入的角度对主流经济学的社会化不足及社会学的过度社会化提出了批评，指出这两种貌似对立的观点实质上都是将行为体的行动原子化的表现。行为体既不可能脱离社会背景孤立地行动（自我利益的功利性追求），也不只是按照过去形成的经验与判断机械行事（僵化的社会化过程），而是在动态的社会制度和网络关系中追求自身多重目标体系的实现。① 格兰诺维特将行为体同社会网络的动态互动过程称为嵌入。

嵌入式治理既不等同于强调"自上而下"的权力等级式治理路径，亦不等同于强调"自下而上"的基于公民社会的规范式治理路径，② 而是侧重于论述在一种多元网络性秩序的机制复合体中，来自公共部门、私营部门、社会组织的多维力量相互协作，并将自身影响力内嵌入国际—国内—次国家的各个层面。整体而言，嵌入式治理属于一种社会网络分析范式，强调了物质和社会关系是如何通过动态的过程产生行为体间的结构。③ 嵌入式治理过程就分析各类行为体如何在多层网络治理体系中进行互动，特别是分析非国家（市场、社会）行为体如何融入治理机制复合体中。然而如何进一步从治理微观层面来考察治理嵌构的发生机制呢？

格兰诺维特将行为间结构分为两类：关系性嵌入与结构性嵌入。前者指行为体的活动是内嵌到与他人互动所形成的关系网络中，关注行为体之间的社会性黏着关系和社会资本拥有度，体现为社会联结本身（如密度、频率、强度、规模等）。后者是指某行为体在同其他行为体进行互动并形

---

① Mark Granovetter, "Economic Action and Social Structure: The Problem of Embeddedness", A-merican Journal of Sociology, Vol. 91, No. 3, 1985, pp. 481 – 510; ［美］马克·格兰诺维特：《镶嵌：社会网与经济行动》，罗家德译，社会科学文献出版社 2007 年版。
② 曹德军：《嵌入式治理：欧盟气候公共产品供给的跨层次分析》，《国际政治研究》2015年第 3 期，第 62—77 页。
③ 陈冲、刘丰：《国际关系的社会网络分析》，《国际政治科学》2009 年第 4 期，第 92—111 页。

成网络关系的过程中，行为体在社会结构中的位置。这种空间位置取向关注行动者之间社会关系和结构的制度化程度。莎伦·佐金（Sharon Zukin）还进一步将嵌入模式分为认知、文化、结构以及政治性嵌入四类。认知嵌入是指行为者在进行理性计算时会受制于个体的认知结构；文化嵌入是指在制定战略目标时，受到来自外部共享集体理解的影响；结构性嵌入是指行为体行为同社会网络关系的互动；政治性嵌入是指外部制度框架对行为体的影响以及行为体对于既有政治、法律制度的能动性反映。[①] 本质上而言，嵌入性治理是一种主体间关系互动的社会过程，这对于建构国际规范和集体身份有着重要的作用。[②] 因此，本书主张在格兰诺维特的基础上，再加上第三维度，即规范性嵌入。规范性嵌入包括佐金所提到的认知嵌入（自体性）和文化嵌入（他体性），并且这一过程因关系性嵌入和结构性嵌入所带来的主体间互动/建构增多而不断演进，从而对关系网络中的行为体与网络结构本身都有着重要的影响。随着气候治理碎片化格局的不断演进，各个行为体的嵌入治理过程体现为一种动态网络状治理空间的形成，多元行为体通过关系性嵌入、结构性嵌入和规范性嵌入三种途径内嵌到全球治理机制复合体之中。[③]

关系性嵌入是指治理机制复合体中行为体之间的联系强度，即联系频率和联系稳定程度的高低。治理中各行为体间信息、技术与知识的分享与交流越频繁，越有利于强化共享语言和共同目标，从而建立更为紧密的网络性联系并促进信任的产生。[④] 不同行为体之间的项目合作、会议交流、经验分享等均旨在拉近各主体间的距离，加强相互联系与认识，提高知识信息沟通效率，为建立信任和推动协调奠定基础。推进关系性嵌入的动力主要来自两个方面：其一是随着全球气候治理复杂性程度的不断提升，所有治理难题的解决均需要来自各个领域的多利益攸关方的参与。非国家和次国家行为体凭借自身所拥有的知识权威、专业性能力和社会网络资源

① Zukin, and P. Dimaggio, *Structures of Capital: The Social Organization of the Economy*, Cambridge University Press, 1990.
② 秦亚青：《关系与过程：中国国际关系理论的文化建构》，上海人民出版社 2012 年版。
③ 李昕蕾：《治理嵌构：全球气候治理机制复合体的演进逻辑》，《欧洲研究》2018 年第 2 期，第 91—116 页。
④ Brian Uzzi, "Social Structure and Competition in Interfirm Networks: The Paradox of Embeddedness", *Administrative Science Quarterly*, Vol. 42, No. 1, 1997, pp. 35－67.

（社会资本）等同核心机制之间的互动不断增多，如联合国机构也会将部分项目的实施通过项目招标等形式转交给某些国际非政府组织、城市网络等来承担，从而提升自身的治理能力。各类非国家行为体之间为了获得更多外部项目资源（来自国家、国际层面）也存在一定程度的合作或竞争，他们将彼此之间社会关系性互动视为组织维持和强化的重要路径。其二是随着政治多极化的深化、经济全球化的加速以及各种资源跨国流动的增多，国家独享的权力不断流散到各种非国家行为体手中，在参与全球治理的过程中，他们不断拓展国际视野的同时，还趋向一种战略互补性的网络化合作，如跨国公司日益认识到在其履行社会责任时，同国际非政府组织的合作可以使其更有效地获得更广泛的社会资源，而国际非政府组织也可以获得更多的资金支持。同时，各类跨国城市网络、政策倡议网络、包容性合作伙伴关系的涌现促进了气候治理利益攸关方之间的关系性互动，他们可以通过认知共同体建设、网络信息交流、各类培训、人员借调、项目合作等方式来维持较高程度的关系性嵌入，当然这取决于不同网络对于自身成员行动积极性的调动能力。本书从主体间关系强度和关系稳定性衡量关系嵌入程度。关系强度较高的行为体之间更愿意分享知识与资源，彼此及时沟通信息，建立互惠互利的信任与协同关系。行为体之间稳定的互动关系使得彼此的承诺更加可信，约束并规范各种行为，减少不确定性产生的风险，降低整体组织运行的交易成本。

结构性嵌入主要关注行为体在机制复合体中所处的位置与其治理效果之间的关系。网络位置是各行为体互动过程中主体间所建立的关系的结果，即各类行为体在同核心机制进行互动的过程中，在机制复合体中所处的社会结构位置。其中制度性嵌入是最为重要的体现形式，比如同核心行为体的制度性互动和协调，机制化参与渠道的建立（包括科学报告发布、政策倡议、政策咨商、政策评估反馈），相关准则和标准确立中的话语权等。一般而言，结构性嵌入的强度，或者说行为体在网络中的位置主要由两个因素决定：一是行为体同核心机制之间的制度性互动程度，如果某些非国家行为体同核心机制之间（如联合国机构）建立较为稳定性的合作关系，则会拥有特殊的结构性嵌入优势。如联合国经社理事会可以授予国际非政府组织三种咨商地位认证："全面咨商地位""特别咨商地位"和"名册咨商地位"。咨商地位的不同种类决定该组织可参与的联合国活动的领域范围。二是行为体自身的实力水平和资源优势，如专业性权威、资金技术信息资源、社会/商业性网络资源、人才可获性等，其中城市网络、跨国企业以及国际非政府组织网络得益于自身较强的治理实力，在机制复合体中的结构性嵌入均成上升趋势。① 如基于 2014 年《利马巴黎行动议程》（LPAA）所成立的非国家行为体气候行动区域平台（NAZCA）为鼓励多利益攸关方参与到《公约》核心治理框架中提供更多的制度性渠道，在 12549 项气候变化承诺中，城市（2508 个）和企业行为体（2138 个）所做出的承诺数量位于前两位，这同他们在治理实践中所拥有的行政授权和技术资源等实力性因素密切相关。② 行为体在体系中所处位置的中心度越高，越有利于获得资源优势，越容易获取并控制与组织发展相关的新信息和新资源。③ 处于中心位置的主体基于信息与资源的优势，比其他主体具有更高的声望和权威，有利于激励和约束各行为体的行为，扩展各节点间的联系，在解决行为体间权力与利益冲突中发挥更大的协调作用，促进更大范围内资源整合与协同的实现。④

规范性嵌入是指在参与到国际体系文化环境的过程中，行为体对体系中核心价值规范（价值观、规则和秩序）的认知、融入和适应以及能动性影响。一方面，规范性嵌入强调共享的集体理解和规范价值在塑造治理战略和目标上对不同行为体的约束，即主要衡量各利益主体在促成目标实现过程中所建立和维持共同信念和价值观的水平和程度。⑤ 另一方面，在这一过程中不仅仅是行为体被动接受相应的规范，同时也是推进规范创新扩散以及互动学习的过程，即在融入和适应机制复合体核心规范原则的前提下，推动规范创新和实践演进。比如，为了鼓励多利益攸关方参与而建立的"塔拉诺阿对话"（Talanoa Dialogue）成为 2018 年波兰卡托维兹气候大会的核心讨论议题之一，该对话旨在通过讲故事的形式使对话参与方

①　刘畅：《国际社会自发性协调与机制复合体研究——以可持续发展标准领域的机制为例》，《国际关系研究》2019 年第 6 期，第 44—70 页。

②　LPAA. Lima-Paris Action Agenda：Joint declaration，2014，http：//www.cop20.pe/en/18732/comunicado-sobre-la-agenda-de-accion-lima-paris/.

③　Wenpin Tsai，"Knowledge Transfer in Intra-organizational Networks：Effects of Network Position and Absorptive Capacity on Business Unit Innovation and Performance"，*Academy of Management Journal*，Vol. 44，No. 5，2001，pp. 996 – 1004.

④　Salman，Nader，and A. L. Saives，"Indirect Networks：An Intangible Resource for Biotechnology Innovation"，*R & D Management*，Vol. 35，No. 2，2005，pp. 203 – 215.

⑤　赵彦志、周守亮：《多元嵌入视角下科研组织的网络治理与创新绩效关系》，《经济管理》2016 年第 12 期，第 170—182 页。

建立理解和信任，提高认识，共同寻求解决问题的方法。公约网站为此专门设立了一个网上平台，① 向缔约方和所有非国家行为体开放，任何机构都有权提交与对话主题相关的信息。这种参与路径的制度化程度提升意味着非国家行为体不仅可以作为会议注册观察员参会，同时在政策输入和政策制定过程中拥有更多的话语权。可以说在后巴黎时代，非国家行为体在五年盘点、履约监督、低碳标准等谈判细节制定领域将拥有更大的施力空间，从而强化自身的规范性嵌入。

表 2 – 3 　　　　全球气候机制复合体中治理嵌构的三条路径

	类型	嵌构含义	嵌构方式	嵌构衡量指标	嵌构影响因素
治理嵌构	关系性嵌入	网络治理中行为体间的联系强度（稳定性、紧密程度）	网络资源共享和社会资本；成员附属关系；内外部信息和资源的交换与整合	联系频率和联系稳定程度。网络内外部互动越频繁，越有利于建立紧密关系	外部：全球治理碎片化格局中，行为体同核心规范和制度的融合程度；行为体之间的竞争性
	结构性嵌入	行为体在网络治理中所处的位置（中心度、制度性嵌入）	同核心行为体之间的制度性互动；机制性参与渠道的建立；准则和标准的确立能力	高中心度意味着接触更多的资源，有助于实现更大范围内的资源整合与协同	内部：行为体的目标定位、成员类型、能力建设、规范价值以及对于自身特色功能性的把握和协调
	规范性嵌入	共享的集体理解在塑造治理战略和目标上的约束（长期导向、规范扩散）	对核心价值规范的认知、融入和适应，并推动能动性规范创新和实践扩散	衡量促成目标实现过程中建立和维持共同信念的价值观的水平和程度	

资料来源：笔者自制。

值得注意的是，多种行为体不断嵌入和重构治理体系的过程主要受内外部两种因素的影响。就外部影响性因素而言，一是全球治理碎片化格局从体系的角度影响了行为体在治理体系中的嵌构程度。如气候治理日益体

---

① 塔拉诺阿对话，https://talanoadialogue.com。

现为一种多维机制和多元行为体相互交错的网络性治理，随着核心规范从"自上而下"的京都模式转为"自下而上"的巴黎模式，核心制度同其他制度的相容性不断增强，非国家和次国家行为体及其所组成的跨国组织同联合国治理框架之间的互动不断提升，这种嵌构的过程本身是对机制碎片化的一种积极性协调。二是不能忽视不同跨国行为体及其所承载的机制之间的竞争性。组织之间的互动可以通过咨询交流、信息分享、政策协调以及共同项目来践行。① 一种组织机制可以增进另一种机制的功能表现，从而实现一种积极性外溢；同样也可以阻碍另一种组织机制的效用发挥，这取决于不同机制目标的兼容性。② 然而目标相似的组织机制之间也存在着竞争性，即对于组织成员、资金资源以及组织影响力等治理资源的争夺。托马斯·格林（Thomas Gehring）和本杰明·福尔德（Benjamin Faude）认为组织之间的竞争性是治理复合体不断演进的根本动力所在。保证消极性竞争向积极性竞争转变的关键在于不同行为体之间的协调以及对于自己特色功能的把握和定位。③ 就内部影响性因素而言，行为体的自身目标定位、主要成员类型、能力建设及其规范价值是影响其在体系中嵌构程度的重要影响因素，特别是同核心机制行为体的互动程度以及对核心价值规范的认同度对行为体在体系中的资源获得及身份认同具有关键性作用。同时基于自身功能定位的自洽协调性意味着不同行为体间可以根据自身的优势进行分工协作，避免机制间恶性竞争并推动积极性合作型乃至协同型碎片化治理进程。

二 多利益攸关方参与气候治理嵌构的阶段性变迁

在全球气候治理碎片化格局不断变迁的过程中，鉴于肯尼斯·阿尔伯特（Kenneth W. Abbott）和约瑟夫·奈（Joseph Nye）的研究，多利益攸关方不断嵌入全球气候治理的过程可以分为四个层次。其划分依据主要是

① Oberthür, Sebastian, T. Gehring, and O. R. Young, "Institutional Interaction in Global Environmental Governance: Synergy and Conflict Among International and EU Policies", *Institutional Interaction in Global Environmental Governance*, MIT Press, 2006, pp. 183 – 192.

② Johnson, Tana, and J. Urpelainen, "A Strategic Theory of Regime Integration and Separation", *International Organization*, Vol. 66, No. 4, 2012, pp. 645 – 677.

③ Thomas Gehring and Benjamin Faude, "The Dynamics of Regime Complexes: Microfoundations and Systemic Effects", *Global Governance*, Vol. 19, 2013, pp. 119 – 130.

之前处于治理边缘地位的非国家多利益攸关方参与机制复合体的制度化程度：分别为原子化状态、非正式协调化状态、网络机制化状态，以及弹性组合体状态。① 每个层次中非国家行为体之间及其同国家行为体的互动都存在不同的特点。

在第一层次原子化状态中，自 20 世纪 90 年代初以来，《公约》框架下国家所主导的多边政府间谈判塑造了全球气候治理的核心机制。此时，非国家行为体和次国家虽然逐渐开始关注这一跨国议题，并意识到可以通过此国际化议题提升自身在国际环境治理中的影响力。但各类非国家利益攸关方很少就全球气候治理的普遍问题交换意见和共享行动信息，他们虽然各自调整政策以适应其他行为体政策，但缺乏明显的协作互动。这导致国际非政府组织、公司集团、地方政府、社会团体和其他行为体在一个非常分散的系统中以各种"原子态"模式应对气候议题和共享气候治理信息。他们虽然注重调整自身的政策设置以及行动策略以适应全球性议题的治理需要，但行为体之间缺乏明确的协作意愿和能力。该层次中，非国家和次国家行为体在气候治理体系中一直处于非常边缘化的位置。

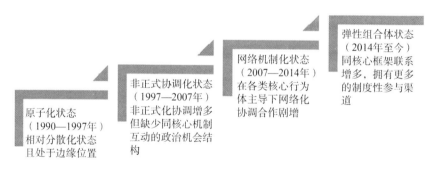

图 2-5　多利益攸关方嵌入气候治理的四个变迁层次②

资料来源：笔者自制。

---

① 约瑟夫·奈：《机制复合体与全球网络活动管理》，《汕头大学学报》（人文社会科学版）2016 年第 4 期，第 87—96 页。

② 本书认为在气候治理机制复合体演进过程中，每个阶段处于主导地位的参与类型都有所变迁（或者说不同类型属于不同的时代，虽然有时在同一阶段出现并存的现象，但是处于主导地位的参与方式必然不同），其实本质上代表了非政府组织参与全球气候治理并与国家行为体互动的不同层次。参见 Kenneth W. Abbott, "Strengthening the Transnational Regime Complex for Climate Change", *Transnational Environmental Law*, Vol. 3, No. 1, 2014, pp. 57-88。

在第二层次非正式协调状态中，自 1997 年《京都议定书》签署到 2005 年议定书生效，围绕《公约》的全球乃至地区层面的气候治理组织的数量虽然在不断增加（如 APP、MEM、MEF 等），气候变化议题也不断外溢到其他国际组织（如 WTO、世界银行、G7/8 等），但各类非国家行为体仍然被排除在主要制度之外，他们同《公约》核心机制的互动渠道非常有限。基于此，各类非国家利益攸关方开始期望在气候治理中相互协调彼此的行动，尽管他们之间往往由于缺乏明确的合作协定而仅就某些问题进行非正式的协调和交流。可以说，在强调"自上而下"的京都模式中，全球气候治理的演进主要体现为公共部门治理机制的不断拓展，而跨国非国家行为体不但缺少进入主流治理领域的政治机会结构，且彼此之间的协调联系也缺乏正式化路径。[①]

在第三层次网络机制化状态中，自 2007 年巴黎路线图以来，越来越多的非国家利益攸关方逐步达成正式协议，通过相互协作推进其跨国行动力的增强。其中由一些核心行为体主导并协调各行为体之间的交流和合作，使非国家利益攸关方在气候治理中的参与逐渐朝跨国网络化的方向发展，如欧盟市长盟约气候行动平台、21 世纪可再生能源政策网络（REN21）等。特别是在 2009 年哥本哈根会议上，基于国家层面的大多边谈判有碍于各国之间的利益博弈而滞缓难行，最终未能达成一个有实质性内容的协议，而由各类非国家行为体所组织的气候边会（Side Event）却取得了重要的成就，很多城市以及私营部门所提出的温室减排目标甚至高于国家目标。虽然此间气候治理的制度碎片化程度不断加剧，但非国家利益攸关方的跨国网络化进程却不断加速，其中针对气候治理的公私伙伴关系、跨国行动网络、政策倡议网络、气候治理实验网络等新型治理模式不断涌现出来。这意味着日益增多的跨国非国家气候行动推动着全球气候治理模式从各国政府所主导的政府间大多边模式逐渐向一种以《公约》为核心的多层次、多主体的气候治理机制复合体方向迈进。[②]

---

① Kenneth W. Abbott, "Strengthening the Transnational Regime Complex for Climate Change", *Transnational Environmental Law*, Vol. 3, No. 1, 2014, pp. 57 – 88.

② Abbott, Kenneth W, J. F. Green, and R. O. Keohane, "Organizational Ecology and Organizational Diversity in Global Governance", *Social Science Electronic Publishing*, 2013.

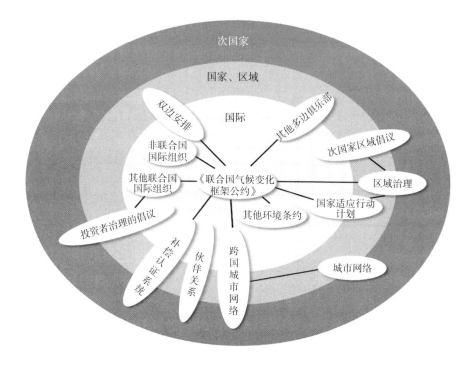

图2-6　全球多层次、多利益攸关方嵌入的气候治理结构

资料来源：IPCC Fifth Report, *Climate Change 2014: Impacts, Adaptation, and Vulnerability*, p. 1013.

在第四层次的弹性组合体状态中，根据约瑟夫·奈的界定，弹性组合体是指在一个议题领域中国家行为体和非国家行为体的混合体，且在气候治理、网络治理等低级政治领域，越来越多的资源和大部分行动都由非国家行为体控制，并且行为体互动的制度性渠道不断拓展。[1] 随着气候治理机制已经从一种单中心机制演进为多元弱中心的气候治理机制复合体。[2] 各种跨国性的合作倡议网络、跨国低碳政策网络、气候合作伙伴关系等凭借自身网络弹性治理的优势开始同《公约》下的政府间治理及其相关外延机构加强合作。不仅跨国非政府行为之间的关系日益紧密，而且能够通

---

① 约瑟夫·奈：《机制复合体与全球网络活动管理》，《汕头大学学报》（人文社会科学版）2016年第4期，第87—96页。

② Jordan A J, Huitema D, Hildén M, et al., "Emergence of Polycentric Climate Governance and its Future Prospects", *Nature Climate Change*, Vol. 11, No. 5, 2015, pp. 977–982.

过更多的制度化渠道同国家和政府间组织进一步合作来解决不断动态变化的问题。其中标志性时间节点为 2014 年的利马会议推动了《利马巴黎行动议程》（LPAA）的达成，支持公共和私营部门行为体采取联合行动从而形成更具韧性的治理网络，从而弥补国家间温室气体减排目标同最终 2℃目标实现之间的"排放差距"[1]。公约秘书处同时建立了非国家和次国家行为体气候行动区域（NAZCA）平台，目前包含了七十多个跨国合作机制。[2] 这意味着非国家多利益攸关方开始拥有更多的制度性参与空间和政治机会结构参与到联合国主导的核心框架中。2015 年达成的《巴黎协定》明确支持气候行动中的非国家多利益攸关方并为其能力提升和政治参与提供制度性保障。2016 年马拉喀什会议制定的全球气候行动伙伴关系框架（Marrakech Partnership for Global Climate Action，MPGCA）和 2017 年波恩会议所确立的塔拉诺阿对话机制（Talanoa Dialogue），均旨在促使包括国家和非国家利益攸关方进行深入合作来协助《巴黎协定》的实施。总之，体现"自下而上"治理核心规范的巴黎模式为公约框架之外的次国家和非国家行为体提供了更多规范融合和机制互动的契机，进一步推动了积极合作型碎片化模式的演进。[3]

三　气候治理嵌构的三角谱系及其互动特点

在全球气候治理日益发展成为一种机制复合体的过程中，治理嵌构已经成为不同治理行为体互动的基本逻辑。气候治理嵌构可以理解为在气候治理机制复合体中的多利益攸关方（特别是跨国行为体）同外界各种机制（组织层面、制度层面以及规范层面）的互动互建的进程。行为体的治理实践是通过一种嵌入方式同其他关系网络进行联系，同时不断重构治理体系的过程。为了探析全球气候治理中的跨国行为体的互动模式，越来越多的研究机构开始着手构建不同的数据库和平台，比如《联合国气候

---

[1]　Chan, Sander, C. Brandi, and S. Bauer, "Aligning Transnational Climate Action with International Climate Governance: The Road from Paris", *Review of European Comparative & International Environmental Law*, Vol. 25, No. 2, 2016, pp. 238 – 247.

[2]　LPAA. Lima-Paris Action Agenda: Joint Declaration, 2014, http://www.cop20.pe/en/18732/comunicado-sobre-la-agenda-de-accion-lima-paris/.

[3]　李昕蕾：《治理嵌构：全球气候治理机制复合体的演进逻辑》，《欧洲研究》2018 年第 2 期，第 91—116 页。

变化框架公约》的非国家气候行动区域（The Non-State Action Zone for Climate Action，NAZCA），Ecofys/CISL 和世界资源研究所（WRI）建立的气候倡议平台（The Climate Initiatives Platform，CIP），UNFCCC 创立的合作倡议门户（The Portal on Cooperative Initiatives，PCI），伯克利（Bukeley）研究团队建立的跨国气候变化治理倡议（The Transnational Climate Change Governance Initiatives，TCCGIs），以及德国发展研究院（DIE）和伦敦政治经济学院（LSE）创立的气候行动全球聚合体（The Global Aggregator for Climate Actions，GAFCA）。[①] 考虑到全球环境治理的多元复杂性和跨界弥散性，马加利·德尔马斯（Magali Delmas）和奥兰·扬（Oran R. Young）曾提出一种基于机制互动的视角来看全球环境治理的理想模式，即公共部门（包括国家和次国家层面的政府权威）同私营部门（包括市场投资者、跨国公司、产业联盟等）和市民社会（包括非政府组织和各类社会团体）的机制性互动不断增强。[②] 某种程度上而言，这也符合上文所提到的在机制碎片化格局下，多利益攸关方参与气候治理的不断变迁的层次，即从同类行为体内部的网络化治理提升到不同行为体的跨界合作日益增多，最后到一种多元行为体的包容性合作关系的形成。这种包容性互动加强的本身便是治理嵌构不断深化的过程，基于此，本书绘制了全球治理机制复合体中不同行为体互动的"治理嵌构三角图"，见图 2-7。

在治理嵌构三角图中，可以更为明晰地看出不同类型行为体在全球治理机制复合体之中的相互联系。图 2-7 可分为七个区域，每个区域代表了不同跨国组织中的成员构成：区域 1 至区域 3 包括分别代表公共部门、私营部门和民间社会之中的同类型成员的跨国合作倡议；区域 4 至区域 6 包含两种类型成员组合的跨国合作倡议，如区域 4 是由来自公共部门和私营部门成员共同组成的公私合作伙伴关系组织（PPP）；区域 7 最为特殊，是包含三种多个利益相关者的跨国合作机制，即每个跨国组织的成员均包括来自公共部门、私营部门和民间社会的行为体。

---

① Oscar Widerberg and Johannes Stripple, "The Expanding Field of Cooperative Initiatives for Decarbonization: A Review of Five Databases", *WIREs Climate Change*, No. 7, 2016, pp. 486 – 500.

② Delmas, Magali A, and Oran R. Young, *Governance for the Environment: New Perspective.* Cambridge University Press, 2009.

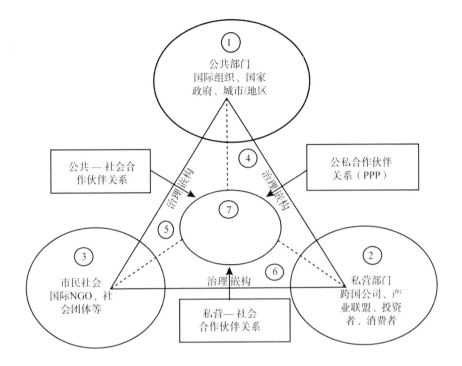

图 2-7　全球治理机制复合体中的治理嵌构

资料来源：作者在 Delmas，Magali A，and Oran R. Young（2009）基础上调整自制。

帕特博格·韦德伯格（Pattberg Widerberg）等人曾尝试对既有的非国家和次国家跨国气候合作组织进行分类（87 个）。[①] 通过对不同类型的气候变化合作机制（其中包括大约 10200 个不同的公共、私人和民间社会组织）的数据分析来更好地展现全球气候治理机制复合体中的嵌构关系。在韦德伯格所构建的 CONNECT 数据库中，对多种类型的国际和跨国气候治理机制进行统计梳理（数据集包含的信息类型包括成员，成员的类型、功能、地理位置、主题、起始年份），并通过基于公共部门—市场企业—民间组织的互动模型的构建来进一步展示了不同类型的行为体在气候治理

[①] 帕特博格·韦德伯格所研究的跨国气候倡议必须符合以下要求：一是国际或跨国的；二是显示出引导其成员行为的意向；三是明确提到一个共同的治理目标；四是有可辨认的治理功能。数据库没有统计国家内部层面的气候倡议行动。参见 Guerra F D，Widerberg O，Isailovic M，et al.，"Mapping the Institutional Architecture of Global Climate Change Governance"，*IVM Institute for Environmental Studies-Report R*-15/09，13 August 2015。

机制复合体之中是如何相互嵌构的。①

表 2 - 4　　　　　全球气候机制复合体中的治理嵌构类型

分区	区域性质	跨国组织案例	数目
1 区	公共部门：主要包括政府间组织和跨国城市网络	联合国减少毁林的合作伙伴（UN-REDD）、国际可再生能源机构（IRENA）、国际清洁能源部长会议（CEM）、倡导地方可持续发展国际理事会（ICLEI）、四十国城市领导集团（C40）、气候联盟（Climate Alliance）等	28
2 区	私营部门：跨国公司、贸易联盟、投资者网络	碳中性议定书（Carbon Neutral）、气候理性网络（CW）、国际排放贸易联盟（IETA）、碳标准认证（VCS）、全球可持续电力伙伴关系（GSEP）等	8
3 区	市民社会：由非政府组织、社会团体等组成的跨国网络	生存计划网络（Plan Vivo）、转型城镇网络（TT）、社会碳网络（SC）、气候、社区和生物多样性联盟（CCBA）等	6
4 区	公私合作伙伴关系（PPP）	世界银行原型碳基金（PCF）、生态碳基金（BCF）、碳价企业领导标准（BLCCP）、联合国关注气候全球契约（C4C）、社区发展碳基金（CDCF）、气候风险投资网络（INCR）、气候技术倡议（CTI）等	12
5 区	公共—社会合作伙伴关系	气候智能农业全球联盟（CACSA）、气候变化机构投资者团体（IIGCC）、气候稳定国际领导联盟（ILACS）	3
6 区	市场—社会合作伙伴关系	皮尤商业环境领导委员会（BELC）、世界自然基金会碳减排先锋网络（WWF Climate Saver）、碳披露项目（CDP）、温室气体协定（PROT）、气候披露标准委员会（CDSB）、国际标准组织（ISO）等	8
7 区	公共—私人—社会包容性合作伙伴关系	21 世纪可再生能源政策网络（REN21）、可再生能源及能效伙伴关系（REEEP）、全球生物能源合作伙伴（GBEP）、气候智能农业全球联盟（GACSA）、联合国"人人享有可持续能源"倡议（SE4ALL）等	22

资料来源：笔者自制，组织数量统计参见 Guerra F D, Widerberg O, et al (2015)。

---

① Widerberg, Oscar, and P. Pattberg, "Accountability Challenges in the Transnational Regime Complex for Climate Change", *Review of Policy Research*, Vol. 34, No. 1, 2017, pp. 68 - 87.

在此研究基础上，本节结合不同分区跨国组织的数量及其成员构成特点分析了气候治理机制复合体中各行为体嵌构的行动机理特点。

首先，政府行为体仍是影响气候体系中治理嵌构的重要力量，因为区域 1 中由国家以及次国家行为体所组成的跨国气候合作机制在体系中仍占据主流地位，主要包括政府间组织和跨国城市网络，如联合国减少毁林的合作伙伴（UN-REDD）国际可再生能源机构（IRENA）、国际清洁能源部长会议（CEM）、倡导地方可持续发展国际理事会（ICLEI）、四十国城市集团的（C40）、气候联盟（Climate Alliance）等。这一区域不仅行为体数目最多（28 个），而且得益于其同联合国框架下的主流机制联系更为紧密，它们在治理能力、资源获取、资金融通、实践经验扩散、规范引领、标准制定等领域均具有优势，在嵌入性的融合度上均较高。

其次，随着"自下而上"的治理规范在全球气候治理实践中不断被强化，气候治理机制复合体的机制包容性不断提升，自 2009 年哥本哈根会议以来，作为气候治理主流机制的联合国框架开始为非国家和次国家行为体提供政治机会空间和合作性支持。尤其是自 2014 年利马会议之后，联合国框架日益为非国家和次国家行为体提供更多的政治机会和合作空间，集中体现为区域 7 中包容性合作组织数量不断提升（全球伙伴关系、跨国政策网络、跨国倡议网络等），其数量成为仅次于区域 1 的合作类型（22 个），如 21 世纪可再生能源政策网络（REN21）、可再生能源及能效伙伴关系（REEEP）、全球生物能源合作伙伴（GBEP）、气候智能农业全球联盟（GACSA）、联合国"人人享有可持续能源"倡议（SE4ALL）等。这类合作组织作为"自下而上"巴黎模式的重要代表，既利用了公共部门的资源和权威同时又调动私营部门和市民社会的巨大力量，日益成为推动积极合作型机制碎片化的重要协同力量。

最后，商业行为体同公共部门和社会组织之间的互动均不断增强。自 2014 年 9 月以来，私营融资企业所采取的气候行动和所做出的承诺取得显著进展。全球 1000 个投资企业承诺动用 300 亿欧元资产，以采取气候行动，目前脱碳投资组合（Portfolio Decarbonization）正步入轨道，一些主要投资联盟还超过预期设定的投资目标。据 2015 年联合国发布的《私营部门气候融资趋势》报告，脱碳投资组合发展迅速，投资公司、金融业和保险业的气候行动加快，日益成为落实"利马—巴黎行动议程"的重要力量。①区域 4 公私合作伙伴关系（PPP）成为两种类型成员组合中最为重要的合作模式，如世界银行原型碳基金（PCF）、减少天然气燃烧全球伙伴关系（GGFRP）、联合国关注气候变化行动（C4C）、中国清洁能源投资论坛（CTIPFAN）等。他们已经成为推动务实性气候治理实践的中坚力量，不断推出的各类低碳规则、准则以及市场标准和规范深刻影响着人类的消费行为和能源转型路径。当然，来自公共部门的初期投资和资源投入可以撬动更多的私营部门和商业市场的资金流动。②

第四节   全球气候治理嵌构中国际非政府组织的行动逻辑

在全球气候治理机制复合体的碎片化演进中，肯尼斯·阿尔伯特（Kenneth W. Abbott）强调分享相似的原则、规范、规则和决策程序的各类跨国性、气候治理组织是跨国治理机制复合体（TRCCC）的重要组成部分。而国际非政府组织是各类跨国组织中的重要参与者，对于推进气候机制复合体碎片化格局中的积极性互动具有重要的协调和引领作用。他们参与全球气候治理嵌构的动态空间不断拓展，通过关系性嵌入、结构性嵌入和规范性嵌入三种途径内嵌到全球治理机制复合体之中，同主权国家、国际组织、企业等其他治理行为体在治理嵌构逻辑下呈现出独特的互动关系。

一   国际非政府组织参与全球治理嵌构的动态空间分析

目前，学术界关于国际非政府组织参与全球治理行动空间的既有解释可从两个维度进行划分：一是参与治理过程中主要动力来源的路径（自上而下的路径还是自下而上的路径）；二是非国家行为体参与治理的整体性态度（主动性/供给论还是被动性/需求论）。据此分为规范型的国际组织供给论、权益型的国家供给论、功能型的全球治理需求论和压力型地方行动主义需求论这四种类型。

---

① 联合国报告：《私营部门气候行动加快但仍需克服各种诸多障碍》，2015 年 12 月。
② 李昕蕾：《治理嵌构：全球气候治理机制复合体的演进逻辑》，《欧洲研究》2018 年第 2 期，第 91—116 页。

表 2 - 5　　　对国际非政府组织参与全球治理空间的动力来源分类

		主要动力来源路径	
		自上而下	自下而上
参与态度	被动性	国际组织供给论（规范型） （作为规范提供者的国际组织就民主参与的价值协商达成了一致意见，为加强国际非政府组织的参与制定了全球议程）	国家供给论（权益型） （国家提供国际非政府组织以参与全球治理的机会，旨在增强国家权力、利益以及提升国家形象）
	主动性	全球治理需求论（功能型） （全球化进程产生了治理空白，国家和政府间组织无法单独应对，而是客观上需要各类国际非政府组织的协助和补充）	地方行动主义需求论（压力型） （来自公民社会的自觉性社会运动迫使全球治理更加民主化，如迫使国际组织在治理过程中屈服并容纳它们）

资料来源：笔者自制。

第一，以让·菲利普·提润（Jean-Philippe Thérien）、马德琳·杜蒙提尔（Madeleine Bélanger Dumontier）和简思·施特费克（Jens Steffek）为代表的国际组织供给论者认为国际组织本身是塑造全球民主规范的先锋力量。为了提升全球治理的合法性和有效性，众多国际组织已经就多元行为体的民主参与价值达成了全球协商一致的意见，从供给的角度为加强国际非政府组织的参与而制定了全球议程和行动规范。[①] 从这个视角看，国际组织秘书处是制定和传播参与式民主规范的"有才智的行为体"，这推进了国际非政府组织在国际治理中的参与实践不断增多，特别是在联合国系统内部的制度性/准制度性参与渠道不断拓展。[②]

[①]　Jean-Philippe Thérien and Madeleine Bélanger Dumontier, "The United Nations and Global Democracy", *Cooperation and Conflict*, Vol. 44, No. 4, 2009, p. 355.

[②]　Jens Steffek, "Explaining Patterns of Transnational Participation: The Role of Policy Fields", in Christer Jonsson and Jonas Tallberg (eds.), *Transnational Actors in Global Governance: Patterns, Explanations, and Implications*, London: Palgrave Macmillan, 2010, pp. 69 - 70.

　　第二，以基姆·莱曼（Kim Reimann）[①] 和卡尔·劳斯提亚拉（Kal Raustiala）[②] 为代表的国家供给论者认为国家是全球治理中的关键行为体，国际非政府组织的兴起实际上是国家力量而不是国家缺陷的结果。主权国家为国际非政府组织参与全球治理提供机会，旨在增强国家的权力、利益以及提升国家形象。该论点认为虽然民主政体相比于集权政体更会支持国际非政府组织的全球性参与，[③] 但是国内政治权益诉求（而非政体类型）是一个国家决定支持与否的最终驱动力。当国家认为国际非政府组织的参与能支持其政策偏好从而加强其谈判立场，从而带来更多国内收益的时候，国家便会以加强自身力量为出发点，提供各种激励措施，促进国际非政府组织在全球层面的参与和咨询。[④] 如美国国际开发署（USAID）、英国慈善委员会（The Charity Commission）、日本国际协力机构（JICA）等对其国内非政府组织的海外援助和多边治理参与所起到的推动作用。

　　第三，以托斯登·本纳（Thorsten Benner）为代表的全球治理需求论认为全球化的进程带来了大量跨国性弥散性问题（如气候变化、海洋污染、跨国犯罪、流行疾病、恐怖主义等），从而产生了大量的全球治理真空区域，对国家和国际多边机构的治理能力和合法性提出了巨大的挑战。国家和政府间组织开始对国际非政府组织参与全球治理产生日益强烈的需求，希望通过其参与和协助来填充和弥补既有的治理空白区域。[⑤] 这是一个始于对国家和国际组织缺陷存在的假设，认为随着大多边跨国治理的失败增多，制度供给不足是导致国际非政府组织发展迅速的重要原因。国际组织对国际非政府组织的权威、资源和技能有很大的需求，以补充自己的

①　Reimann, Kim D, "A View from the Top: International Politics, Norms and the Worldwide Growth of NGOs", *International Studies Quarterly*, Vol. 50, No. 1, 2006, pp. 45 – 68.

②　Raustiala, Kal., "States, NGOs, and International Environmental Institutions", *International Studies Quarterly*, Vol. 41, No. 4, 1997, pp. 719 – 740.

③　Tobias Böhmelt, Vally Koubi and Thomas Bernauer, "Civil Society Participation in Global Governance: Insights from Climate Politics", *European Journal of Political Research*, Vol. 14, No. 4, 2013.

④　Jeffrey W. Legro, "Culture and Preferences in the International Cooperation Two-Step", *American Political Science Review*, 1996, pp. 118 – 37.

⑤　Benner, Thorsten, W. H. Reinicke, and J. M. Witte. "Multisectoral Networks in Global Governance: Towards a Pluralistic System of Accountability", *Government & Opposition*, Vol. 39, No. 2, 2004, pp. 191 – 210; Rittberger, Volker. *Global Governance and the United Nations System*, Brookings Inst Press, 2001.

下降能力。与此同时，各种国际组织为了摆脱某些大国在国际机构中的支配性和胁迫性力量（如对于大国会费和赠款的资金依赖），也逐步选择依靠动员社会性和市场性力量，通过形成制度性合作伙伴关系来提升自身在国际社会中的自主性。

第四，以戴安娜·图西（Diana Tussie）和玛利亚·芮格罗斯（Maria Pia Riggirozzi）为代表的地方行动主义需求论认为来自公民社会的自觉性社会运动迫使全球治理更加民主化，主要来自发达国家市民社会的跨国社会运动和各类民间社会组织，对更具包容性和民主性的全球治理提出了更多的要求。[1] 此观点在解释国际非政府组织参与全球治理的努力时往往强调跨国活动家和跨国倡议联盟是全球运动中取得成功的变革性力量，从而使国际组织向这种地方行动主义屈服并容纳它们。[2] 目前国际组织在正视日益上升的"自下而上"的地方行动性治理领导力基础上，逐步调整自身的应对手段以应对这些压力。比如联合国、世界银行、国际贸易组织等都经历了不同程度的程序和决策过程的范式转变。

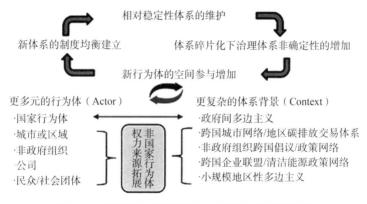

图 2 - 8 治理体系变迁和碎片化格局中的新型均衡

资料来源：笔者在 Hoffmann（2011）的基础上进行完善制作而成。[3]

---

[1] Diana Tussie and Maria Pia Riggirozzi, "Pressing Ahead with New Procedures for Old Machinery: Global Governance and Civil Society", in Volker Rittberger ed. *Global Governance and the United Nations System*, New York: United Nations University, 2001, pp. 158 – 180.

[2] Kumi Naidoo, "Claiming Global Power: Transnational Civil Society and Global Governance", in Srilatha Batliwala and L. David Brown ed. *Transnational Civil Society: An Introduction*, Bloomfield, Conn.: Kumarian Press, 2006, pp. 51 – 56.

[3] Hoffmann, Matthew J., *Climate Governance at the Crossroads*, Oxford: Oxford University Press, 2011, p. 63 and p. 72.

　　以上分析四种理论从不同的视角分析了国际非政府组织参与全球治理的行动空间，其缺陷在于以一种静态的视角来分析全球治理中多元利益攸关方参与的行动逻辑。而从全球一体化发展趋势和国际非政府组织治理权威不断提升（特别是其代表的规范性权威和科学性权威）的动态视角而言，可以看出国际非政府组织参与全球治理的行动空间不断扩大。米歇尔·福柯（Michel Foucault）指出权力和空间是一体的，国际政治研究的是行为体在国际层面的权力渗透和空间运动的过程，[1] 特别是行为体如何嵌入和重构特定制度的形式和做法，如"协商空间"和"跨国空间"的诞生。[2] 前者主要是指尤尔根·哈贝马斯（Jurgen Habermas）所谓的公共领域，[3] 即不同行为体可以聚集在一起来协商和讨论共同问题的一个可及和开放的沟通空间。气候治理领域相对于其他领域而言，可以以最大公约数的形式聚集更多的各类非国家行为体和次国家行为体，他们通过推进切实有效的低碳治理实践在气候治理公共空间中具有越来越大的话语权。后者主要是指朱莉·安·布德罗（Julie Anne Boudreau）所谓的跨国性的"政治行动领域空间"，她认为不同行为体的能力建设以及全球治理新空间拓展为政治交流创造了条件。[4] 特别是对于非国家和次国家行为体而言，他们所拥有的关键性能力和资源源于它们知识/专业性、规范性和实践性权威基础。[5] 在跨国空间的塑造中，不仅是政府间组织，同时还有国际非政府组织所组成的各类跨国组织、伙伴关系网络、政策倡议网络、智库间认知网络等都显示了其卓越的跨国资源调动及组织能力以及治理权威性及合法性。[6] 马修·霍夫曼（Matthew Hoffmann）指出行为体的空间参与同治理背景之间存

① Cornwall, A., "Making Spaces, Changing Places: Situating Participation in Development", *IDS working paper*, 2002, p. 170.

② Helen Yanacopulos, *International NGO Engagement, Advocacy, Activism: The Faces and Spaces of Change*, Palgrave Macmillan, 2015, Chapter 2.

③ Habermas, J., *The Structural Transformation of the Public Sphere*, Cambridge, MA: MIT Press, 1989.

④ Julie Anne Boudreau, "Making New Political Spaces: Mobilizing Spatial Imaginaries, Instrumentalizing Spatial Practices, and Strategically Using Spatial Tools", *Environment & Planning A*, 2007, Vol. 39, No. 11, pp. 2593 – 2611.

⑤ Gulbrandsen, L., & Andresen, S., "NGO Influence in the Implementation of the Kyoto Protocol: Compliance. Flexibility Mechanisms, and Sinks", *Global Environmental Politics*, 2004, Vol. 4, No. 4, pp. 54 – 75.

⑥ Betsill, M., & Corell, E. eds., *NGO Diplomacy: The Influence of Nongovernmental Organizations in International Environmental Negotiations*. Cambridge: MIT Press, 2008.

在某种均衡，一旦由于治理失效所带来的非确定性增加的时候，行为体同治理空间的新型互动模式必然会出现，从而推动治理体系的范式变迁。[1]

从动态的角度而言，国际非政府组织参与全球治理呈现出两大趋势：一是逐步从一种被动性的"供给论"转为一种主动性的"需求论"。随着全球议题治理复杂性程度的提升，陷入治理僵局的大多边性治理模式逐步意识到自身治理能力局限性所造成的治理真空扩大，国家和国际组织行为体从一种高高在上的治理主导性行为体开始转而寻求国际非政府组织的协助；而国际非政府组织充分借助在治理权威、资源调动、知识技能等方面的各种优势和潜能，主动寻求参与全球治理的制度性合作渠道。二是"自上而下"的国际组织规范型和治理需求功能型推动力量同"自下而上"的国家权益型和市民社会压力型推动力结合日益紧密，且后者的能动性不断提升，从而为国际非政府组织参与全球治理提供了更大的政治机会结构和权力空间。在这种行动空间发生变迁的过程中，还要充分认识到国际非政府组织的自主参与路径已从过去基于传统社会运动的压力型模式逐渐转为一种依赖于全球空间跨国联系的网络型模式，这是对既有国际非政府组织参与全球治理空间四维分析的一种超越。[2] 某种程度而言，协商空间（意识上）和跨国空间（物理上）的拓展必然推动了非政府组织从一种"原子态"联合走向"网络化"合作，从而提升其结构性权力。与此同时，国际非政府组织的自主性参与提升也同其科学权威性的提升、治理专业性的需求、治理资源的掌控优势、规范性身份诉求、网络媒体中话语权的强化等密不可分，其行动方式也呈现在全球治理体系中进行多维度嵌构的发展趋向，这无疑将推动国际非政府组织在全球治理的实施细节以及决定国际规范和行动标准的谈判中发挥更大的影响力。

二　治理嵌构中国际非政府组织同其他治理行为体的互动方式

在参与全球气候治理嵌构中，相比于政府间组织，国际非政府组织的参与具有以下优势：一是灵活性，同主权国家和政府间组织相比，国际非政府

---

[1] Hoffmann, Matthew J., *Climate Governance at the Crossroads*, Oxford：Oxford University Press, 2011, p. 79 and p. 92.

[2] Thorsten Benner, Wolfgang H. Reinicke and Jan Martin Witte, "Multisectoral Networks in Global Governance：Towards a Pluralistic System of Accountability", *Government and Opposition*, 2004, Vol. 39, No. 2, pp. 191 – 210.

组织较少有官僚化色彩，不容易受到僵化制度、科层惯例和正式程序的制约。由于非政府组织的资金来源较为多元（有些组织拒绝政府和企业的捐赠），得益于自身的中立性，他们在处理一些国际事务上能够更为自主且灵活地做出应对决策。二是自主性，政府间组织在资金来源、议程安排和成员构成等方面往往受到主权国家（特别是某些大国）的制约，很多情况下不得不按照主权国家的意志和偏好来行事。与之相比，国际非政府组织可以在一定程度上摆脱主权国家的制约，更为独立和自主地针对所要解决的全球性问题制订科学中立性的解决计划并采取及时性的在地行动。三是民主性，国际非政府组织具有深厚的社会资本，更为贴近群众。得益于其立足民间和深入基层的工作方式，非政府组织在向普通民众提供服务时能够更好地了解基层群众的疾苦困难与实际情况，并且可以更直接地把握他们的真实需求和愿望偏好，从根本上提升社会服务供给侧的供给效率。另外，非政府组织的专业性和道义性也使其成为国家行为体所看重的治理辅助性潜质，同其合作的制度性渠道不断拓展。与此同时，非政府组织所拥有的深厚的社会资源以及对于国际媒体的导向能力也成为跨国企业等行为体寻求与之合作的根基。

表 2 - 6　　　　　非政府组织参与全球气候治理嵌构的不同尺度

	全球层面	国家层面	地方层面
一般目标	推动全球公民社会环保意识，参与国际环境机制	影响政府做出有利于环境保护的决策和行动	推动环保实践，实现地方环境改善
互动主体	国际组织，跨国公司等	国家政府	地方政府，地方民众，地方企业，地方社群组织
主要策略	发现环境问题和寻找科学证据通过媒体舆论等构建全球网络，形成跨国影响 参与全球治理与国际谈判与国际组织、跨国公司等合作或对抗	发布国家环境数据报告 通过媒体舆论、游说建议等方式给政府在环境决策问题上施压 监督国家对国际环境协议和国家环境政策的执行	直接开展地方环境保护行动 鼓励和吸收民众参加环境保护行动或抗议活动 建立或培育地方社群与地方草根 NGO

资料来源：笔者在刘晓凤等（2018）的基础上进行完善制作而成。①

---

① 刘晓凤、王雨、葛岳静：《环境政治中国际非政府组织的角色——基于批判地缘政治的视角》，《人文地理》2018 年第 5 期，第 123—131 页。

因此，在既有气候治理复合体中，国际非政府组织可以通过多层治理连接跨国组织与社群网络，进而从多个层面渗入全球气候治理议题，绕开僵化滞缓的多边谈判与国家管制，直接同目标性社会及其他非国家行为体和次国家行为体建立联系。如表 2 - 6 所示，国际非政府组织参与全球气候治理嵌构的不同尺度中：一是在全球层面，可以同国际组织以及跨国公司等互动，可以强化自身在国际机制中的参与度，特别是发现环境问题和寻找科学证据，并通过媒体舆论等构建全球网络，从而形成跨国影响，提升在全球治理与国际谈判中的影响力。二是在国家层面，可以强化同国家政府的互动，通过发布国家环境数据报告、利用媒体舆论、游说建议等方式给政府在环境决策问题上施压从而影响政府做出有利于环境保护的决策和行动，同时监督国家对国际环境协议和国家环境政策的执行。三是在地方层面，利用自身的社会资本优势，加强同地方政府、地方民众、地方企业、地方社群组织进行互动与合作，从而建立或培育地方社群与地方草根非政府组织，通过直接开展地方环境保护行动来推进环境治理创新，实现环境善治理念的在地化推广。在多维多层治理模式下，国际非政府组织凭借关系性嵌入、制度性嵌入和规范性嵌入来实现同其他治理层次多元行为体的合作，通过其治理专业权威性、规范性和政治性的施压来促进全球气候治理的不断向前推进。以下进一步分析国际非政府组织同主权国家、政府间国际组织和跨国企业之间的治理嵌构互动关系，探析他们在网络化合作中如何提升自身在气候治理中的影响力和话语权。

（一）与主权国家和地方政府之间的治理嵌构关系

自从工业革命以来，随着化石能源消耗的加速，以气候变化、海洋酸化、空气污染为代表的全球性生态问题严重威胁了人类的生存和安全。鉴于全球体系中无政府状态的存在，这需要各国克服集体行动的困境来推进全球环境善治的践行。总体而言，新现实主义和新自由主义都承认主权国家是全球气候治理中的中流砥柱，因为他们不仅是历年全球气候谈判会议的重要参与者，同时又是国际各类气候协定和协约签署的基本法律主体。国际层面通过的相关气候治理法律条约都需要主权国家在国内层面加以推动与落实，特别是需要各主权国家出台相应的国内政策法律才能够实现。但是不可否认的是，主权国家作为传统的全球气候治理的主体，在参与全球气候治理过程中仍存在许多局限性并在处理一些问题上显得有些力不从心。其原因首先在于国家主权应对的有限性。国家主权的最大特点就是对内和对外都拥有绝对性权力，因此一国不得干涉他国内政。然而，具有全球性特征的气候变化问题却没有国界，任何一国的气候政策和实际行动都不可避免地影响到其他国家和地区。在跨国性气候应对方面，"绝对性主权"观念具有自身的局限性，这也推进了学界开始讨论"有限性主权"和"责任性主权"等概念。如阿米泰·埃齐奥尼（Amitai Etzioni）指出"主权的有条件性"，即"只有当国家满足其对民众与国际共同体的责任时，它才能维持其主权"①。这意味着"有条件性主权"研究开始关注国内外议题关联、身份认同与权威关系重塑以及全球性、跨国性问题增多等议题，并试图使主权的界定摆脱领土限制与其封闭特征，走向开放维度。布鲁斯·琼斯（Bruce Jones）等学者的《权力与责任》政策报告发布以及"责任主权"概念的塑造给各国政府面对跨国性治理困境提出了一个新的思路。他们在"负责的主权"框架下将反恐怖主义、气候变化、生物安全、维和与经济安全等跨国性公共安全问题纳入考虑。②"责任主权"是要各国政府不但要对本国公民负责，更要对国际社会负责；如果各国都实行"责任主权"原则，那么可以实现集体性行动应对来解决跨国性治理难题。③ 其次是国家固有的自身利益最大化原则。国家作为国际社会中理性的个体，国家往往以本国利益为重。由于气候条件、地缘位置、能源结构、经济发展水平等方面的巨大差异，世界各国在气候治理问题上的利益认知不尽相同。在化石燃料的消耗和温室气体排减问题上，由于减排直接关系到国家经济发展空间、能源模式转型和国民的生活消费模式，各个主权国家对待气候减缓都持非常谨慎的态度。不论发达国家还是发展中国家，为了维护自身的绝对利益，往往在全球减排问题上难以达成共识。因此，在国际气候谈判过程中，不可避免地存在着国家利益和国际共同利益的冲突，这也导致了气候谈判集团的不断碎片化以及"共同但有区别性

---

① Amitai Etzioni, "From Right to Responsibility, the Definition of Sovereignty is Changing", *The InterDependent*: *United Nations Foundation*, December 16, 2005, p. 35; Amitai Etzioni, "Sovereignty as Responsibility", *ORBIS*: *A Journal of World Affairs*, 2006, Vol. 50, No. 1, p. 72.

② Bruce Jones, Carlos Pascual and Stephen John Stedman, *Power and Responsibility*: *Building International Order in an Era of Transnational Threats*, Washington, D. C.: The Brookings Institution, 2009.

③ 毛维准、卜永光：《负责任主权：理论缘起、演化脉络与争议挑战》，《国际安全研究》2014 年第 2 期，第 42—63 页。

原则"的弱化。在国际气候谈判中体现为政府多边主义治理往往因为利益计算而变得滞缓难行。在提供气候治理公共物品时，一国在优先追求其国家利益最大化的过程中，会考虑其机会成本，更愿意"搭便车"，坐享其成。

因此在全球气候治理中，存在"政府失灵"的现象，这意味着政府在参与全球治理和管理公共事务过程中未能尽职尽责，或者由于自身治理局限而需要其他行为体的辅助。此时，国际非政府组织的协同性参与显得尤为重要。一是国际非政府组织具有公益性的特征，使其可以遵循自身的信念与规范出发，有意愿、有动力去解决全球性气候变化问题，从而填补政府不愿有所作为的领域。二是国际非政府组织的民间性、中立性、自治性等特点，有助于增加其运作机制的灵活性、适应性，从而弥补政府由于程序烦琐而导致的效率低下问题。近年来，国际非政府组织日益从一种对抗模式向合作模式和服务模式转型。国际非政府组织接受政府部门的委托，开展气候治理行动。值得一提的是，"政府服务外包"成为近年来新公共管理中政府职能转变的一个重要领域，其指的是政府机构把某些公共服务直接外包给民营企业、国内社会组织或是国际非政府组织。在气候治理领域内，政府部门也可以为国际非政府组织提供一定的特权或某些优惠的条件，把一些大气污染监测、能源等环境治理项目外包给它们。国际非政府组织在接受委托之后，可以凭借自己的专业知识与技术能力开展气候整治行动。

除了政府服务外包模式，目前有些政府部门还开始尝试同国际非政府组织进行制度性互动，通过治理网络的形式将国际非政府组织纳入治理联动的创新模式中。其中，国际非政府组织作为政府的专业智囊团协助其进行气候治理，特别是研究型的气候非政府组织作为政府的智囊团提供气候治理问题的及时研究和分析，帮助政府部门可以在最大限度上做出正确的气候决策。此外，某些国际非政府组织研究机构研发的低碳环保技术还可在社会中由政府部门推广使用。该类伙伴性合作可以首先追溯到国际自然保护联盟（International Union for Conservation of Nature，IUCN）的成立。IUCN 是政府及国际非政府组织都能参与合作的最重要的世界性环境保护联盟之一，拥有超过 1000 个政府和非政府组织会员，以及来自 160 多个国家的超过 11000 名志愿科学家团队，致力于寻找解决当前迫切环境与发展问题的实用解决方式。在目前的全球治理嵌构中，国际非政府组织同政府部门以及政府间部门之间的互动日益增强。虽然同公共部门与私营部门之间的公私合作伙伴关系（Public-Private Partnership，PPP）相比，这类互动由于社会组织资源的有限性还稍显逊色；但是作为一种创新性治理模式，社会部门和公共部门的合作伙伴关系网络已经进入起步性阶段，其中代表性网络组织有气候智能农业全球联盟（Global Alliance for Climate-Smart Agriculture，CACSA）、气候变化机构投资者团体（Institutional Investors Group on Climate Change，IIGCC）、气候稳定国际领导联盟（International Leadership Alliance for Climate Stabilization，ILACS）。

表 2 - 7　　　　　全球气候治理嵌构中的公共部门—社会部门
合作伙伴关系网络示例

序号	名称	建立时间	成员数量	功能
1	气候智能农业全球联盟（CACSA）	2014 年	45	发挥信息与网络功能，通过网络内部信息分享应对气候变化对粮食安全和农业发展的挑战
2	气候变化机构投资者团体（IIGCC）	2012 年	77	发挥信息与网络以及社会调研功能，通过优化公共政策和鼓励投资实践从而更好应对与气候变化相关的长期社会和商业风险
3	气候稳定国际领导联盟（ILACS）	2009 年	27	发挥信息与网络以及气候治理实践功能，推进发达国家在这些小岛国家开展的先驱性气候保护倡议

资料来源：笔者自制。

具体而言，气候智能农业全球联盟（CACSA）成立于 2014 年，目前有 45 个来自政府部门（地方政府）和非政府组织的成员，致力于通过利用成员之间的丰富的和多样性的资源、知识、信息和专门知识来应对气候变化背景下的粮食安全和农业发展所面临的挑战，推进应对农业领域的气候适应性以及鼓励各类创新性农业实践的展开。气候变化机构投资者团体（IIGCC）成立于 2012 年，目前有 77 个网络参与成员，该组织致力于为应对气候变化的低碳投资者提供一个合作平台，政府部门和政府间国际组织通过同非政府组织的合作，提供更多基层调研信息和民间需求导向，通过优化公共政策和鼓励投资实践从而更好地应对与气候变化相关的长期社会和商业风险。气候稳定国际领导联盟（ILACS）成立于 2009 年，旨在推动和帮助发达国家政府、地区以及主要城市同小岛国家结成伙伴关系，并同国际非政府组织、智库研究机构、大学、宗教团体、国际组织和碳补偿团体通力协作下推进发达国家在这些小岛国家开展的先驱性气候保护倡议和气候适应治理实践的开展。

（二）与跨国公司之间治理嵌构关系

跨国公司是当代国际社会中具有举足轻重作用的重要行为体，得益于其拥有的资金、管理、技术等优势，可以通过影响全球资源的配置在一定程度上左右着世界经济运行，并对国家间关系和全球治理也产生深远的影响。在环境保护领域，跨国公司的口碑一向不佳，往往被认为是全球环境的主要污染者，为了获得更多盈利而采取环境成本外部化的手段，对当地生态环境造成很多不可修复的损害。特别是在 20 世纪 80 年代，国际非政府组织同跨国企业多处于一种对抗乃至冲突的关系。代表公共利益的国际非政府组织认为跨国公司在追求利润最大化的目标指导下，不惜以破坏环境、浪费资源、转移污染等为代价；同时跨国公司也对部分国际非政府组织的激进行为与媒体批判一直保持排斥与敌意。

近年来，全球应对气候变化的行动以及环保能源科学技术等领域的飞速发展均催生了"绿色经济""低碳经济"等新现象。很多跨国公司敏锐地发现低碳经济的发展潜力和新增长契机，力争在新一轮的低碳经济大潮中占据制高点。为了提升自身的长期性科技竞争力和市场占有率，一些大型的跨国公司开始积极参与到温室气体减排和能源绿色转型行动中，投入巨资来研究新技术、开发新产品、推出新理念，采取各种环保措施。积极参与全球气候治理，一方面可以提升绿色竞争力，抓住低碳市场中巨大商业空间和市场空间，特别是在气候治理中对高新技术的投入，可以增强公司的核心竞争力和固定性收益。另一方面，公司绿色转型能够树立公司品牌负责任的良好的道德形象，有助于增加跨国公司的软实力；这有利于跨国公司赢得广大消费者的认可，从而开拓更大的商机，占领潜在的市场。在跨国公司绿色转向的过程中，他们比较看重非政府组织所拥有的强大的社会资本、规范性力量和社会活动资源。许多跨国公司积极参与一些公益活动，其中表现最多的就是向非政府组织捐款投资或者委托非政府组织参与公司的社会调研项目和创新性实践项目。与此同时，国际非政府组织也逐渐认识到，单纯向跨国公司实施社会性道德压力终究不是解决环保问题的最好方法。跨国公司的优势在于其具有强大的资金实力和实践资源，他们既可以成为环境问题的产生者也可以在引导下变成环境问题的解决者。通过与跨国公司的合作，非政府组织可以将自身一些创新性的绿色治理理念以公司为"实践场所"从而变为现实。比如曾经因破坏环境而遭受激烈批评的壳牌石油公司，开始与世界自然基金会（WWF）合作，共同关注经济、社会和环境问题并发表了一系列研究报告，这些研究成果已对环保实践活动起到了重大的指导作用。与此同时，WWF 也推进了企业产业链（设计链、采购链、生产链、运输链和销售链）的整体性绿化并为企业的绿色转型提供各种最优化方案。又如壳牌公司还积极地与秘鲁的非政府组织开展密切合作，创建了一个环境敏感度探测基地，该基地极有可能成为环境敏感度与透明度的样板。

　　基于此，在气候治理嵌构中，私营部门和社会部门的合作空间不断变大并呈现出网络化趋势，特别是市场部门—社会部门的合作伙伴关系也日益浮现，集中体现为以下几个代表性网络组织：皮尤商业环境领导委员会（Pew Business Environmental Leadership Council，BELC）、世界自然基金会碳减排先锋网络（WWF Climate Saver，WWF-CS）、碳披露项目（Carbon Disclosure Project，CDP）、温室气体协定（Greenhouse Gas Protocol，PROT）、制冷剂，自然！（Refrigerants，Naturally！简称 RN！）、碳作战室（Carbon War Room，CWR）、气候披露标准委员会（Climate Disclosure Standards Board，CDSB）等。

表 2 - 8　　　　全球气候治理嵌构中的私营部门—社会部门
合作伙伴关系网络示例

序号	名称	建立时间	成员数量	功能
1	皮尤商业环境领导委员会（BELC）	1998 年	31	发挥标准和承诺及信息和网络的功能：建立和实现温室气体（GHG）减排目标，和/或投资于低和零温室气体产品、做法和技术

序号	名称	建立时间	成员数量	功能
2	碳披露项目（CDP）	2000 年	CDP 认证与 515 家投资者及 140 个采购企业合作	发挥标准和承诺及信息和网络的功能：提供了全球最大的气候变化、水资源和森林风险等自评报告数据库
3	气候披露标准委员会（CDSB）	2007 年	8	发挥标准和承诺的功能：将气候变化的相关信息纳入主流企业报告，通过主流企业报告为投资者提供决策有用的环境信息，并提高资本的有效配置
4	碳作战室（CWR）	2009 年	1（同企业联合的非营利组织）	发挥标准和承诺及治理实践操作的功能：在市场导向下寻找到解决气候变化的办法，从而移除低碳转型中的信息障碍和市场障碍
5	温室气体协定（PROT）	1998 年	2（WRI 和 WBCSD）	发挥标准和承诺的功能：为衡量、管理和报告温室气体排放量制定全球标准
6	制冷剂，自然！（RN!）	2004 年	6	发挥信息分享和网络的功能：用气候友好型的天然制冷剂取代销售点所销售的冷却和冷冻装置，从而减少有害温室气体的排放
7	世界自然基金会碳减排先锋网络（WWF-CS）	1999 年	29	发挥标准和承诺的功能：将企业转变为低碳经济的领导者，发展低碳、零碳或积极的商业模式，并证明碳减排可以同经济增长齐头并进

资料来源：笔者自制。

具体而言，皮尤商业环境领导委员会（BELC）成立于 1998 年，是总部在美国的专注于应对气候变化的挑战，支持强制性气候政策的网络伙伴关系，主要由来自能源、高科技、化工、建筑各个行业的领先公司（很多来自财富 500 强公司）、非政府组织以及智库组成，企业可以并应当将应对气候变化的措施纳入其核心企业战略，在美国和国外采取具体步骤，以建立和实现温室气体（GHG）减排目标，和/或投资于低和零温室气体产品、做法和技术。成立于 2000 年的碳披露项目（CDP）通过私营部门和社会组织的联合，为世界提供了全球最大的气候变化、水资源和森林风险等自评报告数据库。该项目为全球市场提供了重要的气候变化数据，其在线数据库是目前世界最大的企业温室气体排放和气候变化战略注册数据库。CDP 认证与全球超过 515 家、总资产达 106 万亿美元的机构投资者以及超过 140 个采购企业合作，通过投资者和买家的力量以激励企业披露和管理其环境影响。发达国家的许多组织都开始通过碳披露项目对其温室气体排放和气候变化战略进行测量和披露，以设立减排目标并不断改进其绩效表现。通过全球体系内的跨国公司，投资者和各个城市能够更好地降低风险，抓住机会做出投资决策，进而采取行动走向可持续发展的世界。气候披露标准委员会（CDSB）成立于 2007 年，是一个国际化的企业和环境国际非政府组织联盟。它致力于推进和调整全球主流企业报告模式，并把自然资本与金融资本结合起来。它通过为企业提供严谨的环境信息报告和审计框架来达成这一点。国际商业和环境组织联合会承诺将气候变化的相关信息纳入主流企业报告。反过来，这有助于他们通过主流企业报告为投资者提供决策有用的环境信息，并提高资本的有效配置。监管者也会受益于已适用于合规的材料。总之，它联系了环境和经济绩效来为投资者提供清晰、可靠且与明智决策制定相关的信息。作为一个合作论坛，气候披露标准委员会不断推进其使命，探究通过支持和加强现有的标准和惯例将与金融和气候变化有关的报告联系起来，并对常规发展问题做出回应。碳作战室（CWR）成立于 2009 年，是一个独立的非营利组织，该组织有效利用企业家的力量，试图在市场导向下寻找到解决气候变化的办法。通过采用商业解决方案，以千兆吨的规模来减少碳排放，从而推动低碳经济的发展。碳作战室的主要任务是移除信息障碍和市场障碍。面对期望值低和任务薄弱的情况，碳作战室通过加快部署绿色解决方案的具体途径来产生商业解决方案。温室气体协定（PROT）由世界资源研究所（WRI）和世界可持续发展工商理事会（WBCSD）共同联合创立的，旨在为衡量、管理和报告温室气体排放设立一个全球性通用标准。目前这一标准得以迅速扩散，世界各地的数百家公司和组织正在使用 PROT 标准和工具来管理其碳排放量，从而成为更有效率、更具弹性和活力的组织。① 制冷剂，自然！(RN！) 由企业和社会组织合作成立于 2004 年，旨在推动国际企业应对全球变暖和臭氧层空洞问题提出采取行动的倡议，主张用气候友好型的天然制冷剂取代销售点所销售的冷却和冷冻装置，从而减少有害温室气体的排放，目标是以安全、可靠和经济高效的方式使其成为首选的冷却技术。

（三）与政府间国际组织之间的治理嵌构关系

政府间国际组织是指主权国家间为了实现某种既定的目标，以共同认可的国际公约或协定为依据，而成立的执行相关规定的常设性跨国界组织机构。根据政府间国际组织的规模，可以分为全球性国际组织（又称为国际大多边组织）和地区性国际组织（又称为地区小多边组织）。20 世纪 80 年代以后，国际非政府组织在全球范围内迅速发展，在 20 多年的时间里增长了 8 倍，达到 4 万多个。与此同时，国际非政府组织与政府间国际组织的合作性联系也日益紧密。联合国、世界银行等国际组织关于生态环境、妇女与社会发展的连续讨论为非政府组织提供了重要的参与契机；非政府组织也注重通过游说咨询、参与会议、实施项目、推动立法和监督法律的实施等方式提升自身在全球层面的影响力，如 1984 年世界银行为国际非政府组织参与辅助咨询工作提供了制度性渠道。在地区层面，欧洲理事会、美洲国家组织等区域性国际组织与国际非政府组织的咨询关系也逐步建立。特别是欧洲理事会非常注重通过固定的组织框架同非政府组织开展合作，包括在理事会中有咨询地位的非政府组织的全体大会（每年一次）、非政府组织联络委员会（由 25 名非政府组织代表组成，每年举行 3 次会议）等。②

总体而言，具有联合国经社理事会的"咨商地位"是一个国际非政府组织得到国际承认的重要标志。目前，全球有 4045 家非政府组织拥有咨商地位，其中源于西方国家的非政府组织居于多数。根据联合国经社理事会 1996/31 号决议第 3 部分，授予非政府组织的咨商地位有三种不同等级："全面咨商地位（General Consultative Status）""特别（专门）咨商地

---

① The website of Greenhouse Gas Protocol：http：//www. ghgprotocol. org/about-us.

② H. G. Schermers & N. M. Blokker, *International Institutional Law*, 3rd edition, Martinus Nijhoff Publishers, 1995, pp. 132 – 133.

位（Special Consultative Status）"和"名册咨商地位（Roster Consultative Status）"。"咨商地位"的不同种类决定该非政府组织可参与的联合国活动的领域范围。全面咨商地位只授予全球性或区域性、业务范围涉及多领域的具有重要国际影响力的国际非政府组织；特别（专门）咨商地位面向的是在某一特定领域发挥积极性影响的国际非政府组织，确立为这一等级的非政府组织的数量是最多的；名册咨商地位授予在国际或区域治理参与中处于比较边缘地位的组织。① 按照经社理事会 1996/31 号决议第 9 部分第 61（C）条，取得特别咨商地位主要有两项义务：一是遵守联合国宪章宗旨、原则和议事原则，积极参与联合国非政府组织相关领域的活动。二是每四年应经秘书长向经社理事会非政府组织委员会提出简要的工作报告，说明这一组织对联合国工作支持、咨询与贡献的情况。② 对于国际非政府组织在全球层面和地区层面广泛参与国际组织的治理，罗伯特·基欧汉和约瑟夫·奈指出："非政府行为体已经成为政府间多边政策制定过程的积极参与者。"③ 他们能够通过民众参与、讨论协商、咨询倡议、责任监督等渠道来不断扩展全球治理层面的民主实践，进而改善治理质量并减轻民众对国际责任问题的担忧。④

　　具体到全球气候治理领域，1990 年成立的政府间谈判委员会拉开了以联合国为核心的国际气候谈判的序幕。联合国作为最有权威的政府间国际组织自 1994 年以来基于《联合国气候变化框架公约》每年都推进气候变化缔约方大会（COP）的召开，在气候谈判的漫长进程中推动了《京都议定书》《巴黎协定》等具有里程碑意义的全球气候治理协定、协议和

---

① 按照联合国经社理事会 1996/31 号决议第 4 部分，取得特别咨商地位可享有以下权利：一是可在纽约、日内瓦、维也纳联合国大厦派设机构和常驻代表，每处可派 5 人。二是可得到联合国经社理事会及附属机构会议议程，并可指派受权代表以观察员身份列席理事会及其附属机构的会议。可就其专长的议题，提出与联合国经社理事会工作有关的书面陈述，经由秘书长分送理事会各理事国。三是可申请参加联合国召开的有关国际会议及其筹备机关会议，并可做简短发言，提出书面报告。四是可受联合国经社理事会及其附属机构委托，为非政府组织委员会进行专门研究或调查或编写具体文件。

② 刘贞晔：《国际多边组织与非政府组织：合法性的缺陷与补充》，《教学与研究》2007 年第 8 期，第 54—62 页。

③ 罗伯特·O. 基欧汉、约瑟夫·S. 奈：《多边合作的俱乐部模式与世界贸易组织：关于民主合法性问题的探讨》，《世界经济与政治》2001 年第 12 期，第 58—63 页。

④ 迈克尔·爱德华兹：《公民社会与全球治理》，载李惠斌编《全球化与公民社会》，广西师范大学出版社 2003 年版，第 169—170 页。

规范的签署。在推进国际气候减缓与适应的合作过程中,《公约》核心机制还积极帮助发展中国家建立和完善环境保护法,提供相应的资金援助和技术支持,以达到提高发展中国家履行国际气候条约和适应气候变化的双重能力。然而,政府间国际组织在气候治理中也有一定的局限性。首先,政府间国际组织的权力与权威来自主权国家的授予,从本质上受到主权国家的制约和约束。从现实主义角度而言,国家将非中性的国际组织制度设计视为利益博弈的工具,旨在维护主权国家的核心利益偏好,是主权国家统治与管理模式的延伸。因此,国际组织的议程设计、资源调动和行动能力某种程度上都受到国家间利益博弈的制约,甚至会出现国际组织管理日益地缘化和政治化的发展态势。其次,国际组织庞杂分散,"自上而下"的制度安排日益僵化。政府间大多边主义机构重叠,效率低下,往往缺乏灵活性与创新性,加之时常性经费短缺也会限制其在全球气候治理中的行动力发挥。鉴于上述局限性,联合国逐步认识到全球气候善治离不开国际社会的共同努力,同时需要通过社会性和市场性的多元主体积极参与来提升联合国自身的自主性和能动性。特别是2009年哥本哈根会议之后,联合国更加重视与各区域组织、国际非政府组织、市场私营部门、科学界智库等建立常态性的联系,在日益网络化的全球气候治理嵌构中更好地发挥协调者和维护者的角色。对于国际组织而言,国际非政府组织具有深厚的社会资本以及治理的道义性和专业性等优势,可以发挥咨询性和辅助性角色为其提供信息支持和政策建议。作为回馈,国际非政府组织也可以在以联合国为核心的国际组织中获得正式的咨商地位和参会资格(气候变化大会观察员),并在政策倡议和议程设定方面发挥独特性作用。特别是近年来,在全球气候治理中,联合国《公约》核心机制也日益为国际非政府组织的积极参与提供制度化渠道,同时鼓励基于公共部门—私营部门—社会部门的跨国治理网络的形成。这种公—私—社包容性合作伙伴关系的建构可以综合多方面的优势,更为灵活地推进创新性气候政策倡议与治理实践,典型代表包括21世纪可再生能源政策网络(REN21)、可再生能源及能效伙伴关系(REEEP)、全球生物能源合作伙伴(GBEP)、气候智能农业全球联盟(GACSA)、联合国"人人享有可持续能源"倡议(SE4ALL)等。

表2-9　　全球气候治理嵌构中的公—私—社包容性合作网络示例

序号	名称	建立时间	成员数量	功能
1	可持续低碳交通伙伴关系（SLoCaT）	2014年	95	发挥信息分享与网络联络功能：旨在动员全球性支持和帮助来促进可持续性低碳运输
2	联合国"人人享有可持续能源"倡议（SE4ALL）	2011年	214	发挥设定标准与承诺的功能：确保全世界的人口普遍享有现代能源服务；将全球能源中的可再生能源比例提高一倍；将全球提高能源效率的速度提升一倍
3	可持续生物燃料圆桌倡议组织（RSB Standard）	2007年	106	发挥设定标准与承诺的功能：该组织的认证制度基于可持续性标准（包括环境、社会和经济原则与标准）
4	21世纪可再生能源政策网络（REN21）	2005年	61	发挥信息分享与网络联络的功能：促进知识交流、政策发展和联合行动，实现全球向可再生能源化的快速过渡
5	可再生能源及能效伙伴关系（REEEP）	2002年	384	发挥标准设立和金融支持的功能：完善清洁能源的政策与管理措施，加速和拓展世界范围内可再生能源和能效机制的市场开发，包括消除市场障碍，增加融资渠道，提高公众意识等
6	联合碳市场倡议网络（NCM）	2013年	20	发挥信息分享与网络联系的功能：促进异质碳市场之间的联系或"网络化"，从而使得联合的市场更具流动性，并且能够更有效地提供气候智能型融资
7	气候和清洁空气联盟（CCAC）	2012年	40	发挥信息分享与网络联系及项目运作的功能：通过自愿的国际框架采取具体和实质性行动以减少甲烷、黑碳和许多氢氟碳化合物的排放
8	气候工作最优实践网络（Cworks）	2008年	12	发挥信息分享与网络交流的功能：与资助者、区域伙伴、研究伙伴以及其他气候领域的领袖合作，旨在加强慈善事业应对气候变化的措施

续表

序号	名称	建立时间	成员数量	功能
9	全球生物能源合作伙伴（GBEP）	2007 年	37	发挥设定标准与承诺及网络分享的功能：为生物能源制定了一套自愿并以科学为依据的可持续性指标，开发用于测量和报告利用生物能源减少的温室气体排放量的共同方法框架

资料来源：笔者自制。

　　成立于 2014 年的可持续低碳交通伙伴关系（SLoCaT），是由 90 多个利益相关者所组成的伙伴关系网络，旨在动员全球性支持和帮助来促进可持续性低碳运输，其中包括联合国组织（如全球环境基金）、多边和双边发展组织（如亚洲开发银行、国际能源署）、国际非政府组织（如世界资源研究所）以及能源部门的工商界行为体等。[①] 联合国秘书长于 2012 年提出关于"人人享有可再生能源"的倡议（Sustainable Energy for All，SE4All），该倡议可被视为迄今为止联合国在可再生能源方面首要的倡议，属于政府、私营部门和公民社会间建立的一种利益攸关多方合作伙伴关系。[②] SE4All 计划到 2030 年实现三个主要目标：将可再生能源在全球能源供应中的份额提高一倍，将能效的改善率提高一倍，并确保全球所有人都能使用现代能源技术。[③] 根据布拉德肖（Bradshaw）的说法，SE4All "在某种程度上迟来地承认了联合国千年发展目标中缺少获得现代能源服务的渠道"[④]。"人人享有可持续能源倡议"将会聚社会各行各业的最高领导，发挥联合国和世界银行在全球的号召力，令全球成百上千的利益攸关方齐聚一堂，形成合力。[⑤] 可持续生物燃料圆桌倡议组织（RSB Standard）成立于 2007 年，将农民、企业、国际非政府组织、专家、政府和与确保生

---

① The website of SloCaT: http://slocat.net/slocatpartnership.

② UNDP, Decade on Sustainable Energy for All, http://www.undp.org/content/undp/en/home/ourwork/environmentandenergy/focus_areas/sustainable-energy/2012-sustainable-energy-for-all/.

③ Sustainable Energy for All, Objectives, http://www.sustainableenergyforall.org/objectives.

④ Michael Bradshaw, "Sustainability, Climate Change, and Transition in Global Energy", in Andreas Goldthau, ed., *The Handbook of Global Energy Policy*, London: Wiley-Blackwell, 2013, p. 48.

⑤ 王青松：《国际可再生能源机构法律制度研究》，《新疆社会科学》2015 年第 3 期，第 94—100 页。

物物质生产可持续性有关的政府间机构聚集在一起组成可持续生物燃料圆桌倡议组织。该组织的认证制度基于可持续性标准（包括环境、社会和经济原则与标准）。该全球性倡议的内容覆盖所有类型生物质和生物燃料。21世纪可再生能源政策网络（REN21）是一个由政府机构、国际组织、国际非政府组织、行业协会等组成的全球性组织。全球可再生能源政策的利益攸关方将各国政府、国际组织、行业协会、科学界、学术界以及民间社会等关键行为体联合起来，从而促进知识交流、政策发展和联合行动，实现全球向可再生能源化的快速过渡。该政策网络通过促进可再生能源的使用来满足工业化国家和发展中国家的需要，这些国家无一不受气候变化、能源安全、发展和脱贫的驱动。联合碳市场倡议网络（NCM）通过网络化碳市场倡议，世界银行组织将召集民间社会、各国政府和私营部门制定一个框架，以评估减缓气候变化的努力和为支持碳市场相关职能而建立的基础设施。网络化碳市场倡议的最终目标是促进异质碳市场之间的联系或"网络化"，从而使得联合的市场更具流动性，并且能够更有效地提供气候智能型融资。世界银行的网络化碳市场倡议正在合作探索2020年后所需的工具、服务和机构，从而提高异质气候行动的透明度、可比性和可替代性。联合国际碳市场的联系成本和效率效益对于开展更多的气候行动和支持全球发展目标（将全球变暖控制在2℃以内，并旨在进一步控制在1.5℃以内）显得尤为重要。气候和清洁空气联盟（Climate and Clean Air Coalition，CCAC）是为解决该问题而做出的第一次全球性努力。该联盟是一个自愿的国际框架，采取具体和实质性行动以减少甲烷、黑碳和许多氢氟碳化合物的排放，从而保护环境和公共卫生，提高粮食和能源安全，应对近期的气候变化。气候和清洁空气联盟的目标是通过以下方式解决短期气候污染：提高对短期气候污染影响及其缓解战略的认识；积极开展新的国家间行动和区域行动（包括查明和克服障碍，加强能力和调动支持）；推广最佳案例，展示成功案例。气候工作最优实践网络（Climate Works Best Practices Network，Cworks）是一个国际非政府组织主导推进国际组织和企业参与的网络，该组织的成员由致力于气候行动的最优实践交流并推动相信集体慈善力量的研究人员、战略家、合作者和拨款者之间的气候行动合作。该组织与资助者、区域伙伴、研究伙伴以及其他气候领域的领袖合作，旨在加强慈善事业应对气候变化的措施。全球生物能源合作伙伴（GBEP）由23个国家和14个国际组织，同时一些银行机构、企业和社会组织联盟等作为观察员参与到组织的网络治理。① GBEP 将公共、私营和民间社会利益攸关方聚集在一起，共同致力于促进生物能源的可持续发展，其活动集中在三个战略领域：可持续发展、气候变化以及粮食和能源安全。通过促进新型生物质能源的产生与利用，来推进生物能源服务于气候减缓与适应，以可持续发展的路径来保证粮食与能源安全。为此，GBEP 已为生物能源制定了一套自愿并以科学为依据的可持续性指标，同时还开发了一个共同方法框架，用于测量和报告利用生物能源减少的温室气体排放量。目前，通过执行可持续性指标和温室气体排放方法框架，全球生物能源伙伴关系致力于可持续生物能源的能力建设活动与项目。

① 观察员身份加入的组织有：非洲开发银行、亚洲开发银行、拉丁美洲及加勒比经济委员会、欧洲环境局、全球环境基金、世界混农林业中心、国际农业发展基金、美洲国家组织、西非经济货币联盟、世界银行、世界可持续发展工商理事会等。

第三章　气候治理嵌构中国际非政府组织的网络化参与进程

本章主要从"过程"维度来探讨气候嵌构性治理中国际非政府组织网络化参与的阶段性进程、模式及动因。全球气候机制复合体的发展改变了原本只是局限于主权国家之间的"自上而下"的治理结构，取而代之的是各个主体之间日益联系密切的网络化结构。不可否认，这种多层次、网络状气候治理模式的构建又不得不依赖于各种非国家行为体。虽然政府间的气候变化治理合作仍然是国际气候治理体系的中心构成部分，但包括城市、非政府组织、企业、社会团体等在内的非国家行为体日益广泛地参与到全球气候变化治理中，提升了国际气候治理体系的公平性、合理性和有效性。以国际非政府组织为代表的各类非国家行为体通过一种网络化合作路径来聚合分散的资源并提升其在全球层面的影响力，其网络化模式不仅体现在国际非政府组织内部的全球拓展维度，还体现在非政府组织和私营市场部门的组织间协作性提升；同时还呈现在跨组织维度上，即公共部门同非政府组织和私营部门之间的包容性跨国伙伴关系的网络化发展。通过网络化发展，非政府组织将自身影响力内嵌到整个气候治理体系中，通过跨国气候行动将联结着区域与区域、区域与全球的各种跨国界气候治理网络与伙伴关系建立起来。整体上而言，全球化过程中的权力格局变迁、政府与市场"双重治理失灵"背景下治理日益复杂化的需求、主体间认知提升与功能性战略选择以及巴黎模式演进过程中所提供的政治契机均为这种网络化趋势提供了重要推动力。

第一节　国际非政府组织参与全球气候
治理的地位变迁及其特点

1972 年联合国组织召开的斯德哥尔摩会议标志着环境议题正式纳入全球政治议程之中，那时就已经有 134 个环境非政府组织参与了官方的会议议程，还有更多的非政府组织通过其他一些非正式的方式参与到相关活动之中，是联合国与环境非政府组织的关系史上重要的里程碑。国际非政府组织非常重视自身在全球环境治理中的倡议权，1973 年签署的《濒危野生动植物国际贸易公约》是在非政府组织世界自然保护同盟（IUCN）拟定草案的基础上诞生的。到 20 世纪 80 年代，参与到全球环境治理中的国际非政府组织的数量快速上升，逐步达到 15000 多个，其中八成以上是来自发达国家的环境非政府组织，发展中国家的环境非政府组织数量不足两成。"可持续发展"的概念最早就是由 IUCN 在其 1980 年所制定的《世界自然保护大纲》中提出，并逐渐被发展为一种特定的政治话语，深入社会和经济等各方面，成为国际和国家行为的规范。欧洲的许多非政府组织通过在布鲁塞尔设置办事处对欧盟委员会游说的方式影响欧盟的超国家决策。1992 年联合国里约环境与发展大会期间，来自非政府组织的 17000 多人出席会议并同时组织非政府组织全球论坛，作为与主会场并行的"边会"来提升政策影响力。在其内部谈判过程中，他们草拟了 30 多项草案倡议向政府多边谈判施压与游说，推动了部分政策倡议被环境与发展大会的最后文件所接纳。在 1992 年可持续发展大会的《里约宣言》第 10 条以及 2012 年里约"20 ＋"的决议文件《我们希望的未来》中，都明确及重申了非政府组织（公民社会）参与气候治理的必要性。[①] 自 20 世纪 90 年代初联合国正式启动气候谈判进程以来，减缓气候变化的国际合作已形成以《联合国气候变化框架公约》（以下简称《公约》）为核心的全球治理模式。1994 年《公约》生效之后，次年就在德国柏林召开了第 1 次气候变化缔约方会议（COP 1），有 163 个非政府组织参与了该会议。到 2021 年英国格拉斯哥气候变化会议时（COP 26），非政府组织历年累

---

① 杨晨曦：《全球环境治理的结构与过程研究》，吉林大学 2013 年博士学位论文。

积参与数量上升为 2902 个，数量增长了 18 倍。全球气候治理已经经历了近 30 年谈判历程，这也是一个治理机制不断拓展和参与行为体日益多元化的变迁过程。在其中，非政府组织从一个较为边缘性的参与者逐渐获得了更为制度化的参与路径，同以《公约》为核心的治理机制之间互动不断增多，所拥有的资源和权威也不断提升，从而发挥出日益重要的影响力。

一 治理机制拓展中国际非政府组织制度性 参与的萌芽阶段（1997—2007 年）

自 1997 年《京都议定书》签署到 2005 年生效这一过程中，围绕《公约》的周边治理机制数量猛增，包括小俱乐部型的国家集团、双边倡议、（非）气候类环境法律制度及相关贸易机制大量涌现。这一过程分为横向和纵向两个维度。横向而言，气候变化议题不断外溢到其他国际组织，通过议题嵌入方式成为世界贸易组织、世界银行、七国集团及二十国集团等机制平台中所讨论的政治议程，且相关的低碳原则日益融入全球金融市场规则、知识产权与投资规则以及国际贸易体制中。纵向而言，超越联合国框架的地方区域性气候机制不断涌现，在一定程度上补充但冲击了联合国治理框架。特别是议定书生效之后，已经于 2001 年退出议定书的美国为了保持自身在气候变化上的话语权，主导建立了一系列地区层面的气候治理机制挑战京都模式，如 2005 年建立的亚太清洁发展与气候伙伴关系（APP）及 2007 年出现的主要经济体能源安全与气候变化会议（MEM）等。[①]

这一时期，非政府组织参会的累积注册数量从 1997 年京都气候大会（COP3）的 277 个（政府间组织为 30 个）增加到 2007 年巴厘岛气候大会（COP 13）的 844 个（政府间组织为 68 个）。该阶段的特征是以联合国为核心的《公约》框架开始注意逐步协调同其他机构之间的关系，比如在 2006 年的内罗毕气候变化大会上，正式宣布所有的政府间组织和非政府组织今后都可以注册为气候变化缔约方会议（COP）的观察员，相关权利包括旁听和列席气候会议。世界自然基金会（WWF）在联合国气候变化

---

① 李慧明：《全球气候治理制度碎片化时代的国际领导及中国的战略选择》，《当代亚太》2015 年第 4 期，第 128—156 页。

峰会上表达立场时指出"2007 年众多的国际非政府组织参与联合国气候变化会议（巴厘岛会议），推动与会各国签署减排温室气体巴厘岛路线图，该次行动就是国际非政府组织通过跨国活动参与全球治理的一大范例"①。可以说，气候领域内全球治理的兴起催生了非政府组织参与气候行动的必要性，而非政府组织的参与又帮助构建了全球气候治理的网络，推动产生了一种新的全球层面的气候治理模式，两者互相促进，并且形成良性循环。在气候治理《公约》机制不断拓展的过程中，非政府组织通过注意同其他机构的协调和网络化行动为自身赢得了更多的国际社会认可与灵活行动空间，其制度性参与处于萌发期并呈现不断上升态势。

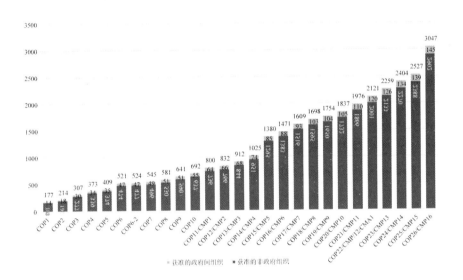

图 3 - 1　历次缔约方会议（COP）累积接纳观察员组织统计

（1991—2021 年）

备注：纵轴为组织数量，横轴为历次缔约方会议。

资料来源：UNFCCC（2021）。②

①　世界自然基金会：《WWF 在联合国气候变化峰会上的立场》，http：//www. wwfchina. org/aboutwwf。

②　UNFCCC. Cummulative Admission of Observer Organizations. https：//unfccc. int/process-and-meetings/parties-non-party-stakeholders/non-party-stakeholders/statistics#eq-2.

二　治理行为体多元化背景下国际非政府组织
影响力快速提升阶段（2008—2014 年）

自 2008 年国际金融危机以来，由于各国之间的权力变迁和利益计算，国家层面的气候谈判变得更加进展缓慢，这为非国家和次国家行为体发挥积极性作用提供了历史机遇。特别是 2009 年哥本哈根会议因为其在全球气候治理进程中的关键作用，吸引了更多非国家和次国家行为体的参加。此后，包括非政府组织、企业、投资者、城市、民间社会组织等在气候治理中的作用日益提升。尤其是历年缔约方大会召开时，众多非政府组织均会全程参与并积极活动，其视域范围、利益诉求、政策建议都以一种前所未有的方式框定政策议程并影响气候谈判进程。①

在这一阶段，气候谈判缔约方会议中注册参与的国际非政府组织数量急剧增加，如在 2009 年哥本哈根会议（COP15）上累计有 1380 个国际非政府组织和政府间国际组织拥有了观察员地位，且非政府组织的累积数量占九成（1295 个）。而 2008 年 COP14 时非政府组织累计数目为 951 个，仅用一年时间就增加了三分之一。在大多数的缔约方会议上，国际非政府组织观察员的数量都远远超过了缔约方国家的数量。② 图 3 - 2 显示了历次缔约方会议（COP）中国际非政府组织和政府间组织的单次准入数量统计，值得注意的是，2009 年哥本哈根会议上单次准入的国际非政府组织数量达到一个高峰，因为每个登记的观察员组织都能够提名任意数量的代表出席。在 2010 年之后随着非政府组织参与数量的大规模攀升以及会议管理资源的限制，缔约方会议第一次向与会的观察员组织提出了配额上限要求，这意味着对参加缔约方会议的每个国际非政府组织内的参与人员数量进行了限制（每个非政府组织的可以提名参与人员数量有一定的配额），但不影响每个非政府组织的代表性。这也从一个侧面反映了非政府组织参与缔约方会议的热情度之高。

---

① Naghmeh Nasiritousi, "Shapers, Brokers and Doers: The Dynamic Roles of Non-State Actors in Global Climate Change Governance", *Report of Linköping Studies in Arts and Science*, No. 667, 2016, p. 15.

② 参见 Heike Schroeder and Heather Lovell, "The Role of Non-Nation-State Actors and Side Events in the International Climate Negotiations", *Climate Policy*, Vol. 12, No. 1, 2012, pp. 23 - 37。

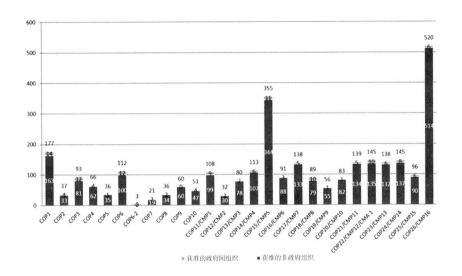

**图 3 - 2 历次缔约方会议（COP）中非政府组织和政府间
组织的单次准入数量统计（1991—2021 年）**

备注：纵轴为组织数量，横轴为历次缔约方会议。

资料来源：UNFCCC, Admission per COP, https：//unfccc.int/process-and-meet-ings/parties-non-party-stakeholders/non-party-stakeholders/statistics#eq-2.

　　同时，许多国家代表团也开始接纳国际非政府组织、城市或商业代表加入他们的代表团，使总数进一步增加。取得观察员身份参与国际气候谈判以及在主会场外组织各种边会活动（Side Events）都为非政府组织的参与提供很多非正式的政治空间。1996 年第二次缔约方会议时（COP 2），由非政府组织筹办的边会活动仅有 17 次，到京都气候大会（COP 3）时逐步提升到 53 场次。到 2008 年波兰波兹南气候大会（COP 14）时，由非政府组织筹办的边会活动数目已经达到 123 场次，占边会总数目的 61.5%；2009 年哥本哈根气候大会（COP 15）时，由非政府组织筹办的边会活动数目已经达到 125 场次，占边会总数目的 55%。[1] 值得注意的是，哥本哈根会议上各国大多边政府谈判未能达成一个实质性协议，而由

――――――――――

[1]　UNFCCC, Number of side events by lead organizer by COP/CMP/CMA，https：//unfccc.int/process-and-meetings/parties-non-party-stakeholders/non-party-stakeholders/statistics#eq-2.

非国家和次国家行为体所举办的各类边会却取得了重要的进展，如很多城市的温室减排目标甚至高于国家目标。2009 年召开的哥本哈根会议（COP 15）标志着全球气候治理模式一定程度上发生了重心的转移，从一个国家主导的政府多边合作过程演进为更加多样化、多层次、多中心的治理格局。如 2010 年坎昆气候大会（COP 16），由非政府组织筹办的边会活动数目继续攀升到 139 场次，占总量的 58%。

2011 年南非德班大会（COP17）上，联合国气候变化委员会下的秘书处发起了"变革动力"，突出了推进气候行动不断拓展的新基点，使得以国际非政府组织为代表的非国家和次国家行为体也成为低碳转变的重要义务主体。2012 年联合国大会关于《我们希望的未来》决议中提出：可持续发展的实现只能通过政府、民间社会和私营部门的广泛联盟，才能为今世后代创造我们所希望的未来。如 2012 年多哈气候大会（COP18）上，非政府组织、民间社会和私营部门在发展中国家的资金、损失与损害等方面都发挥了不可或缺的重要作用。当联合国环境规划署（UNEP）于 2013 年 2 月在内罗毕举行理事会第一次全体会议时，为非政府组织、民间社会组织和私营部门组织的代表指定了 9 个席位。非国家行为体的代表们也参与了高级别环境部长论坛的圆桌会议。会议之前还有一个论坛，有来自各种非政府组织和民间社会组织的大约 270 名与会者参加，为即将举行的会议提供议程和材料。① 该阶段非政府组织已经开始与各类非国家行为体积极互动，推进多层多元的气候治理格局的构建，尽管尚缺乏使非政府组织充分发挥作用的稳定的互动包容机制。

三　机制互动中国际非政府组织制度性参与
程度不断强化阶段（2014 年至今）

随着气候议题的全球性扩散，气候治理机制已经从一种单中心机制演进为多元弱中心的气候治理机制复合体②，主要包括两个部分：一是《公约》下的政府间治理及其相关外延机构；二是各类非国家和次国家行为

①　International Institute for Sustainable Development（IISD），*Briefing Note on the Fourteenth Global Major Groups and Stakeholders Forum*，www. iisd. ca/unepgc/27unepgc/gmgsf14/brief/brief _ gmgsf14. html.

②　Andrew J. Jordan，et al. ，"Emergence of Polycentric Climate Governance and its Future Prospects"，*Nature Climate Change*，Vol. 11，No. 5，2015，pp. 977 – 982.

体之间融合加剧，呈现出各种跨国性的合作倡议网络及低碳治理组织，如不断涌现出的"跨国低碳政策网络""跨国气候治理倡议网络""气候合作伙伴关系""气候治理实验网络"等。①

自 2014 年利马气候会议（COP20）以来，越来越多的学者开始提出这两个领域可以相互强化，即公共和/或私营部门行为体采取联合行动，从而形成更具韧性的治理网络，弥补国家间温室气体减排目标同最终实现 2℃目标之间的"排放差距"②。利马会议推动了《利马巴黎行动议程》（LPAA）的达成，支持由次国家和非国家行为体所进行的个体或者集体性气候行动；公约秘书处同时建立了非国家行为体气候行动区域（NAZ-CA）平台，其中包含了由非政府组织、城市、地区、企业和投资者等所组成的 77 个跨国合作机制，总共提出了一万多项气候变化承诺。③这标志着以国际非政府组织为代表的非国家行为体开始拥有更多的制度性参与空间和互动路径参与到联合国主导的核心框架中。可以说这一发展趋势基本符合马加利·德尔马斯（Magali Delmas）和奥兰·扬（Oran R. Young）所建构的全球环境治理中较为理想的机制互动方式，即公共部门（包括国家和次国家层面的政府权威）同私营部门和市民社会的制度性互动不断增强，从而在塑造公私合作、公共—社会合作、社会—私人合作三类合作伙伴关系的同时，推进了包容性公共—私人—社会合作伙伴关系的形成。其中的治理关键便是公共部门的互动开放程度以及制度化参与渠道的设立。④

---

①　Matthew J. Hoffmann, *Climate Governance at the Crossroads*: *Experimenting with a Global Response after Kyoto*, New York: Oxford University Press, 2011.

②　Sander Chan, Clara Brandi, and Steffen Bauer, "Aligning Transnational Climate Action with International Climate Governance: The Road from Paris", *Review of European Comparative & International Environmental Law*, Vol. 25, No. 2, 2016, pp. 238 – 247; Thomas Hale, "'All Hands on Deck': The Paris Agreement and Non-state Climate Action", *Global Environmental Politics*, Vol. 16, No. 3, 2016, pp. 12 – 22.

③　LPAA, *Lima-Paris Action Agenda*: *Joint Declaration*, 2014, http://www.cop20.pe/en/18732/ comunicado-sobre-la-agenda-de-accion-lima-paris/.

④　Magali A. Delmas and Oran R. Young, *Governance for the Environment*: *New Perspective*, New York: Cambridge University Press, 2009, p. 9.

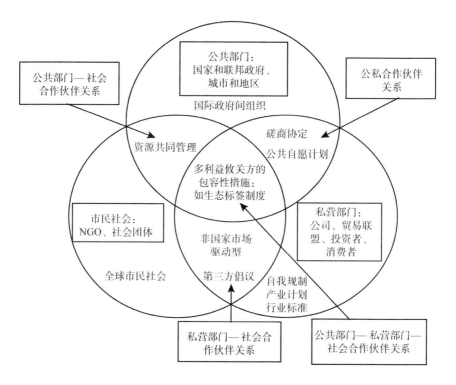

图 3-3　多利益相关者参与全球治理的机制互动模式

资料来源：Magali A, Delmas and Oran R. Young (2009), p. 7.①

2015 年达成的《巴黎协定》明确支持气候行动中的"非缔约方利益相关方"（Non-Party Stakeholder，NPS）的积极参与，并为其能力提升和政治参与提供制度性保障，同时，《巴黎协定》明确提出"自下而上"提交国家自主贡献目标的新模式，"自下而上"成为全球气候治理机制的新话语框架。②联合国气候变化巴黎大会《巴黎协定》提出："任何在本协定所涉事项上具备资格的团体或机构，无论是国家或国际的、政府的或非政府的，经通知秘书处其愿意派代表作为观察员出席作为《巴黎协定》缔约方会议的《公约》缔约方会议的某届会议，均可予以接纳，除非出席的缔约方至少三分之一反对。观察员的接纳和参加应遵循本条第 5 款所

---

① Magali A, Delmas and Oran R. Young, *Governance for the Environment：New Perspective*, New York：Cambridge University Press, 2009, p. 7.

② UNFCCC, *Adoption of the Paris Agreement*, Decision 1/*CP*. 21.

指的议事规则。"①

2016 年的马拉喀什会议作为《巴黎协定》生效后的首次缔约方大会，为了全面动员更多利益相关者的广泛参与以加强 2020 年前减排行动力度，会议建立了马拉喀什全球气候行动伙伴关系（MPGCA），旨在使国家和非国家部门联手促进《巴黎协定》的后期落实。此次会议由来自全球 190 多个国家和地区的与会者以全会和分组讨论的形式进行，讨论如何执行《巴黎协定》的技术细节问题。同时，会议发表了《马拉喀什全球气候行动伙伴关系》强调为了推进《巴黎协定》和联合国可持续发展目标（SDGs）的目标相结合②，将要持续召集缔约方和非缔约方利益相关者加强合作，推动共同确认并解决加强执行方面的障碍。《马拉喀什全球气候行动伙伴关系》提到非缔约方利益相关主体包括了社区组织、非政府组织、公民、工会、信仰组织等，这些多元主体在全球气候治理进程中也逐步形成了多种议题联盟，相互协作性不断强化。③ 马拉喀什大会最后强调推进包括通过 2020 年前气候行动和多利益攸关方高层对话的技术审查进程；通过各种活动，包括与 UNFCCC 机构的会议以及其他相关论坛一起举办的活动，展示新的举措和更大的目标。

2017 年的波恩联合国气候谈判会议的 FCCC/SBI/2017/INF.3 文件中强调非缔约方的多利益相关者应协助缔约方实现其广泛的政策目标，强调非缔约方的"多利益攸关方"进行更实质性的磋商，鼓励非国家行为体、次国家政府和其他机构在内的非缔约方利益相关者加强《巴黎协定》执行细则的制定，增强框架的透明度，深入参与全球盘点以及执行遵约机制。会上还着重就"促进性对话机制"（又称为"塔拉诺阿对话"）进行讨论，以提倡包容、鼓励参与、保证透明为原则，使包括国际非政府组织在内的对话参与方可以增进互信并共同寻求解决问题的办法。对话的政治进程侧重于评估现有的集体努力和长期目标的差距，并探索如何通过充分发动国家、社会和市场的多方力量来强化气候行动弥补差距。

在 2018 年的 4 月至 5 月举行的波恩谈判会议期间，"塔拉诺阿对话"

---

① 李昕蕾、王彬彬：《国际非政府组织与全球气候治理》，《国际展望》2018 年第 5 期，第 136—156 页。

② UN，SDG Goals，http：//www.un.org/sustainabledevelopment/sustainable-development-goals/.

③ UNFCCC 关于多利益攸关方参与会议总结，https：//unfccc.int/process-and-meetings/parties-non-party-stakeholders/non-party-stakeholders/statistics-on-non-party-stakeholders#eq-1。

三个主题讨论由二百多位代表分为 6 个平行小组举行，其中每个小组的 35 位成员有七分之六来自缔约方代表，同时保证七分之一来自非缔约方的多元行为体，从而使非国家行为体获得宝贵的制度性渠道参与到议题倡导和政策制定进程中。卡托维兹会议注重实施"塔拉阿诺对话"，以此促进各层次的多利益攸关方广泛参与。2019 年马德里气候大会则强调非政府组织关注的性别平等和海洋保护，并有超过 2300 个多利益攸关方正式注册参与气候大会。2021 年格拉斯哥气候大会上，非政府组织组织的边会活动数量达到 158 场次之多，占边会总数的 65.3%。[1] 此时，非政府组织历史累计参会数目是 2902 个，是政府间组织历史累计参会数目的 20 倍。[2] 总之，体现"自下而上"治理核心规范的巴黎模式为之前《公约》框架之外的非缔约方利益相关方（NPS）提供了更多规范融合和机制互动的契机，很大程度上提升了国际非政府组织正式参与气候治理渠道的制度化程度。[3]

第二节　气候治理中国际非政府组织网络化嵌构的演进

在全球治理过程中国际非政府组织扮演着至关重要的角色，其参与全球治理最为直接的方式和途径就是积极地组织跨国活动。在主权国家主导下的气候治理伙伴关系中，非政府组织的主要影响力来源之一是当代国际体系中所存在着的将国际非政府组织，其中特别是环境非政府组织与其他不同层次行为体连接在一起的广泛网络。叶江在《试论国际非政府组织参与全球治理的途径》一文中指出"国际非政府组织主要通过区域乃至全球的国际性集体社会行动，以及建立健全跨国倡议网络等两种方式来组织跨国活动。自 20 世纪 90 年代末以来，关注生态的、女性的、维护和平

---

① UNFCCC. Number of side events by lead organizer by COP/CMP/CMA. https：//unfccc. int/process-and-meetings/parties-non-party-stakeholders/non-party-stakeholders/statistics#eq-2.

② UNFCCC. Cummulative admission of observer organizations. https：//unfccc. int/process-and-meetings/parties-non-party-stakeholders/non-party-stakeholders/statistics#eq-2.

③ 李昕蕾、王彬彬：《国际非政府组织与全球气候治理》，《国际展望》2018 年第 5 期，第 136—156 页。

的乃至反全球化的跨国集体社会活动和倡议网络日益涌现"①。根据肯尼斯·阿尔伯特（Kenneth W. Abbott）的统计，自 2001 年以来，在全球气候治理中，无论是跨政府网络，还是由非国家行为体所主导的城市跨国网络，民间政策倡议网络、公私合作伙伴关系网络等均以 10% 的年均增长速度发展。②

刘贞晔在《国际政治视野中的全球市民社会——概念特征和主要活动内容》中从组织形式方面指出，由于地理距离的遥远，国际非政府组织不可能始终进行面对面的沟通来推进跨国社会活动，但它们凭借现代交通和通信技术建立起了从当地到全球的网络组织形式。从活动方式上看，国际非政府组织所进行的许多跨国性活动并非完全是依靠在全球各地建立分支机构展开的，而是通过各种信息传递、资源共享、共同行动等形式展开的，这种活动方式本身就构成一种非机构体系的网络，形成网络化治理的新模式。③ 在处理全球性的环境和气候变化问题上，国际环境非政府组织的作用就在于将地方和全球层面的政治连接起来，通过有意地传递信息给谈判人员，以影响谈判过程和结果。非政府组织凭借其组织形式的弹性和应对战略的灵活性等优势通过网络合作模式将其行动影响力嵌入全球、地区、国家和次国家等多个层面，提升了治理机制的密度和治理形式的多样性，体现为组织内拓展、组织间协作和跨组织伙伴关系三种模式。

一　组织内拓展维度：国际非政府组织内部的跨国拓展速度提升

就组织内维度而言，包括非政府组织、民间团体、城市、企业、智库在内的各种类型的跨国非国家行为体不仅数量不断增多，且日益注重拓展其国际化合作，在跨国行动范围、跨国成员数量、政策游说空间以及网络

---

① 叶江：《试论国际非政府组织参与全球治理的途径》，《国际观察》2008 年第 4 期，第 16—24 页。

② Abbott, Kenneth W, and D. Snidal, "Strengthening International Regulation through Transnational New Governance: Overcoming the Orchestration Deficit", *Review of International Organizations* Vol. 5, No. 3, 2010, pp. 315 – 344; Kenneth W. Abbott, Jessica F. Green and Robert O. Keohane, "Organizational Ecology in World Politics: Institutional Density and Organizational Strategies", *Prepared for the* 2013 *Annual Convention of the International Studies Association*, April 3 – 6, 2013, San Francisco, California, pp. 2 – 3.

③ 刘贞晔：《国际政治视野中的全球市民社会——概念、特征和主要活动内容》，《欧洲研究》2002 年第 5 期，第 49—61 页。

治理能力上均增长迅速。组织内网络拓展主要是指国际非政府组织注重其各国成员在国际层面的网络化协作，不断拓展其跨国行动空间，从而提升自身在全球治理和国际谈判中的杠杆性影响力。

第一，随着气候变化议题的不断升温，越来越多的非政府组织逐步拥有国际化视野，将气候变化议题作为重要政策议程之一。比如影响力较大的国际环境非政府组织绿色和平（Greenpeace）、世界自然基金会（WWF）、国际地球之友（FoEI）和乐施会（OXFAM）等均设立了气候治理项目组，长期追踪气候谈判，注重同国际媒体合作，出版各类专业性报告等。他们侧重于通过网络化行动来直接影响气候治理和气候谈判。具体而言，如总部设在荷兰阿姆斯特丹的绿色和平组织致力于践行"行动带来改变"的环保理念（如气候变化与能源、保护森林、污染防治、食品安全、保护海洋等领域），目前在全球58个国家和地区设有办公室并且仍有进一步拓展的计划，在气候治理领域定期发布科研报告、组织污染揭露活动、参与政府环保会议、发起环保项目，特别注重每年在缔约方会议上组织各类专题性边会，并同各类国际媒体紧密合作。在其成员所在国家层面着重通过以下三种方式推进项目施行：一是推进公众参与，组织公众环保活动，利用社交媒体网络进行更大规模的宣传；二是注重对政策法规的影响，不直接对政府施压，而是推动政府对环境保护政策法规的完善，从直接行动转型到"让解决方案到位"；三是与媒体传讯，比如在中国长期与南方报业保持较好关系，也加深与新华社、央视等媒体的关系。与此同时，跨国智库类的国际非政府组织如世界观察研究所、世界资源研究所（WRI）、忧思科学家联盟等凭借其自身所依赖的跨国科学认识共同体网络以及长期积累的专业性研究优势，不断提升其在气候治理中的权威性和话语权。这类非政府组织多侧重于通过间接性手段来影响气候谈判，如世界资源研究所（WRI）是一个旨在保护自然资源的独立研究机构，在多个国家设有办公室，专家团队庞大，其工作主要围绕6个关键议题，即气候、能源、粮食、森林、水资源及城市交通。WRI注重兼顾研究的科学性与实效性，一是既强调尊重科学界，重在树立环保领域的研究权威地位；二是同时注重引起决策机关的注意，致力于与政府部门、企业、决策者、科学家、公民社会携手，帮助政府/企业制定政策；三是与政府/企业的合作是主要行动方式。①

第二，从活动方式上看，国际非政府组织所进行的许多跨国性活动并非完全是依靠在全球各地建立分支机构展开的；而是通过各种信息传递、资源共享、共同行动等形式展开的，这种活动方式本身就构成一种非机构体系的网络，形成网络化治理的新模式。国际非政府组织的这种网络化的特点使世界范围内的人们很容易为了共同的目标联系和组织起来，并形成新的身份认同感和共同的价值观。如国际环境法中心是一个代表全球公共利益的非营利性环境法中心，为世界各国的团体、政府、非政府组织、政府间组织以及个人提供相关法律服务，致力于为环境问题和可持续发展问题提供法律解决方案。其跨国活动方式有两个特点：一是侧重于推进信息网络的建构和资源共享的实现，特别是致力于推动建立一个有效且体现社会公正的国际气候法律政策倡议网络以应对气候变化治理中出现的各种问题；二是强调规范性扩散，认为气候变化不仅仅是环境问题、科学问题，而且很大程度上是人权问题。国际环境法中心强调将气候变化、人权、贸易以及投资问题综合起来分析和考虑。与其相似的非政府组织还有地球正义，也强调通过网络信息共享来推进气候治理的法制建设。

第三，近年来，网络组织的影响力日益从西方发达国家向发展中国家拓展，加强提升对"南方国家"的民众动员和宣传，侧重于将气候变化同当地社会的环境保护和能源转型相结合。代表组织有聚焦全球南方组织（Global South Focus），其工作紧密围绕"南方国家"，特别关注受全球化影响的被边缘化及被剥夺的发展中国家弱势群体。该组织关注的议题主要分为五类：贸易及投资、气候与环境、土地及森林、社会运动和去全球化。该组织针对气候变化强调两个方面：一是必须摒弃地下 80% 的现有化石燃料储藏。二是关注气候谈判文本中对于 2020 年后短期目标（到 2025 年以及到 2030 年）的具体安排。又如国际热带农业中心（CIAT）

① WRI 旨在促进各种能源利益相关者如监管机构、公用事业、企业、政府和市民社会的协作，减少温室气体排放的同时满足人们对能源的需求。侧重于推动打造四个中心的项目。一是打造商业中心：通过私营部门激励创新行动，支持可持续发展。直接与企业合作，制订解决方案，推动环境可持续发展并提升价值。二是打造经济中心：帮助政策制定者采取高性价比的行动，在保护自然资源的同时提供有利于生态系统的必要服务。三是打造金融中心：鼓励公共和私营部门对可持续发展领域进行投资，通过各种方式（例如环境和社会保障、公私合作等）确保融资能起到应有的作用。四是打造治理中心：赋权于民，支持各机构在决策时充分考虑社会公平和环保。

是一个非营利性的发展研究组织，致力于通过提高农业生态效益来提升发展中国家适应气候变化的能力，减少热带地区的饥饿与贫穷以及提高人们的营养水平。具体而言，国际热带农业中心通过研发诸如气候模拟等应对技术以及发明新作物、改善土壤等方式来帮助热带地区应对气候变化，减轻农民压力。近年来，CIAT 日益推进项目国际化和跨国倡议行动的进程，如气候智慧农业（CSA）的全球推广与项目示范。

二　组织间协作维度：不同国际非政府组织之间的网络合作程度不断提升

就组织间维度而言，不仅同种类型的非政治组织成员之间的网络化合作程度提升，同时不同类型的国际非政府组织之间的网络化合作也快速增多，成为组织间合作的新的增长点。通过跨国的组织间合作来提升组织联盟的结构性影响力。

首先，不同国际非政府组织之间开始注重进行网络化协作。组织间协调程度不断提升，特别是在气候治理领域，这种"抱团发声"的联盟模式为提升国际非政府组织的影响力起到重要的推动作用，其中重要的代表性组织包括国际地球之友、气候行动网络（Climate Action Network，CAN）、"气候正义现在就要"（Climate Justice Now!，CJN）、第三世界网络（Third World Network，TWN）。国际地球之友是世界上比较"老牌"的联盟性质的民间环保组织，由 75 个环保组织构成，其中有大约一半的组织被称作当地的地球之友，在荷兰阿姆斯特丹设有国际秘书处。针对气候环境的基本立场强调当今世界面临着两个相关联的挑战——气候变化与全球能源危机。而这些挑战是源自人们不可持续的经济与发展模式，以及不恰当的消费模式。国际地球之友强调解决气候变化问题以及应对环境与能源不公正问题，需要赋予人们自由选择低碳能源的权利，并指责世界银行、自由贸易协定及跨国组织在气候变化谈判中的负面影响。

在全球气候治理领域，最引人关注且影响力最大的国际非政府组织间合作为气候行动网络（CAN）。气候行动网络是一个遍及 120 个国家，涵盖 1100 多个非政府组织的全球网络[1]，活跃在联合国气候变化大会上。该网络通过其下属的通信、金融、农业等工作组的密切协调和科学研究，

---

[1]　CAN website：About CAN，http：//www. climatenetwork. org/about/about-can.

如首先对行动方案进行分析，再经由每日通讯"ECO"对国际重大谈判和气候变化行动提出看法和观点，使公众得以了解谈判的进展，同时也使得政府工作透明化。① CAN 还在气候谈判大会期间设立了"化石奖"颁发给前一天在谈判过程中最顽固又不合作的国家，同时组织大量的游行来吸引媒体的注意力，制造舆论氛围同时也给谈判各方造成了许多无形的压力。CAN 的多个工作组分别在减排、资金支援、应对及减少损失伤害、农业、技术、公正及相互理解、船只及航空能源、法律、灵活机制等具体问题上进行研究及发挥作用。② 比如 CAN 在 COP19 上围绕适应和损失与损害议题进行宣传和政策推进工作，将该议题纳入气候治理的政策议程中。又如其科学政策工作组积极推进 1.5℃ 目标的政策讨论，最终在将其纳入《巴黎协定》的努力中做出了重要贡献。

其次，随着发展中国家的社会部门的发展和非政府组织国际化提升，"南方国家"气候联盟也日益涌现，代表者有"气候正义现在就要"（CJN），是一个全球性的气候正义运动网络和组织联盟。该网络强调了基于"南北分割"的系统性的压迫、剥削和气候危机之间存在密切的关联。以气候变化为代表的所有环境问题的根源都来自资本主义追求资本过程中对于资源的贪婪攫取和无度使用。该组织突出了"全球南方"（Global South）这个概念，认为北方代表了资本主义及其统治，而凡是反对资本主义新自由主义的民众，无论身在哪里，都是全球南方。第三世界网络（TWN）是一个跨国非政府组织联盟，其宗旨是通过对经济、社会，法律规定等事务的研究从而为第三世界国家的权利和需求发声，推进世界资源的公平分配和可持续性社会生态发展。上述这些联盟普遍通过一种人道主义的视角来审视气候变化，多将环境问题视为社会问题，认为底层民众是受气候变化问题影响最大的脆弱群体。他们指出气候环境只是一种附带议

---

① CAN 有正式的区域网络，协调非洲、中东欧、欧洲、拉丁美洲、北美、南亚、东南亚和日本地区的行动，负责处理该地区相关的气候及能源问题。CAN 在各自国家开展了广泛的活动，其中包括组织气候变化讲习班和研讨会；在国际公约和气候变化会议上提供支持；收集关于气候变化的日期和信息资源，以及能源消耗和运输等相关问题；制作传单、海报、小册子和录像带等教育和宣传材料；实施小规模社区型示范项目；促进能源消耗和运输方面的替代技术；与有关政府和国际机构就气候变化相关政策合作。

② Duwe, Matthias, "The Climate Action Network: A Glance behind the Curtains of a Transnational NGO Network", *Review of European Community & International Environmental Law*, Vol. 10, No. 2, 2001, pp. 177 – 189.

题，是因为对于人权、发展权产生的消极影响而得到了关注。这些发展中国家成立的联盟组织，虽然实力相对较弱，但是也已形成了一定的国际规模，多数对气候谈判起到间接影响的作用；并与发达国家的国际非政府组织保持了较为良好的协作关系。

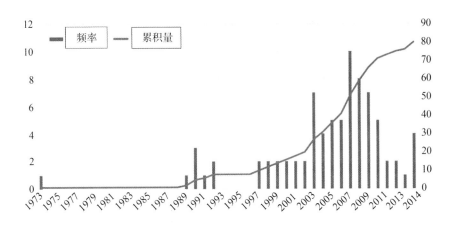

图3-4　跨国气候变化合作倡议的出现频率和累计数量比较（1973—2014年）

Dias Guerra F，Widerberg O，Pattberg P，IsailovicM.，"Mapping the Institutional Architecture of Global Climatechange Governance"，*Technical Paper R*15 - 09 *of Institute for Environmental Studies（IVM）*，2015，p. 16.

　　最后，值得注意的是，国际非政府组织和私营部门的网络性合作趋势也在不断上升。迪亚斯·格拉（Dias Guerra）、奥斯卡·威德伯格（Oscar Widerberg）和菲利普·派特博格（Philipp Pattberg）等人考察了80个跨国行为体。整体而言，自20世纪末以来，跨国行为体的增长速度不断加快。马修·霍夫曼（Matthew J. Hoffmann）曾经考察了全球58个与气候变化相关的"试验性机制"，有46个建立于2002年之后，而且绝大多数都是奉行自愿性的、市场导向的运行规则，其中国际非政府组织和私营部门的合作成为重要趋势。①代表性案例如下：第一，可持续能源商业委员会（The Business Council for Sustainable Energy，BCSE）是由来自能源效

　　①　Matthew J. Hoffmann，*Climate Governance at the Crossroads*：*Experimenting with a Global Response after Kyoto*，New York：Oxford University Press，2011.

率、天然气、可再生能源领域的商业领袖发起组成的企业及商会联盟，旨在为各国的决策者提供指引，寻找清洁、可负担且可依赖的能源措施，寻找基于市场的减排方法，提高能源安全和经济效率。[①] BCSE 还经常活跃在多边论坛中，如联合国气候变化大会、联合国可持续发展委员会等。第二，世界自然基金会（WWF）在气候变化领导计划中强调同企业合作的重要性，旨在将企业转变为低碳经济的领导者。它的意图是激发人们对公司内部气候解决方案的思考，并作为变革的代理人在其影响范围内推进低碳转型。这使得其成员公司更好地避免与碳有关的风险，并更好地规划公司的长期低碳发展战略。第三，气候披露标准委员会（Climate Disclosure Standards Board，CDSB）是由商业行为体和环境非政府组织共同组成的国际财团，致力于将气候变化相关信息整合进入主流的企业报告中，从而为市场提供有助于决策的环境信息来提高资本的有效配置，优化企业绩效。CDSB 强调有关自然资本和金融资本的信息对于理解公司业绩同样重要，其工作在于为了培育有弹性的资本市场而塑造行为体之间所需的信任和透明度，从而促进建构多元可持续的经济、社会和环境系统。[②]

三　跨组织伙伴关系维度：多类型包容性跨国伙伴关系网络日益兴起

随着气候治理机制的多层多元化发展，法瑞·博思蔡利（Fariborz Zelli）指出全球气候治理已经超越单一中心机制而拓展成为不同治理层级的"洋葱式"治理模式，由内部核心机制到外部边缘机制。如图 3－5 所示，这种"洋葱治理结构"的内部核心机制和相关的气候和能源论坛主要由国家/国家间行为体组成，而非国家行为体仅能参与外围边缘化的治理实践。然而随着越来越多的超越公私分割的"跨国气候合作伙伴关系"出现在气候治理机制复合体中，可以看出以国际非政府组织为代表的非国家行为体在气候治理中开始超越"洋葱形"模式并内嵌到不同层次中，其网络合作开始呈现出一种跨组织网状合作的治理态势，即包括公共部门、私营市场部门以及社会组织在内的包容性公私跨国伙伴关系网络日益

---

① BCSE, "About the BCSE", https：//bcse. org/about-the-bcse/.

② The website of CDSB：https：//www. cdsb. net/.

形成。① 如图3－5所示，这种跨组织的伙伴关系体现了气候治理中多行为体的相互嵌构趋势。

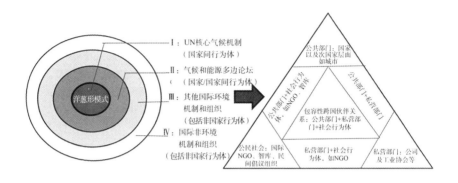

图3－5 多元多层行为体在气候治理中的范式关系变迁

资料来源：作者根据 Zelli（2011）和 Dias Guerra F. et al.（2015）自制。②

　　气候治理中最早的跨国公司伙伴关系可以追溯到国际自然保护联盟（International Union for Conservation of Nature，IUCN），这是政府及非政府机构都能参与合作的少数几个国际组织之一，有来自公共领域、国际非政府组织以及私人部门的上百个合作伙伴，以及来自160多个国家的超过1万名志愿科学家组成的团队。IUCN致力于寻找解决当前环境与发展迫切问题的实用性解决方式。它指出全球当前的生产及消费模式正在加速破坏我们的自然界，创新投资模式如碳融资等能够帮助企业达到减排标准，从而保护气候环境，同时使更多资金用于解决贫困、食品安全等问题。③ 近年来，由公共部门、私营部门以及社会行为体共同参与的包容性跨国合作伙伴关系的数量日益增多，如21世纪可再生能源政策网络（The Renew-

① Widerberg, O., "Mapping Institutional Complexity in the Anthropocene: A Network Approach", In P. Pattberg & F. Zelli（Eds.）, *Environmental Politics and Governance in the Anthropocene: Institutions and Legitimacy in a Complex World.* London: Routledge, 2016.

② Zelli, Fariborz, "The Fragmentation of the Global Climate Governance Architecture", *Wiley Interdisciplinary Reviews: Climate Change*, 2011, Vol. 2, No. 2, pp. 255 - 270; Dias Guerra F, Widerberg O, Pattberg P, IsailovicM. "Mapping the Institutional Architecture of Global Climatechange Governance", *Technical Paper R15 - 09 of Institute for Environmental Studies（IVM）*, 2015, p. 16.

③ The website of IUCN: https://www.iucn.org/.

able Energy Policy Network for the 21st Century，REN21）、可持续低碳交通伙伴关系（Partnership on Sustainable Low Carbon Transport，SLoCaT）、可再生能源与节能合作伙伴（Renewable Energy and Energy Efficiency Partnership，REEEP）、减碳投资联盟（The Portfolio Decarbonization Coalition，PDC）等。

如 REN21 是由来自公、私领域的多利益攸关方构成的政策网络，致力于促进知识交流、政策制定及推动全球可再生能源快速发展的联合行动。每年出版的《全球可再生能源现状报告》成为该领域引用率最高的权威性报告，提供最全面、及时的市场、产业及政策的动态和趋势信息，已经成为联合国和各国官方以及媒体和商业通讯引用与报道的来源。① 又如 SLoCaT 是由超过 90 个多利益攸关方所组成的伙伴关系网络，其中包括联合国组织（如全球环境基金）、多边和双边发展组织（如亚洲发展银行、国际能源署）、国际非政府组织（如世界资源研究所）、基金会和智库（德国国际合作机构）以及能源部门的工商界行为体等。SLoCaT 的总体目标是动员全球性支助来促进可持续性低碳运输的发展，特别是减少发展中国家的陆路运输中所导致的温室气体排放量的增长，最大限度地发挥运输对消除贫穷和可持续发展的贡献。② 值得注意的是，该组织同时还同其他伙伴关系网络保持长期合作关系，如 REEEP、REN21 等，从而呈现出"网络 +"或"复合性网络"的发展态势。

第三节　国际非政府组织提升网络化
参与的动因分析

自成立以来，国际非政府组织就一直对内吸纳更多的成员从而建立并拓展自己的网络，对外与其他国际非政府组织和发展行动组织建立跨国性联系。这种网络性发展战略有诸多优势：其一，网络化的运行可以降低工作成本，在资源和信息共享的基础上进行跨国倡议行动，其中合作伙伴数量越多，可以获得的信息和可调度的资源也就越多。其二，跨国网络性行

---

① The website of REN 21：http：//www. ren21. net/about-ren21/about-us/.
② The website of SloCaT：http：//slocat. net/slocatpartnership.

动可以提升国际非政府组织在国际层面的结构性影响力，提升其政策倡议和组织变革的声音。网络化合作开放了与公众进行接触的新的政治空间，也开放了与其他组织团体合作的新空间，特别是信息技术和通信技术网络的积极推动作用对于建构这些网络都提供了重要支持。如在千禧年债务运动和"让贫穷成为历史"活动中，有组织的跨国网络性合作行动起到了至关重要的作用。千禧年债务运动运用各种手段将民间社会的不同部门聚集在一起，不仅仅是国际非政府组织：还有教会和工会：一方面，通过群众性活动动员民众，并联合拥有广泛的选民阵营的国际非政府组织；另一方面，注重针对较高级别的国家和国际政治层面官员进行游说。如上节所述，在气候治理格局变迁过程中，以国际非政府组织为代表的非国家行为体之间的网络化合作已经从组织内拓展发展到组织间协作，同时与政府和政府间组织的合作关系也进入新的阶段，实现了一种包容性的公私跨国合作伙伴关系，其背后的推动因素如下。

一　全球化过程中权力格局的变迁推进了国际非政府组织的网络化治理

　　自国家体系诞生以来，不论国际格局是单级还是多级，主权国家永远是国际舞台的主角。其在合法性（有资格签署国际条约的合法身份）、资源掌控性（特别是以军队为代表的高级政治资源）与主权行动能力上具有其他主体难以比拟的优越性。不可否认，在国际体系的无政府状态下，国家成为参与全球治理与应对国际事务的绝对主导性力量。自 20 世纪八九十年代以来，随着政治多极化的深化、经济全球化的加速以及各种资源跨国流动的增多，全球范围内的传统权力格局开始发生变迁①，即由国家独享的权力不断流散到各种非国家行为体手中，表现为三个并行不悖的现象：一是国家权力呈现式微的态势；二是私人部门特别是跨国公司的影响力不断增强；三是以国际非政府组织为代表的市民社会力量的上升。具体而言，通过合并和并购，跨国公司的规模和实力不断增强，世界前 200 的

---

　　① Joseph, S, and Jr. Nye., "The Future of Power", *Public Affairs*, Vol. 34, No. 2, 2011, pp. 68 – 77.

跨国公司经济总量相当于全世界经济体量的四分之一。① 与此同时，随着互联网技术和通信技术的快速发展，国际非政府组织和社会团体在全球政治中的跨国性联系不断增多且力量日益强大，它们建构起来一个从基层社会团体到跨国界组织的全球网络，使得生活在世界任何角落的人可以通过自发结社而彼此融入各种形式的社会组织里，使以权力争夺为本质特征的国家间关系蜕变，国家间关系不再囿于传统的"高级政治"②。国际非政府组织的权力既源于社会信任和道德性权威，又是消费者权力形成的新表现，是社会、经济和文化深刻变迁的结果。③ 特别是 2008 年国际金融危机以来，在国际权力体系向"东升西降"的格局演进的同时，也出现了主权国家"权力流散"现象的加速。非国家行为体通过参与国际系统的价值分配过程，极大地提高了自己在其中的地位和能力，并扩大了在全球治理空间内的规模和密度，借机增强其结构性权力。④

随着全球化的不断深入，以气候变化、海洋污染、新型病毒、跨国犯罪等为代表的全球性问题在世界范围内蔓延和拓展。不同于传统的国内治理问题，这些新型全球性问题本身具有跨国界性、弥散性和交错性特点，单单依靠一个国家和传统的国内治理模式已经解决不了这些问题。这意味着需要国际社会中的各种行为体之间的通力合作，以求找寻到最优的问题解决途径。⑤ 以主权国家为主体的治理逐步转向多中心的全球层面的治理，虽然国家间体系在未来数十年或数百年仍将继续位居世界事务的中心，但公民社团、非政府组织、企业甚至个人都被纳入了一种多元中心系统共同构成一个复杂、竞合的全球治理体系内。随着权力结构体系的变迁，以国际非政府组织为代表的非国家行为体所拥有不可小觑的治理性资源，具有独特的道德性、知识性、专业技术性权威，在各类治理规范的形

① Laurence Schwesinger Berlie, *Alliances for Sustainable Development*: *Business and NGO Partnerships*, Palgrave Macmillan, 2010, pp. 12 – 13.
② 姜川：《非政府组织在当代国际关系中的影响和作用》，《国际安全研究》2006 年第 5 期，第 35—40 页。
③ Laurence Schwesinger Berlie, *Alliances for Sustainable Development*: *Business and NGO Partnerships*, Palgrave Macmillan, 2010, pp. 2 – 13.
④ 星野昭吉：《变动中的世界政治——当代国际关系理论沉思录》，刘小林、王乐理译，新华出版社 1999 年版。
⑤ 于宏源：《国际环境合作中的集体行动逻辑》，《世界经济与政治》2007 年第 5 期，第 43—50 页。

成和传播过程中发挥着重要的作用。相比于国家行为体的集中式资源调动能力，他们所拥有的资源呈现出分散性、低政治性、低授权性等特点，通过跨国联合的方式不断增强其治理权威。特别是气候治理领域具有强市场性和社会性，该领域同市场资源调配以及社会生活方式紧密相关。温室气体减排的本质是从根本上改变人类日常依赖化石能源的消费方式，从而实现深刻的能源绿色转型。以非国家行为体中的城市为例，一方面他们拥有世界过半人口，消耗世界四分之三能源[①]；另一方面，城市作为承载着各种物资流、金融流、技术流、人才流等动态要素的重要节点，可以直接运用地方性权力来提升气候治理效率，如规则和政策制定（立法授权）、政策执行（行政授权）和争议解决（司法授权）。[②]总之，这种多层次、网络交叉式非国家行为体的"非正式制度安排"与政府组织及政府间国际组织的"正式制度安排"的持续互动，使全球公民的意愿和诉求最后能够有机会更多地体现在气候善治中。[③]

二　"双重治理失灵"下应对全球气候治理日益复杂化的必然需求

国际体系的无政府性和国际治理的日益复杂性导致了政府和市场的"双重治理失灵"：第一，在20世纪90年代，新自由主义者声称实现全球善理（Global Good Governance）的最优办法是依赖全球自由市场的发展，通过一只看不见的手来解决全球治理中的各种问题。然而，随着英国和美国的保守政府的消亡，这一想法已被淡化，可以说是解决全球治理问题的"市场失灵"。第二，人们普遍注意到全球治理中基于政府层面的大多边协定的实施并没有产生预期的影响。这被解释为解决紧迫的全球性问题过程中的"政府的失败"。无政府状态下，国际体系"权威缺失"与国家及市场在全球层面的"权威失灵"同时存在，为了构建公平、民主、有效的世界政治经济秩序，实现地区与全球层面的有效治理，必然需要多元层次的非政府行为体积极参与，他们常常通过遍及全球的网络联系，

---

①　United Nations, "Population Division-World Urbanization Prospects", *Department of Economic and Social Affairs*, New York：United Nations, 2008, Vol. 6.

②　戴维·赫尔德、安东尼·麦克格鲁编：《治理全球化：权力、权威与全球治理》，社会科学文献出版社2004年版，第44页。

③　唐虹：《非政府环保组织与联合国气候谈判》，《教学与研究》2011年第9期，第66—72页。

"自下而上"发动民众的力量开展跨国性和全球性的活动，将民众的需要和呼声带到国际决策场所，通过聚合灵活、适应性强、分散的多方利益相关伙伴的方式来弥补国际治理权威的缺失，从而应对和调节国家与市场的权威失灵。①

　　全球气候治理可能是当代全球治理中最为复杂的领域之一，集中体现为一种气候治理机制复合体的出现：随着治理机制碎片化程度的提升，一方面气候治理跨越了众多的经济、金融、能源、科技等议题领域，联合国气候治理框架本身已经无法全部回应气候变化议题的诸多方面（"多面性"），急需各类专业性的非国家行为体提供咨询和融资支持；另一方面，跨领域的气候治理政策议题容纳了越来越多的社会和商业行为体②，他们作为气候治理前沿的实践者、创新者和评估者，在某种程度上控制着更多的治理资源。如在能源使用模式和能效提升，低碳生活方式转变，城市节能建筑设计以及绿色债券发行等治理实务领域，他们发挥更加重要的作用。特别是国际金融危机之后，于 2009 年所召开的哥本哈根气候变化会议凸显了全球气候治理中的政府和市场"双重治理失灵"的困境。由于国际经济秩序的失序，国内经济情况的恶化，国内气候议题受重视的程度有所降低，《公约》框架下的政府间大多边谈判由于各国之间的政治博弈和利益算计而显得滞缓难行。哥本哈根会议的挫败显示了全球气候治理的机制僵化同全球气候治理机制复合体的综合性治理需求之间的差距存在。这种京都模式困境最终刺激和催生了更为多样的气候变化倡议和治理实践，由国际非政府组织、城市、企业为代表的大量非国家行为体不仅在历次气候谈判缔约方会议上（COP）积极组织边会并提出比国家层面更为雄心勃勃的减排方案，同时他们还日益积极地参与到各种各样的公私伙伴关系型的治理实践中去，以一种跨国协作的多元伙伴关系模式来推动产生了一种新的全球层面的气候治理模式。

　　在后巴黎时代，2020 年以来的新冠肺炎疫情危机表明了从健康、福祉、社会和经济繁荣到气候和生态系统，可持续性发展的各个层面之间的

---

①　吴志成、何睿：《国家有限权力与全球有效治理》，《世界经济与政治》2013 年第 12 期，第 4—24 页。

②　Hoffman, M. J., *Climate Governance at the Crossroads, Experimenting with a Global Response to Kyoto.* Oxford, Oxford University Press, 2011, pp. 10 – 12.

相互依存和相互关联。为了解决大流行所暴露的多维脆弱性，以"绿色复苏""绿色工业革命"为代表的经济发展结构转型的呼声日益强烈，成为各国政治领导者和民间社会的共识。从 2020 年到 2021 年，越来越多的国家和地区提出自己的绿色复苏目标。在 2021 年 2 月第五届联合国环境大会上，联合国环境规划署执行主任英厄·安诺生（Inger Andersen）也表示，2021 年是我们重塑与自然关系的关键一年，只有以绿色复苏支持新冠肺炎疫情下的社会恢复强劲活力才能更好地应对全球生态危机，防止生态系统崩溃。然而在新冠肺炎疫情笼罩下，绿色复苏之路仍充满荆棘、道阻且长。联合国环境规划署 2021 年 10 月在格拉斯哥峰会之前发布的《2021 排放差距报告：热火朝天》指出，目前大多数国家正在错失利用新冠肺炎疫情的财政纾困和复苏支出的机会，未能有效地在刺激经济的同时促进低碳转型。截至 2021 年 5 月的复苏投资总额中，只有 17%—19% 的投资有助于减少温室气体排放，即用于经济复苏的 2.28 万亿支出中，绿色支出仅为 4380 亿美元。① 即便所有最新版国家自主贡献目标（NDCs）的无条件承诺得到履行，截至 21 世纪末世界仍将至少升温 2.7℃，仅在原先预测的 2030 年温室气体年排放量基础上减少了 7.5%。② 2021 年 10 月联合国环境规划署发布的《2021 生产差距报告》也指出尽管全球不断提升气候雄心和"净零"承诺，但世界各国政府计划在 2030 年生产的化石燃料比实现全球 1.5℃温控目标所要求的生产水平高出约 110%，比实现 2℃温控目标所要求的生产水平高出 45%。③

　　面对上述挑战，可以看出 21 世纪中叶碳中和目标以及 1.5℃温控目标的实现有赖于多利益攸关方的联合性推进。从京都时代到巴黎时代，之前有明显区分的核心型和外延型治理模式逐渐出现交融的趋势。不同的机制和治理路径不断交汇互动，最终以一种网络治理的形式展现出来，除了"自上而下"的大多边政府间治理路径之外，基于市场和标准设定的自愿性自下而上路径日益成为网络治理中的重要节点。跨国网络性的国际交流

---

① UNEP, Emissions Gap Report 2021 : The Heat Is On, https：//www. unep. org/zh-hans/re-sources/emissions-gap-report-2021.

② 要想维持《巴黎协定》2℃温控目标的最低成本路径，则要求实现 30% 的减排，要想实现 1.5℃目标，需要减排 55%。

③ UNEP, The Production Gap Report 2021, https：//www. sei. org/publications/the-production-gap-report/.

和信息分享能够带给非政府组织更多的有效信息。国际交流不仅开阔国内环境类社会组织的视野，同时为国内环境组织更好地了解国际先进的环境组织理念、最优实践和组织结构提供方便。在此基础上，基于网络性伙伴关系的合作项目能够为网络内部国际非政府组织提供更多可支配的治理性资源以及行动组织经验，也能够使其在合作中提升自身的绿色创新行动能力，更能提高自身的绿色影响力和话语权。

三　主体间认知的提升及功能性资源互补战略的选择

玛丽·福斯特（Mary K. Foster）等人曾指出各类非国家行为体的网络化合作需要三个前提因素，除了全球权力格局变迁和双重治理失效的外部压力，同时组织内部特征的变化以及组织间对于合作和竞争的态度转变也是十分重要的影响因素。[1] 国际非政府组织同企业等私营行为体之间关系的转变首先得益于主体间认知的改变。尽管 20 世纪 70 年代时，企业并不过分关注国际非政府组织对其活动或战略的影响，然而国际非政府组织的力量的增加在企业的行为转变中无疑起到了关键作用。随着国家权力流散，国际非政府组织和公司的权力均得到不断上升，权力均等性使两者的对抗和/或合作关系成为可能。20 世纪 70 年代非政府组织同企业多处于一种对立关系，那时弥漫的悲观的"深绿色"生态理念催生了以 1972 年罗马俱乐部所出版的《增长的极限》为代表的"零增长"概念，强调企业对环境恶化负有责任，主张通过减少经济增长和企业拓张来保护环境。这一"分裂性概念"不允许企业有任何参与环保解决方案的行动空间。同时它增强了非政府组织同企业之间对抗性策略的合法性。20 世纪 90 年代以来，基于经济增长和环境保护双赢的可持续发展理念的兴起标志着全球环境治理的"浅绿色"转向，它模糊了各个行动者之间的传统对立边界，使人们认识到社会和市场各部门之间的相互关系以及彼此协作在推动可持续社会经济制度方面的重要性。[2] 至今，可持续发展已经成为所有发展和环境问题的讨论框架，这个概念有助于企业和非政府组织找到共同

---

[1]　Foster, Mary K., and A. G. Meinhard, "A Regression Model Explaining Predisposition to Collaborate", *Nonprofit & Voluntary Sector Quarterly*, Vol. 31, No. 4, 2002, pp. 549 – 564.

[2]　Heap S., *NGOs Engaging with Business: A World of Difference and a Difference to the World*, Oxford, UK: INTRAC (International NGO Training and Resource Centre), 2000.

点，同时企业社会责任（CSR）这个概念也进一步拉近了企业和非政府组织的环保诉求。可持续发展是企业社会责任的主要目的之一。另外值得注意的是，自 20 世纪 80 年代末以来，环境非政府组织也从对抗性生态政治（环境运动、环境诉讼和对抗行动）演进为一种市场环境保护主义，即非政府组织利用他们的专门知识和力量制订针对市场的方案，力求使生态战略对企业具有吸引力。

其次随着非国家行为体在参与气候治理中国际视野的不断拓展，推进网络化协作成为其提升自身影响力的重要战略，一种功能性资源互补战略逐步形成。公司日益认识到在其履行社会责任时，同非政府组织的合作可以使其更有效地获得更广泛的社会资本，从而强化自身的声誉和形象，提升自身在绿色市场中的位置，为公司的环境倡议带来更多可信度。在这里，非政府组织所拥有的社会资本可以定义为关于互动模式的共同认知、理解、规则、规范和预期，它们能够通过推动协调的行动来提高社会的效率。① 以网络状态存在的社会资本推进了组织内外的社会信任关系网络的形成。在网络中，这种即时性、高度弹性化和相互连通的社会资源可以更好地推进网络协作与动态调整，还有助于组织长期性能力建设。因此商业行为体特别看重非政府组织的四种资源或者能力：组织信誉、认知能力（如知识或者专业能力）、联系能力（社会网络）和对抗能力。前三种资源是一种积极性资源，对于提升公司的声誉和获得知识和专业权威具有促进性作用，同时降低其运营成本。非政府组织作为一种社会晴雨表（Barometers of Society），也有利于公司分析或预测到社会和政治的发展趋势。② 通过带来外部的视野，为公司所面临的问题提供风险管理导向的创新型解决方案。第四种是一种消极性资源，公司尽量避免同非政府组织的对抗行为，从而影响公司的信誉。非政府组织同企业的合作也是首先出于以下两种动机：非政府组织需要履行保护环境的任务，特别是推进经济发展同生态保护相结合的实施方案；同时使其资金来源多元化（这不适用于所有的非政府组织，有些组织出于独立性考虑也会拒绝企业赠款）。同企业的伙伴关系可以有助于其获得以下四种资源：一是资金技术支持；二

---

① 罗伯特·帕特南：《使民主运转起来》，江西人民出版社 2001 年版，第 195 页。
② Laurence Schwesinger Berlie, *Alliances for Sustainable Development：Business and NGO Partnerships*, Palgrave Macmillan, 2010, pp. 16 – 19.

是来自实务部门的知识认可能力；三是联系性资源（商业网络）；四是实践改变性能力。在积蓄并联合更强大的资源和能力基础上，对公司业务、市场以及运营模式的相关业务信息和专业性知识的了解，均有助于国际非政府组织提升自身对于市场实践的认知，从而有助于其制定更好的政策建议和行动方略以及更为务实地践行市场性环境保护主义。特别是发展中国家国内的环境类社会组织发展时间较短，能力较薄弱，自身需要改善的方面也很多。因此，应当更加注意，在进行国际交流的过程中，单纯依赖自身力量发展可能较为困难，需要在国外寻找到具有相同理念的私营部门和社会部门合作伙伴开展合作，实现双赢。

四　巴黎模式下非缔约方利益相关方的身份强化

"自下而上"的巴黎模式不仅仅强调国家基于各自能力原则提出自主贡献目标，同时也鼓励以国际非政府组织为代表的非国家行为体应对气候挑战所发挥的协助作用。以《公约》框架为核心的政府间治理机制日益认识到非国家行为体在社会信誉、知识权威、投资融资、社会/商业网络、行动能力等方面的优势，日益采取一种包容性策略来拓展公私伙伴关系的全球性发展，为非国家行为体参与气候治理提供重要的政治机会结构。如2014 年利马会议推动了《利马巴黎行动议程》（LPAA）的达成[1]，支持由次国家和非国家行为体所进行的个体或者集体性气候行动；公约秘书处同时建立了非国家行为体气候行动区域（NAZCA）平台，其中包含了由城市、地区、企业、投资者和民间组织等所组成的 77 个跨国合作机制，总共提出了 12549 项气候变化承诺。[2] 这标志着国际非政府组织开始拥有更多的制度性参与空间和政治机会结构参与到联合国主导的核心框架中。

通过 2015 年达成的《巴黎协定》，联合国明确支持气候行动中的非缔约方利益相关者（Non-Party Stakeholders，NPS）的加入，并为其能力

---

[1]　LPAA，Lima-Paris Action Agenda：Joint Declaration，2014，http：//www.cop20.pe/en/18732/comunicado-sobre-la-agenda-de-accion-lima-paris/．

[2]　行为体包括城市（2508 个）、地区（209 个）、企业（2138 个）、投资者（479 个）和民间社会组织（238 个）。NAZCA，Tracking Climate Action，2016，http：//climateaction.unfccc. int/。

提升和政治参与提供制度性保障。①早在 2011 年德班强化行动平台特设工
作组的起草文件中就提到将非缔约方利益攸关者的贡献纳入《巴黎协定》
的一揽子解决方案之中。② 非缔约方利益攸关者这一概念在 2015 年日内
瓦谈判文本中多次被提案提到（FCCC /ADP/2015/1），其表述承载了以
下两种含义：一是从《公约》角度来强调国际非政府组织、企业等非国
家行为体对在气候减缓和气候适应等领域所蕴藏的巨大潜力和重要贡献；
二是从法律框架角度体现了对非国家行为体参与气候治理的合法性认可的
改变，强调非国家行为体的存在也增加了气候治理的合法性和有效性。
《巴黎协定》中一些条款均鼓励各行为方的参与，巴黎会议的"决定"更
是在第 5 部分着重表述了对非缔约方利益相关者的参与表示欢迎。当前，
全球应对气候变化的模式逐渐朝着广泛参与、公共撬动私营、市场机制加
入的方向转变。③在后巴黎时代，在确保透明度，加强问责制和保持全球
社区充分关注气候变化问题等议题上，以国际非政府组织为代表的非缔约
方利益相关方的作用至关重要。越来越多的来自国际组织和政府部门的声
音强调需要与非缔约方的利益相关者进行更实质性的磋商，利用其巨大的
社会动员能力、权威性技术专长和治理践行分享网络，从而协助缔约方实
现其广泛的政策目标。非缔约方的利益相关者可以协助监督和支持政府间
进程；促进公众对于治理最优实践的接受和支持；并在缔约方根据"巴
黎协定"制定审查程序时满足关键性的信息需求。

2016 年马拉喀什会议上通过了建立《马拉喀什全球气候行动伙伴关
系》的联合行动框架。这一框架支持缔约方与非缔约方之间进行自愿协
作，这包括国际非政府组织、民间社会、私营部门、金融机构、城市和其
他国家下属政权、当地社区和土著居民等。非缔约利益相关者需要在
NAZCA 平台做出承诺，并定期提供行动实施情况的汇报和有助于实现目
标的治理规划进展。以《公约》为核心的联合国框架也相应支持伙伴关

① 非缔约方利益攸关方（NPS）指政府缔约方之外的社会和私营部门行为体，包括市民社
　会、非政府组织、私营部门、城市以及其他的次国家地方权威、地方社区、原住民等。
　参见 UNFCCC, *Adoption of the Paris Agreement. Decision 1/CP. 21*, New York：United Nations
　Framework Convention on Climate Change, 2015.
② Yoko Nobuoka, Jane Ellis and Sarah Pyndt Andersen, "Encouraging Increased Climate Action by
　Non-Party Stakeholders", *OECD Climate Change Expert Group Paper*, No. 5, 2015。
③ 张永香、巢清尘、郑秋红等：《美国退出〈巴黎协定〉对全球气候治理的影响》，《气候
　变化研究进展》2017 年第 5 期，第 407—414 页。

系的制度化，通过气候公约执行秘书的支持来确保各缔约方、联合国系统、气候公约机构和所有非缔约方利益攸关方之间的协作。在 2017 年波恩会议上（FCCC/SBI/2017/5 号文件）专门就非国家行为体的制度性参与问题做出详细探讨：鼓励未来的主席在资源允许的情况下，探讨如何使被接纳的国际非政府组织能够与缔约方进行公开对话，酌情由被接纳的非政府组织、主席、主席团和秘书处共同制定对话的议程和方案；探讨如何增强网上登记系统的能力，使各类参与方，如缔约方和观察员国、联合国组织、被接纳的政府间组织、被接纳的非政府组织以及应邀参加具体活动的专家能够更灵活地参与各项活动；通过促进非缔约方利益相关方对于《公约》核心机制的多元参与实践，以期促进《公约》进程的开放性、透明度和包容性。2018 年波兰召开的卡托维兹会议（COP 24）通过《卡托维兹气候一揽子计划》，旨在订立各国应如何提供有关其国家行动计划的信息，包括减排、减缓及适应气候变化的措施，促进一个详尽、透明的框架的形成，目的是在各国间推动建立信任。整个机制的监督依赖于全球盘点，将公平因素和科学研究进展考虑在内，以缔约方驱动的方式进行。[①]在透明度和全球盘点问题上，国际非政府组织等非缔约方利益相关者将通过提供科学性的方法、规则和标准对政策落实给予支持，同时也可以在帮助最不发达国家提升应对气候能力方面做出贡献。上述发展都凸显了巴黎模式下非缔约方利益相关者身份的强化。

第四节 气候治理嵌构中国际非政府组织
网络化参与的案例比较

各类行为体在全球治理机制复合体之中的相互联系可分为七个区域，如图 3–6 所示，每个区域代表了不同跨国组织中的成员构成：区域 1 至 3 包括分别代表公共部门、私营部门和民间社会之中的同类型成员的跨国合作倡议；区域 4 至 6 包含两种类型成员组合的跨国合作倡议，如区域 4 是由

---

① 透明度原则上强调缔约方应在 2024 年 12 月 31 日之前提交第一次双年透明度报告，必须报告的内容包括所有情境的国家排放清单、国家自主贡献进展评估信息、国家自主贡献强化目标、发达国家向发展中国家提供的资金和技术支持等。

来自公共部门和私营部门成员共同组成的公私合作伙伴关系组织（PPP）；区域7最为特殊，是包含了三种多个利益相关者的跨国合作机制，即每个跨国组织的成员均包括来自公共部门、私营部门和民间社会的行为体。

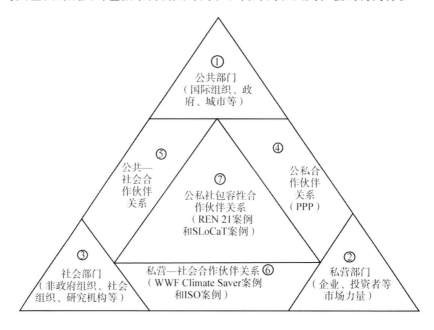

图3-6　基于气候治理嵌构三角谱系的案例选取分区
资料来源：笔者自制。

根据国际非政府组织参与气候治理嵌构中内部行为体的互动机理，可以看到除了公共部门内部的跨国合作如政府间组织和跨国城市网络（1区）的影响力较大之外，公私合作伙伴关系（4区）和包括国际非政府组织在内的公私社包容性合作伙伴关系（7区），已经成为全球气候治理机制复合体中最为重要的互动模式之一。同时私营—社会合作伙伴关系（5区）的发展也呈现上升趋势。基于此，本节从国际非政府组织所参与的治理嵌构区域中选取了四个跨国网络组织作为具体分析案例，分别是来自7区的21世纪可再生能源政策网络（REN 21）和可持续低碳交通伙伴关系（SLoCaT），来自6区的国际标准化组织（ISO）以及世界自然基金会碳减排先锋网络（WWF Climate Saver，WWF-CS）。在全球气候治理复合体的治理嵌构中存在三种路径，分别是关系性嵌入、结构性嵌入和规范性嵌入（参见第二章第三节），可以被称为是全球气候治理网络化嵌构的微观路径。通过四个案例比较分析，旨在进一步探析他们在全球气候治理中的微观网络化嵌构路径及其行为体之间的互动特点。[①]

一　网络化治理嵌构案例分析：以 REN21、SLoCaT、ISO 和 WWF-CS 为例

（一）21 世纪可再生能源政策网络（REN 21）

REN21 是由来自公共部门、私营部门和社会的多利益攸关方构成的政策网络，致力于促进知识交流、政策制定及推动全球可再生能源快速发展的联合行动。

就关系性嵌入而言，REN21 中成员的多元性及其深厚的社会资本推动了网络内外部的信息交流和资源互动。处于全球气候治理复合体中的REN21 包括了国际组织、政府行为体、可再生能源行业协会、科学和学术机构、国际非政府组织以及自由成员等众多利益攸关方。REN21 每年所发布的《全球可再生能源现状报告》以及区域性报告均需要各方的密切配合和高频互动，从而保证报告的权威性及全球性影响力。如 2017 年的最新报告的撰写依赖于来自全球各成员组织中的 800 位主题撰稿人，650 位专家撰稿人，330 位技术撰稿人和 2050 位评审员共同完成。[②] 因此REN21 处于网络体系中联系非常密集的区域，同其他公共部门行为体、公私合作伙伴关系及其他包容性机制的互动非常频繁。

就结构性嵌入而言，REN21 创立初期同公共部门的密切互动为其资源获取和能力培养奠定了较为坚实的基础，这些有利条件保障了 REN21 处于网络体系较为中心的位置。REN21 是根据 2004 年波恩可再生能源大会《政治宣言》建立的[③]，2006 年在联合国环境署的支持下于法国建立了固定秘书处。[④] REN21 作为公共部门、私营部门和社会组织成员聚合而成的三位一体组织在其结构性嵌入过程中具有独特的组织优势。如在承担

---

① 李昕蕾：《治理嵌构：全球气候治理机制复合体的演进逻辑》，《欧洲研究》2018 年第 2 期，第 91—116 页。

② REN21, *Advancing the Global Renewable Energy Transition*, http://www.ren21.net/wp-content/uploads/2017/06/GSR2017_ Highlights_ FINAL. pdf .

③ 2004 年波恩国际可再生能源会议上各方代表达成共识，决定需要成立一个非正式网络来联结可再生能源各利益攸关方，促进各方交流发展和使用可再生能源的视角、经验和教训。

④ Wienges S. *Governance in Global Policy Networks：Individual Strategies and Collective Action in Five Sustainable Energy-related Type II Partnerships*, Peter Lang, 2010.

议程设定职能的指导委员会中，国际组织类成员有一半以上来自联合国系统（如 UNDP、UNEP 等），其他包括亚洲发展银行、西非国家经济共同体等区域组织；政府类成员包括欧盟、美国和基础四国中的巴西、印度、南非等国家；行业协会包括风能、太阳能、生物质能、农村电力协会等各类可再生能源部门。REN21 同各国政府合作共同举办了五次国际可再生能源大会，为世界提供了一个促进可持续发展、能源安全、气候变化和大气治理的高级别对话平台。

就规范性嵌入而言，REN21 的议题专注性强，聚焦于可再生能源发展，并通过其专业研究来推进清洁能源创新政策和技术规范在全球的扩散。《全球可再生能源现状报告》成为该领域引用率较高的权威性报告，提供极为全面、及时的市场、产业及政策的动态和趋势信息，自 2005 年至今，连续出版 18 期全球报告，已经成为联合国和各国官方以及媒体和商业通讯引用与报道的重要来源。在规范传播上，REN21 推动了可再生能源学院的建立，为各类参与者提供系统性培训、最优实践扩散以及交流争鸣平台，从而推动全球的能源转型和气候善治。① 值得注意的是，2005 年中国在 REN21 成立之初就同其合作召开了北京国际可再生能源大会（BIREC），中国循环经济协会可再生能源专业委员会（CREIA）作为行业协会成员加入了这一全球政策网络。近年来，随着中国成为世界首位的清洁能源投资国和装机容量国，中国的最优实践和引领性影响日益成为 REN21 关注的重点。

（二）可持续低碳交通伙伴关系（SLoCaT）

可持续低碳交通伙伴关系成立于 2014 年，是一个由 90 多个利益相关者所组成的公私社伙伴关系网络，其总体目标是调动全球支持来促进可持续低碳运输，从而抑制发展中国家陆路运输温室气体排放量的增长（包括货运和客运；包括机动和非机动交通），并最大限度地发挥运输对脱贫和可持续发展的贡献，主要的活动关注范围侧重于亚洲、拉丁美洲和非洲。②

---

① REN21, Academy Summary, http：//www. ren21. net/Portals/0/documents/academy/key-notes/AcademySummary. pdf.

② 该伙伴关系有四个具体目标：一是将可持续低碳交通纳入气候谈判以及国家和地方气候政策与方案中；二是将气候因素纳入区域、国家和地方交通政策中；三是承认可持续低碳交通在国际发展组织的战略和业务中所起的重要作用；四是通过为低收入群体提供商品和服务，为可持续发展、千年发展目标以及 2015 年以后的可持续发展目标做出贡献。

就关系性嵌入而言，可持续低碳交通伙伴关系（SLoCaT）在世界各地拥有 90 多个成员，这些成员代表在可持续交通方面的不同利益攸关方，旨在动员全球性支持和帮助来促进可持续性低碳运输。其中包括联合国组织（如全球环境基金）、多边和双边发展组织（如亚洲开发银行、国际能源署）、国际非政府组织（如世界资源研究所）、基金会、学术界以及能源部门的工商界行为体等。这种多元资源汇集属性为 SLoCaT 在全球层面推进可持续性低碳运输活动提供了重要支持。因此 SLoCaT 处于网络体系中联系较为密集的区域，同其他公共部门行为体、公私合作伙伴关系及其他包容性机制的互动非常频繁。自成立以来，SLoCaT 每年都会积极与不同的成员行为体进行合作，支持各种以可持续交通为主的活动，特别是与可持续发展和气候变化相关的活动。

就结构性嵌入而言，早在 2009 年，联合国经济和社会事务部（经社部）就提出建立类似的支持可持续低碳交通发展的伙伴关系，从而为可持续交通问题提供全球性话语权。后来出台了推进其形成的指导文件《关于可持续低碳交通的贝拉焦宣言》。因此 SLoCaT 同联合国机构以及各国政府一直保持较为紧密的合作关系。自成立之后历次气候大会、国际多边会议以及地方性气候低碳峰会都可以看到 SLoCaT 的身影。如在 2016 年马拉喀什气候缔约方会议上，SLoCaT 联合全球燃料经济倡议（GFEI）等其他能源类和交通类网络性组织来推动全球运输部门的专家和领导人在一起对《巴黎协定》签署后的全球运输部门应对气候变化方面计划的进展进行了盘点，助推了全球运输部门改革的强劲势头。SLoCaT 发起了一项关于运输部门脱碳的全球路线图计划，在其倡议下，全球已有 173 个认证机场加入了机场碳认证计划，其中包括 26 个零排放机场。同时 SLoCaT 注重同各国政府和城市类次国家行为体开展合作，推动"南北合作"以及低碳交通项目在发展中国家的落地。如 2017 年 3 月 SLoCaT 同老挝政府公共工程和交通运输部（MPWT）、日本政府环境部（MOE-Japan）、联合国亚太经社理事会（ESCAP）、联合国可持续发展办公室（UNOSD）和联合国区域发展中心（UNCRD）合作，共同组织了第十届政府间可持续交通论坛（EST），论坛聚集了来自 48 个国家的 300 多位国家和城市政府代表以及国际利益相关者，旨在确定和讨论亚洲 EST 成员国如何通过可持续交通解决方案实现 2030 年可持续发展目标。①

　　就规范性嵌入而言，SLoCaT 同 REN21 较为类似的是其议题专注性比较强，较为看重通过低碳交通的规范扩散和标准制定来推进其核心使命，即将可持续低碳交通政策纳入全球可持续发展和气候变化政策之中，并采取行动支持全球政策的执行。SLoCaT 通过交通部门温室气体排放数据库（The Transport Greenhouse Gas Emissions Database Projects，TGGEDP）为各国政府及其相关的低碳项目执行人员开发了 3 个数据库作为工具，包括国家自主贡献中的运输部门数据库（Transport INDC Database）、运输部门温室气体方法评估数据库（Transport GHG Methodology Assessment Database）、交通部门减排潜能数据库（Transport Mitigation Potential Database）。建构三个数据库旨在帮助各国政府更为直观性和明确性地分析、评估及预测其交通运输部门的温室气体排放情况，从而更有针对性地为发展中国家制订不同的低碳交通优化方案。② 除了研发各类交通排放数据库、推进交通部门的减排标准与低碳路线之外，SLoCaT 还通过指数排名、信息追踪、过程监督等方式对各国的交通可持续性优化进行督促。

　　（三）国际标准化组织（ISO）

　　ISO 是侧重于社会部门同市场行为体进行标准合作的国际非政府组织联合网络，旨在制定国际标准并协调世界范围内的标准化工作。

　　就关系性嵌入而言，尽管 ISO 属于商业部门和社会部门为主的标准化网络，其成员由来自世界上 100 多个国家的标准化团体组成，但 ISO 同某些公共部门行为体之间的互动频繁，特别是商业协会、工业联盟同政府部门的联系密集。因此，ISO 的关系性嵌入程度较高。以 2002 年 ISO 开始起草 ISO 14064《温室气体——排放与清除量化的审定与核查》为例，这是来自 40 多个国家的 175 位国际专家，在分析各国政府、国际组织以及各类企业所提供的基层数据基础上历时三年完成的，旨在为政府及各类组织提供明确性的温室气体（GHG）的测量和监控标准。

　　就结构性嵌入而言，由于 ISO 与联合国的许多专门机构保持技术联络

---

① 全球人居环境论坛：《第十届政府间可持续交通论坛在万象圆满落幕》，http：//www.gfhsforum. org/content. html？article_ id＝341，2017 年 6 月 6 日。

② Slocat，"Transport Greenhouse Gas Emissions Databases and Supporting Analyses"，http：//slocat. net/node/1535.

关系，还与 400 多个国际和区域组织在标准方面保持沟通，ISO 处于网络体系较为中心的位置。特别是通过与国际电信联盟（ITU）、国际电工委员会（IEC）、世界能源理事会（WEC）和国际能源署（IEA）等协同合作，旨在致力于气候变化、能源管理体系及可再生能源发展。[①] 在 ISO 所发布的众多环境标准中，针对温室气体减缓的检验和监督指标以及碳交易规则等规范性标准均提升了 ISO 在气候治理中的制度嵌入程度。除了 ISO 14064，其还制定了用于认可或承认温室气体检验和确认机构资质的 ISO 14065 标准以及检测环境产品中碳足迹的 ISO 14067 标准。[②]

就规范性嵌入而言，ISO 通过国际标准的创新来推动针对气候变化和环境治理的规则生成和规范扩散。针对气候变化的规范性标准强化了环境信息沟通、气候监测和环境绩效考核机制，推动了国际清洁能源技术市场的开放和各国碳交易市场的发展。[③] 在后巴黎时代，以 ISO 为代表的跨国组织将在碳排放测量、低碳标准、五年盘点、履约监督等方面拥有越来越强的话语权，对中国等新兴发展中大国的国家自主贡献目标（NDCs）的履约盘点带来更多的影响。值得注意的是，中国于 2017 年 12 月启动了首批针对于电力行业的全国范围的碳排放交易体系，该体系也明确遵守 ISO 14064 和 ISO 14065 的标准：这不仅在客观上提升了 ISO 在国际层面的结构性和规范性嵌入强度，同时也有助于中国提升自身碳交易总体设计同国际层面的接轨程度，从而有利于中国在未来开拓亚洲区域性碳交易市场。

（四）世界自然基金会碳减排先锋网络（WWF-CS）

WWF-CS 是一个世界自然基金会（WWF）与全球 28 家公司进行合作所建立的气候领袖计划网络，这些公司来自制浆造纸、电信、零售、运输、消费电子、食品和饮料、旅游、建筑材料等多个部门。WWF-CS 旨在将企业转变为低碳经济的领导者，发展低碳、零碳或积极的商业模式，并证明碳减排可以同经济增长齐头并进。该网络的目的是激发人们对企业内部气候解决方案的思考，并在其影响范围内作为低碳变革的代理人。这使得成员公司不仅能够更好地避免与碳相关的风险，同时还能在其长期经营

---

① ISO website, About Us, https：//www.iso.org/members.html.

② 贺毅：《ISO 积极制定标准应对全球气候变化》，《中国标准化》2009 年第 10 期，第 14 页。

③ 李昕蕾：《美国非国家行为体参与全球气候治理的多维影响力分析》，《太平洋学报》2019 年第 6 期，第 73—90 页。

战略中寻求更多绿色发展机会。①

就关系性嵌入而言，WWF 是全球最大的非政府环境保护组织之一，在全世界拥有超过 500 万支持者，具有不可忽视的社会网络资源。目前 WWF 在其能源与气候项目中开始关注城市与示范、企业与研究以及公众参与三个向度，但其气候参与领域仍相对较窄，多是同野生动物保护相关联，强调极端气候灾害的增加将导致更多物种栖息地的损失并引发更多物种的灭绝，因此相比于世界资源研究所（WRI）等国际非政府组织，WWF 在碳减排测算、低碳标准确立以及低碳技术传播等领取仍然缺乏专业性和权威性。基于此，WWF-CS 中的企业数量仍然偏少（28 个），而且网络内部的运行方式多为 WWF 与不同企业间的双边合作，由于企业来自较多的领域且缺乏彼此间的互动，从而导致企业之间的商业性网络资源并未得到充分利用。整体而言，WWF-CS 在治理网络中的关系性密度相对较低。

就结构性嵌入而言，WWF 相比于其他完全强调自身独立性的国际非政府组织而言，在资源动员能力上更具灵活性，特别是强调同企业之间的合作，以气候治理实践来推进自身在气候治理中的话语权。但是 WWF-CS 同公共部门的联系渠道极为有限，从而导致其处于网络体系较为边缘的位置，且同政府行为体的制度性互动程度较低。值得注意的是，自 2014 年以来 WWF 开始尝试在同企业增加互动的同时介入政府间合作平台，如WWF 同清洁技术集团合作联合发布《全球清洁技术创新指数》，同时得到了联合国工业发展组织（UNIDO）、亚洲开发银行（ADB）等的支持。②在 2017 年第八届清洁能源部长级会议上（CEM8），WWF 联合中国循环经济协会可再生能源专业委员会（CREIA）、中美能源合作项目（ECP）等举办了"可再生能源驱动未来——行动与创新"的边会，提升其影响力。③ 在此趋势下，WWF-CS 也开始尝试同城市群体进一步加强合作，如介入城市清洁能源发展和城市"能源—粮食—水"纽带发展关系等领域，在发挥传统优势的基础上进行转型。当然该网络仍需提升同政府部门常规性互动和制度性嵌入。

① WWF Climate Saver website, About US, http：//climatesavers. org/about-us/.
② WWF 中国："最新《全球清洁技术创新指数》报告发布中国排名基本持平"，http：//www. wwfchina. org/pressdetail. php? id = 1765，2017 年 6 月 16 日。
③ WWF 中国："创新行动应对气候变化，可再生能源驱动未来——第八届清洁能源部长级会议。" http：//www. wwfchina. org/pressdetail. php? id = 1760，2017 年 6 月 8 日。

就规范嵌入而言，WWF-CS 在气候治理领域的关注主题较窄但规范性鲜明，如网络受 WWF 传统关注议题的影响，在同企业合作过程中强调通过绿色原料、绿色物流以及倡导绿色消费来推动全球可持续和韧性发展，扭转目前气候变化加速和生物多样性锐减的趋势。但这种领域聚焦性的规范倡导缺少对更广泛领域的气候治理实践的支持，其规范扩散范围和接纳程度受到一定的限制。

二　四个案例网络化嵌构的比较

经过对上述四个跨国组织在气候治理中嵌构路径的比较分析，可以得出以下结论：第一，REN21、SLoCaT 的成员中都存在来自政府部门的行为体，因此同国际组织以及各国政府联系非常紧密，在关系性嵌入和结构性嵌入上都占据优势性地位。ISO 虽然主要为私营部门和非政府组织合作性关系，但是 ISO 与联合国的许多专门机构以及很多政府部门保持技术联络关系，在同核心机制的互动、标准设立的全球推广以及资源调度等方面具有很多优势。因此可以看出国际组织和国家行为体在全球气候治理机制复合体中仍占据重要地位，对于关系嵌入和结构嵌入具有关键性影响。虽然目前"自上而下"的京都模式演进为"自下而上"的巴黎模式，但国家在引导资源配置和推进机制变迁中的影响力仍不可小觑。[①]

表 3 - 1　　　　　全球气候治理嵌构中四个案例的比较分析

案例选取	组织类型	成员类型	主要功能	关系性嵌入程度	结构性嵌入程度	规范性嵌入程度	内外部影响因素特点
21 世纪可再生能源政策网络（REN21）	全球政策倡议网络	7 区：政府、私营部门、社会组织	信息提供和网络联系；最优实践扩散；标准倡导	联系频率高；联系稳定度高；社会资本广泛（＋＋）	处于较为中心的位置；联系紧密；制度性介入较高（＋＋）	基于知识权威的规范性扩散；规范性创新比较强（＋）	外部：同核心机制和规范协同，议题专注性强，外部竞争性较低；内部：公私社三位一体的成员构成

---

① 李昕蕾：《跨国城市网络在全球气候治理中的行动逻辑：基于国际公共产品供给"自主治理的视角》，《国际观察》2015 年第 5 期，第 104—118 页。

续表

案例选取	组织类型	成员类型	主要功能	关系性嵌入程度	结构性嵌入程度	规范性嵌入程度	内外部影响因素特点
可持续低碳交通伙伴关系（SLoCaT）	跨国城市网络	7区：政府、私营部门、社会组织	信息提供和网络联系；最优实践扩散；标准和承诺	联系频率高；联系稳定度较高（＋＋）	处于较为中心位置；联系紧密；制度性介入较高（＋＋）	气候标准和承诺的监督；规范内化度较强（＋＋）	外部：同核心机制和规范协同，议题专注性较强；内部：公私社三位一体的成员构成
国际标准化组织（ISO）	私营部门和国际非政府合作	6区：标准类非政府组织与私营部门	网络联系；标准和承诺	联系频率较高；联系稳定度较高；社会资本优势（＋）	处于中心偏离位置；制度性介入比较高（＋）	标准扩散度高；市场规范制定力强（＋＋）	外部：同核心规范日益趋近，定位独特且外部竞争低；内部：公私部门加强在标准上的协调
世界自然基金会碳减排先锋网络（WWF-CS）	私营部门和国际非政府合作	6区：环境非政府组织与私营部门	信息提供和网络联系；项目合作	对外联系频率较低，联系稳定性较差（－／＋）	处于网络边缘位置，制度性介入程度较低（－）	普遍性规范倡导力较弱（－／＋）	外部：同核心机制联系较弱且周边同质组织竞争性较高；内部：议题和成员限定性强

注：（－－）代表很弱；（－）代表弱；（－／＋）代表一般；（＋）代表显著；（＋＋）代表十分显著。

资料来源：笔者自制。

第二，自2014年利马会议以来，随着"自下而上"路径的不断强化及巴黎模式的确立，公约框架之外的行为体具有越来越多的同核心机制以及核心规范之间合作协调的政治机会结构。得益于此，就历时性发展而言，四类行为体（REN21、ISO、SLoCaT以及WWF-CS）对全球气候治理的嵌入和重构程度均有所提升，其中较为明显的是WWF的战略调整。可以说，全球气候治理机制复合体中的碎片化治理格局出现了一种从消极合作型碎片化向积极合作型维度转向的势头。在美国"去气候化"的背景下，以 REN21 和 SLoCaT 为代表的包容性合作机制的快速发展为全球气候治理机制的维持和演进提供更多韧性和弹性，该类机制不仅可以将公共部门、私营部门以及社会组织的优势充分发挥出来，同时还通过程度较高的关系性嵌入、结构性嵌入和规范性嵌入来提升全球气候治理机制复合体内部的融合和协调。

第三，在后巴黎时代，气候治理重点从减排谈判转向如何调动更多的私营部门力量来加强治理实践，开发绿色能源以及发展低碳市场潜力。四类行为体均日益注重同市场行为体的合作。其中就功能分布而言，可以看出信息交流和网络联系（包括报告发布、最优实践交流、治理经验分享、治理能力提升、网络性项目等）是各类合作机制的首要功能，能够充分体现网络治理的联通优势。值得注意的是，标准和规则制定也日益成为各类行为体关注的功能性领域，特别是同市场规范相结合的标准制定和减排承诺发展最为迅速。其中 ISO 的气候标准设定直接成为一国碳交易市场建立和碳减排监测的重要标准；SLoCaT 更加关注交通领域的减排标准制定，这对于城市交通的能源消费模式具有潜移默化的影响；REN21 侧重于推动可再生能源领域的政策标准和技术规范的确立，WWF-CS 也开始致力于绿色物流、清洁技术创新等领域的指数和标准确立。这对于后巴黎时代各国自主贡献的全球盘点具有重要的支持性作用。①

---

① 李昕蕾：《治理嵌构：全球气候治理机制复合体的演进逻辑》，《欧洲研究》2018 年第 2 期，第 91—116 页。

第四章 气候治理嵌构中国际非政府组织的权威空间与协调潜力

　　全球气候治理嵌构的发展趋势意味着我们需要把气候问题放到一个全球层次上来考量,形成一个全球性的气候治理网络之后,再把全球层面的网络落实到各个地方治理中心开展实践行动,体现一种"全球思考,地方行动"的自主治理逻辑。这种模式改变了原本局限于主权国家之间的"自上而下"的治理结构,取而代之的是各个主体之间密切联系的网络结构。在这种多层次、网络状气候治理模式的构建进程中,以国际非政府组织为代表的非国家行为体在推进低碳治理实践中具有独特的优势。在这种网络治理嵌构中,国际非政府组织的权威影响力不断提升。本章从"结构"的维度对气候机制复合体中国际非政府组织的网络性嵌入式治理进行权威空间和协作潜力的分析。具体而言,本章将重点分析国际非政府组织在气候治理中的权威来源以及国际非政府组织参与全球气候治理的多维影响力路径谱系,本章将国际非政府组织的权威性影响力划分为以下五类:认知性权威、手段性权威、社会性权威、资源性权威和象征性权威。在此基础上,进一步分析了国际非政府组织参与气候治理嵌构的影响路径和策略选择。随着其治理权威的提升,本章继而考察国际非政府组织在气候治理碎片化格局中的协调潜力。最后,基于多维权威谱系,本章探析了特朗普时期"去气候化"背景下美国非政府组织强化其治理权威的路径,特别是以非政府组织为代表的美国的众多非国家行为体在特朗普政府宣布退出《巴黎协定》之后,如何通过提升自身的地方性领导力和治理性权威来积极应对气候治理中的规范退化问题。

第一节　国际非政府组织在气候治理中的权威空间

尼可罗·马基雅维利（Niccolò Machiavelli）和托马斯·霍布斯（Thomas Hobbes）可以称为现实主义的权力教父，他们认为权力就是通过所支持的资源来改变其他行为体行为的能力。[①] 霍布斯将人类视为竞争性的、自我为中心的、理性的和自私的物种，国家就是拥有着巨大权力的利维坦。霍布斯对权力的机械性认知意味着权力被单纯理解为完全基于物质资源（经济基础、军事能力、科技能力）的直接性行为支配力。[②] 20 世纪 60 年代的行为政治学家罗伯特·达尔（Robert Dahlia）也是延续了霍布斯式古典现实主义的研究传统，认为权力就是 A 可以让 B 做 B 本身不愿意做的事情，那么 A 就是有对 B 的权力，从而强调权力的胁迫性与支配性。[③] 彼得·巴克拉克（Peter Bachrach）和莫顿·巴拉兹（Morton Baratz）认为对于权力概念的理解不能太过狭隘，因此增加了对权力第二维度的解读[④]，即权力可以界定为"各种形式的政治组织偏好利用某些形式的冲突、压制其他组织"，将权力阐释为一种工具性支配能力。[⑤] 史蒂文·卢克斯（Steven Lukes）提出了权力的第三维度，强调权力的多元分布。他首先批评第一维度和第二维度的权力观没有考虑到"群体的行为会受社会结构、文化模式和制度实践的影响"，强调权力本身的关系性和互动性。其次卢克斯虽然承认 A 可以通过让 B 做他不想做的事情来对 B 施加直接性权力，但他也指出行为体可以通过影响、塑造其认知与偏好来

---

① Machiavelli, N., *The Prince*, *2nd ed.* Chicago: University of Chicago Press, 1998; Clegg, S., *Frameworks of Power*, London: Sage Publications. 1989, p. 32.

② Hobbes, T., *Leviathan*. Stuttgart: Reclam, 1970 [1651]; Clegg, S., *Frameworks of Power*, London: Sage Publications, 1989, p. 4.

③ Dahl, R., *Who Governs? Democracy and Power in an American City*, New Haven, CT: Yale University Press, 1961, pp. 202 – 203.

④ Bachrach, Peter, and M. S. Baratz., "Two Faces of Power", *American Political Science Review*, Vol. 56, No. 4, 1962, pp. 947 – 952.

⑤ Schattschneider, E., *The Semi-Sovereign People: A Realist's View of Democracy in America*, New York: Holt, Rhinehart & Winston, 1960, pp. 70 – 71.

施加间接性权力影响。① 这就把偏好塑造要素加入决策和议程设置的权力中，这反映了卢克斯对权力的潜在和隐藏面的关注。② 总之，权力的第三维度侧重于一种间接性的影响力，可以被理解为权威。一般而言，大部分的国际关系理论假定是国家自然拥有直接性权力和间接性权威，因为国家被视为权力的绝对拥有者，而主权是权威的重要基础。在讨论政府间组织和非国家行为体的时候，学界更多使用权威的概念。权威就其本质来说是一种间接性影响力，表现为权力主体对权力客体的约束和影响，它是社会关系与社会知识的集中体现。权力者能够通过自身所拥有的物质或者精神资源，产生间接性影响他人的能力或能量。目前学界对于权力的理解从国家权力向社会权威转变，强调通过社会文化、话语规范和价值认同等对他人施加影响。在这一过程中，国际非政府组织得益于自身深厚的社会资本以及专业性和道义性影响力，在全球气候治理中行使权威和发挥影响力的空间不断提升。

一 国际非政府组织在气候治理中的权威来源

美国学者迈克尔·巴奈特（Michael Barnett）和玛莎·费丽莫（Martha Finnemore）在《为世界定规则：全球政治中的国际组织》一书中分析了国际组织的自主性及其权威。在其中，"权威"被界定为一种行为体使用制度和资源来赢得其他行为体尊重的能力。③ 权威并不仅仅指使人们做本来不会做的事情的能力（支配力），还经常包括告诉人们什么是做正确的事情的方式（规范力），符合一种"适当性逻辑"而非"后果性逻辑"④。国家在追求特定目标的时候通常运用强制性的手段，属于一种基于物质资源的直接性控制力（甚至诉诸武力解决）；而国际组织拥有权威是因为它们追求使命的方式主要是技术的、公正的和非暴力的。同国际组

① Lukes, S., *Power: A Radical View*, 2nd ed, Hampshire: Palgrave McMillan. 2005 [1974], pp. 25 – 27.

② Lorenz Stör, "Conceptualizing Power in the Context of Climate Change: A Multi-Theoretical Perspective on Structure, Agency & Power Relations", *VÖÖ Discussion Papers*, January 2017.

③ Michael Barnett and Martha Finnemore, *Rules for the World: International Organizations in Global Politics*, Ithaca: Cornell University Press, 2004, pp. 5 – 20.

④ 在建构主义中，适当性逻辑意味着行为体的行为符合道义性和规范性原则，"我做这件事件因为它是正确的"。理性主义（现实主义和自由主义）所信奉的后果性逻辑，意味着行为体的行为符合自身的利益计算，"我做这件事情因为符合理性选择"。

织相似，我们在谈论国际非政府组织的时候也多使用权威的概念，强调其在参与全球治理过程中的道义性、专业性和公正性。国际非政府组织之所以成为全球气候治理中拥有治理权威的行为体，也是因为国际非政府组织拥有主权国家所不具备的特殊性"软权力"和影响力，这就使其发挥影响力的过程比国家更加具有合法性。这种治理权威来源于以下四个基本方面。①

首先，国际非政府组织的权威来源于全球多层治理中网络性影响力，即国际非政府组织与其他行为体在不同治理层次（次国家层面、国家层面和超国家层面）联结在一起的广泛网络。国际非政府组织在网络中的影响力离不开其所拥有的深厚社会资本。社会资本的基本特征是网络状态的存在性，这意味着自治组织内外个人、组织之间的社会信任关系可以形成一种网络化的联结。这种网络联结状态可以保持组织相互联通的高度弹性化以及资源、能力的动态整合与协作。正如罗伯特·普特南（Robert D. Putnam）所言，在全球多层治理中，垂直关系网络将不平等的行为者结合到不对称的等级和依附关系之中，其中垂直关系网络无论多么密集，都无法维系社会信任和合作②；而以社会资本为代表的横向关系网络往往把具有相同地位和权力的行为者联系在一起，这些制度规范、关系网络和信任度能够对集体行动团体进行强有力的外部监督。③ 在一个治理共同体中，此类横向关系网络越紧密，其公民就越有可能进行为了共同利益的合作，因为密切的参与网络增加了不合作行为和欺骗行为的成本。在处理全球性的环境和气候变化问题上，国际非政府组织的作用就在于将地方和全球层面的治理信息和资源连接起来。在国家和全球层面的决策中，跨国非政府组织网络对压力集团政治发展具有不可忽视的影响。地方和国际层面的治理活动都会从建立追求特定目标的联合和联盟中获益。像地球之友和绿色和平等跨国非政府组织通过嵌入国家、地区和国际层面的政策制定之

① 徐步华、叶江：《浅析非政府组织在应对全球环境和气候变化问题中的作用》，《上海行政学院学报》2011 年第 1 期，第 79—88 页。

② Putnam D. Robert, *Democracies in Flux: The Evolution of Social Capital in Contemperary Society*, New York: Oxford University Press, 2002.

③ 参见吴光芸、杨龙《超越集体行动的困境：社会资本与制度分析》，《东南学术》2006 年第 3 期，第 11—16 页；高芙蓉《社会资本视域下社会组织参与应急治理的路径研究》，《河南社会科学》2020 年第 2 期，第 1—6 页。

中，可以充当地方和国际层面的政治活动之间信息的传递者。超越地理和机构边界的跨国网络在监督和改变国家和国际组织的政策方面尤为关键，同时它们也拥有动员民众和影响国内政治的潜力。与此同时，发达的北方国家和发展中的南方国家的环境非政府组织也在这样的广泛的网络中相互接触和交流，从而使发达国家的非政府组织对应当关注的议题更加留意，并为发展中国家的非政府团体提供了国际支持。

其次，国际非政府组织所拥有权威的第二个来源是其所掌握的科学知识和专业知识。处理几乎所有的全球环境和气候变化问题的核心点都在于对有关现在和未来的相关科学信息的了解。当其他行为体不能或不愿进行必要的研究，或者没有意识到研究的必要性时，国际非政府组织都乐于填补空白。知识结构对环境议题的影响并不仅仅限于科学的专业知识，国际非政府组织还可以根据数据的可获性开展独立研究，从而探寻科学有效的评估方案，实践总结与创新路径。当国际非政府组织能够聚焦于问题的根源并孕育出公共问题的集体解决方案，而且比政府部门更为快捷地适应地方的需求和愿望时，那么它们就很可能会扩展其影响力。例如，在"联合国防治荒漠化公约"（UN Convention to Combat Desertification，UNCCD）谈判中，国际非政府组织所拥有的专业技术知识是其最有价值的资源。在荒漠化谈判者眼中，拥有有效执行条约所必需的核心知识的国际非政府组织被看作"发展伙伴"。国际非政府组织被视为连接国际谈判与当地受影响居民之间的纽带，因为它们可以更好地代表当地居民的利益诉求。国际非政府组织代表了"公约"所称的"地方/传统知识"，在整个谈判过程中，国际非政府组织可以从当地视角出发来提出政策倡议和治理议题，这其中包括受荒漠化影响的现实人口数量，发展项目成败的真正原因，以及当地妇女在旱地管理方面所扮演的重要角色。

再次，国际非政府组织的第三个权威性来源是其道义性影响力和适当性逻辑潜能。国际非政府组织的创立通常是旨在体现、服务或者保护某种广泛共享的规范和道义，体现为一种适当性逻辑。它们通过宣称自己是国际社会价值和道义的捍卫者，并以此作为权威性行动的基础。① 在追求道义性治理目标时，国际非政府组织有其自身独特优势：一是其独立性，即

---

① Michael Barnett and Martha Finnemore, *Rules for the World*: *International Organizations In Global Politics*, Ithaca: Cornell University Press, 2004, p. 5.

拥有独立的组织结构、管理体制和经费来源，很多组织拒绝来自政府和企业的捐赠。因此，他们可以在管理和财政方面不依附于政府，不受主权国家政治权力的驱使，不代表官方利益，一定程度上保持了政治的中立性和自主性。二是其非营利性，大多数从事环境保护的非政府组织都不以营利为目的，即组织不是所有者和管理者赚钱的工具，组织获得的利润必须用于实现组织的使命。因此在环保事业中，国际非政府组织拥有更多的公信力和社会资本，能够比较容易得到公众的广泛信任和积极响应。

最后，国际非政府组织的第四个权威来源在于其国际媒体倡导力。在很多国际会议、跨国事件与国际谈判中，国际非政府组织与跨国大众媒体之间往往保持较为紧密的关系，这从根本上保证其国际话语传播的影响力。国际非政府组织非常注重与各类跨国传媒和本土传媒机构合作，构建广泛的媒体交流网络，并善于运用媒体的传播力来增强自身在全球气候治理中的影响力。增加公共环境意识或改变公众认知是动员大众意见的一个重要的组成部分，因此国际非政府组织总是积极主动地建构广泛的与媒体接触交流的网络。通过与媒体形成的交流网络，国际非政府组织能主动地发布各种与全球环境和气候变化紧密相关的信息，通过信息透明度的提升和专业性报告的发表来影响政府决策以及社会舆论的导向。具体而言，有以下几种方式。其一，国际非政府组织可以通过各种媒介，将有关全球应对气候变化的信息公布于众，对不积极参与全球气候治理的国家进行批评，利用国家对于自身国际形象的关注来实行"羞辱"策略，从而影响该国政府在国际社会及民众中的形象，削弱其软实力。其二，媒体也是国际非政府组织研究成果公布的一个渠道。国际非政府组织通过发布指数排名或者专题报告等形式来提升在全球气候认知共同体的影响力，为自己争取更多政府类以及企业类合作伙伴。其三，国际非政府组织通过和国际媒体联合来吸引公众注意力。通过大量的报道或群众集会和抗议的形式能够使某个议题公开化。因此，会议内外的游说活动和游行示威为谈判和强化责任增加了一定的急迫性和公众参与度。发达国家政府对本国国内非政府组织以及像绿色和平（Green Peace）、气候变化行动网络（CAN）和其他国际非政府组织表示长期性关注，对其态度也逐步发生改变，从过去将其视为消极的或干扰性的影响因素，转变为视其为促进民众参与的中立性乃至积极性的影响因素。在全球气候治理中，一方面，发达国家谨慎防范国际非政府组织同媒体联合将负面评论矛头指向自己；另一方面，发达国家同非政府组织进行积极性互动，利用非政府组织的话语传播权来对发展中大国施压。发达国家这种联合国际非政府组织和小岛屿国家等来实现自身的谈判目标的外交策略往往使很多发展中大国在国际谈判中处于较为被动的地位。

二　国际非政府组织参与气候治理的多维影响力谱系

不容忽视的是在全球治理领域，非国家行为体的权力和治理合法性都在不断上升，尽管全球环境治理的主要行为体还是国家，但是以国际非政府组织、城市、跨国企业、智库为代表的非国家行为体在这一进程中发挥着日益深刻的影响。迈克尔·巴尼特（Michael Barnett）和雷蒙德·杜瓦尔（Raymond Duvall）曾指出随着国际无政府体系日益走向一种具有治理性的国际社会，权力不仅仅意味着有某种资源优势而直接控制他人的强制性力量（特别是国家对于武力的使用）。[①] 权力的来源可以包含物质、制度、文化等多种要素，即包括制度性权力（通过规则、程序、制度来间接控制他人的权力）、结构性权力（通过对安全、生产、金融和知识等重要结构性要素的把握来影响全球特定政治经济关系）以及生产性权力（知识和话语的规范性影响力）。[②]

在国际非政府组织参与多层全球治理中，巴斯·亚特（Bas Arts）强调他们通过活动层面转换（国际层面—国家层面—国内社会层面）的方式来获得权威，即通过对各类大众媒体的宣传利用，经过国际网络传播将地方性事件上推到全国甚至全球的尺度，来抵抗国家等行为体对于事件的压制，从而推动特定环境问题能够尽快被纳入正式的政治议程之中并得到解决。[③] 他强调了国际非政府组织在全球治理中权威性的三个维度：决策权（Decisional Power）、话语权（Discursive Power）和规则制定权（Regu-

---

① Michael Barnett and Raymond Duvall, eds, *Power in Global Governance*, Cambridge: Cambridge University Press, 2005, p. 20.

② 许琳、陈迎：《全球气候治理与中国的战略选择》，《世界经济与政治》2013 年第 1 期，第 116—134 页。

③ Arts B., "Global Governance, NGOs and the Politics of Scale", in Hebinck P, Slootweg S, Smith L. eds., *Tales of Development-People*, *Power*, *Space*, Assen: Van Gorcum, 2008, pp. 173 – 186.

latory Power）。① 决策权是指直接控制政策结果和发挥政治影响的权力，体现为国际非政府组织起草环境政策文本、参与环境会议、通过游说影响环境政策、监督环境政策的实施、发起环境决策抗议等方面的能力。话语权是指通过决定或者控制政治话语来间接影响政治决策的权力，体现为国际非政府组织借助专业的数据报告、概念理念构建以及号召发起运动等方式宣扬自己的观念，塑造和传播环境保护的价值观、规范、理论等，进而影响其他行为体的环境行为。规则制定权指的是通过制定规则和建立制度来发挥影响的权力，体现在国际非政府组织通过确定环境相关行业的标准和规则的能力来实现自己在国际环境政治上的目标。② 这三种权力相互依赖、不可分割，特别是随着国际非政府组织日益嵌入全球气候机制复合体的网络中，他们的权威获得可以更为灵活地在不同尺度上以及跨尺度运作。

针对于国际非政府组织的参与气候治理的多维影响力谱系，根据玛格丽特·凯克（Margaret E. Keck）、凯瑟琳·辛金克（Kathryn Sikkink）③ 和马格努斯·博斯特罗姆（Magnus Boström）、克里斯蒂娜·霍尔斯道姆（Kristina T. Hallström）的理论，本书将其权威性影响力划分为以下五类：认知性权威（科学知识、专业技术）、手段性权威（关键代理人和决策制定过程的获取途径）、社会性权威（社会网络资源）、资源性权威（获取资源和全球经济地位的途径）和象征性权威（发出合法性道德主张能力）。④ 前两类认知权威和手段权威可以视为一种较为直接的政策性影响力；后三种社会权威、资源性权威和象征权威则为一种间接性的政策影响力。其中资源性权威和社会性权威可以被视为一种具有框定作用的结构权威，通过物质或者社会资本来改变其他行为体的权威运行环境，从而间接性影响政策的制定和实施。总之，上述五类权威来源是国际非政府组织提升自身影响力以便在全球治理中获得权威的重要保障。

---

① Arts B., "The Global-Local Nexus: NGOs and the Articulation of Scale", *Tijdschrift Voor Economische en Sociale Geografie*, Vol. 95, No. 5, 2004, pp. 498 – 510.

② 刘晓凤、王雨、葛岳静：《环境政治中国际非政府组织的角色——基于批判地缘政治的视角》，《人文地理》2018 年第 5 期，第 123—131 页。

③ Keck, Margaret E., and K. Sikkink, "Transnational Advocacy Networks in International and Regional Politics", *International Social Science Journal*, Vol. 59, 1999, pp. 89 – 101.

④ Boström, Magnus, and Kristina T. Hallström, "NGO Power in Global Social and Environmental Standard-Setting", *Global Environmental Politics*, No. 4, 2010, pp. 36 – 59.

表4-1　　国际非政府组织参与全球治理的权威来源和治理行动分类

	影响力来源	类型说明	治理行动类型	不同领域具有相对优势的组织
直接性政策影响力	认知性影响力	掌握的科学知识与专业技术	（1）为谈判调研提出解决方案；（2）传播相关信息和专业知识；（3）评估政策和方法的成效（4）；形成治理标准；（5）启迪教育民众	侧重科技政策研究的非政府组织、智库以及侧重标准设定的企业等，如忧思科学家联盟、世界资源研究所和卡耐基科学研究所、各大企业的研究机构（特别同低碳经济和清洁能源相关）等
	手段性影响力	关键代理人和决策制定过程的影响；与大众传媒的紧密关系	（1）舆论动员；（2）影响议程；（3）影响决策进程和决策的制定者（具体手段包括说服、游说、曝光施压、责怪和羞耻、奖励、抵制等）	作为会议观察员直接参与全球气候谈判的非国家行为体，注重边会等会场活动；如气候行动网络、绿色和平、地球争议等NGO，气候联盟、市长盟约、C40等跨国城市网络、产业协会、跨国智库联盟和倡议网络等
间接性政策影响力	结构性影响力 资源性影响力	对于某些物质资源的掌控以及特定经济地位的获得	（1）支持研究活动；（2）有助于执行各种行动；（3）形成新气候治理标准和规则，并推进新气候标准和规范的实践	城市及城市网络、企业联盟以及同企业合作或影响企业规范较多的NGO，如可持续能源商业委员会、负责任大气政策联盟、国际工会联盟以及世界可持续发展工商理事会等
	社会性影响力	社会资本的拥有；建立和联系正式或非正式合作和联盟的能力	（1）形成身份意识；（2）将不同行为体联系起来的广泛网络；（3）有助于执行各种行动	具有强大社会资源且对气候谈判产生间接影响的城市联盟、跨国NGO以及智库等，诸如倡导地区可持续发展国际理事会（ICLEI）、自然资源保护协会、国际乐施会以及国际行动援助等
	象征性影响力	发出道德主张的合法性话语和能力	（1）代表公众意见和为边缘化的声音发声；（2）代表不同利益群体表达公众的环境要求，影响国际和国内的决策过程	侧重影响国内政策的NGO及其联盟等，诸如气候行动网络的各地分支组织、气候与能源解决方案中心、世界基督教协进会、英国基督教援助协会等

注：每一种非国家行为体都拥有多种权威来源，表中所列仅是突出不同组织具有相对优势的权威来源，以及更为擅长的施展治理行动的领域。

资料来源：笔者自制。

权威来源的不同结合会在不同活动中给国际非政府组织带来比较优势，此后还会带来不同的治理方式。不同的国际非政府组织可能会根据自身的特点和优势从而凭借不同权威来源或者权威组合来行使自身的治理权威；不同的权威优势也使不同的国际非政府组织在特定的活动领域聚焦力度更强。同时，国际非政府组织参与全球治理的角色界定和活动类型可以总结为九类：提出解决方案、提供信息和专业知识、影响议程、影响决策和决策的制定者、形成标准和规范、执行行动和践行治理、评估政策和政策反馈、代表公众意见和为边缘化声音发声。① 这种分类方法表明国际非政府组织可以在多样化的层次上间接或直接地参与全球治理。② 当前，积极参与到全球气候治理的国际环境非政府组织主要有绿色和平组织（Greenpeace）、世界自然基金会（WWF）、地球之友（FOE）、国际土著居民常设论坛（IFIPCC）等。这些国际非政府组织在上述各方面都发挥着持续性作用，对全球气候治理起到了积极作用。尤其是每年《联合国气候变化框架公约》缔约方大会召开时，众多国际非政府组织均会全程参与、积极活动，促使大会达成具体合作方案。

一些权威来源通常与特定治理活动相关，本书将国际非政府组织的不同的权威来源同相应的治理行动相对应来分析。首先在直接性政策影响力中，认知性权威通常同提供信息和专业知识，评估政策和方法的治理实践相结合。具体而言，通过科学研究和科学评估活动，为国家政策制定和国际协商或谈判提供科学依据，用技术专业性带来政策合法性；在创建国际标准上也表现活跃。通过宣传活动和教育，国际非政府组织可以用必要的政治压力促使政府同意国际协议。一般而言，不同的国际非政府组织所拥有和依赖的权威来源是有所区别的，它们的相对实力能给国际非政府组织在某些治理活动中带来比较优势。比如就认知性权威而言，偏向政策研究的国际科学研究机构相比其他国际非政府组织在政策制定过程中发挥了更大的作用，忧思科学家联盟、世界资源研究所、绿色和平组织、科学与环

---

① Betsill, Michele M., and Elisabeth Corell, *NGO Diplomacy*: *The Influence of Nongovernmental Organizations in International Environmental Negotiations*, Cambridge, MA: The MIT Press, 2008.

② Biermann, F., Betsill, M., Gupta, J., Kanie, N., Lebel, L., Liverman, D., et al., "Earth System Governance: A Research Framework", *International Environmental Agreements*, Vol. 10, No. 4, 2010, pp. 277 – 298.

境中心、世界自然基金会以及国际环境法中心等国际非政府组织均积极投入气候研究中，他们在提出解决方案、提供和传播信息和专业知识、评估政策和方法的结果等方面具备优势。这些组织利用他们的专业知识和技能来引进新的观念想法，得出富有创造性的政策解决方法，在气候谈判中主要发挥了间接性影响。①

手段性权威往往同舆论动员、影响议程以及影响决策和决策的制定者相关。奥利·霍尔斯蒂（Ole Holsti）和詹姆斯·罗西瑙（James N. Rosenau）曾确定了国家可以用来行使影响力的五种手段：说服、给予奖励、惩罚威胁、施加非暴力的惩罚和使用武力。② 除了使用武力这项，非国家行为体均可利用其中许多手段在国际环境谈判中发挥影响。其中，说服也许是使用最广泛的方式；如跨国城市网络和国际非政府组织花费大量时间试图通过说服具有正式决策权威的政府代表来接受其观点从而影响会谈。国际非政府组织参与气候外交的路径也可能包含一些胁迫措施，例如威胁和（或）对被视为不合作国家施加非暴力的惩罚。例如，许多国际非政府组织采用"责怪和羞耻"的策略，希望通过干预谈判和（或）不遵守以往的承诺等行为来获得对他们的立场的支持。某些国际非政府组织更倾向于直接参与全球气候谈判进程，如气候行动网络、"气候正义现在就要"、绿色和平组织、国际自然保护联盟、公民气候游说团、气候联盟、国际地球之友以及地球正义等为代表的组织，侧重通过边会活动、议程设定、排名曝光和政策报告等手段性权威来影响决策进程。与此同时，一些城市、企业同国际非政府组织也可以进行合作，从而联合制定具有门槛准入性的环境标准或者经济行为准则。③

就间接性政策影响力而言，首先看资源性权威，这意味着掌握某些物质资源并获得特定的经济地位，并且更为强大的经济实力有助于支持研究活动及执行各种行动。城市及城市网络、企业联盟以及同企业合作或影响

① Gough, C., & Shackley, S., "The Respectable Politics of Climate Change: The Epistemic Communities and NGOs", *International Affairs*, Vol. 77, No. 2, 2001, pp. 329 – 346.

② Holsti, Ole R., and J. N. Rosenau, "The Domestic and Foreign Policy Beliefs of American Leaders", *Journal of Conflict Resolution*, Vol. 32, No. 2, 1988, pp. 248 – 294.

③ Michele M. Betsill and Elisabeth Corell eds., *NGO Diplomacy: The Influence of Nongovernmental Organizations in International Environmental Negotiations*, Cambridge, Massachusetts and London, England: The MIT Press, 2008.

企业规范较多的国际非政府组织（特别是工商业团体）一般拥有更多的资源性权威。[①] 它们被认为能对决定和决策制定者产生强大的影响力，如加利福尼亚州、芝加哥、伦敦、巴黎等影响力较大的次国家行为体及其C40 城市气候领导联盟、倡导地区可持续发展国际理事会（ICLEI）、市长盟约等跨国城市网络等。具体到国际非政府组织而言，国际非政府组织有其自身的特性，它们或是拥有行业特质，或是拥有雄厚的社会资本，或是拥有先进的技术和便利的信息渠道等。这些特性使国际非政府组织能够引导企业参与治理，协调企业间行动，监督企业执行状况等，从而在全球气候与环境治理中施加重要影响。例如可持续能源商业委员会、负责任大气政策联盟、节能联盟、可持续能源欧洲商业委员会、国际商会、世界可持续发展工商理事会以及日本电气事业联合会等组织都是与商业部门联系密切的社会联盟组织。[②] 与此同时，还包括一些慈善和信息类机构，如欧洲气候基金会和欧洲地区能源与环境机构。上述同私营部门密切相关的国际非政府组织和社会组织联盟，在一定程度上能够将国际非政府组织的社会资本和商业资本更为有机地结合起来，因此可以通过资源性权威来发挥更大的气候治理效用。

社会性权威是指通过社会资本联系、建立正式或非正式合作和联盟的能力，在治理中有助于形成集体性身份意识，将不同行为体纳入广泛的治理网络中，从而在执行各种行动时具有更强的结构性权威。有代表性的行为体包括具有强大社会资源且对气候谈判产生间接影响的城市联盟，以及诸如世界自然基金会、世界资源研究所、国际环境法中心、自然资源保护协会、拯救地球和大气环境全国市民会议、保护国际基金会、环境保护基金、国际工会联盟、国际乐施会、世界基督教协进会、教会联合行动联盟、国际行动援助以及聚焦全球南方组织等的国际非政府组织和各类智库。他们利用自身在专业权威和社会道义等方面的权威性影响对气候变化领域的国际谈判发挥重要的间接性的影响。

[①] Falkner, R., "Business and Global Climate Governance: A Neo-Pluralist Perspective", in M. Ougaard & A. Leander eds., *Business and Global Governance*, London: Routledge, 2010, pp. 99 – 117.

[②] 李昕蕾：《美国非国家行为体参与全球气候治理的多维影响力分析》，《太平洋学报》2019 年第 6 期，第 73—90 页。

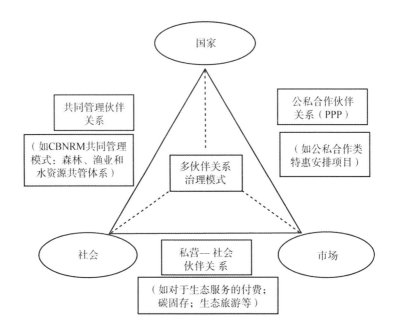

图4-1 多伙伴关系治理模式中的非国家行为体

资料来源：Delmas, Magali A, and O. R. Young（2009），p. 78.[①]

资源性权威和社会性权威合在一起可以称为结构性权威。结构性权威涉及行为体在直接的彼此关系中社会能力和利益的改造，指可以定义他人的自我认知、能力和兴趣的结构及制度关系的权威。结构性权威的强化可以通过不同类型的非国家行为体之间的协作来实现。本书所提及的非国家行为体可以分为三类：一是以城市为代表的次国家政府权威（公共部门）；二是以企业和企业联盟为代表的市场类行为体（私营部门）；三是以国际非政府组织、智库为代表的社会行为体（公民社会）。以上三类行为体内部的通过网络化合作已经呈现出日益增强的结构性权威，如各类跨国非政府组织和倡议网络、跨国城市联盟、企业创新联盟等网络治理形式的出现；同时还呈现出一种跨类型的伙伴关系，如公私伙伴关系以及社会市场伙伴关系等。马加利·德尔马斯（Magali Delmas）和奥兰·扬（Oran R. Young）进一步提出了一种多伙伴关系合作治理模式，这种治理模式

---

① Delmas, Magali A, and O. R. Young, *Governance for the Environment：New Perspective*, Cambridge University Press, 2009, p. 78.

更趋近于《巴黎协定》所强调的多利益攸关方的参与形式，将来自公共部门、私营部门和全球公民社会的共同努力集结在一起，最大限度上利用城市等地方性公共权威的自主性、私营部门的资金技术实力和商业网络，以及包括非政府组织和智库在内的强大的社会资本和规范权力，从而将非国家行为体参与全球治理的结构性权威和行动空间最大化。

象征性权威是指发出道德主张的合法性话语和能力，不仅能够代表创新性的理念（一种理念引领能力），同时也可以代表公众意见和为边缘化的声音发声。在民众和政府之间，非政府组织扮演双重角色，一方面代表民众勇敢发声，是弱势群体的"传声筒"；另一方面非政府组织扮演"教导者"的角色，指导并教育民众，充分调动和发挥市民社会力量参与环境保护，传播环境保护的先进理念，提高公众参与的积极性。通过教育、培训等手段提高公民认知的同时也利于实现政府在民众间推行政策时的高认可度、高接受度。象征性权威的代表行为体主要为那些侧重影响国内政策的非政府组织，诸如气候行动网络的各地分支组织、气候与能源解决方案中心、世界基督教协进会以及教会联合行动联盟等。例如，气候与能源解决方案中心是一个独立的、无党派和非营利性的组织，是皮尤全球气候变化中心的承接者，它的工作是针对能源和气候变化这两大挑战，促进更强有力的环保政策及措施出现。气候与能源解决方案中心提供及时、客观的信息与分析，带动商界、环保团体及决策者通力合作，希望在州、国家以及国际层面上出台实质性的、有效率的政策以保证能源安全、保护全球气候。又如基督教援助协会是一个为消除贫困及解决贫困根源问题而成立的基督教慈善组织，具体关注的议题包括公平税收、贸易公平、气候变化以及第三世界债务等。针对气候变化问题，该组织强调世界上最贫穷的人遭受气候变化带来的恶果最严重，应对气候变化的能力最脆弱，因此在气候变化的公平诉求上需要推动政治家、企业家和社会活动家共同努力。总体而言，这些侧重于象征性权威的非政府组织在全球气候治理的国内行动层面发挥了积极作用，他们对全球气候治理的影响主要体现在国内政策、项目实施以及行为体联动三个方面。在国内政策层面，以基督教援助协会为代表的非政府组织尝试影响政府的对内政策；在项目实施层面，国际热带农业中心等非政府组织结合自身特色组织和实施了多个治理项目，通过项目带动治理进程；在行为体联动方面，体现为以城市为代表的地区权威、企业同非政府组织行为体的联合行动，如 ICLEI 同非政府组织 WWF

以及企业联盟合作通过影响企业的行为、协调企业间的行动等方式助力气候治理。

第二节　国际非政府组织提升参与气候
治理的影响路径与策略选择

　　国际非政府组织参与全球治理可以分为"上游参与"和"下游参与"[①]。上游参与主要指国际非政府组织对目标机构的政策制定、治理磋商和总体管理等拥有较为直接的影响，可以分为两个层次：一是透明度和访问权限（允许其传播信息或观察治理过程）；二是决策参与（参与同决策者分享信息等的过程，不一定拥有投票机会）。下游参与主要指合作或伙伴关系的实施，也分为两个层次：一是指同公共部门的程序化合作伙伴关系，其中国际组织或各国政府可将某些项目委托给国际非政府组织实施，可能包括政策的执行与协调以及具体方案的管理；二是同其他私人部门以及社会组织的合作。一般而言，基于政策执行和项目委托的下游参与比较容易实现，国际组织有时需要依赖国际非政府组织的科学性权威、社会网络资源和特有的政策执行能力来开展相关工作。

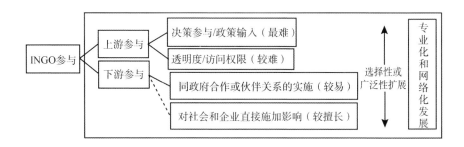

图 4 - 2　国际非政府组织参与全球治理的路径

资料来源：笔者在 Molly A. Ruhlman（2015），p. 9 的基础上增补完善制作而成。

---

① 　Molly A. Ruhlman, *Who Participates in Global Governance? States, Bureaucracies, and NGOs in the United Nations*, London：Routledge, 2015, pp. 9 - 11.

在气候治理领域，上游参与往往比较困难，所以早期非政府组织的上游参与多采取对抗模式，包括在某些重要的场合通过游行、示威、静坐抗议等方式直接对抗，以及通过信息披露、施压决策者、诉诸法律等方式间接对抗。这种激进策略的采用通常是非政府组织通过跨国倡议网络或其他类型的利益集团联盟的成员超越国家层面来实施，其主要影响力途径是抗议和示威。非政府组织利用这些策略并通过媒体向政府代表施加压力，由于媒体是影响公众的观念的重要手段，所以大规模示威游行也往往通过媒体来表达大多数人对某一个问题的关切并要求政府采取合适的行动。自1995年第一次缔约方会议（COP1）召开以来，虽然最初的政府间协商和谈判主要以闭门会议为主，但各类非政府组织为成为《公约》框架内正式的参与者游说已久。在跨国倡议网络中的非政府组织不仅参与较为实在的激进主义战略，而且他们也注重在国内和国际层面上对政府进行游说，以影响政府的谈判立场，而这些谈判议题领域往往反映了非政府组织的目标。施加影响的重要先决条件就是如何在国内和国际层面上与政府代表建立联系，如何获得资源（尤其是信息和相关知识）以及参与到如与谈判者合作、提供建议和交流需求等活动中来，通过专业研究和提供相关信息来影响决策过程。

基于此，环境非政府组织也根据其功能（参与路径）可以分为参与倡导型非政府组织和研究型非政府组织。倡导型环境非政府组织强调环境保护活动的群众性和大众参与的重要性，侧重对于决策上游的施压（关注上游参与），旨在通过组织大规模的群众环保运动来推进其环保政策的倡导，从而保护全世界范围内的生态环境和自然资源。他们当中的一些已经在全世界范围之内有了知名度，并且形成了一定的影响力。特别是全球气候变暖这一最为重要的全球环境议题自然也是他们所关注的重点领域。倡导型国际非政府组织又分为激进型和温和（改良）型组织。激进型组织经常通过组织游行示威、现场抗议甚至对抗等较激烈的方法来力求对气候环境的保护，比如通过各种暴力手段阻止人类对自然尤其是原始环境的破坏。其中最激进的当数1980年成立于美国的地球第一（Earth First!）和1993年成立于英国的环境解放阵线（Environmental Liberation Front），他们往往带有"生态恐怖主义"色彩。① 目前温和改良型的国际非政府组织处于倡导型组织的主流，他们主要通过游说、协商、录播公益片、街头艺术等方式达到凝聚公众环保共识推进环境保护行动的目标。典型代表有世界自然基金会（WWF）、地球之友（FOTE）、世界自然保护联盟（IU-CN）等。

研究型国际环境非政府组织多侧重于政策下游的参与，他们往往依靠自身的专业权威性来同政府进行伙伴关系性的合作。研究型组织由相关领域的专家学者组成，主要致力于研究环境领域内的各种科学现象、评估其影响并研究相关环境法律政策的制定。具体而言，研究型组织可以分为两类：第一类是那些自然科学范围内的非政府组织，侧重于研究气候变化现象以及由此引起的一系列相关的生态变化，研发有助于减缓全球变暖势头的各种清洁能源和替代性路径；第二类是那些侧重于人文科学范畴领域研究的非政府组织，主要从事于环境立法和减排政策的研究，向有关政府提供政策研究报告或向社会提供最新的环境研究成果。当然，研究型国际环境非政府组织也日益注重通过自身的研究成果来影响各国政府以及国际组织的政策决策和国际谈判过程，特别是通过新知识输入来影响政府代表的认知偏好。罗马俱乐部（Rome Club）、世界资源研究所（WRI）和美国皮尤研究中心（PRC）即是其中的典型代表。

值得注意的是，各类国际非政府组织也会随着自身发展适时对行动策略做出调整，如作为参与倡导型的非政府组织，绿色和平组织（Green Peace）经历了从激进型向温和型转变。20世纪80年代时绿色和平组织强调"直接行动"原则，针对"具体事件"组织开展直接性和激进性活动，如用彩虹勇士号直接阻止海底核试验和公海捕鲸鱼行为。20世纪90年代绿色和平组织逐步转为对话沟通方式，强调自身在全球环保运动中的协商沟通性角色。进入21世纪以来，其进而关注对社会生态文化的整体性建构，传播绿色和平主义政治理念，追求平等、和平、公正的国际社会秩序。并且同很多研究型组织一样，绿色和平组织也开始重视环境保护相关研究，通过项目调研、发布报告和学术机构合作等方式来提升自身的专

---

① 比如20世纪80年代，地球第一将长钉嵌入树木中以阻止森林砍伐，但危及伐木工人的生命安全。1998年10月，环境解放阵线的成员为了保护猞猁狲的栖息地，将美国科罗拉多的一个滑雪场纵火烧毁，造成1200万美元的财产损失。

业权威性，从而辅助倡导行动的落实。当然，由于绿色和平组织从本质上而言属于"前端预防性"定位的国际非政府组织，要比"后端行动性/分析性"的国际非政府组织要更偏激进，其核心口号就是"行动带来改变"。与此同时，在目前全球气候治理体系中，非政府组织所面临的制度互动格局和政治机会结构都发生了深刻变化，如从2006年内罗毕气候变化大会中正式获得会议观察员身份，到2009年在哥本哈根会议中边会影响力的大幅度提升，再到2014年利马会议以来同《公约》核心机制的互动增多。以此为契机，国际非政府组织也对自身的气候治理参与路径和实施策略进行了重要调整。

一　强化上游多元参与来提升议程设定的手段性权威

国际非政府组织充分抓住治理体系变迁中的制度性参与渠道，在参与过程中注重调整自身的上游参与策略，在强化上游透明度和参与权限的基础上，充分利用边会和日益扩大的制度化参与渠道增强对政策制定的影响力，努力提升自身在气候议题提出、推进谈判进度和气候机制执行监督方面的参与度。可以说，国际非政府组织对谈判有影响力，它们根据不同情况采取不同的策略，拥有谈判能力并且能够谨慎使用谈判资产，灵活地将上述两者结合在一起，非政府组织可以"扭转平衡"，帮助在国际环境谈判中取得特定成果。通过运用它们的人际交往和进程管理技能，他们可以说服谈判者相信某个提案的优点，并帮助制定谈判议程。通过灵活应用自己的跨国性质，它们和有共同目标的谈判者合作，并可以反映国内民众对可能达成的谈判结果的支持度。通过提高谈判的透明度，国际非政府组织可以赋予志同道合的谈判者更强的谈判力，确保谈判人员捍卫自己国家的立场，增强国内集团影响其国家立场的能力。最后，通过对环境完整性采取不妥协的方法，国际非政府组织还可以增强其主张的正当性，并质疑妥协的提案和谈判者的可信度。同时，国际非政府组织还提醒谈判者们自己具有合法的发言权，可以左右国内的批准流程。具体而言，在上游参与过程中，国际非政府组织侧重于对观察员身份、缔约方会议边会以及临时工作小组之类的制度性渠道等来提升自身的灵活性参与路径策略。

首先看国际非政府组织对于观察员身份的利用，2006年内罗毕气候变化大会之后，很多非政府组织通过会议注册拥有了正式观察员身份，从而有助于其通过正式的参与渠道获得气候谈判的最新信息,进而提升气候治理的透明度和合法性。因此,非政府组织之前较多的基于激进社会运动性的直接抗议式活动逐步转向一种温和的、基于信息透明化和网络媒体化的间接对抗方式。非政府组织在保障国际气候谈判的信息透明度上起到了重要性作用。他们将谈判中出现的各种具体情况以及各方的表现及立场通过媒体(包括各种新媒体)、网络、专业报告等方式公开,成为民众、企业、学者了解国际气候谈判进程的重要渠道。这种透明度下的社会监督给各国在谈判立场上造成不可小觑的舆论压力,最终推动了谈判进程和成果达成。在信息公开领域,最有影响力的三个国际非政府组织为地球谈判公报(ENB)、第三世界网络(TWN)以及气候行动网络(CAN)下属的生

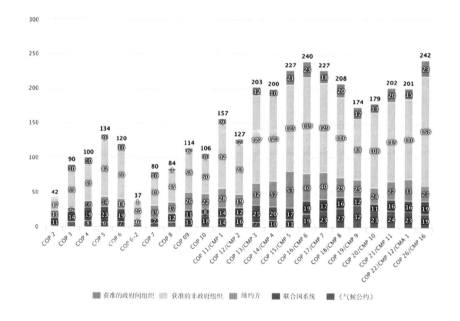

图4-3 历次缔约方会议主要组织所负责的边会活动数量

资料来源:UNFCCC, Number of side events by lead organizer by COP/CMP/CMA, https://unfccc.int/process-and-meetings/parties-non-party-stakeholders/non-party-stakeholders/statistics#eq-2.

态简讯（ECO）。①虽然上述三个组织均从 1992 年的联合国环境与发展大会（UNCED）就开始关注气候变化议题，但是自从获得正式观察员身份后其信息披露数量和报告质量均大幅度上涨。如 ENB 每次参会后都会发表一万到三万字的会议摘要和分析报告，有效地让与会代表们跟上每日谈判的进展，同时在脸书（Facebook）、推特（Twitter）等平台上推出，使各种信息交流平台成为国际非政府组织巩固自身立场的政治论坛。

与此同时，由国际非政府组织所组织的、同缔约方会议并行进行的边会活动数量不断增多且影响力也不断提升。② 在由政府间组织、非政府组织、成员国、联合国系统的其他实体组织筹办的边会活动中，非政府组织的筹办数量始终位居第一，并且所占比例不断提升。自 2007 年巴厘岛气候大会（COP13）以来，由非政府组织筹备的边会活动就突破了三位数（127 场），占所有边会活动总量的 57%。到 2021 年英国格拉斯哥气候大会（COP 26）时，由非政府组织筹备的边会活动达到 158 场，占所有边会活动总量的比例提升到 65%。国际非政府组织通过直接或间接的方式参与国际气候谈判，他们针对气候变化问题进行政策倡议、科学研究和专业分析，为气候政策的协商和制定提供了科学性依据。例如国际非政府组织被允许以观察员身份参与《公约》框架下（UNFCCC）的大部分气候谈判，并通过会议期间发放支持性资料以及与谈判人员进行面对面的交流/说服来推动谈判的进程。与此同时，国际非政府组织还积极组织气候变化边会的召开，这是与气候谈判大会并行进行的非正式性会议，参与者往往包括国际非政府组织在内的各类次国家和非国家行为体，如城市、企业、民间社团等。此类包容性边会的主要功能体现在七个方面：一是引入潜在的谈判议题；二是提出非国家层面的雄心勃勃的气候目标并施压正式多边谈判；三是气候能力建设；四是连接社会和政策领域从而推动气候在地行动；五是传播信息和发布倡议；六是提供其他层次的治理平台；七是

---

① 地球谈判公报（ENB）同国际可持续发展研究所（International Institute for Sustainable Development, IISD）合作，发表的谈判简报信息以及所分享的观点比较客观，其网址为 http://enb.iisd.org/；第三世界网络 TWN（SC）的网址是 www.twn.my/，主要代表发展中国家的观点；气候行动网络（CAN）的生态简讯（Eco Newsletters, ECO）的网址为 http://climatenetwork.org/，其观点相对激进。

② 观察员组织包括获准的政府间组织、获准的非政府组织和联合国各类实体组织。气候公约缔约方的历次会议参与者必须通过在线系统进行登记，才能进入各自的会议场地。

提升全球气候治理的合法性与灵活性。① 在各国制定政策、签署国际条约或实施某项决策的过程中，国际非政府组织也会通过边会和游行施加压力并进行监督。在参与过程中，国际非政府组织在气候谈判议题的提出、设置方面影响力在不断提升。得益于自身在气候问题研究方面的高专业水平，其以专业的优势掌握全球气候方面的重要信息，国际非政府组织基于对某一气候问题的研究，分析其重要性和危害性，通过直接对话、个人游说、电子邮件、发行相关研究报告、提供相关数据，以及举办研讨会、媒体宣传等方式，加深国际社会对该问题的认识，在参与气候缔约方会议时更是通过各类边会的召开来促使该问题被列入国际气候谈判的议题。如在2007 年联合国首次针对气候变化问题召开的巴厘岛高级别会议上，中国绿色和平项目与传讯总监卢思骋充分利用这一政治机会结构代表气候行动网络（CAN）发言，呼吁出席会议的世界首脑，立即提升《巴厘授权》行动应对气候变化，并提出了应对气候变化的六点倡议要求，从而对后续的《京都议定书》第二承诺期的结构设计以及谈判议题侧重领域都起到了一定的影响（见表4-2）。

表4-2　气候行动网络（CAN）向联合国提出的气候变化应对倡议议题

序号	倡议领域	倡议内容
1	气候减缓	《巴厘授权》应能指导各国采取行动，在未来十年内使全球的排放步入趋于下降的轨道，确保到2050 年全球排放量减少到1990 年水平的一半
2	发达国家减排责任	发达国家担负着大部分的历史排放责任，必须率先采取行动。到2020 年，发达国家的整体排放应当至少削减至其1990 年的水平的30%
3	新兴工业化高收入国家责任	更多的国家应该加入《京都议定书》框架下承担有法律约束力的减排义务的行列中来。诸如韩国、新加坡和沙特阿拉伯等高人均收入的新兴工业化国家，应该在下一承诺期采纳减排目标
4	框架设计的开放性	《京都议定书》第二承诺期协议采用的架构应具有开放性，以允许设立量化国家排放限制的发展中国家，加入国际碳交易的体系中

① Schroeder, Heike, and H. Lovell, "The Role of Non-Nation-State Actors and Side Events in the International Climate Negotiations", *Climate Policy*, Vol. 12, No. 1, 2012, pp. 23 - 37.

续表

序号	倡议领域	倡议内容
5	中等收入国家责任	中等收入国家，如中国、巴西、印度和南非等，也需要通过部门性（例如电力部门）或其他量化协议，来限制和/或减少温室气体排放，以加入《京都议定书》的排放交易体系中来。具体的协议当然需要根据各中等收入国家的国情来量体制定，同时应该制定更多的奖励机制，使京都协议的减排体系更有吸引力
6	气候适应	必须成立一个大规模的清洁技术配置机制，旨在帮助发展中国家转用清洁、高效的技术。一年投资 3000 亿美元用于发展可再生能源和提高能效（大约相当于目前全世界对化石燃料的补贴），就能够实现科学结论所指出的减排水平。同时，2012 年后京都时代需要确保进一步的资金，来改造全球能源体系

资料来源：绿色和平：绿色和平中国项目总监卢思骋在"联大"的演讲，2007 年 9 月 30 日，http：//www.greenpeace.org.cn/sp-speech-content/。

值得注意的是，国际非政府组织以其独特的优势及广阔的渠道，如擅长与国际媒体进行合作对气候治理机制的执行情况进行监督、披露和施压。通过国际媒体的强大传播力，将气候治理过程中不积极、不作为的国家公布于众，从而起到舆论监督和社会督促的作用。例如，随着每年气候大会的召开，气候行动网络（CAN）联合各国媒体在会议期间每天评选并颁发一次"每日化石奖"，用来"奖励"那些在谈判进程中表现不佳，阻碍谈判进程的国家。目的是向气候谈判中的阻碍者施压，使他们早日承担应有的责任，共同参与全球应对气候变化的努力，如美国、加拿大、俄罗斯、日本和新西兰等伞形国家集团中的成员和沙特阿拉伯等石油出口大国常常作为拖后腿者而"名列榜首"。

2015 年《巴黎协定》的签署标志着全球应对气候变化的模式逐渐朝着广泛参与、公共撬动私营、市场机制加入的方向转变。[1]国际非政府组织把握契机不断提升自身在政策制定中的参与度，如他们以政府部门临时工作小组的方式加入气候议程的设定和气候政策的制定过程中。联合国在气候峰会召开前也会专门邀请国际非政府组织以第三方监督者的身份参与，平衡发达国家与发展中国家的声音，以保证谈判达成的协议公平有

---

① 张永香、巢清尘、郑秋红等：《美国退出〈巴黎协定〉对全球气候治理的影响》，《气候变化研究进展》2017 年第 5 期，第 407—414 页。

效。如 CAN 在 2013 年华沙气候大会上围绕适应和损失与损害议题进行宣传和政策推进工作，努力将该议题嵌入气候治理政策议程中，同时积极推进 1.5℃目标的政策讨论，最终将其纳入《巴黎协定》中。世界资源研究所（WRI）在波恩会议上提出的在 21 世纪下半叶达成碳平衡的长期目标，为发达国家和发展中国家的彼此认同搭建了桥梁，此提议也被原封不动地纳入了《巴黎协定》，体现出其政策影响力。在 2021 年英国格拉斯哥气候大会（COP 26）上，在小岛屿国家与 CAN 等非政府组织网络努力下，为应对气候危机造成的损失和损害寻找资金以及提升发展中国家的危机适应能力成为重要议程之一。在达成《巴黎协定》实施细则基础上，各国商定了 2025 年后气候融资新目标，特别是《格拉斯哥气候协议》提出制定和确定全球适应目标，为脆弱国家解决"损失和损害"提供资金、技术、能力建设等支持内容。

值得注意的是，目前联合国气候谈判大会的《优先领域行动追踪草案》（*Priority Areas Action Tracker*）的出台为多利益攸关方参与气候大会的议题调整提供了国际法依据，即通过行动计划的周期推进不断调整上一周期确定的优先议题。为了增强气候治理行动最大雄心，气候谈判议题逐步实现包容性增长，更多地纳入之前不被重视或边缘化的领域。具体而言，气候大会议题除了传统的温室气体减缓、气候融资与绿色技术、可持续目标发展等议题之外，国际非政府组织等多利益攸关方所倡导的社区公平低碳转型、零碳经济的构建、跨国公司气候责任等日益成为全球气候行动的关键议题。《优先领域行动追踪草案》保障了多利益攸关方直接与高层领导、秘书处等进行会议磋商，为气候大会注入了更多的国际合法性与民主性。可以说，过去仅限于主权国家参与的气候谈判，焦点可能集中于少数议题或者讨价还价的政治博弈，目前多利益攸关方的制度化参与能够促进边缘化议题被纳入，已经纳入的议题则得到均衡调整。①

二　利用下游治理实践来提升对社会规范和行业标准的引领策略

就下游参与而言，国际非政府组织在加强同公共部门合作伙伴关系的同时，日益注重利用自身的社会资源来强化对于社会和企业的影响，尤其

---

① 于宏源：《全球气候治理伙伴关系网络与非政府组织的作用》，《太平洋学报》2019 年第 11 期，第 14—25 页。

是通过治理实践参与来提升对社会规范和行业标准的影响。在气候治理嵌构中，国际非政府组织与企业、城市等非国家行为体和次国家行为体之间的网络互动也强化了他们对于标准规范的策略引领力。另外，在"自下而上"的巴黎模式中，基于下游的气候治理实践很大程度上可以带动上游的气候治理谈判，因此越来越多的国际非政府组织注重灵活地利用政治机会强化上下游参与路径的整体性政策影响力。

随着气候治理共同目标的达成，国际非政府组织同政府和政府间组织之间的关系日益走向一种服务型互动。一方面，国际非政府组织可以接受政府部门的委托，开展气候治理的研究和政策实践行动；国际非政府组织作为政府的专业智囊团协助其进行气候治理。另一方面，除了直接针对政府政策制定过程的行动之外，国际非政府组织还跳出了政府中心主义的路径，转向对社会和企业直接施加影响：一是国际非政府组织与企业的互动，其中包括凭借自身的优势加强同企业合作，并深入社区宣传及提供环保产品、环保技术和环保标准，实施小规模社区型示范项目，引导公民形成低碳健康的生活方式；还有通过影响消费者舆论和行为改变，反推企业进行内部产品气候友好型选择和升级，推动企业纳入气候治理框架。二是国际非政府组织为公民提供最新的环保信息，通过制作传单、海报、小册子和录像带等教育和宣传材料的信息传播方式向公众展示问题的严重性，又将他们的环境保护意见与建议整合，代表公民社会与政府沟通。国际非政府组织往往有强大的社会动员能力和社会舆情控制力，能获得社会支持，从而形成对政府决策的影响力。

值得注意的是，越来越多的国际非政府组织在后巴黎时代气候治理的指标和标准设立以及自主贡献履约情况监督等方面正发挥日益积极的角色。《巴黎协定》要求建立针对国家自主贡献（NDC）机制的基于"可衡量、可报告和可核实"的透明履约监督体系，从而实现一种"只进不退"的棘齿锁定机制。在建立 2023 年之后五年盘点机制和后巴黎时代长效减排机制的过程中，很多国际非政府组织致力于为后巴黎时代的气候履约和低碳监督设立各种排放指标和衡量标准。如世界资源研究所（WRI）和世界可持续发展工商理事会（WBCSD）联合创立了温室气体协议（PROT），旨在为企业衡量、管理和报告温室气体排放设立一个全球标准。① 如世界上最大的非政府性标准化专门机构国际标准化组织（ISO），其所提供的 ISO 14000 系列标准就是为促进全球环境质量的改善而制定的一套环境管理的框架文件，通过这些标准文件加强组织（公司、企业）的环境意识、管理能力和保障措施，从而达到改善环境质量的目的的。2014 年，绿色和平（Green Peace）和全球见证（Global Witness）等国际非政府组织就《国家标准〈红木〉修订编制说明（征求意见稿）》向中国国家标准编制工作组提交了自己的意见书，呼吁新国标补充和完善红木树种保护以及管制的相关信息，为环境的保护提供了专业的标准和基线。通过制定规则、标准的方式，实现自己在该领域想要达到的保护树木、改善环境等目的。②

比如在目前全球碳中和态势下，以风能、太阳能、生物质能、绿色氢能等可再生能源、绿色交通、智能电网与储能技术、可持续性基建、工业去碳化等为代表的清洁发展创新路径不断推进了通往净零排放未来的实践性转向。全球当前已经形成的共识是，以清洁能源、能效技术和工业减碳为基础的能源转型是到 21 世纪中叶将全球变暖限制在 1.5℃ 的唯一途径。2021 年初，几乎所有国家都制定了各类可再生能源支持政策，并且政策的执行有赖于私营部门和社会部门的创新实践参与。尽管新冠肺炎疫情仍然肆虐，可再生能源发电能力投资连续四年保持增长，2021 年有近 290 千兆瓦（GW）的新可再生能源投入使用，比 2020 年高出 3%，其中光伏发电占全部绿色能源发电量的一半以上，其次是风能和水力发电。风能和太阳能发电量首次超过全球发电量的十分之一，并超过了核能发电量。鉴于全球净零目标，IEA 预计未来五年（2021—2026 年），可再生能源发电能力将增长 60% 以上，达到 4800 GW，从而占全球电力容量增长的近95%。③ 非政府组织同政府间合作一起推出 1.5 度目标下的中长期能源转型展望，为国际社会的气候减缓与适应提供积极性预期。如 2021 年国际可再生能源机构（IRENA）同其合作伙伴联合发布的《基于 1.5 度路径的全球能源转型展望》指出，基于清洁能源等绿色创新实践的能源体系

---

①　The website of Greenhouse Gas Protocol（PROT）：http：//ghgprotocol. org/about-us.

②　刘晓凤、王雨、葛岳静：《环境政治中国际非政府组织的角色——基于批判地缘政治的视角》，《人文地理》2018 年第 5 期，第 123—131 页。

③　IEA, Renewables 2021 Analysis and Forecast to 2026, https：//iea. blob. core. windows. net/assets/5ae32253-7409-4f9a-a91d-1493ffb9777a/Renewables2021-Analysisandforecastto2026. pdf.

转型与变革将对整个经济和社会产生深远影响。到 2050 年，全球将新增
4200 万个可再生能源就业，比现在高出四倍，支持长期性经济可持续增
长。① 可以看出，国际非政府组织利用各种伙伴关系网络在全球能源转型
和清洁发展的标准设立与路径规划上拥有日益提升的话语权。

三　注重网络化参与的专业性及其认知性权威塑造

随着全球工业的不断扩大与城市化进程的加快，世界人口膨胀，环境
问题已成为威胁人类生存与发展的世界性重大社会问题之一。但复杂的环
境问题已经超出了决策者的专业所长，需要专业人士就相关问题进行合理
的分析并给予可靠的建议。科研人员可以填补公众对气候问题性质的认识
空白，对环境气候领域有规范性的信念，这也会激励独立的、学术的科学
家主导的非政府组织在公共和政治圈子中运用它们的知识。由此可见，具
有技术性的科学研究机构在环境气候政策制定过程中扮演了越发重要的角
色。针对活跃于气候科学、经济学和政策领域的气候思想库，气候治理国
际中心（ICCG）基于一套由活动、出版物和宣传等 15 个指标构成的指标
体系发布了《2016 年气候思想库排名》（*ICCG Climate Think Tank Ranking
2016*）。在全球 245 个气候思想库中，按照思想库的人均产出效率的标准，
伍兹霍尔研究中心（Woods Hole Research Center）连续 4 年被评为全球最
佳的"气候思想库"，忧思科学家联盟（UCS）和国际林业研究中心
（CIFOR）分列第二、第三。其他研究机构，比如科学与环境中心、世界
资源研究所、全球发展中心、国际气候与环境研究中心、国际环境法中心
以及卡耐基科学研究所等都具有较大的影响力。

这些科研机构对全球环境问题的专业性研究所得出的结论，架起了学
术界与决策者之间沟通的桥梁，独立地将研究成果转化成决策者和公众能
够理解和应用的形式，为公共决策服务，更重要的是可以改变人们对环境
问题的看法，影响舆论，最终对环境谈判施加自己的影响。各机构都拥有
庞大的科学家网络。比如，忧思科学家联盟由全球 10 万多名科学家组成；
科学与环境中心是印度重要的环境、发展问题方面的智囊团；卡耐基科学
研究所作为一个独立的非营利性组织，最初是一个为杰出的、在各自领域

① IRENA，World Energy Transitions Outlook：1.5℃ Pathway，https：//www.irena.org/publica-
tions/2021/Jun/World-Energy-Transitions-Outlook.

前沿工作的人士所专门设立的科学研发机构，有六个研究部门分布在美国，具体是胚胎学部、地球物理学实验室、全球生态学部、天文观测台、植物生态学部、地磁学部、科学教育学院以及数学教育部，旗下总共有超过 70 位科学家加入，致力于促进广泛且自由的科学研究及应用从而使人类得到改善。

　　国际非政府组织扮演日益重要的知识提供者角色，它们可以通过跨国性的科学家认知共同体网络来进行科学研究和政策评估活动，为政策制定和国际谈判提供科学依据，有时甚至可以作为政策咨询顾问直接参与政府间谈判。这种对于专业权威的重视不仅体现在传统上侧重科学研究的非政府组织群体中，诸如忧思科学家联盟、世界资源研究所、科学与环境中心以及国际环境法中心等，而且一些注重直接参与气候谈判的非政府组织群体，如乐施会、世界自然保护联盟、全球气候联盟等也开始注重自身专业知识的强化。例如乐施会近年来尤其强调行动和研究的互动性，认为应对气候变化需要坚实的科学数据作为基础，通过同其他科研机构的合作，为公众呈现各种实地调研报告和第一手的科学信息。2009 年乐施会联合中国农业大学等机构共同发布了《气候变化与贫困》研究报告，具体评估了气候变化对生态脆弱区的影响指数，通过对生态脆弱区与贫困区的耦合分析，得出气候变化成为致贫或返贫的重要因素。[1] 2016 年乐施会通过系统研究和核算，在其《气候资金影子报告》中揭露富裕国家所声称的每年 410 亿元美金的应对气候资金，其中仅有 40 亿至 80 亿元美金用于帮助贫穷国家适应气候变化，与实际需求相距甚远，深刻反映了气候公平的强烈诉求。[2] 又比如在 IPCC 撰写历次全球气候变化报告的时候，报告提交的最后环节是各国政府审评环节。[3]《决策者摘要》体现了 IPCC 评估报告撰写过程的科学评估与政府评估的双重程序，在牺牲了部分科学合法性的同时也维持了各国的利益协调与政治妥协成果。此时，国际非政府组织往

①　乐施会：《气候变化与贫困：中国案例研究》，http：//www. oxfam. org. cn /download. php？cid = 18&id = 54，2009 年。

②　乐施会：《数百亿应对气候变化资金被误算——〈巴黎协定〉达成一年，脆弱人群所需应对气候资金仍悬而未决》，http：//www. oxfam. org. cn/info. php？cid = 110&id = 1787&p = work，2016 年。

③　Pallett, H, and J. Chilvers, "Organizations in the Making: Learning and Intervening at the Science-Policy Interface", *Progress in Human Geography*, Vol. 39, No. 2, 2015, pp. 146 – 166.

往通过跨国性的科学家认知共同体网络来进行政策坚持，通过对于道义权威和专业知识权威的捍卫来间接施压于各国政府，有时同小岛屿国家进行联合与互动形成了间接影响国际气候谈判的渠道。[①] 国际非政府组织在国际责任维护上具有重要的道德规范性权威，对合法性的极力维护体现了两者的休戚相关，也避免了国际气候谈判失去科学指引。

值得注意的是，在国际气候谈判中，如果国家行为体和国际非政府组织双方目标有重叠，国际非政府组织游说集团可以通过能力建构和信息提供的方式对政府代表提供支持，这反过来也会增加政府的抱负。在国际层面，这些国际非政府组织有可能会受邀参加政府间谈判，继续提供支持，甚至是代表本国政府。加入政府代表团意味着也增加了获得谈判文本以及影响谈判集团整体立场的可能性。然而，这种情况更有可能发生在当国际非政府组织同政府就大多数观点取得一致的基础上才能实现。不过，在所有观点上甚至包括那些国际非政府组织不同意的观点上全权代表政府立场，可能会导致国际非政府组织自身立场的软化，而且后面也可能失去民众支持和其他政府对其的信赖。国际非政府组织在各方面的投入也有可能会被政府利用，以解释政府之前的立场并加强政府立场在公众中的合法性。

四　通过多元伙伴关系网络建设提升其结构性影响力

通过网络化发展，国际非政府组织通过跨国气候行动将联结着区域与区域、区域与全球的跨国界气候治理网络建立起来，将自身影响力内嵌到整个气候治理体系中，以提升其杠杆性影响力。其中典型代表气候行动网络（CAN）是一个伞形网络组织，包括了来自 120 个国家的 1100 多个非政府组织。自建立之初就活跃在气候变化大会上，作为非政府组织群体的代表发声，负责与《公约》秘书处对接。这种气候治理的网络化策略不仅体现在非政府组织之间的联盟协作，同时体现为非政府组织通过多元伙伴关系网络来提升自身在治理嵌构中的结构性权威，特别表现为以下三个发展趋势。

一是社会各界对人类可持续发展目标和低碳转型愿景的接受程度加

[①] 董亮：《IPCC 如何影响国际气候谈判：一种基于认知共同体理论的分析》，《世界经济与政治》2014 年第 8 期，第 64—83 页。

深，为非政府组织发展同企业的组织间合作提供了可能。国际非政府组织逐步从依赖激进的社会运动来抵制企业的污染行为转变为更加务实寻求协作的市场环境保护主义，并利用其专业知识和社会网络来制定对企业具有吸引力的生态战略，这使它成功地找到了与企业界良性互动的方式。非政府组织能够通过组织研讨、游说、能力培养等方式改变企业的认知，而企业在履行社会责任以及树立企业信誉的过程中也需要非政府组织的各种社会性和权威性的资源。①如许多环保非政府组织成功地使一些大型零售商相信，对供货商采取更高的环保标准将有利于提升企业形象以及开拓更为广阔的市场。②例如，世界自然基金会（WWF）在其气候变化领导计划中强调同企业合作的重要性，旨在激发精英阶层对公司内部气候解决方案的思考，并将企业转变为低碳经济的领导者，在其影响范围内推进社会和市场的绿色转型。

二是体现在国际非政府组织同公共部门（政府间组织、各国政府以及以城市为代表的次国家行为体）和私营部门的多元合作伙伴关系。凯克和辛金克曾提出跨国倡议网络在全球治理中发挥作用的"回飞镖模式"（Boomerang Pattern），这意味着国际非政府组织可以超越国家层面与国际组织的联盟，"自上而下"地向目标国施压，推进全球公共政策的制定。③跨国倡议网络可以提出新议程，但是在他们试图将原则性信念转化为关于适当行为的国际规则和国际协议时，可能面对大量来自国际体系中的反对，因此跨国倡议网络可能需要通过同公共部门（如联合国组织体系）和私营部门形成国际组织联盟，从而获取更多资源和国际支持并赢得认同，从而影响全球气候议题设置和决策过程。目前，一种国际非政府组织与公共部门和私营部门包容性合作的多元合作伙伴关系成为新的趋势。这种合作首先得益于《公约》框架的日益开放性。此外，《巴黎协定》也在第5部分着重表述了对非缔约方利益相关方（Non-Party Stakeholder，NPS）参与的欢迎态度。2016年马拉喀什气候大会上提出的全球气候行

① Steven Bernstein and Benjamin Cashore，"Can Non-State Global Governance be Legitimate? An Analytical Framework"，*Regulation & Governance*，No. 4，2007，pp. 347 – 371.

② Hamish van der Ven，"Socializing the C-suite：Why Some Big-box Retailers are 'Greener' Than Others"，*Business and Politics*，Vol. 16，No. 1，2014，pp. 31 – 63.

③ 黄超：《全球治理中跨国倡议网络有效性的条件分析》，《国际观察》2010 年第 4 期，第 24—31 页。

动伙伴关系，旨在持续加强缔约方和非缔约方利益相关者（NPS）的合作。2017 年的波恩会议专门就包括非政府组织在内的非缔约方利益相关方制度性参与问题做出详细探讨，如怎样增强网上登记系统和提高 NPS 大会活动参与的灵活性，如何共同制定对话的议程和方案等。在此背景下，由公、私、社三方共同参与的包容性跨国合作伙伴关系的数量日益增多。

三是进一步加大同气候脆弱国家和最不发达国家的伙伴关系合作。在国际非政府组织的跨国倡议网络中，其说服战略过去针对的主要目标对象是大国，即通过说服大国来影响目标国的政策、推进治理规则和规范的产生以及传播。当跨国倡议网络的倡议主旨同某些大国的利益诉求较为相近时，跨国网络确实能够说服大国支持其目标，加强跨国倡议网络参与全球事务治理的影响。当然，由于两者的非对称性相互依赖和资源调动能力的差距过于悬殊，针对大国的说服合作战略成功率比较低。因此，同中小国家的合作使国际非政府组织更容易发挥自身优势。气候谈判中国际非政府组织往往代表公众及弱势群体的利益，将同小国建立伙伴关系以及开展相关项目视为提升自身影响力和政策践行能力的重要路径。同时，诸如孟加拉国、马尔代夫等影响力不大的气候脆弱国家或者最不发达国家，需要借助国际非政府组织的力量来保护本国利益，它们也会主动寻找有全球影响力的国际非政府组织给予支持。以孟加拉国为例，该国饱受气候变化所引起的极端天气影响，成为最直接受害者，其适应能力有限，具有很大的脆弱性，作为弱势国家在国际上的话语权极低。国际非政府组织通过邀请名人当地走访、拍摄追踪纪录片、邀请国际媒体专访等形式来帮助孟加拉国在国际层面发声，为其争取更多话语权以促进气候谈判的公正性。值得注意的是，很多国际非政府组织为了保证其中立性，其内部工作人员结构呈现出日益国际化的特点，特别是随着"南方国家"的整体性崛起，多数国际非政府组织越来越重视提高来自发展中国家的高级职员的比例，并在发展中国家设立更多分支机构，这为国际非政府组织加强同"南方国家"的伙伴性合作提供了更多社会资本性纽带。

第三节　气候碎片化格局中国际非政府组织的嵌构协调潜力

从"京都模式"向"巴黎模式"的演进过程中，我们日益认识到全球气候治理不应当仅仅停留于各国政府之间的合作，而应该是通过不同的社会行为体的互动找寻解决问题的最佳途径。在全球气候治理嵌构的进程中，国际非政府组织作为重要的网络化治理参与方，其权威空间在这种嵌入式治理中逐步变迁，不断跳出政府中心主义的气候治理伙伴关系，发展成超越主权国家的多层次的纽带联系伙伴关系。这种多层次的纽带联系伙伴关系表现为国际非政府组织在全球科学和专业的网络伙伴关系、大众传媒和议题导向网络伙伴关系以及非政府组织与企业的气候网络治理伙伴关系，并在其中寻求自身特殊的权威空间和网络性影响力。在此基础上，该部分进而分析国际非政府组织在推进气候治理碎片化格局的积极性协调中的影响策略。国际非政府组织得益于自身权威性、合法性和资源的调度能力，在应对碎片化治理的机制协调中也具有很大的引领潜力，可以通过机制目标提出策略、说服机制策略、支持机制策略、激励策略等来促进积极合作性气候治理碎片化格局的演进。

一　气候治理网络嵌构协调中的编排治理

在分析全球气候治理碎片化格局时，我们看到推进积极合作型碎片化协调最有利于全球气候善治的实现，但是鉴于各种机构合作的障碍，自发组织无法产生一个高度有序的气候变化跨国治理复合体（Transnational Regime Complex for Climate Change，TRCCC）。然而，在多中心跨国治理的环境中，协调有序的治理不是外部强加的，而是内部生成的。碎片化积极协调和多元行为体更为顺畅的治理嵌构需要某些行为体发挥"机制领导"的作用，从而推进不同行为体和不同机构之间的联系与协调。在其中的机制领导必须具备"领导规范"①和"领导政策"②。同时，机制领导还必须建立和管理各个机构以及机构间关系：如帮助建立新组织，鼓励协调与合作，提供支持，解决问题和调解冲突。虽然机制领导可以成功地跨级运行，然而在多中心化秩序中，由于缺乏国内那种等级性的绝对治理权威的存在，气候治理嵌构中的领导关系通常是横向的，其中坚定且有能力和影响力的组织会与同类机构密切联系。③机制领导往往需要一个可行且有效的战略来建立和管理机构间关系。肯尼斯·阿伯特（Kenneth Abbott）与邓肯·斯奈德（Duncan Snidal）等人提出了"协调治理"战略，以此来管理全球治理中没有等级权威的机制复合体。④在协调战略中，拥有丰富权威性、合法性治理资源的领导者应充当"协调者"的角色，在其内部和其他治理层面争取同其他组织展开合作，协调组织间的结构、活动和关系。⑤由于缺乏等级权威，协调者通过激励措施和软工具对个体们施加影响，而非强行控制。在跨国气候治理的多中心环境中，协调治理是最可行的战略。⑥

（一）从委托代理到编排治理：政府间组织协调角色演进

目前，一些有潜在能力的机制领导已经逐步浮现。一般而言，首先，核心的气候治理政府间组织通常被视为推进气候治理碎片化格局积极协调的关键性力量。加强同包括条约秘书处在内的政府间组织的官员与机构合作，能够极大地增强气候变化跨国治理复合体（TRCCC），同时提高其互

① Sunstein, Cass R., "Social Norms and Social Roles", *Social Science Electronic Publishing*, Vol. 96, No. 4, 2014, pp. 903 – 968；Finnemore, Martha, and K. Sikkink, "International Norm Dynamics and Political Change", *International Organization*, Vol. 52, No. 4, 1998, pp. 887 – 917.

② Roberts, Nancy C., and P. J. King, "Policy Entrepreneurs: Their Activity Structure and Function in the Policy Process", *Journal of Public Administration Research and Theory*, Vol. 11, No. 2, 1991, pp. 147 – 175.

③ Galaz V, Crona B, Österblom H, et al., "Polycentric Systems and Interacting Planetary Boundaries-Emerging Governance of Climate Change-Ocean Acidification-Marine Biodiversity", *Ecological Economics*, Vol. 81, No. 3, 2012, pp. 21 – 32.

④ Abbott, Kenneth W., et al., "Orchestration: Global Governance through Intermediaries", *Social Science Electronic Publishing*, 2012, pp. 1 – 10.

⑤ Hale, Thomas, and C. Roger, "Orchestration and Transnational Climate Governance", *Review of International Organizations*, Vol. 9, No. 1, 2014, pp. 59 – 82.

⑥ Abbott, Kenneth W., et al., "Two Logics of Indirect Governance: Delegation and Orchestration", *Social Science Electronic Publishing*, Vol. 46, No. 4, 2014, pp. 719 – 729.

补性。肯尼斯·阿伯特与邓肯·斯奈德曾提出"编排"（Orchestration）的概念来分析跨国性气候治理中政府间组织的角色。他们指出编排一般是由一个国家或政府间组织发起、指导、扩大和加强一种（跨国性）非国家行为体参与治理的过程，从而创建和塑造一种跨国性的全球气候治理网络。[①] 这种编排战略不同于过去的代理授权战略（Delegation Strategy）。之前的代理授权体现了跨国治理有时是以明显的纵向等级方式建立的，早期主要侧重于国家将治理职能让渡到国际组织。[②] 当国家集团或国际组织等公共行为体授权跨国行为体或这类行为体集团代表他们从事治理活动，在两者之间多呈现出纵向型的委托代理关系。[③] 这种跨国治理的出现得益于非国家行为体代理人的专业知识或道德权威，或者政府间组织为了节省成本并有效地促进政策的落地。[④] 与之相比，编排战略属于横向安排的跨国网络架构。但如同其他横向解决方案一样，编排是基于各方之间谈判的，最终必须满足所有利益攸关方的需要与诉求。这意味着非国家行为体超越了之前的"代理"性纵向关系，从一种等级制体制中逐步"解放出来"，从而强化了横向的跨国社会资本网络。通过这种编排战略，国家或国际组织可以加强与此类跨国社会资本网络之间的平等协作，从而提升互信并减少交易成本，从而提升自身在全球气候公共产品供给中的资源调动能力和多议程协调能力。可以说，不同于委托代理战略，编排战略一方面是"自上而下"的，因为国家或国际组织的公共权威发挥着关键性作用；另一方面也是"自下而上"的，因为它试图释放跨国行为体的潜能机制，鼓励其作为相对平等的伙伴关系来提供重要的跨国气候治理公共产品。凭借与更多的社会部门和私营部门行为体合作，国际组织也可以在同国家的

---

① Abbott, K., & Snidal, D., "International Regulation Without International Government: Improving IO Performance Through Orchestration", *Review of International Organizations*, Vol. 5, No. 3, 2010, pp. 315 – 344.

② Hawkins, D., Lake, D., et al., *Delegation and Agency in International Organizations*, Cambridge: Cambridge University Press, 2006.

③ 纵向的代理关系存在以下特征：第一，安排的动力和设计主要在于主导者。代理人的行为仅仅是为了实现委托人的目标（假设没有懈怠或逃避）。第二，代理人被委托人根据其合同条款追究责任，通常是持续的。第三，通常假设委托人享有某种权力，允许他们惩罚代理人不履行交易条款，权力的要素仍然存在。

④ Green, J. F., *Private Authority on the Rise: A Century of Delegation in Multilateral Environmental Treaties. Transnational Actors in Global Governance*, U. K., Palgrave Macmillan, 2011.

权力让渡博弈中获得更多的行动自主性。[1] 与分层治理解决方案一样，编排战略中焦点性领导组织可以通过树立共同目标、促进共同标准执行、引导聚焦实践、认可次级行为体举措、塑造行为体之间良性竞合等来解决跨国治理中的低效碎片化与交叠化问题。

整体来看，国际组织在协调社会组织和企业为共同目标努力并形成集体行动方面具有自己独特的优势：第一，国际组织可以成为特定问题领域的自然性聚焦机构，即"锚定"组织。这意味着国际组织在界定问题、制定政策和方案、管理危机、为共同活动确定优先事项等问题上成为"焦点性"组织。由于国际组织具有广泛代表性、较好的业务能力、参与某问题的历史长、独特的治理模式等，国际组织可以被视为处理某一治理问题的最原初合法性平台。[2] 第二，国际组织具有独特的召集能力与召集水平。一是可以借助其相对丰富的物质和知识资源作为召集和影响跨国行为体的关键工具，保障国际会议召开、研究工作开展和跨国人力资源调度等；二是利用自身作为公共部门网络中的中心节点优势，调动网络中其他参与行为体，并从这些关系中获得结构性影响力和多元性权威。[3] 如联合国、世界银行等组织可以接触和影响世界政治中各种各样的行为体，从而利用这种召集权进一步协调跨国行为体的行动。与此同时，关键性国家决策者或决策者团体所拥有的公众支持度和专业性也有助其在寻求跨国协调治理行动支持时吸引更多的非国家行为体加入。第三，国际组织作为公共部门行为体能够赋予次级行为体和非国家行为体一定程度的公共合法性。在全球层面，国际组织常常被视为合法性的"黄金标准"，在气候治理领域也不例外。至少在一些西方工业民主国家，公民似乎对像联合国这样的国际组织比他们自己的议会更有信心。[4] 具体而言，政府间组织的行政人员，例如联合国环境规划署（UNEP）秘书处，同时拥有资源和意愿来带头建立纵向和横向的网络性合作联系。UNEP 的主要任务之一便是协调管

[1]　Hale, Thomas, and C. Roger, "Orchestration and Transnational Climate Governance", *Review of International Organizations*, Vol. 9, No. 1, 2014, pp. 59 – 82.

[2]　Barnett, M., & Finnemore, M., *Rules for the World: International Organizations in Global Politics*, Ithaca: Cornell University Press, 2004.

[3]　Hafner-Burton, E., Kahler, M., et al., "Network Analysis for International Relations", *International Organization*, Vol. 63, No. 3, 2009, pp. 559 – 592.

[4]　Dalton, R., *Citizen Politics: Public Opinion and Political Parties in Advanced Industrial Democracies* (4th ed), Washington: CQ Press, 2006, pp. 117 – 118.

理，并长期与工商界和其他私营组织开展合作。这样能确保跨国性气候治理标准能够与全球公共气候规范及政策保持一致。UNEP 还可以在全球气候治理中支持新的领先标准计划下的跨国机构或跨部门协会更好发挥其机制协调和引领作用，如 UNEP 所推动的国际社会与环境认证与标章联盟（ISEAL Alliance）已经可以在以气候治理为导向的编排合作中促进同企业、社会组织等利益攸关方的协调、提高标准、健全程序，在森林管理、碳排放报告等多个问题领域发挥引领性作用。①

（二）编排治理的三种模式：非国家行为体的嵌入与协调能力

大卫·戈登（David J. Gordon）和克雷格·约翰逊（Craig A. Johnson）在其研究中对编排理论又进行了拓展完善，他们指出编排可以被视为一种全球治理模式，其特点是管理者和被管理者之间的关系减弱：协调者通过中介来管理目标受众。② 编排治理的本质是一种非常适合次国家行为体和非国家行为体（如全球城市、国际非政府组织、跨国企业等）参与气候治理领域的间接治理模式，其特点是自愿参与、无等级关系、无强制权力来源。在跨国气候治理中，肯尼斯·阿伯特（Kenneth Abbott）与邓肯·斯奈德（Duncan Snidal）等人特别强调"机制引领者"（Regime Entrepreneurs）的概念，即指那些具有权威性和合法性的治理行为体提出跨国治理的编排倡议（Orchestrate Transnational Governance Initiatives，OTGI）从而在协调不同行为体气候治理行动中发挥引领性作用。大卫·戈登和克雷格·约翰逊进一步指出该理论还需要进一步拓展：尽管像 UNFCCC 那样的国际组织可以作为一种规范性力量来引领编排性治理，但不能否认次国家和非国家行为体都有机会在编排机制中发挥某种核心性作用。这意味着跨国城市网络，国际非政府组织、跨国企业、跨国政策倡议网络等也可以作为"机制引领者"通过跨国气候治理行动从核心气候机制的外部来推动治理嵌构。

越来越多的学者指出全球气候治理是一个由"自上而下"多边气候

① Loconto, Allison, and E. Fouilleux, "Politics of Private Regulation: ISEAL and the Shaping of Transnational Sustainability Governance", *Regulation & Governance*, Vol. 8, No. 2, 2014, pp. 166 - 185.

② David J. Gordon & Craig A. Johnson, "The Orchestration of Global Urban Climate Governance: Conducting Power in the Post-Paris Climate Regime", *Environmental Politics*, Vol. 26, No. 4, 2017, pp. 694 - 714.

谈判和"自下而上"气候治理实践共同驱动的新体系，这意味着多边外
治理体系日益成为一个独立的"去碳化"引擎并且可以不依赖《公约》
框架下的多边缔约结果而直接进行低碳治理行动创新和治理规则的创
立。① 在这一背景下，《公约》框架越发倚重多边力量来实现其治理目标，
编排战略本身的横向性和平等性越发明显，国际组织的"引领性作用"
和"政治性动员"优势开始弱化，从而给次国家和非国家行为体更多的
主动权和议价权。本质而言，编排治理有助于聚集不同维度的权力和权
威，不同类型的行为体所拥有的权力和权威可以在交汇包容性的编排治理
中形成一种跨国家协调性的气候治理活动与努力。

大卫·戈登和克雷格·约翰逊对全球气候治理嵌构中的编排实践进行
了分类。这种分类有助于确定各种参与者为参与编排治理所做的努力，特
别是明确他们通过何种特定的中介平台来部署与协调各方治理力量，以及
协调目标和协调策略如何。这种对于编排治理更为广义的释读需要以下三
个前提：一是编排治理中的协调者需要通过中介平台来影响目标行为体的
行为；二是中介平台不能通过强制力来控制或者胁迫目标行为体，只能通
过"软影响"来间接性引导目标行为体；三是编排的过程不存在正式的
代理授权或者契约式的规制，所有的参与和追随行为都是出于行为体的自
愿性选择。② 基于谁来推动编排治理，通过何种中介平台来协调，以及编
排目的如何这三个问题，可以将编排治理进一步细化为三种模式：补充性
编排（Complementary Orchestration）、协调式编排（Coordinating Orchestra-
tion）和应对式编排（Emergent Orchestration）。

第一，补充性编排主要指为了增强 UNFCCC 核心气候治理机制的行
动能力和合法性，基于包容性原则来推进多元参与，将跨国气候行动和联
动倡议同气候治理机制复合体中的核心机制相配合，从而作为原有气候治
理机制的一种补充。第二，协调式编排是指通过协调不同行为体的治理行
动来确立一种不依赖于核心治理机制的并行性、自治性的编排模式，旨在
强化次国家和非国家行为体的气候自治能力并获得国际性认可，从而在增

---

① 余博闻：《认知演化与全球气候治理的变革》，《世界经济与政治》2019 年第 12 期，第
101—133 页。

② David J. Gordon & Craig A. Johnson, "The Orchestration of Global Urban Climate Governance:
Conducting Power in the Post-Paris Climate Regime", *Environmental Politics*, Vol. 26, No. 4,
2017, pp. 694–714.

强治理能力的同时来提升气候政治资本。第三，应对式编排侧重通过一系列的规范、结构和期待来使城市、企业等行为体的气候治理实践可检测、可比较、可管理，旨在通过编排治理取得竞争优势地位，拓展自身设立的标准与准则并取得国际社会的认可，从而提高绿色投资回报和资本投资的影响。[①]

表4－3　　　　　　　　编排治理机制的三种模式

编排治理模式	编排治理发起行为体	编排治理的中介平台	编排治理逻辑	编排治理目标
补充性编排	UNFCCC 秘书处；UNSG；EU 欧盟委员会	认知共同体如IPCC；跨国城市网络如 ICLEI；绿色气候基金	包容性原则；推进多元参与	加强气候治理机制能力与合法性
协调式编排	彭博有限合伙企业（Bloomberg）；国际慈善机构；城市等次国家行为体	跨国城市网络如C40；碳披露项目（CDP）	强化自治；获得国际认可；提高行动能力	增强气候治理能力；提升政治资本
应对式编排	世界银行；跨国企业如西门子、霍尼韦尔和威立雅等	国际标准化机构（ISO）；城市温室气体议定书（GHG Protocol for Cities）；城市信用评级（City Credit Ratings）	取得竞争优势地位；扩散标准与准则；取得市场诚信与认可	提高绿色投资回报和资本投资的影响

资料来源：David J. Gordon & Craig A. Johnson, "The Orchestration of Global Urban Climate Governance: Conducting Power in the Post-Paris Climate Regime", *Environmental Politics*, Vol. 26, No. 4, 2017, p. 703.

---

① Allen, J., "Powerful City Networks: More Than Connections, Less Than Dominance and Control", *Urban Studies*, Vol. 47, No. 13, 2020, pp. 2895 – 2911; Bulkeley, H., "Governance and the Geography of Authority: Modalities of Authorisation and the Transnational Governing of Climate Change", *Environment & Planning*, Vol. 44, 2012, pp. 2428 – 2444.

大卫·戈登和克雷格·约翰逊侧重于通过次国家行为体的代表，即跨国城市网络来说明三种编排模式的特点。首先他们肯定地区次国家行为体联盟可以起到重要的机制领导作用，并分析了不同类型的跨国城市网络具有不同的编排逻辑。一是在补充性编排中，地方可持续发展协会/宜可城（ICLEI）等被 UNFCCC 秘书处视为重要的编排协调平台。ICLEI 作为全球最大的地方可持续发展跨国城市网络，在推进城市可持续发展五大路径（低碳发展路径、韧性发展路径、基于自然的发展路径、循环发展路径、公平人本的发展路径）的过程中注重同全球气候治理的核心机制合作，成为 UNFCCC 核心机制寻求补充性编配治理的重要配合性力量。他们不仅提升了政府间气候治理合作的行动力和合法性，其自身也通过包容性多元性参与原则更为深入地嵌构到核心机制中，从而获得更多项目性治理资源。二是在协调式编排中，彭博有限合伙企业（Bloomberg）、国际慈善机构等协调领导者将 C40 视为重要的编排交流平台。以 C40 城市气候领导组织为代表的跨国城市网络等可以带头在世界城市之间建立联系，统一气候行动标准并使其信守减排承诺，宣传和开展其他联合活动。他们虽然也参与全球气候治理嵌构机制，但是更注重独立于核心气候治理机制的一种协调性编排治理，从而实现并行性、自治性的地方气候领导力路径。这一过程中，城市机制领导者还要招募更多的参与者来扩大关系网的影响力。三是在应对性编排中，协调领导机构包括世界银行（World Bank）以及西门子（Siemens）、霍尼韦尔（Honeywell）和威立雅（Veolia）等私营跨国公司，他们将国际标准化组织（ISO）这种国际非政府组织作为协调平台，侧重于通过一系列的标准、规制和规范的设立来将全球气候治理中的行为体实践变得可检测、可比较、可管理。该协调模式以城市间争夺经济地位和资本投资的逻辑为基础，倡导通过绿色低碳的"竞优博弈"来提升全球产业碳审核的门槛，从而提高绿色投资回报和资本投资的影响。当然前提是基于自愿采用技术标准、共同方法或标准化措施，通过碳标准的设定以及同政府部门、私营部门和社会部门的整体编排协同来推动新规范的全球扩散和国际社会的认可。为了接触更多的物质资源、认知资源或者获得世界银行等金融机构的优惠性支持，城市行为体也开始重视自愿接纳特殊的低碳准则和产业规范、注重碳披露等信息透明度并接受相关的碳审核机制。

二　国际非政府组织在治理嵌构中的协调引领潜力与影响策略

当国家和国际组织无法通过政府间合作实现其政策目标时，特别是由于问题的复杂性或者国家间的利益计算导致国际谈判中遇到严重阻力时，通过编排战略引入多元行为体从而启动一个跨国计划可能是第二个最佳选择。因此，编排治理主要是通过依赖"软诱导"而不是"硬控制"而实现了一种间接性的治理手段，如通过提供物质或者概念创新资源来协调各位为特定的目标而行动。这种编排战略为推进某些组织目标提供新的机会，将权力扩展到新的领域并且授权给新的行为体意味着可以获得新的资源和行动力。① 在缺乏绝对性领导和机制碎片化不断上升的气候治理中，编排治理成为跨国气候治理中协调行为体之间关系的重要主体间性机制，推动了"自上而下"和"自下而上"并行的气候治理嵌构进程。

（一）国际非政府组织在气候治理碎片化格局中的协调引领潜力

在气候治理机制复合体中，编排治理的发起者和引导者不仅限于国家或者政府间组织，次国家行为体和非国家行为体全球气候治理嵌构中也具有重要的引领和协调潜力。根据肯尼斯·阿伯特（Kenneth Abbott）与邓肯·斯奈德（Duncan Snidal）的理论，国际非政府组织如果想发挥机制领导或机制协调者的作用，必须履行以下两项相关职能：一是它们必须有能力聚集各组织，通过网络性联系增进它们之间的关系，支持并指导它们的行动；二是协调者必须促使工商企业和其他非国家团体自愿遵守跨国标准和方案。在网络治理嵌构中，非政府组织得益于自身权威性、合法性和资源协调方面的领导力，在发挥机制领导的协调治理中也具有很大的潜力。国际非政府组织协调者在机构的整个生命周期中都对其产生重要影响。第一，利用其权威性和合法性所提供的集合权，协调者能够促进新组织的建立。若有合适的机构，协调者则将他们"安置"在合作关系中。② 第二，协调者为各机构提供物质支持和思想支持，并增强其能力。第三，通过施加激励措施和其他软形式的影响，协调者指导各组织开展合作，推进全球

---

① Abbott, K. W., Green, J., and Keohane, R., "Organizational Ecology and Institutional Change in Global Governance", *International Organization*, Vol. 70, No. 2, 2016, pp. 247 – 277.

② J. Black, "Enrolling Actors in Regulatory Systems: Examples from UK Financial Services Regulation", *Public Law*, 2003 Spring, pp. 63 – 91.

规范，并采纳合理的治理惯例。协调治理的这三个方面解决了气候变化跨国治理复合体（TRCCC）所面临的一些重大挑战。由于协调过程依赖于软模式的影响，因此各机构更适合相对松散的秩序。

国际非政府组织在推进气候治理机制复合体的协调发展进程中具有自身独特的优势。基于上述三种编排模式，补充性编排、协调式编排和应对式编排，国际非政府组织需要利用自身的优势来提升自身的协调性引领力。一是在补充性编排中，政府间组织往往作为重要的编排者，但是需要非政府组织参与的各种跨国气候治理网络作为重要的编排中介平台，如利马气候大会推动的《公约》下 NAZCA 平台。二是在协调式编排中，国际非政府组织可以作为气候编排治理的倡导者，发挥更为重要的作用。这意味着国际非政府组织利用"四两拨千斤"的杠杆性作用，通过各种多元伙伴关系网络的建构与协调作为编排治理的中介平台。通常而言，协调者并不直接建立新组织，而是催化它们的形成；协调者不控制其他组织，而是使其自愿加入。非政府组织可以通过同公共部门和/或私营部门的合作，更多发挥网络的协调性和中心性角色。国际非政府组织在协调战略中推动参与组织具有一致的目标，并克服在优先权和战术上的分歧并说服它们推进全球气候协调治理行动，在增强自身治理能力的同时来提升气候政治资本。三是在应对式编排中，国际非政府组织通过同私营部门日益密切的联系，也可以作为编排倡导者来推进创新型标准、规范、规则和实践在国际层面的扩散。如国际非政府组织针对森林管理的森林管理委员会（FSC）和针对碳抵消的核证减排标准（VCS）或黄金标准（Gold Standard）[1]，在某一问题领域内可以带头调整并逐渐强化重叠的标准，并利用市场规则或者社会压力等推动行为体对于新规则的自愿接纳度。从理论上讲，可以通过新的伞式组织或机制融合的方式来实现标准的调整。更为现实的是，编排治理目标能够通过协调标准、认证合作，标准监督的方式来实现。

（二）国际非政府组织在治理嵌构中的影响策略

国际非政府组织可以采取以下四种激励策略和社会影响工具来规范他者行为，从而推进治理碎片化格局积极性协调发展。

第一，机制目标设定策略。在气候变化跨国治理复合体（TRCCC）中，国际非政府组织在目标提出（Goal-Setting）方面有自己独特的优势，

---

① Gold Standard，http：//www.cdmgoldstandard.org.

其专业性与道义性权威使其在机制领导中具有特殊的号召力。一是在解决气候变化等全球性问题上，可以超越国家利益，着眼于全人类共同的利益，推崇较高的伦理价值，并注意站在民众的立场上，深入基层组织活动，身体力行贯彻自身的宗旨，从而得到更多民众的认可，更容易提出令人信服的目标。二是全球气候变化问题是相对较新的环境问题，政府没有现成的经验来指导其决策，而多数国际非政府组织拥有丰富的科研人员，独特的专家群体，有能力投入大量的精力和资源进行有关气候问题和政策的研究以及相关信息的传播，从而提供高水准的专业知识和咨询服务。①

　　第二，说服机制策略。国际非政府组织作为潜在的机制领导可以通过说服的方法，推进那些之前怀疑在合作平台中无法实现自身利益的机构进行合作，同时能够使得参与者自愿接受共同标准和方案。协调者可以提供信息、示范效果和学习机会，来阐释机构协调与合作所带来的利益，从而强调个体自愿加入跨国协调组织可以获得利润、声誉收益和其他利益。因此，说服从参与者的利益角度出发则更容易实现目标；之前由此而获利的参与者是极具说服力的典例，参与者之间的积极互动和正向反馈是宝贵的说服工具。同时，技术专家在相关科学问题上具有一定的说服力。② 国际非政府组织近年来注重通过实践项目成果与科学研究报告等方式来提升自身在网络嵌构协调中的说服能力。机制领导还可以进行规范性说服，坚持特定行动的适当性原则，并传达国际社会的规范性期望。国际非政府组织的引领性权威往往来自自身的道义性、公正性与广泛社会利益的代表性。作为很多国际规范的倡导者，国际非政府组织注重在一些国际机制平台中推动各行为体的对话空间，比如积极推动历次国际气候谈判边会的召开。基于更为包容性的交流对话空间，他们通过争论性逻辑来挑战与瓦解被说服者过去的因果性论断，进而重塑一种新的规范性逻辑。规范性说服有助于促进机构间的合作，同时对于说服潜在参与者自愿接受准则来说也是至关重要的。由于规范性言论说服过程中也难以避免各种阻力和观念冲突，因此在说服进程中会牵涉到使用更为灵活的策略，如使用物质杠杆、外

---

① 薄燕：《环境治理中的国际组织：权威性及其来源——以联合国环境规划署为例》，《欧洲研究》2007 年第 1 期，第 87—100 页。

② Haas, and M. Peter. "Introduction: Epistemic Communities and International Policy Coordination", *International Organization*, Vol. 46, No. 1, 1992, pp. 1 – 35.

部监督或调动点名羞辱战略等。① 如点名和羞辱战略可以是技术上（因果辩论或技术辩论）、法律上（法律辩论）乃至道德上的（道德辩论或羞辱）。道德辩论则是通过明确正确的立场，继而羞辱代表"不适当"立场的行为体，在这种有关道德的争论的基础上，通过说服其他参与者来影响谈判结果。

第三，机构支持性策略。在全球气候治理嵌构中，潜在的机制协调者将"支持策略"作为合作激励措施并进一步聚合各种行为体。支持战略可以包括两个维度，一是物质支持，如资金支持、资源援助、技术支援、人才支持等；二是理念支持，如为符合实质标准和治理标准的组织提供信息分享、发展指导和身份认可。尤其是来自权威性协调者的理念支持可以通过为各参与者提供了一种声誉激励措施，在没有被认可的参与者中激起一股"争锋"之流，同时稳定了被认可参与者的状态。整体而言，支持策略还可以分为纵向支持和横向支持。纵向支持意味着支持不同治理级别的组织。政府间组织以及纵向私人基金会和其他基金组织可以提供大量的纵向物质与理念支持。横向支持意味着直接横向支持同行组织，这是相对均质的跨国网络治理中较为常见的支持性策略。目前国际非政府组织在横向的机构合作与协调中发挥日益积极的作用。除了可以帮助参与者增强自身能力之外，支持战略也为促进机构合作、进行良好的内部治理以及使得参与者与公共规范保持一致提供了激励措施，从而强化机制内部的协调与共进。

第四，物质激励和声誉激励策略。在气候治理嵌构中，潜在的协调者可以将各种物质利益和声誉利益与气候行动直接捆绑在一起，以此来创造类似的激励措施。通常而言，政府间组织（国际机构）会有更为雄厚的物质激励资源，如世界银行的气候投资基金（Climate Investment Fund）②、全球环境基金（GEF）③ 以及其他机构也为直接或间接惠及非国家行为者的项目提供了资金支持。国际非政府组织虽然在物质激励方面没有太多优势，但是可以利用同私营部门的合作来推进气候友好型行动。特别是同清

---

① T. Risse, S. C. Ropp & K. Sikkink, *The Power of Human Rights: International Norms and Domestic Change*, *Cambridge* University Press, 1999.

② Climate Investment Fund website, https://www.climateinvestmentfunds.org/cif/home.

③ GEF website, http://www.thegef.org/gef.

洁能源、绿色技术相关的认证和贴标签方案还将物质效益与声誉效益同气候绩效挂钩。像森林管理委员会（FSC）这样的认证计划允许公司与供应链上的消费者和买方沟通，其供应商将会遵守既定的标准。诸如核证减排标准（VCS），气候、社区及生物多样性联盟（CCBA）或黄金标准（Gold Standard）等碳抵消方案对自由碳市场也采取了类似行动。只要潜在消费者根据此类信息做出购买决定（包括价格），或者可以说服他们这样做，认证计划就会产生积极的市场激励措施和声誉激励措施。国际非政府组织作为协调者还可以采取其他声誉激励措施，以建立协调一致的声誉制裁机制。比如气候行动联盟（CAN）在每次缔约方会议上颁发化石奖来对气候减排和适应不积极的国家进行羞辱战略一样，国际非政府组织可以挑选出那些业绩良好的机构、公司和其他行为者并支持他们；通过发布相关的排名报告或者通过同大众媒体进行合作来通报那些表现不佳的机构、公司和其他行为者。

第四节　案例分析：去气候化背景下美国非政府 组织强化其治理权威的路径

受美国两党政治的影响，奥巴马政府时期在气候治理领域的积极作为与发展态势被特朗普政府所阻断。特朗普秉承了美国共和党对于气候治理行动的一贯性否认态度，拒绝承认人类活动加剧了气候变化这一基本事实。自特朗普 2017 年上任以来，美国国内外的气候政策发生了巨大转变。这种"去气候化政策"体现在国内和国际两个层面。国内层面的去气候化政策为"主动出击式"的撤销项目和消减预算，以经济和行政手段制约气候行动。特朗普政府无视全球大力扶持清洁能源开发并积极推进能源结构转型的潮流，全面否定了奥巴马政府时期的"绿色新政"并减少对可再生能源的投入。他在能源领域推动"倒行逆施"的非主流政策，宣扬振兴煤炭行业和鼓励传统油气企业生产等。国际层面的去气候化政策为"消极逃避式"的退约和不作为。2017 年 6 月特朗普政府宣布退出《巴黎协定》引起国际社会一片哗然。在同年波恩气候大会期间，美国官方代表团办公室（"美国角"）更是大门紧闭，与奥巴马时期巴黎气候大会的领导者风范有着天壤之别。美国作为全球最大经济体、第二大碳排放国和最大的历史累积排放国，特朗普政府在气候和能源领域的态度反转引起了国家社会的"负面示范"效应，为全球气候变化行动和绿色能源转型蒙上了阴影。在这一背景下，美国以非政府组织、企业、城市为代表的非国家行为体和次国家行为体做出了"应激式"的积极回应，通过多种路径来提升自身在全球气候治理中的权力和能力，追求一种地方性领导力。

一　通过发展多元网络性伙伴关系来建构其结构性权威

虽然美国的气候政策容易受到国内两党政治的影响，但自 2009 年哥本哈根会议以来，大多边主义的政府间谈判进一步凸显了"京都困境"，美国以非政府组织为代表的非国家行为体开始注重通过网络性伙伴关系的构建来提升自身的影响力，集中体现为美国气候行动网络（USCAN）在气候治理中的积极行动，它作为气候行动网络（CAN）的美国分支，积极为美国的非政府组织群体的代表发声。[①] USCAN 的使命是在成员之间建立信任和联盟，以公正和公平的方式应对气候变化；USCAN 的愿景是建构一个强大的、包容性的、信任的美国组织网络。在网络中，他们共同努力实现巴黎气候协议中的全球目标，并超越该协议中概述的美国目标。除了非政府组织联盟，自 2011 年德班会议以来，美国以州和城市为代表的次国家行为体也日益结成网络性联盟，如包括美国 14 个州及波多黎各的美国气候联盟（U. S. Climate Alliance）和包括 383 个城市的美国市长气候联盟（U. S. Climate Mayors），两者分别占美国人口的 36% 和 23%，以

---

① 美国气候行动网络（USCAN）一直是美国活跃在气候变化领域的 175 个非政府组织的网络联合，既包括一些国际环境非政府组织如世界资源研究所（WRI）、世界自然基金会（WWF）、地球之友（Friends of the Earth, FoE）、国际环境法中心（Center for International Environmental Law, CIEL）、美国乐施会（Oxfam America）；也包括美国本土的社会组织如美国救援行动（ActionAid USA）、农业使命公司（Agricultural Missions, Inc., AMI）、塞拉俱乐部（Sierra Club）、可持续美国（Sustain US）、美国进步中心（Center for American Progress, CAP）、生物多样性中心（Center for Biological Diversity, CBD）、气候保护中心（Center for Climate Protection, CCP）；还包括一些联盟性组织如可负担能源联盟（Alliance for Affordable Energy, AAE）、健康环境护士联盟（Alliance of Nurses for Healthy Environments, ANHE）、节约能源联盟（Alliance to Save Energy, ASE）、气候教育联盟（Alliance for Climate Education, ACE）、切萨皮克气候行动网络（Chesapeake Climate Action Network, CCAN）、清洁空气联盟（Clean Air Coalition, CAC）、清洁能源行动（Clean Energy Action, CEA）等。

及经济比重的 40% 和 27%。[1]

在 2017 年 6 月 1 日特朗普政府宣布退出《巴黎协定》三天之后，美国一个史无前例的非国家行为体联盟"我们仍在"（We Are Still In）便于 6 月 5 日宣布成立，这一包容性更强的伙伴关系包括了来自美国各州、城市、企业、市民团体、非政府组织和各大学及研究机构等的 1200 多个参与者，他们签署了《我们仍在宣言》，旨在通过网络性联系来聚集更多的社会和市场力量以支持《巴黎协定》中的美国各项目标的实现。仅经过四个月时间，这个网络已经壮大达到 2300 多个成员。这一伙伴关系网络集中体现了多利益攸关方参与的多元治理理念，将公共部门、私营部门和市民社会的努力集中在一起，如通过美国可持续发展工商理事会（AS-BC）、彭博慈善基金会（Bloomberg Philanthropies）、美国进步中心（CAP）、C40 城市气候领导联盟、环保企业家网络（Environmental Entrepreneurs）、倡导地区可持续发展国际理事会（ICLEI）、落基山研究所（Rocky Mountain Institute）、世界自然基金会（WWF）来组织和协调行动的。其签署行为体已经超越美国两党界限，涵盖了美国 50 个州的超过 1 亿 3000 万美国人（占总量 40%）和 8.5 万亿美元的经济份额（占总量 45%）。正是美国退出《巴黎协定》进一步催生了多元包容性伙伴关系网络的形成，推进美国非国家行为体在去气候化政策背景下依然实现自身在全球气候治理层面的可见性，并不断提升自身的全球影响力。[2]

表 4 - 4　　　　美国支持《巴黎协定》的非国家行为体网络

美国非国家行为体气候行动网络的名称	行为体种类	行为体数量	人口以及在美国总人口中的占比（2017 年）		经济规模以及在美国国内生产总值中的占比（2017 年）		目前温室气体排放和在美国总量中占比（2017 年）	
美国气候联盟（U. S. Climate Alliance）	州	14 个州及波多黎各	1.18 亿人	36%	$7.6 万亿美元	40%	1.5 Gt CO_2e	23%

---

① Bloomberg Philanthropies, America's Pledge, Phase 1 Report States, Cities, and Businesses in the United States Are Stepping Up on Climate Action, November 2017, p. 96.

② Bloomberg Philanthropies, America's Pledge, Phase 1 Report States, Cities, and Businesses in the United States Are Stepping Up on Climate Action, November 2017, pp. 13 - 14.

美国非国家行为体气候行动网络的名称	行为体种类	行为体数量	人口以及在美国总人口中的占比（2017 年）		经济规模以及在美国国内生产总值中的占比（2017 年）		目前温室气体排放和在美国总量中占比（2017 年）	
美国市长气候联盟（U. S. Climate Mayors）	城市	383 个城市	0.74 亿人	23%	$5.0 万亿美元	27%	1.0 Gt CO_2e	15%
我们仍在（We Are Still In）	多元包容	2320 个多元行为体	1.31 亿人	40%	$8.5 万亿美元	45%	1.8 Gt CO_2e	27%
美国承诺倡议联盟（America's Pledge）	多元包容	3067 个多元行为体	1.59 亿人	49%	$11.4 万亿美元	54%	2.3 Gt CO_2e	35%

资料来源：Bloomberg Philanthropies（2017），p. 96；Bloomberg Philanthropies（2018），p. 4.[1]

通过联合"我们仍在"联盟、美国气候联盟和市长气候联盟，前纽约市长和联合国特使迈克尔·布隆伯格（Michael Bloomberg）和前加利福尼亚州长杰瑞·布朗（Jerry Brown）于 2017 年底共同发起一项范围更大的名为"美国承诺"（America's Pledge）的网络行动倡议，截止到 2018 年 10 月该网络包括美国 17 个州、540 个城市和县、1914 个企业和投资者，343 所学院和大学及 253 个社会组织，他们表示支持美国在《巴黎协定》框架下实现之前所承诺的温室气体减排目标。[2] 得益于既有的社会性影响力和资源性影响力优势，"美国承诺"倡议网络包括的非国家行为体占美国总人口的 49%（1.59 亿人），其中经济总量占美国国内生产总值

[1] Bloomberg Philanthropies, *America's Pledge*, *Phase 1 Report States*, *Cities*, *and Businesses in the United States Are Stepping Up on Climate Action*, November 2017, p. 96, https：// www. bbhub. io/dotorg/sites/28/2017/11/AmericasPledgePhaseOneReportWeb. pdf；Bloomberg Philanthropies, *Fulfilling America's Pledge*：*How States*, *Cities*, *and Businesses Are Leading the United States to a Low-Carbon Future*, 2018, p. 4, https：//www. bbhub. io/dotorg/sites/28/ 2018/09/Fulfilling-Americas-Pledge-2018. pdf.

[2] Bloomberg Philanthropies, *Fulfilling America's Pledge*：*How States*, *Cities*, *and Businesses Are Leading the United States to a Low-Carbon Future*, 2018, p. 4, https：//www. bbhub. io/ dotorg/sites/28/2018/09/Fulfilling-Americas-Pledge-2018. pdf.

（GDP）总量的54%（11.4万亿美元），二氧化碳排放占美国总排放的35%（2.3 Gt CO2e）。如果将其同其他大国对比的话，这些非国家行为体的经济体量之和仅次于美国和中国，位列世界第三，总量相当于日本的两倍、德国的近三倍，体现了其在全球气候治理中日益攀升的结构性影响力和气候治理的地区性领导力，如图4-4所示。这些非国家主体的气候行动者将共同推动美国落实《巴黎协定》，以确保其保持应对气候变化领导者的地位。

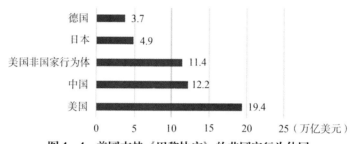

图4-4 美国支持《巴黎协定》的非国家行为体同
其他大国的GDP对比

资料来源：*Bloomberg Philanthropies*，*Fulfilling America's Pledge：How States，Cities，and Businesses Are Leading the United States to a Low-Carbon Future*，2018，p. 15，https：//www. bbhub. io/dotorg/sites/28/2018/09/Fulfilling-Americas-Pledge-2018. pdf.

二 通过议题引领和主场峰会召开来提升其手段性权威

同历次政府间国际气候谈判缔约方会议平行召开的气候边会是众多非国家利益攸关方参与全球气候治理的最为重要的路径之一，各类非国家行为体可以通过会议观察员的身份来分享信息、引领议题以及发挥边会的重要机制性影响。特朗普宣布退出《巴黎协定》导致2017年的波恩大会第一次没有美国政府设立的"美国角"。但美国非国家行为体却发起了声势浩大的地方气候行动展示，联合国气候变化特使、纽约前市长迈克尔·布隆伯格出资搭建的"美国气候行动中心"（The U. S. Climate Action Center）在本次气候大会会场附近开放。有超过100位来自美国各州和地方政府、私营部门和学术界的领导者来到波恩会议声援《巴黎协定》并为后巴黎时代的气候治理增强信心。美国气候行动中心的规模足有27000平方英尺，是之前参与联合国气候谈判的美国联邦气候中心的十倍之大且举办了 44 次边会活动，不仅引领了很多气候议题，同时还形成了巨大的社会影响力。①

在 2017 年 11 月 11 日波恩会议的"美国角"内，迈克尔·布隆伯格和加州州长杰瑞·布朗作为共同主席在会上发布"美国承诺"的倡议，并出版了《美国的承诺 1 阶段：美国各州、城市和企业正在加紧气候行动》报告，并将此报告提交给《联合国气候变化框架公约》执行秘书帕特里西亚·埃斯皮诺萨（Patricia Espinosa）。第一阶段的报告概述了当前非国家行为体的气候政策和行动，并确定了近期可以加强行动的更有希望的领域，同时承诺在第二阶段的报告中会汇总和量化美国潜在的非联邦层面非国家行为体的行动领域，包括这些行动如何影响非国家行为体实现《巴黎协定》中所规定的美国排放目标的能力。② 2018 年布隆伯格又向波兰卡托维兹气候大会提交了所承诺的第二阶段报告，即《履行美国的承诺：各州、城市和企业如何引领美国走向低碳未来》，其中汇总和量化美国潜在的非国家行为体的行动领域，包括这些行动如何影响其实现《巴黎协定》中所规定的美国排放目标的能力。③ 与此同时，匹兹堡市长比利·佩杜托（Bill Peduto）在会上代表所有美国市长反驳特朗普政府的立场，基于上述报告的结论从气候治理实践和科学能力分析层面引领了气候大会的讨论议题。

除了议题引领之外，美国非国家行为体同时看重地方峰会在全球治理中的号召力和影响力，并在活动中积极同他国非政府组织进行媒体宣传合作。2017 年 12 月 5 日，由芝加哥市长拉姆·伊曼纽尔（Rahm Emanuel）与气候与能源全球市长盟约（The Global Covenant of Mayors for Climate & Energy）共同举办了首届北美气候峰会。同时峰会得到了乔伊斯基金会（The Joyce Foundation）、麦克阿瑟基金会（The MacArthur Foundation）和

---

① 李昕蕾：《美国非国家行为体参与全球气候治理的多维影响力分析》，《太平洋学报》2019 年第 6 期，第 73—90 页。

② 美国承诺旨在整合和量化美国国家、城市和企业的行动，以减少温室气体排放从而支持《巴黎协定》目标。Bloomberg Philanthropies, *America's Pledge*, *Phase 1 Report States*, *Cities*, *and Businesses in the United States Are Stepping Up on Climate Action*, November 2017, p. 10。

③ Bloomberg Philanthropies, *Fulfilling America's Pledge*：*How States*, *Cities*, *and Businesses Are Leading the United States to a Low-Carbon Future*, 2018, https：//www. bbhub. io/dotorg/sites/28/2018/09/Fulfilling-Americas-Pledge-2018. pdf。

皇冠家族慈善（The Crown Family Philanthropies）的支持和赞助。在首届峰会上，来自世界各地的 50 多名地方领导人继续讨论自下而上的气候行动，并重申他们致力于应对全球气候变化的斗争。前总统奥巴马发表了主旨讲话，强调了非国家行为体支持美国气候承诺的重要性。除了进一步支持"美国承诺"的倡议，超过 50 位全球市长在峰会上签署了《芝加哥气候宪章》（Chicago Climate Charter）①，这是针对气候变化的首个次国家行为体的国际宪章。《芝加哥气候宪章》代表了世界上 50 多个城市和数以千万计的人口，承诺继续采取积极的气候行动，以履行《巴黎协定》的目标，确保美国在地方气候行动方面保持全球领先地位。峰会上还举办了第五届 C40 城市彭博慈善奖，从而奖励那些在应对气候变化中最具创新力和最有影响力的市长们。该奖项分别颁布给来自美国地方和来自世界其他地区的两位获奖者。②

值得注意的是，美国非国家行为体还注重通过全球峰会的形式将其影响力全球化。布朗同《公约》秘书处合作于 2018 年 9 月 12 日至 14 日在加利福尼亚州旧金山召开全球气候行动峰会（Global Climate Action Summit），旨在将各个国家领导人、地方领导人、非政府组织、企业、科学家等社会力量汇集在一起来应对气候变化，加强全球去碳化努力。③ 本次峰会特别注重同联合国等国际组织、跨国企业和国际非政府组织的合作，体现为多利益攸关方参与的会议共同主席制，这包括前加州州长布朗、《公约》执行秘书帕特里西亚·埃斯皮诺萨、印度汽车巨头马恒达集团的主席阿南德·马恒达（Anand Mahindra）以及联合国秘书长的城市与气候变化特使布隆伯格。其下的顾问委员会也包括多元参与者：C40 的执行主任马克·瓦茨（Mark Watts）、国际气候行动网络的执行主任沃尔·哈麦丹（Wael Hmaidan），致力于可持续发展的全球商业网络（BSR）总裁阿伦·克莱默（Aron Cramer），WWF 气候和能源实践项目领导曼努埃尔·普

---

① 40 多位美国市长以及十多位来自世界各地的市长，如墨西哥市长米格尔·安赫尔·曼塞拉（Miguel Ángel Mancera）、温哥华市市长格雷戈尔·罗伯森（Gregor Robertson）、巴黎市长安娜·伊达尔戈（Anne Hidalgo）等。

② The website of American Pledge, https：//www. americaspledgeonclimate. com/news/mayor-emanuel-global-mayors-sign-chicago-climate-charter-north-american-climate-summit/.

③ Global Climate Action Summit, "Summit Outcomes", https：//www. globalclimateactionsummit. org/summit-outcomes/.

勒·瓜维达尔（Manuel Pul Gar-vidal），致力于改善企业环境、社会和治理实践的美国投资者和环境领袖联盟 Ceres 的主席明迪·鲁勃（Mindy Lubber）等。① 在此次峰会上，与会者做出重大气候承诺，以支持巴黎气候行动的五个关键领域，即健康能源系统、包容性经济增长、可持续社区、土地和海洋管理和气候变化投资，以推动全世界范围更广泛的承诺和加速行动，从而带领世界各国共同"建立下一步的远大抱负"（Take Ambition to the Next Level）。②

三　通过权威性和系统性研究来强化其认知性权威

美国非国家行为体注重通过严谨的科学研究和发布系统性追踪报告来提升其认知性影响力。如上述《美国承诺》系列报告是国际社会第一次专门讨论和分析特朗普政府宣布退出《巴黎协定》后美国非国家行为体气候行动的范围和规模的报告。该报告捕捉并量化了公众对协议的支持，通过科学性和专业性的知识权威建构为参与到气候治理中的各州、城市、企业和非政府组织等增强实现《巴黎协定》国家承诺的信心。如《履行美国的承诺》报告中指出，根据目前美国各州、城市和实体经济的承诺，加上市场力量，到2025年，美国的排放量将比2005年的水平低17%，已经可以完成美国当初承诺目标的三分之二③；如果采取"我们仍在"联盟所制定的"十大气候行动战略"，则可以实现21%的减排④；如果在此基础上进行强化行动，则可以实现24%的减排，离国家目标只有2%的差距（见图4-5）。

---

① Global Climate Action Summit，"Advisory Committee" https：//www. globalclimateactionsummit. org/advisory-committee/.
② Global Climate Action Summit，"Summit News" https：//www. globalclimateactionsummit. org/summit-news/.
③ 根据奥巴马所提交的《巴黎协定》国家自主贡献目标，至2025年，美国温室气体排放将比2005年水平降低26%—28%。
④ 十大气候行动战略包括：（1）双倍提升可再生能源目标；（2）加快煤炭发电退出；（3）鼓励住宅和商业建筑能效提升；（4）建筑能耗的电力化；（5）加速电动汽车（EV）的使用；（6）逐步减少高污染液压油的使用（HFC）；（7）禁止矿井甲烷泄漏；（8）减少城市甲烷泄漏；（9）制定碳封存的区域战略；（10）组建国家碳定价联盟。

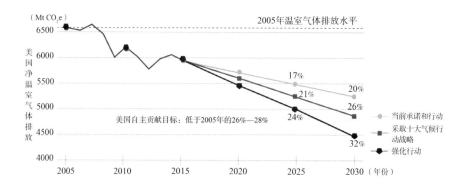

图 4 - 5　美国三种情景中近期和长期气候减排目标的进展路径

资料来源：Bloomberg Philanthropies, *Fulfilling America's Pledge*: *How States*, *Cities*, *and Businesses Are Leading the United States to a Low-Carbon Future*, 2018, p. 26, https://www.bbhub.io/dotorg/sites/28/2018/09/Fulfilling-Americas-Pledge-2018.pdf.

　　在提升认知性影响力方面，美国智库和科学家团体发挥了更为重要的作用。虽然受制于美国两党选举的国内政治影响，美国气候政策一直处于左右摇摆的状态，但美国学界在全球气候研究中一直处于领先地位，尤其在海平面变化、长期气候变化研究、渔业或畜牧业与气候变化、适应气候变化、交通与气候变化、建筑与气候变化等领域处于优势地位。比如在对国际气候谈判提供重要知识支撑的联合国政府间气候变化专门委员会（IPCC）的前五次评估报告撰写过程中，来自美国的科学家在 IPCC 工作组中作为召集人、主要作者、贡献作者和评审编辑人数一直位列首位。①虽然特朗普政府削减了关于气候变化研究的大量经费，但是对很多智库研究机构和非政府组织，以及州和城市等次国家行为体的气候研究影响并不是很大。很多地方公共研究部门和社会组织可以通过同私营部门合作来补充其研究所需资金，如继 2015 年成立"能源突破联盟"之后，以比尔·盖茨（Bill Gates）为首的来自全球顶级科技、互联网公司、工业集团和投资集团的商界领袖于 2016 年 12 月宣布成立"突破能源风险投资基金"

---

① 前总统奥巴马离职后在权威期刊《科学》发表题为《不可逆转的清洁能源发展趋势》的长文，指出经济发展可以同能源耗费相脱节；美国企业在清洁能源方面的投资增加；美国风力和太阳能电力成本显著下降，正经历重要的低碳转型期。Barack Obama, "The Irreversible Momentum of Clean Energy", *Science*, Vol. 6321, No. 355, 2017, p. 6284。

（Breakthrough Energy Ventures Fund，BEVF），初始资金募集超 10 亿美元，专注于清洁能源创新项目，充分体现出跨国公私合作伙伴关系的优势。

皮尤研究中心（Pew Research Center）作为美国侧重于独立民调研究的高端智库每年都推出关于气候变化民意和清洁能源发展的系列研究报告，如 2016 年皮尤研究中心展开了关于气候政治的系统性调研，指出大部分美国民众支持风能（83%）和太阳能（89%）发展以扩大可再生能源供应。[①] 2018 年皮尤研究中心最新调查报告显示，根据 26 个国家的民调显示，大部分国家将气候变化、恐怖主义和网络安全视为对国家安全的首要威胁。除中东和北美地区，欧洲、亚太、非洲和拉美地区的公众均认为全球气候变化是最重要的威胁。同 2015 年相比，气候变化在全球威胁认知中的占比直线提升（从 46% 上升至 67%），成为网络安全（从 30% 升至 61%）之后上升幅度排名第二的全球威胁。该类智库通过科学调查来强调气候变化的民意基础，从而提升自身在气候治理中的认知性影响力。

四　把握政治机会结构和塑造集体认同来增显其象征性权威

自 2014 年利马会议（COP20）以来，关于"自下而上"模式的探讨已经成为气候治理模式变迁的重要方向，旨在通过促进公共部门、私营部门和全球市民社会的多元行为体采取联合行动来弥补国家间温室气体减排目标同最终 2℃ 目标实现之间的"排放差距"[②]。通过考察缔约方会议中正式和非正式气候治理空间之间的互动，非国家利益攸关方的参加不仅促进了各方的信息交流，为正式的气候谈判输入大量新的信息，同时为气候谈判之外的议题进入谈判提供契机。[③] 利马会议推动了《利马巴黎行动议

---

① Cary Funk and Brian Kennedy，"The Politics of Climate Change"，Pew Research Center，http：// assets. pewresearch. org/wp-content/uploads/sites/14/2016/10/14080900/PS_ 2016. 10. 04_ Politics-of-Climate_ FINAL. pdf.

② Chan，Sander，C. Brandi，and S. Bauer，"Aligning Transnational Climate Action with International Climate Governance：The Road from Paris"，*Review of European Comparative & International Environmental Law*，Vol. 25，No. 2，2016，pp. 238–247；Thomas Hale，"'All Hands on Deck'：The Paris Agreement and Non-state Climate Action"，*Global Environmental Politics*，Vol. 16，No. 3，2016，pp. 12–22.

③ 李昕蕾：《美国非国家行为体参与全球气候治理的多维影响力分析》，《太平洋学报》2019 年第 6 期，第 73—90 页。

程》(LPAA)的达成①,重在为鼓励众多的非国家行为体参与到联合国主导的《公约》核心治理框架中提供更多的参与性渠道和制度性保障,从而支持非国家行为体所进行的个体或者集体性气候行动。基于此,公约秘书处建立了非国家行为体气候行动区域(NAZCA)平台,其中包含了由城市、地区、企业、投资者和民间组织等所组成的 77 个跨国合作机制,总共提出了 12549 项气候变化承诺。② 在这一平台中,美国各类非国家行为体充分把握了这一政治机会结构,积极参与到 NAZCA 平台中,其温室气候减排承诺数量近 800,位列各国第一(见图 4 - 6)。这种全球性倡议行动不仅有助于美国非国家行为体在全球气候议题的引领能力,还显示了其地方行动在全球层面的可见性和影响力。

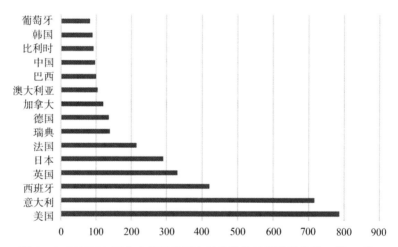

图 4 - 6　NAZCA 平台中各国非国家行为体的承诺数量比较（前 15 位）

资料来源:Trumping Mr. Trump with Bottom-Up Climate Action January 31, 2017 in News by Oscar Widerberg http://fragmentation. eu/? p = 448.

以气候行动网络(CAN)为例,这是覆盖 120 个国家的 1100 多个非政府组织的伞形网络组织,自建立之初就活跃在联合国气候变化大会上,

---

① LPAA, Lima-Paris Action Agenda:Joint declaration, 2014, http://www. cop20. pe/en/18732/comunicado-sobre-la-agenda-de-accion-lima-paris/.

② 行为体包括城市(2508 个)、地区(209 个)、企业(2138 个)、投资者(479 个)和民间社会组织(238 个)。NAZCA, Tracking Climate Action, 2016, Retrieved from http://climateaction. unfccc. int/。

作为非政府组织群体的代表发声，负责与《公约》秘书处的对接。作为 CAN 的国别分支，美国气候行动网络（USCAN）一直是美国活跃在气候变化领域的 175 个非政府组织的网络联合。USCAN 的目标是建议一个强大的、包容的、信任的美国非政府组织网络。在美国气候行动网络（US-CAN）《2017—2022 战略计划》中，提出了八大优先议题：建立来源于草根的影响力；全球气候倡议；社会与环境正义的气候适应与减缓；社会与经济正义转型；土地、农业和气候变化；反对化石燃料的公共运动；联邦监督：抵制与机会；百分百可再生能源。通过这八大优先议题，实现从连接（信息流动和关系建立）到结盟（发展和扩散共同的观点），再到生产（强化集体身份和行动）的转变。USCAN 在缔约方会议上的突出表现是通过积极推动促进性对话来塑造集体性认同。促进性对话的授权来自 2015 年气候变化巴黎大会的决定，旨在围绕全球减排差距、长期减排目标和如何弥合差距三大议题展开讨论。[①] 2016 年底的马拉喀什会议决定，就促进性对话的组织安排同各缔约方开展包容和透明的磋商。2017 年的波恩会议上主席国斐济正式将来年举行的促进性对话命名为"塔拉诺阿对话"（Talanoa Dialogue）[②]，旨在通过"分享故事、培养共情"的形式使对话参与方建立理解和信任，提高认识，共同寻求解决问题的方法。公约网站为此专门设立了一个网上平台，向缔约方和所有非缔约方开放，任何机构都有权提交与对话主题相关的信息。同时邀请缔约方和非缔约方合作，举办地方、国家、区域和全球性的活动来支持对话，如 2018 年 9 月在美国加州举办的全球气候行动峰会；另外斐济和波兰两主席国还发动网络会议与专题论坛，从而更为灵活地听取非缔约方与缔约方就塔拉诺阿对话相关议题提出的建议。这种基于提倡包容、鼓励参与、保证透明为原则的开放性对话机制为非国家行为体的参与提供了重要的政治机会之窗。USCAN 联同其他的非政府组织联盟利用"塔拉诺阿对话"的政治机会契机来发表自己的观点，强调透明与充分的交流有助于体现气候脆弱性人群的具体诉求并促进公正的气候应对和能源转型，推动多元包容性对话机制的落实方

---

① 创绿研究院：《COP23 第一周场内速递—2018 促进性对话（Talanoa 对话）》，2017 年 11 月 14 日，来源：http://www.ghub.org/? p = 8083。

② 塔拉诺阿（Talanoa）是太平洋岛国语言中的词语，意为彼此分享故事、培养共情和互信，并为集体利益做出明智决定。

式。USCAN 充分利用了 IPCC 于 2018 年 10 月发布的《全球温升 1.5℃ 的特别报告》的契机来提升话语空间①，推进了基于 1.5℃ 目标的弥合行动在 2018 年卡托维兹会议（COP24）上的进一步深化，特别是体现在《巴黎协定》落实细节制定中。

---

① 联合国政府间气候变化专门委员会（IPCC）于 2018 年 10 月在韩国仁川发布了《全球温升 1.5 度的特别报告》（*Special Report on Global Warming of 1.5℃，SR15*）。报告指出，到 2030 年全球就有可能升温 1.5℃，1.5℃ 与 2℃ 的气候影响差异显著，当温升超过 1.5℃ 到达 2℃ 时，将带来更具破坏性的后果。

第五章　后巴黎时代国际非政府组织在气候治理中的影响与局限

2016 年《巴黎协定》的正式生效标志着全球气候治理进程从达约阶段转向履约阶段。从减排力度、气候资金和遵约机制三大要素来看，《巴黎协定》确立的规则体系并不具有强制性。这意味着《巴黎协定》的落实在很大程度上依赖于各缔约方配合①，这不仅取决于国家行为体，还有赖于日益崛起的国际非政府组织的积极参与。在后巴黎时代，随气候机制复合体的发展以及以国际非政府组织为代表的非国家行为体网络化合作规模的上升②，非缔约方利益相关者（NPS）伙伴关系对于后巴黎时代全球气候治理中的议程设置、治理规则、履约标准、资金来源、援助方式等方面都产生了深远性影响。

特别是 2018 年卡托维兹大会不仅就如何推进和落实《巴黎协定》达成一致并制定了基本的规则手册（Rulebook），而且还对各国未来提交的国家自主贡献（NDC）信息、进展评估方面给予适用于所有国家的指南。其中，透明度和执行盘点成为后巴黎时代监督"自下而上"气候治理模式的重要着力点，也为国际非政府组织提供了重要的参与到透明度审核、科学评估、民主监督等治理环节中的政治机会。③ 如规则手册规定通过每两年的报告和审查进展的一套共同指导方针，在增强透明度的行动和支持

① 赵行姝：《〈巴黎协定〉与特朗普政府的履约前景》，《气候变化研究进展》2017 年第 5 期，第 448—455 页。
② Heike Schroeder & Heather Lovell, "The Role of Non-Nation-State Actors and Side Events in the International Climate Negotiations", *Climate Policy*, Vol. 12, No. 1, 2012, pp. 23–37.
③ David Waskow, Yamide Dagnet, Eliza Northrop and Joe Thwaites, "COP24 Climate Change Package Brings Paris Agreement to Life", World Resources Institute, December 21, 2018, https://www.wri.org/blog/2018/12/cop24-climate-change-package-brings-paris-agreement-life.

框架下，以加强国家间气候行动参与度。① 各国将首次能够在其透明度报告中列入在气候适应、损失和损害两个指标中的进展情况。此外，第一次全球盘点将在 2023 年举行，每五年进行一次的集体评估将涉及国家行为体与非国家行为体的气候变化行动。② 同时，会议还对国际非政府组织所坚持的 1.5℃ 目标以及推进国际非政府组织等非国家行为体参与政策倡议的塔拉诺阿对话等议题进行了讨论并形成相关决议。在后巴黎时代的全球气候治理嵌构中，国际非政府组织在气候治理网络化中的参与进程与权威空间获得对未来的气候治理格局形成长期性影响。

第一节　后巴黎时代国际非政府组织在
气候治理嵌构中的影响

2015 年达成的《巴黎协定》明确支持气候行动中包括"公民社会、私营部门、金融机构、城市及其他地方权威、社区团体和土著居民等"作为非缔约方利益相关方（NPS）参与到后巴黎时代的气候治理平台中来，在提升气候倡议执行力的同时进一步推进非国家行为体在"只进不退"的《巴黎协定》棘齿锁定（Rachet）机制中的监督作用。③ 在后巴黎时代，国际非政府组织在全球治理嵌构中将发挥不可低估的作用，主要表现为随着其作为"准国际法主体"地位的上升，国际非政府组织将在后巴黎时代的细节落实和盘点机制中拥有更多话语权，并且通过推进地方治理实践以及规范标准来推进气候治理并争取一种地方领导权。这种网络化嵌构趋势对于气候谈判阵营的变迁起到不可小觑的影响，其中的发展中国

---

① 发展中国家和发达国家将使用政府间气候变化专门委员会（IPCC）新提出的计算方法来估算温室气体排放值。IPCC，"2019 Refinement to the 2006 IPCC Guidelines for National Greenhouse Gas Inventories"，IPCC TFI Side Event，Dec 7，2018，https：//www.ipcc-nggip.iges.or.jp/presentation/1812_2_2019Refinement.pdf。

② 本次大会扩大现有减排承诺的方法，为贫穷国家提供财政援助的方法，在《巴黎协定》第 6 条关于在国际范围内管理碳市场的规则，以取代《京都议定书》的"清洁发展机制"（CDM）。

③ 《巴黎协定》制定了"只进不退"的棘齿锁定（Rachet）机制。各国提出的行动目标建立在不断进步的基础上，建立从 2023 年开始每 5 年对各国行动的效果进行定期评估的约束机制。《巴黎协定》将在 2018 年建立一个对话机制（The Facilitative Dialogue），盘点减排进展与长期目标的差距。

家也将面临更为复杂的气候谈判格局与话语权挑战。

一　通过地方治理实践及规范标准来推进气候治理进程

从气候变化多边进程看，传统的气候谈判更多聚焦于如何分配减排义务，但《京都议定书》的谈判和履行过程说明了这种方式容易陷入长期博弈和讨价还价的困境，达成的协议往往是各种利益的妥协。因此，2015年达成的《巴黎协定》建立了一种各国自主提出贡献目标的气候治理制度，基于各自能力的原则给予了各国更多的灵活性和自主性。如果说京都模式的动力来自"自上而下"设定发达国家减排指标的方式来推进气候谈判，那么"自下而上"的巴黎模式的动力来源则是基于各国自主贡献背后的气候治理实践。在低碳转型国际大趋势下，能否在低碳技术和应对气候变化的实践中占据优势地位将会决定一国在未来国际体系中的发展格局。同主要由气候谈判来决定气候治理的京都模式相反，在后巴黎时代，来自地方的气候治理实践及其所承载的低碳规范标准将在更大程度上推动和影响气候谈判的展开。

整体而言，低碳转型已经成为不可逆转的趋势，是一个国家的竞争力所在。以美国为例，在特朗普政府 2017 年 6 月宣布退出《京都议定书》后，美国实际上仍然在低碳的道路上前行。[1]《巴黎协定》目标所给出的巨大的市场预期，已经形成一只巨大的"看不见的手"，指挥着投资商、企业家和社会组织，大力投入低碳技术。[2] 伴随气候变化科学的发展以及国际非政府组织所推动的知识普及，美国公众广泛支持应对气候问题成为推进美国气候行动的民意基础。另外，这种民意基础更是有现实利益的支

---

[1]　美国从 20 世纪 90 年代的人均碳排放二氧化碳超过 20 吨/年，已减少到 2016 年的人均不足 16 吨/年。潘家华：《负面冲击正向效应——美国总统特朗普宣布退出〈巴黎协定〉的影响分析》，《中国科学院院刊》2017 年第 9 期，第 1014—1021 页。

[2]　未来美国低碳能源转型趋势仍将持续，并且美国已经拥有了相当一批具有全球竞争力的新能源技术与产业，如通用电气公司（GE）是世界上少数几个全面拥有风能核心技术的公司，特斯拉成为新能源汽车领域的翘楚，其众多的技术创新主体如福特、IBM、西屋电气、环球核能燃料等均不会放弃对于节能低碳技术的开发。

撑，如可再生能源行业所提供的就业岗位超过化石能源行业。① 美国地方政府和企业也日益倾向于依据市场原则建立的排放交易制度，其中最主要的是芝加哥气候交易所（Chicago Climate Exchange，CCX）。特别是像皮尤商业环境领导委员会（PBLC）这样的由世界五百强所组成的大型商业联盟网络也不断强调对于气候变化挑战的应对，并支持强制性的气候政策执行。其影响力涵盖了从高科技到多样化制造，从石油和天然气到运输，从公用事业到化工行业的综合性经济领域。总之，美国不同层面、多元行为主体广泛参与减排的趋势已经基本形成。

以 2017 年 6 月 5 日在特朗普宣布退出《巴黎协定》三天之后应势而成立的"美国承诺倡议"为例②，它的成立将多元伙伴关系的网络治理模式进一步向前推进，通过不同非国家行为体的治理实践和规范标准的设立来展示美国支持《巴黎协定》并引领气候治理的决心。美国各州、城市、非政府组织、大学、企业和其他非国家行动体依靠自身不同的优势和行动特点来践行应对气候变化的承诺。如美国企业正在向低碳经济转型，美国近半数的大公司至少有一个气候或清洁能源目标，将减排战略纳入其运作方式。美国各州通过投资绿色可持续基础设施、提出雄心勃勃的可再生能源承诺以及减少碳污染的努力。城市和区县正在采取切实措施来应对气候变化，例如设立积极的减排目标、扩大可再生能源的使用到投资可持续性基础设施等。比如加州地方政府在落实和实施气候变化相关法规政策或行动方案的过程中，采取了同倡导地区可持续发展国际理事会（ICLEI）、加州能效合作联盟等国际环境组织广泛使用的工作推进模式。这种可推广、可复制的范式化的温室气体控制推进机制，保障各地方政府在应对气

---

① 美国能源部（DOE）发布的 2017 年度《美国能源与就业报告》显示，2016 年美国太阳能发电行业就业人数为 37.38 万，化石能源发电业（燃料包括石油、天然气、煤炭）就业人数为 18.71 万，前者比后者多出约 20 万人。USDOE, *US Energy and Employment Report*, 2017, https://www.energy.gov/sites/prod/files/2017/01/f34/2017%20US%20Energy%20and%20Jobs%20Report_0.pdf。

② 特朗普政府宣布退出《巴黎协定》后，"我们仍在"（We Are Still In）于 2017 年 6 月 5 日宣布成立，这一包容性更强的伙伴关系包括了来自美国各州、城市、企业、市民团体、非营利组织和各大学及研究机构等的 1200 多个参与者，他们签署了《我们仍在宣言》，旨在通过网络性联系来聚集更多的社会和市场力量以支持《巴黎协定》中的美国各项目标的实现。

候变化计划实施的大致同步性。[①] 美国的大学和研究机构致力于清洁能源技术的开发，同时认为高等教育机构有能力、有潜力、也有必要来教育和塑造未来美国的气候领导精英人才。总之，以这些网络性的地方气候行动及其所承载的气候治理规范标准会随着美国地方领导力的兴起而具有更多的国际影响。

表 5 - 1　参与"美国承诺"倡议的各类非国家行为体网络治理实践分类

成员类型	行动策略或行动网络	治理实践描述及标准规范确立
非政府组织网络	信仰组织联合（213个信仰组织）	通过改变人类的生活方式并承载着绿色道德责任来取衡于地球的容载力以及保护气候环境
	美国气候行动网络（USCAN）	活跃在气候变化领域的 165 个美国非政府组织的网络联合，致力于地方领导力和气候谈判中的促进性对话
企业和投资者网络	采用基于科学的目标	全国各地的企业都将减排战略纳入其发展战略中，使全球气温保持在 2℃ 以下。以科学为基础的目标提供了分析和技术援助的基础，以支持企业向低碳模式过渡
	承诺100%可再生能源，如 RE100 网络	超过 100 个公司加入 RE100 网络，并承诺使用 100% 的可再生电力，加快全球的能源转型
	致力于提高能源生产率，如 EP100	EP100 是一个全球性的企业倡议，想通过加倍能源效率的方式减少他们的"碳足迹"，并同时降低其能源成本
	可再生能源买家联盟（REBA）	REBA 通过将企业能源需求同可再生能源供应相衔接来加速能源的清洁低碳转型
	投资者：加入脱碳组合联盟（PDC）	脱碳组合联盟是一个致力于通过动员投资者承诺逐步降低投资组合中的碳比例来减少碳排放的倡议联盟
	签署蒙特利尔碳承诺	投资者承诺每年测量和公开披露其投资组合中的碳足迹

---

① 范式化的温室气体控制推进机制包括编制基准温室气体（GHG）清单、设定减排目标、制订减排计划、实施减排措施和监控进度并评估结果。林炫辰、李彦、李长胜：《美国加州应对气候变化的主要经验与借鉴》，《宏观经济管理》2017 年第 4 期，第 87—92 页。

续表

成员类型	行动策略或行动网络	治理实践描述及标准规范确立
城市等次国家行为体网络	气候与能源全球市长盟约（GCMCE）	GCMCE 是全球最大的城市共享和建设气候行动的平台，包括美国 175 个城市，以及全球超过 650 个其他城市。签署城市承诺减少温室气体排放，增强应对气候变化的弹性/适应力，并以公开、透明的方式追踪他们的进展，并促进城市之间的最优实践学习
	气候市长网络（Climate Mayors）	一个由美国市长组成的网络，承诺在他们的社区采取行动，并共同努力确保在联邦和国际层面为雄心勃勃的气候行动提供支持性政策。350 多名气候市长签署了一份承诺，为履行《巴黎协定》尽自己的一份力量
美国各州联盟	2℃ 以下网络（Under 2）	签约州承诺将温室气体排放量在 1990 年的基础上减少 80% 至 95%，或到 2050 年时将人均二氧化碳排放当量限制为 2 公吨
	美国气候联盟（US Climate Alliance）	是一个致力于实现与《巴黎协定》目标相一致的减少温室气体排放目标的州的联盟
	国家能源效率的注册表（NEER）	是一个州层面网络平台，有属于各州实现能源和环境目标、披露被监管机构的履约行为，并推动在能源效率和节能节水倡议中的自愿投资
大学和学院网络	校长气候领导承诺（PCLC）	这是一个由大学和学院组成的致力于全球气候问题的校园行动网络平台。签署方做出了制度性承诺，减少校园中温室气体排放量，提升社区的气候适应能力，在教育体系中纳入应对气候变化的教学实践
	校园清洁技术先锋（Campus Cleantech Pilots）	高校可以作为测试新的清洁能源技术的支持性平台来加速低碳经济的转型。不仅世界受益于这些创新，而且高等教育机构可以获得更多相关学术研究和课堂学习的机会
	碳信用和采购计划（C2P2）	碳信用和采购计划是一项支持高校发展和营销碳补偿的倡议，从而加速校园碳中立进程（Campus Carbon Neutrality）
	碳补偿网络（Offset Network）	碳补偿作为一个高校资源网络旨在提升碳补偿项目的创新性和适用性，使之可以大规模推广

资料来源：笔者自制。①

---

① Bloomberg Philanthropies, *America's Pledge*, *Phase 1 Report States*, *Cities*, *and Businesses in the United States Are Stepping Up on Climate Action*, November 2017, https：//www. bbhub. io/dotorg/sites/28/2017/11/AmericasPledgePhaseOneReportWeb. pdf.

在特朗普任期内全球气候治理出现领导赤字和规范退化的背景下，美国非国家行为体通过自身的治理实践优势开始强调地方性领导力塑造，这种对于全球气候治理领导性权威的追求推动了气候引领动力格局的多元化。前纽约市长布隆伯格，承诺向协调《巴黎协定》的联合国机构提供1500 万美元的资金援助，并代表美国非国家行为体向《公约》秘书处保证，即在 2025 年以前，美国的次国家和非国家行为体将温室气体年排放量减到 2005 年的水平 26% 以下。与此同时，以美国气候行动网络（US-CAN）为代表的非政府组织网络联盟倡导面向社会的更为长期的地方领导力基石计划。2017 年其所倡导的领导力发展计划（The Leadership Development Program，LDP）旨在提升公民社会的领导能力，使其对政府提出更具影响力和引领力的倡议要求，使政府能够在气候变化领域回应强大的和雄心勃勃的气候变化政策和目标。LDP 计划招募了来自发展中国家的研究员，他们有潜力成为引领气候变化的社会活动家。通过"边学边做"的形式来培训、辅导和能力建设活动，从而塑造他们的专业领导技能。同时，也会得到 CAN 国际秘书处的直接支持，从而有助于其促进国家/区域努力与国际层面之间的联系和互动。培训包括三个方面：其一，在政策领域上，使学员能够参与国家和国际的战略政策辩论，从而提出政策建议，与政府和其他利益相关者建立伙伴关系；其二，在能力建设上，根据其专业目标和兴趣，发展其在政策、宣传、交流和项目管理方面的领导技能和能力；其三，在网络强化上，支持这些研究员直接与他们区域或国家的CAN 节点合作以提高他们协调能力和资源调动能力，从而加强整个网络联系。[1] 这种针对气候领导人才的培养项目更显示了美国非政府组织网络在引领全球地方实践和建构弹性伙伴合作机制中的能动性作用。

二　在后巴黎时代的细则谈判落实和盘点监督机制中有更多话语权

《巴黎协定》仅仅是对整体治理框架的一些原则性规定，用以解决某些格局性问题，各方在 2016 年马拉喀什会议后均决定要在尽快完成协定后续 40 多项实施细则的谈判。这些细则谈判主要是围绕基于"国家自主贡献"的巴黎模式的最大短板展开的，即如何克服仅由各国自己提出目

---

① Climate Action Network（CAN），*The Leadership Development Program*（*LDP*），http://www. climatenetwork. org/campaign/leadership-development-program.

标而导致的各国行动力度不足以解决全球气候变化问题的困境。后巴黎时代气候治理关键在于落实，但绝对主权化的气候行动可能会使得《巴黎协定》后期乏力，大国在新一轮气候谈判周期的政策动摇也使得气候行动更加迟缓，比如由美国两党政治博弈而引发的特朗普政府退出《巴黎协定》以及后来拜登政府又加入《巴黎协定》使得气候治理框架的国际合法性与约束力遭到质疑。在此背景下，以国际非政府组织为代表的多利益攸关方参与气候行动监督与执行活动范围已经超越了国内实施层面，对国际层面《巴黎协定》的细则谈判落实和盘点监督促进也具有重要作用。来自多利益攸关方的监督某种程度上减少了缔约方国家搭便车的动机，这意味着通过第三方平台的监督不仅提升气候协作的合法性和认可度，同时还从外部倒逼各国协作水平的提升。①

　　国际非政府组织的话语权提升离不开制度性参与渠道的不断拓展。2017 年波恩会议上（FCCC/SBI/2017/5 号文件）专门就以国际非政府组织为代表的非国家行为体的制度性参与问题做出详细探讨：如鼓励未来的主席在资源允许的情况下，探讨如何使被接纳的非政府组织类组与缔约方进行公开对话，如何使被接纳的非政府组织类组能够同主席、主席团和秘书处共同制定对话的议程和方案；探讨如何增强网上登记系统的能力，使包括缔约方和观察员国、被接纳的政府间组织、被接纳的非政府组织以及应邀参加具体活动的专家在内的各类参与方，能够更灵活地参与各项活动。② 2018 年卡托维兹会议达成《巴黎协定》原则实施的"规则书"之后，非国家行为体利用"塔拉诺阿对话"等制度性参与渠道不断提升在全球盘点监督、透明度原则和共区原则的平衡，市场机制推进等方面的话语权。其中在非国家行为体和 IPCC 科学报告的推动下，规则书中对于1.5℃目标的话语态度由"注意到"（Note）变为"欢迎"（Welcome），并且强化了基于不同能力原则的透明度机制以及定期评估全球行动进展的"全球盘点"制度等。会上各缔约方明确指出全球盘点机制是由缔约方来驱动的进程，但也需要非缔约方利益相关方有效且公平的参与，缔约方还

①　Christopher L. Pallas, Johannes Urpelainen, *NGO Monitoring and the Legitimacy of International Cooperation: A Strategic Analysis*, *Review of International Organization*, 2012, Vol. 7, pp. 1 – 32.

②　于宏源：《论全球气候治理的共同治理转向》，《国际观察》2019 年第 4 期，第 142—156 页。

应对非缔约方身份的利益相关方参与提供支持。①

以评估集体行动进展并促进各方提升贡献力度的全球盘点为例，2017年的波恩会议上，《巴黎协定》特设工作组（APA）围绕全球盘点谈判会议发布相关文件以及其实施模式等议题进行谈判。全球盘点将分为准备阶段、技术层面和政治层面三部分②，准备阶段于2021年或2022年开始，然而非国家行为体在讨论2020年之前进行预盘点和预对话时已经发挥了不可忽视的作用，一方面为政府层面的全球盘点预先提供信息，在后续的政治进程中进而发挥营造舆论的作用；另一方面非国家主体在技术进程中可以凭借自身的技术和专业优势发挥积极推动作用。如在实施2023年全球气候行动盘点的方法细则中，强调了非国家行为体在监督技术开发和转移过程中的重要作用。③ 本质上而言，全球五年盘点机制又同"塔拉诺阿对话"的开展有一定的相似性和关联性，首先，两者针对的对象一致，都旨在评估实现《巴黎协定》长期目标的集体进展，都涉及长期性盘点和评估标准；其次，两者执行方式一致，即都是以促进性的方式来进行，并为提升国家自主贡献行动来提供信息；最后，实践框架一致，两者都同国家自主贡献的周期是一样的（均以五年为一个周期）。④ 基于此，"塔拉诺阿对话"被很多国家视作《巴黎协定》全球盘点的一次预演。由于非国家行为体在2018年"塔拉诺阿对话"促进性对话模式中拥有关键性参与权和议题引导权，因此在后巴黎时代的五年盘点等谈判细节制定领域拥有更多话语权。如气候行动网络（CAN）针对促进性对话和五年盘点的设计提出很多建议和要求。如在"预盘点"机制方面，为了监督国家自主贡献目标的进度和实现程度，CAN强烈建议在2018年卡托维兹气候变化大会（COP 24）和2019年圣地亚哥气候变化大会（COP 25）⑤ 上设计

---

① 李昕蕾：《美国非国家行为体参与全球气候治理的多维影响力分析》，《太平洋学报》2019年第6期，第73—90页。

② 创绿研究院：《斐济·波恩——COP23第一周场内速递》，http：//www.ghub.org/？p＝8083，2017年11月14日。

③ 于宏源：《全球气候治理伙伴关系网络与非政府组织的作用》，《太平洋学报》2019年第11期，第14—25页。

④ 苟海波（外交部气候变化特别代表）：《对话气候治理》（论坛发言），珞珈环境法讲坛第六十六讲，2018年3月16日。

⑤ 由于受到智利内乱影响，圣地亚哥气候大会改到西班牙马德里举行，COP 25会议实际为马德里气候大会。

一个 2020 年之前的正式性预盘点机制（Pre-2020 Stocktake），各国提交的自主贡献更新目标必须比目前的目标更加雄心勃勃，只有这样才能保证各国不会在实现 1.5℃ 目标面前错失良机。①

评估减排力度、完成《巴黎协定》实施细则的谈判、落实气候资金承诺，是后巴黎时代最紧迫、最重要的三项任务。2021 年英国格拉斯哥气候大会（COP 26）通过的《格拉斯哥气候公约》对于《巴黎协定》的监督盘点与细节落实有以下两个方面的影响。一是在《公约》秘书处、欧美国家以及国际非政府组织等的推动下，这个"协议"把行动时间提前到 2030 年。目前，很多国家目标都锁定在 2050 年、2060 年左右，因为科学家预测要确保气温往上不超过 1.5℃，全球必须在 2050 达到近零或者碳中和的目标。这次格拉斯哥会议开始倾向于将 2030 年作为很多行动主要的时间表，要求各国在 2030 年之前进一步加强目标。截至 2021 年 7 月 1 日，《公约》秘书处建立的国家自主贡献（NDC）临时登记簿中共有 186 个缔约方通报的 NDC，包括自 2020 年以来 92 个缔约方通报或更新的 NDC②；同时全球也有 130 多个国家已经提出或者计划提出自己到本世纪中叶的碳中和目标，并将净零目标的实现路径纳入政府文件中。但是目前各国的"净零"承诺多数尚不完整，存在含混不清的问题，需要将其具体实践路径且同各国的 2030 年 NDC 目标进行充分对接。另外，很过研究机构和国际非政府组织也指出并非所有 NDC 目标数字的提升都意味着减排力度的提高，有的国家看似提高了目标数字，但由于参考基线的调整或信息不完整，两次目标力度不可比，甚至目标力度有所倒退。因此，在后巴黎时代的全球盘点中，以国家非政府组织为代表的多利益攸关方对于 NDC 和碳中和目标的对接以及完成进展具有更艰巨的监督责任，需要设计更为公平与科学的评估减排力度方案。二是终于达成了《巴黎协定》的实施细则，特别是推进了碳市场相关机制和增强透明度规则落实。

在《巴黎协议》的第 6 条，当时各国基本同意成立一个在全球范围

---

① 值得注意的是，联合国将于 2019 年举办由各国领导人参加的气候变化峰会，旨在 2020 年之前进一步强调各国行动同 1.5℃ 目标之间的巨大差距，从而敦促各国领导人在既有国家自主贡献目标基础上提高行动力度，采取更多的减排措施来弥补这一差距。

② 樊星、高翔：《国家自主贡献更新进展、特征及其对全球气候治理的影响》，《气候变化研究进展》（网络首发），https://kns.cnki.net/kcms/detail/11.5368.P.20211223.1415.004.html，2021 年 12 月 24 日。

内可以进行碳交易的体系，但具体实施细节或者内容并没有确定。这一次格拉斯哥会议为全球碳交易体系的建立奠定了基础，通过建立一个由联合国监督的国际碳交易市场，减排成本低的国家可以将自己的减排量在国际市场上售卖转让给减排成本高的国家，实现资源的最有效配置。会议基本上解决了国际碳市场中双重核算的问题①，还制定了注销和收益分成的新要求。例如，减排额度在第一次转让中要抽取5%缴纳给适应基金账户，资助发展中国家应对气候变化。全球碳交易的实施细节通过后，大体完成了市场框架的制定，有助于各国在未来积极主动打通碳交易市场，届时将为很多减排行业、减排企业提供补贴来源。但是，全球碳交易的未来实施进程仍然是未知数，这也为国际非政府组织同政府间组织、企业联盟等进行合作，制定更为细致的全球碳交易标准与绿色规范提供了更多行动空间，特别是如何更好利用全球碳交易来支撑发展中国家气候适应资金需求问题，如何推进"南北方国家"之间公平与平衡的碳市场安排等。

三　国际非政府组织的国际法主体地位和软法影响力不断提升

传统国际法认为只有国家才能作为国际法的主体②，而对于以国际非政府组织为代表的非国家行为体在某些领域能否取得这一资格，还是存在诸多争议的。国际非政府组织的法律地位的准合理性和准承认性可以追溯到《联合国宪章》的签署。经《联合国宪章》授权，联合国经社理事会成立了同非政府组织交流磋商的专门委员会。③ 1968年5月，联合国第1296号（XLIV）决议规定了具有合法身份的非政府组织每四年提交报告，从而认可了国际非政府组织的咨商地位，国际非政府组织的咨商地位被分为三种，即一般咨商地位、特别咨商地位和注册咨商地位。然而，目前即使是政府间组织的国家法地位仍未明朗，国际非政府组织的国际法主体地位仍需要在治理实践中得以强化与提升。不能否认的是，以国际非政府组织、跨国倡议网络、跨国城市网络为代表的非国家行为体逐步在某些

---

① 双重核算是指一国将其产生的减排当量计入自身的自主贡献减排目标的同时，将同一减排成果转让给他国，并纳入他国自主贡献减排目标，从而导致同一减排被计算两次。

② 一般说来，国家应具有四个基本要素，这就是固定的居民、确定的领土、具有政权组织和主权。只要具备了以上四个条件，就构成国家和国际法主体。

③ 谷天雨：《国际非政府组织合法性初探——香港乐施会案例研究：为承认而合作》，外交学院2013年硕士学位论文。

方面具有了国际法律人格,从而成为一种"准国际法主体"或"有限国际法主体":① 他们虽然无法享有主权国家及国际组织所享有的国际表决权和投票权、条约缔结权等,但已经享有了包括知情权、参与权、咨商权等在内的诸多权利。②

由于气候治理问题本身的复杂性,以及与此相联系的多样化的利益、权力、信息与信念格局的差异,气候治理很难形成一种一体化的、综合性的体制。气候"软治理"不断扩展与国际治理体系的地缘碎片化大部分是由于正式制度构成的全球治理范式难以满足所有国家政治需求,导致更多国家寻求一种全球中央权威外的区域模式。正是在机制碎片化进程中,全球气候变化"软治理"环境使得多利益攸关方能够广泛参与当地气候谈判与治理。③ 具体而言,虽然《巴黎协定》确定自下而上的"自主贡献制度",但是从内容上看,公约并未规定国家的自主贡献最低标准,主权国家拥有较大的"自由裁量权"。出于国家发展利益的考量,气候行动的下层实施并未得到有效监督。在"自下而上"巴黎模式中,更为多元的跨界性弥散性治理诉求就要求主权国家之外,还需要其他社会力量的参与和协助。以非政府组织、城市、跨国企业为代表的非国家行为体因其自身优势,在全球气候治理中起到了国家无法实现的效用。在这一进程中,国际法单一主体的旧格局将逐步发生根本性的变化。气候治理多领域的扩展需要将不同领域的非政府组织、城市、公司、社会组织纳入实施节点,与主权国家和各地区共同在网络化实施机制中将联合国气候公约框架下的指导原则进行细化落实,有效弥补主权国家主导下的气候治理体系结构出现的集体行动困境。特别是国际非政府组织积极投身于各种国际活动中,强调协同治理中参与主体的平等对话机制。④ 他们通过建立跨国网络,传播

① 比如目前国际非政府组织参与国际事务的权利得到了少数国际组织有条件、有限度的承认,但附有诸多限制,如联合国经社理事会赋予国际非政府组织咨询地位时要求国际非政府组织要有自己的总部、执行机构和行政人员、民主章程、代议机构,具有不受政府机构控制的独立资金来源、中立的国际立场以及能在专业领域处理问题的能力等。

② 刘长敏:《论非国家主体的国际法律地位》,《现代国际关系》2004 年第 2 期, 第 34—39页。

③ Peter Leigh Taylor, "Development, Knowledge, Partnership, and Change: In Search of Collaborative Approaches to Environmental Governance", *Latin American Research Review*, Vol. 46, No. 1, 2011, pp. 262 – 271.

④ Keon Chi, *Four Strategies to Transform State Governance*, IBM Center for the Business of Government: Washington, DC. 2008, p. 25.

共同的国际规则和信念来确定其地位；承担了大量软法的整理、编撰和发布工作；并且成为国际环境法的实施和监督的重要参与者。

因此，在后巴黎时代一个比较明显的趋势是虽然人们认为非国家行为体的国际法律能力有限，但我们并不能片面地否认其主体资格，而是应当有条件、具体问题具体分析地认可某些非国家行为体的国际法主体地位，从而使其确立在国际社会中的法律地位。① 在后巴黎时代的谈判中，"共同但有区别性责任"原则的内涵正逐步发生演进，即从基于发达国家和发展国家的历史责任区分的定位逐步过渡到更多地强调基于不同国情和治理能力的区别性对待。基于这个原则，后继的气候谈判更多是在《巴黎协定》框架下针对透明机制、全球盘点、对话机制、相关资金制度等规则细节的谈判。② 在这一过程中，非国家行为体利用现有的政治机会结构在全球气候政治中不断追求自身的准国际法主体地位。在 2017 年波恩会议上专门就非国家行为体的制度性参与问题进行详细探讨，之后 2018 年的卡托维兹会议就非国家行为体可以广泛参与的"促进性对话机制"展开行动。在 2021 年的格拉斯哥会议上，《格拉斯哥气候公约》就坚持 1.5℃目标、强化 2030 年前的国家行动、逐步减少煤电、规划全球碳市场、落实透明度细节谈判等方面达成共识，同时也为国际非政府组织等多利益攸关方进一步监督国家行动落实、影响全球碳市场技术准则与规范标准、碳中和目标与 NDC 等方面提供了更多国际法行动空间。上述这些最新进展标志着至少在气候治理领域，非国家行为体的国际法主体地位得到不断提升。他们不仅更多采取倡议的方法来引起社会舆论的关注以地方层面的软法规范（如《芝加哥宪章》和《美国承诺》等倡议）来间接影响后巴黎时代的气候法律规范的制定，甚至有更多机会直接参与到《公约》框架的议题设立和政策决策中去。

四　国际非政府组织网络化嵌构态势对于气候谈判集团策略选择的影响

随着国际非政府组织网络化在全球气候治理嵌构中的结构性影响力提

---

① 李北楠、王棋、余金林：《浅论国际非政府组织的国际法地位》，《法制与社会》2017 年第 8 期，第 5 页。

② 苟海波（外交部气候变化特别代表）：《对话气候治理》（论坛发言），珞珈环境法讲坛第六十六讲，2018 年 3 月 16 日。

升，不同气候谈判集团对其关注度都呈现日益上升的趋势。在其中，最为典型的是欧盟在其引领协调战略中对于国际非政府组织的日益重视。1997年《京都议定书》的签署确立了欧盟在全球气候治理中的引领作用，特别是当气候谈判因美国 2001 年退出议定书而陷入僵局之后，欧盟通过团结发展中国家集团以及劝说俄罗斯等措施最终推动议定书于 2005 年生效，彰显其在"自上而下"的政府间大多边谈判中的领导者角色。2008 年以来，由于国际形势变迁（美国重新回归谈判，中国以及其他新兴力量的崛起）以及欧盟内部的变化（2008 年金融危机，波兰等中东欧的国家反对气候政策），欧盟的气候治理领导力出现式微。尤其在 2009 年哥本哈根会议上，欧盟于会议最后阶段被边缘化，从一个领导者变为旁观者。① 会议后，欧盟为谋求重新成为气候谈判的领导者而进行了策略调整，注重将"领导者"同"协调者"的角色相融合，成为一个"引领协调者"（Leadiator），积极扩大与其他国家的接触、联系与协调，通过议题联结和缔结联盟等外交政策和政治手段来实现领导力的提升。② 在不断适应变化的国际环境的过程中，欧盟开始注重在日益多元治理格局中提升自身联盟构建和机制沟通的能力，在 2011 年德班会议和 2015 年巴黎峰会上都是如此。这种气候谈判战略的改变不仅限于缔约方之间，即欧盟利用"中国 + G77国"集团内部的分裂倾向，强化同小岛国联盟（AOSIS）以及非洲中小发展中国家、最不发达国家的立场协调和结盟合作，进而向新兴大国继续施压；同时该战略也体现在作为规范性力量的欧盟同非国家行为体的互动方面。

得益于欧洲民主协调的传统以及其内部更为成熟的公民社会发展，基于欧盟的国际非政府组织、跨国倡议联盟以及跨国城市网络的发展规模和网络化程度均优于世界上其他地区。欧盟内部的气候治理项目往往通过竞标和咨询外包的形式交由国际非政府组织等非国家行为体来具体执行，撰写调研报告、提供评估反馈以及提出政策咨询建议。非国家行为体的网络化发展强化了自身的杠杆性影响力，使欧盟意识到同其建立伙伴关系并进

① 薄燕、陈志敏：《全球气候变化治理中欧盟领导能力的弱化》，《国际问题研究》2011 年第 1 期，第 37—44 页。

② Bäckstrand, K. , & Elgström, O. , "The EU's Role in Climate Change Negotiations: From Leader to Leadiator", *Journal of European Public Policy*, Vol. 20, 2013, pp. 1369 – 1386.

行协调行动是维持自身领导力的重要路径之一。2011 年德班会议上，欧盟所主导的德班增强行动平台特设工作组的设立在一定程度上标志着欧盟领导力的再次回升。该平台不仅提出要在 2015 年之前起草一个全球性的覆盖所有缔约方的具有法律约束力的温室气体减排协议，同时还首先强调了非缔约方利益相关者在治理中的重要作用。在《巴黎协定》的谈判过程中，欧盟注重加强自身同非国家行为体的良性互动，进而推进了《巴黎协定》中许多重要的条款的形成①，例如同非洲集团、加勒比与太平洋小岛国以及众多的非政府组织和政策倡议网络一起组成的"雄心壮志联盟"（High Ambition Coalition），将全球升温控制在 1.5℃以下等强化协议的高指标性目标纳入《巴黎协定》中。可以说《巴黎协定》在很大程度上反映了欧盟的政策目标。欧盟在确保国际条约的执行方面尤其成功，推动确立了针对所有国家的减排承诺的五年盘点机制以及透明度和问责机制。2018 年波兰召开的卡托维兹会议重点落实了《巴黎协定》的"规则书"（Rulebook）细节谈判，并取得四项关键成果：建立了首个缔约方得以追踪、汇报气候进展的统一系统，从而规定缔约方提交国家自主贡献时需要明确的信息和核算规则；在适应问题上达成良好的一致意见②；透明度问题和全球盘点的重要性得到重视；拥有了基于资金和技术问题的坚实的一揽子方案。在后巴黎时代，欧盟指出会同关键合作伙伴一道，强化《巴黎协定》模式下未来技术和低碳市场的发展。③ 欧盟会进一步加强同非国家行为体的合作，比如有针对性地发展"国际合作项目"，将公共和私营行为体以及其他一些气候保护团体都囊括入气候治理，利用其网络性影响力提升他们在五年盘点中的规则制定权和监督权。④

① Obergassel, W. , Arens, C. , Hermwille, L. , Kreibich, N. , Mersmann, F. , Ott, H. E. , & Wang Helmreich, H. , "Phoenix from the Ashes-An analysis of the Paris Agreement to the United Nations Framework Convention on Climate Change", *Wuppertal Institute for Climate*, *Environment and Energy*, 2016.

② 适应通讯是国家驱动和灵活的，是否递交不具有强制性；递交之后不进行缔约方之间的比较也不接受审评；作为平衡，适应基金未来将专门服务于协定，适应登记簿也将上线；损失和灾害在透明度和全球盘点规则正文中出现，避免了仅在脚注中被提及的命运。

③ Oberthür, Sebastian, "Where to Go from Paris? The European Union in Climate Geopolitics", Global Affairs, Vol. 2, No. 2, 2016, pp. 1 – 12.

④ Obergassel, Wolfgang, Beuermann, Christiane, Hermwille, & Lukas, et al. , "UNFCCC Before and After Paris：What's Necessary for an Effective Climate Regime?", *Climate Policy*, Vol. 17, 2017，pp. 150 – 170.

在 2021 年英国格拉斯哥气候大会上，在《公约》秘书处、欧盟为代表的欧美等发达国家以及国际非政府组织的联合推动下，形成了否认《巴黎协定》规定的"把全球平均气温升幅控制在工业化前水平以上低于 2℃之内，并努力将气温升幅限制在工业化前水平以上 1.5℃之内"，而将其片面解读为必须实现 1.5℃目标的舆论，同时形成各方必须提高 NDC 减排目标数字才是"提升力度"的导向。① 从科学的角度，如果要保持气温往上不超 1.5 度的路线或者目标来说，到 2030 年就必须减排 45%。但是如果只是按照各国现有的承诺，到 2030 年全球的碳排放应该会往上升 14%，中间差了 60%左右，所以实现这个目标难度很大。在这种背景下，已经通报或更新的 NDC 中反映出一些问题，可能对《巴黎协定》的有效实施和全球气候治理的有效性产生不利影响。因此，欧美国家会继续加强与国际非政府组织、国际媒体与企业联盟的互动，将 2030 年作为很多行动主要的时间表节点，对发展中大国进行进一步的施压，要求其在 2030 年之前进一步加强目标，但未能探讨如何强化体现"气候公平"与"各自能力"的原则。这使发展中国家如何务实地推动碳达峰行动以及如何平稳地从碳达峰过渡到碳中和的行动规划受到更多来自国际层面的压力与挑战。

五　发展中国家将面临更为复杂的气候谈判格局与参与挑战

2009 年哥本哈根会议以来全球气候谈判格局发生了深刻转型，一方面是随着全球权力格局的"东升西降"，在谈判过程中包括中国、印度、南非、巴西在内的新兴发展中大国组成基础四国集团（BASIC），该集团的崛起使气候谈判逐步转向更为务实与灵活的模式，更加关注谈判结果的公平性和可行性以及基于"共区"原则的减排能力调适性。② 另一方面，国际气候谈判模式逐步从穷国与富国的对峙过渡到排放小国同排放大国的对峙，新兴国家作为排放大国面临来自发达国家和中小发展中国家的双重减排压力，同时发展中国家阵营碎片化加剧。G77 + 中国的发展中国家阵营逐步分化为基础四国（BASIC）、最不发达国家（LDCs）、非洲国家群

---

① 樊星、高翔：《国家自主贡献更新进展、特征及其对全球气候治理的影响》，《气候变化研究进展》（网络首发），https：//kns. cnki. net/kcms/detail/11. 5368. P. 20211223. 1415. 004. html，2021 年 12 月 24 日。

② 李昕蕾：《全球气候治理领导权格局的变迁与中国的战略选择》，《山东大学学报》（哲学社会科学版）2017 第 1 期，第 68—78 页。

体（African Group）、小岛国家联盟（AOSIS）、美洲玻利瓦尔联盟（AL-BA）和欧佩克（OPEC）等联盟和群体。① 这些中小发展中国家集团由于受气候变化影响严重且自身应对能力差，所以对气候公正、损失损害赔偿以及资金技术支持具有更为迫切的需求。在气候谈判中，这些中小发展中国家集团容易成为欧盟利用其联盟策略，平衡同新兴发展中国家所组成的基础四国集团（BASIC）以及美国伞形国家集团权力博弈的重要抓手。与此同时，随着很多非国家行为体网络化发展和实力不断提升，他们也往往选择同这些中小发展中国家和最不发达国家进行合作，通过一些资金技术援助和能力提升项目帮助这些国家进一步提出更为雄心勃勃温室气体减排目标和应对气候变化的国家行动规范，同时彼此强化他们在气候谈判中的话语权。比如2014年各国政府联合非政府组织和私营企业在太平洋岛国萨摩亚举行"小岛屿发展中国家国际会议"并达成了近300项合作伙伴关系协议，承诺为小岛国实现可持续发展提供总额超过19亿美元的资金支持。②

表5-2　《联合国气候变化框架公约》官方认证非政府组织地理分布表

大洲	官方认证的非政府组织数量（个）	占非政府组织总数的比例（%）
非洲	192	8.64
南极洲	0	0
亚洲	331	14.90
澳大利亚 & 大洋洲	71	3.20
欧洲	895	40.28
北美洲	612	27.54
南美洲	121	5.45
总计	2222	100

注：由于四舍五入，数字之和不等于100。

资料来源：Krantz, D. COP and the Cloth, "Quantitatively and Normatively Assessing Religious NGO Participation at the Conference of Parties to the United Nations Framework Convention on Climate Change", *Science*, No. 3, Vol. 24, 2021, https：// doi. org/10. 3390/sci3020024.

---

① 赵斌：《群体化：新兴大国参与全球气候治理的路径选择》，《国际论坛》2017年第2期，第8—15页。

② 联合国新闻：《奥克兰人道主义行动磋商会议聆听太平洋小岛国的声音》，http：// www. un. org/chinese/News/story. asp？NewsID = 24308。

随着非国家行为体的"准国际法主体"地位得到不断提升，他们不仅更多采取倡议的方法来引起社会舆论的关注，以地方层面的软法规范来间接影响后巴黎时代的气候法律规范的制定，甚至有更多机会直接或间接参与到《公约》框架的议题设立和政策决策中去。这使得全球气候谈判格局变得日益复杂化。在国际权力格局变迁中群体性崛起的新兴大国日益成为全球治理体系不断完善和创新的重要推动力，但是他们由于国内市民社会发展较为薄弱、市场经济体系有待完善，所以他们的全球治理的知识储备和应对能力均亟待提升。特别是相比于欧美国家，他们在同国际非政府组织等非国家行为体的交往合作中往往缺乏经验、技巧和治理能力，这也不利于他们在一个日益包括多利益攸关方的制度性议价中取得更多的议题引导力、谈判控制力和话语主导性权力。如表 5 - 2 反映了《联合国气候变化框架公约》官方认证非政府组织地理分布，来自欧洲的非政府组织有 895 个（占总数 40.28%），来自北美洲的非政府组织有 612 个（占总数 27.54%），这意味着欧美发达国家的非政府组织的总量占到67.82%。相比而言，作为世界上人口最多的亚洲，其非政府组织的数量为 331（14.90%），与其全球人口比例极不相称。而来自非洲和拉丁美洲的非政府组织数量则更少，分别占总量的 8.64% 和 5.45%。这从一个侧面反映了发展中国家的非政府组织在全球气候治理中无论参与数量还是行动能力都存在自己的瓶颈，导致其影响力极为受限。不可否认的是，目前来自北美和欧盟等国家的非政府组织成为全球气候治理中最主要和最活跃的力量，其中某些组织所持立场更与部分发达国家一致，可能会产生不良利益导向与观念偏见，从而对新兴发展中大国的谈判利益形成挑战。以"共同但有区别性责任"原则为例，该原则的内涵在后巴黎时代的谈判中正逐步发生演进，即从基于发达国家和发展国家的历史责任区分的定位逐步过渡到更多强调面向 1.5℃ 强化目标的共同贡献，特别是重点推动排放大国自主贡献目标的持续提升。基于此，后继的气候谈判更多是在《巴黎协定》框架下针对透明机制、全球盘点、对话机制、相关资金制度等规则细节的谈判。

在"自下而上"的巴黎模式中，非国家行为体的网络性合作一方面加强了对国家自主贡献履约层面的监督；另一方面与之实现良性互动可以通过更为灵活的伙伴关系来提升国家的影响力和行动力。基于此，发展中国家在气候谈判中需要关注的是：其一是要注重强调"共区原则"、透明机制和全球盘点中基于不同国情的"各自能力原则"；其二还要注重优化同各类非国家行为体的互动，如推进跨国城市网络、国际公私伙伴关系、清洁能源倡议网络等多元跨国伙伴关系的发展来更好地调动治理资源，特别是通过推进本土社会组织的国际化和专业化发展，以及发展多元气候公共外交来提升自身的气候话语权。因此，发挥以中国为代表的新兴发展大国在气候治理中的引领力需要给予非缔约方利益相关者以充分的关注，注重与全球治理的实际或潜在中坚者、协力者形成联盟，从而构建各类新型的全球气候变化合作伙伴关系网络。比如 2015 年巴黎会议前中国承诺拨出 200 亿人民币建立应对气候变化南南合作基金，旨在帮助中小发展中国家及小岛国等提升应对气候变化的能力。同时启动开展 10 个低碳示范区，100 个减缓和适应气候变化项目及 1000 个应对气候变化培训名额的合作项目。① 但在气候援助的具体执行过程中要特别考虑到多利益攸关方的参与。大量经验表明，在参与政府海外援助中，国际非政府组织能够在与受援助国国民的日常接触中寻求认同，关注民生，注重人与人之间的感情，它们的参与能起到更好的援助效果，可以体现该国在应对气候变化国际行动中的身体力行和国际援助精神，并为该国的气候公共外交加分。②

第二节　国际非政府组织参与全球气候治理嵌构的制约性因素

在全球气候治理中，主权国家、国际组织、国际非政府组织和企业等多元行为体是基于改善全球的大气环境这样一个共同的利益目标而进行合作。在合作中，国际非政府组织依赖主权国家和国际组织的物质资源，主权国家和国际组织也在某种程度上依赖国际非政府组织的社会资源和道义性权威，三者处于一种互相依赖的关系。但是在这一互相依赖过程中，主权国家政府、国际组织和国际非政府组织的依赖程度是不能同等而言的，

---

① 碳排放交易网：气候变化绿皮书：《应对气候变化报告（2018）》，http：//www. tan-paifang. com/ditanhuanbao/2018/1203/62547. html，2018 年 12 月 3 日。

② 张丽君：《气候变化领域中的中国非政府组织》，中国网，http：//news. china. com. cn/world/2016 - 03/03/content_ 37926504_ 3. htm，2016 年 3 月 3 日。

属于一种"非对称性依赖"关系。国际非政府组织掌握着气候治理上的专业知识，公信力和大众的支持等资源，与国际非政府组织的合作使得主权国家能够更好地开展气候治理行动；主权国家和国际组织掌握着气候治理的资金，各种人力、物力，气候谈判大会上的主导权，温室气体排放上的决定权，甚至还掌握着国际非政府组织进入气候治理领域的准入权。因此，在这一层面上来看，国际非政府组织与主权国家政府互相依赖关系是高度不对称的。而这种非对称性互相依赖关系也造成了国际非政府组织在气候治理上受到来自主权国家和国际组织方面的各种结构性制约。

与此同时，与这种外部非对称性制约相比，国际非政府组织内部的制约性也不可忽视。迈克尔·爱德华兹（Michael Edwards）和大卫·赫尔姆（David Hulme）等学者在其一系列研究中指出，20世纪80年代时国际非政府组织不太受到批评，然而自20世纪90年代以来，国际非政府组织因其责任感和合法性问题而被批评。[①] 随着国际非政府组织日益积极参与到全球气候治理中，他们不仅在筹款、品牌和市场方面发展到高度专业化，而且还在与支持者沟通方面有所进步。可以说，国际非政府组织日益重视自身在大规模的全球运动和全球治理中逐步凸显的公众形象，强化其动态的全球宣传，逐步提升其专业性权威，以及提高公众对自身发展了解程度的各种举措。然而，在这一过程中，越来越多的人开始质疑其变革性和本源价值观的流失。如一位英国非政府组织的主管接受采访表示："非政府组织目前越来越害怕受到来自各界批评，因为它们认为批评是一种消极的东西，会危及他们的品牌形象和筹款，而不是有益的。"[②] 因此，越来越多的学者指责发展部门中的许多国际非政府组织过度专业化和去政治化的发展使得它们忽视了本身在推动世界善治中的价值观和变革使命。[③] 另外值得注意的是，莎拉·S. 斯特鲁普（Sarah S. Stroup）和阿曼达·穆迪（Amanda Murdie）的研究引起更多学者对于国际非政府组织之间的南北差

① Hulme, D and M Edwards, *Making a Difference*, New York：Earthscan, 1992；Hulme, D and M Edwards, *NGOs, States and Donors. Too Close for Comfort*？Basingstoke：Palgrave Macmillan, 1996.

② Edwards, M and D Hulme, *Non-Governmental Organisations Performance and Accountability-Beyond the Magic Bullet*, New York：Earthscan, 1995.

③ Banks, N and D Hulme, "The Role of NGOs and Civil Society in Development and Poverty Reduction", *Brooks World Poverty Institute Working Paper*, 2012, p. 171.

距的关注，特别是国际非政府组织发展的这种"南北分割"对于他们参与全球治理能力的影响，乃至对发展中国家参与网络化治理嵌构的制约性研究。[①]

一　国际非政府组织参与气候治理的内部制约性因素

国际非政府组织在全球气候治理中扮演着日益重要的角色，特别是随着气候机制复合体中的网络化嵌构的强化以及气候变暖问题的不断恶化，其作用及其影响力会进一步扩大。然而，国际非政府组织在参与气候治理的过程中也面临着种种挑战与制约，其内部制约性因素主要包括以下三点。

（一）仍缺乏制度性规定且专业性管理水平参差不齐

在气候治理领域内，国际非政府组织参与的数目庞大，其专业性管理水平参差不齐，往往因为缺乏制度性规定而导致其活动随意性较强，主要体现在两方面。首先，气候环境类非政府组织是来自民间自发形成的团体，其成员大多数是一些热心于环保的志愿者，他们是出于对全球变暖的担忧而自发致力于大气保护行动的，是由一些气候保护"草根"力量自发组成的。强大的草根力量一方面可以汇聚力量，形成巨大的社会性影响力；另一方面也会造成非政府组织内部管理的混乱，增加其活动的随意性。有时参与者只需在网上注册一个会员身份就能成为非政府组织的成员，甚至并无有组织性的气候行动，这在那些规模较小的非专门研究型的气候环境类非政府组织身上体现得尤为明显。除此之外，某些环境非政府组织内部组织管理混乱，在财政、人力资源、部门组织分支结构等方面都缺乏一套完善的管理系统和透明的监督机制。[②]

其次，尽管国际非政府组织之间的网络化协调已经逐步成为一种发展趋势，但是对于众多的非政府组织而言，其作为一个整体的对外活动也缺乏制度性和长效性的协调整合机制。如许多观察家所言，环境非政府组织能够协调他们的活动，并且以同一个声音发言，这是其在《京都议定书》

---

①　Stroup, S and A Murdie, "There's No Place Like Home: Explaining International NGO Advocacy", *Review of International Organisations*, Vol. 7, 2012, pp. 425 – 448.

②　余姣：《全球气候治理格局下中国与南太平洋岛国气候治理合作研究》，华中师范大学2019年博士学位论文。

谈判中发挥影响的核心动力。没有这种组织间的协调，任何一个组织的发言都会被视为狭义的利益，而不是环境界的广泛利益。协调性制度的缺乏往往也会导致不同地区或者不同类型的环境非政府组织气候治理观点的差异。一个明显的例子是，不同类型、不同地区的非政府组织对在是否要运用市场机制来应对气候变化问题上有着不一样意见。以美国环保协会为代表的欧美非政府组织，极力推进市场机制，认为这样不仅能够最大限度上地减少二氧化碳的减排成本，而且可以最大限度调动私营企业在环保技术等方面的资金投入；但是一些来自发展中国家的非政府组织则强烈反对自由放任二氧化碳排放的市场途径，认为这样会加剧碳排放及其碳排放工业制造收益的全球不公平分配。

而且，非政府组织的行动策略不当也会严重影响其效果的发挥；许多环境非政府组织将其国际活动优先于其国家和区域气候变化运动。非国家行为体影响国际谈判的能力取决于他们多方面施加压力的能力，以及通过国际和国内渠道进行经营的能力。气候行动网络成员似乎已经认识到在国家、地区和全球层面上同时进行工作的重要性。但是，以美国的环境非政府组织为例，他们更加看重对于国际组织和各国政府的影响，一定程度上忽视了国会和公众。与此同时，化石燃料行业的代表迅速填补了这一空白，最终成功地影响了美国在气候变化问题上的立场。

（二）处于自我维持能力转型中且独立性有待提升

国际非政府组织被认为是有一系列可以自由支配的资源，有着自主权，独立于其他行为体的独立组织。这使其拥有一种道德规范性地位。保持"独立性"是所有的国际非政府组织面临的一个重大问题，气候治理领域内的国际非政府组织也同样如此。国际非政府组织目前收入来源为包括成员缴纳的资金，向其他个人或机构提供服务、物品所得的费用，主权国家政府的拨款，社会基金会捐助，联合国等国家间机构以及企业、个人的捐款，其中拨款和捐赠是其主要的来源。但是对于很多非政府组织而言，上述资金来源往往缺乏一个稳定的供给机制，导致其自我维持能力较差，从而影响了国际非政府组织的长期性行动能力与国际社会影响力。事实上，资金来源对于国际非政府组织来说一直都是一个敏感的话题，无论是从事大气科学研究还是开展气候保护活动都需要经费，而国际非政府组织本身的性质又决定了其不能通过盈利手段获取经费。因此，为了维持自身的发展，它们不得不通过各种渠道获取捐赠和资助。

然而，对外资金的依赖也引发了国际非政府组织的独立性问题。气候环境领域内的非政府组织强调"自我管理、自我判断和行为的机制与能力，不受外在团体包括政府和企业的监控"。这本来意味着非政府组织在合法从事气候保护行动时其目标、行动、策略都不受政府和任何私营部门的干预，是完全自主和独立的。① 不能忽视的是，由于非政府组织传统的资金来源例如私人捐赠、基金会拨款等的减少，其本身非营利性质活动的限制，加上随着气候治理难度的加大，气候治理与保护活动上需要投入的资金越来越多，国际非政府组织谋求自我维持模式转型的趋势越来越明显。当因资金短缺导致其自我生存都受到威胁的时候，国际非政府组织不得不开始寻求包括政府、企业的赞助以及其他各种商业活动的收入在内的新的资金来源。于是，国际非政府组织在气候决策和行动中不得不考虑其资助者的利益。随着时间的推移，某些尤其是发展中国家的某些非政府组织独立性完全丧失，甚至沦为了政府、大企业甚至西方发达国家大型非政府组织的附属品。失去了独立性和自主性的非政府组织既不能根据自身的意志管理内部事务，也不能在气候实践活动中灵活有效地行动。久而久之，作为一种自发的民间社会气候保护力量，非政府组织气候公平正义维护者的角色也逐渐丧失。除了由于资金的短缺之外，对非政府组织气候行动的独立自主性造成威胁的还有来自大国的控制。在气候治理舞台上，非政府组织制订温室气体减排计划，其通过和采纳无不需要某些大国的支持，有些非政府组织的活动是在大国许可的条件下展开的，因此组织的独立性也饱受质疑。

（三）社会承认与问责制度机制化有待提升

自20世纪90年代以来，国际非政府组织既拥有绕过国家层面接触基层的能力，又可以将政治影响力从地方层面扩大到全球层面。但是，进入21世纪以来，国际非政府组织的问责制和组织合法性问题开始受到质疑。② 尤尔根·哈贝马斯（Juergen Habermas）把合法性与承认联系起来，强调合法性是自我与他者的双向互动关系。承认包含了肯定性承认和否定

---

① 余姣：《全球气候治理格局下中国与南太平洋岛国气候治理合作研究》，华中师范大学2019年博士学位论文。

② Uvin, Peter, P. S. Jain, and L. D. Brown, "Think large and act small: Toward a new paradigm for NGO scaling up", *World Development*, Vol. 28, No. 8, 2000, pp. 1409–1419.

性承认：前者主要意味着主体间的承认模式和认同关系；后者意味着对于国际非政府组织的问责，这种问责客体对主体的责任关系体现了一种契约关系，在其中主体对客体的质疑可以分为自我问责和他者问责。[①] 首先在认同上，国际非政府组织的价值认同是其合法性认同和影响力发挥的根本来源。这种价值认同主要体现为人道性原则、正义性原则和民主性原则，这种道义性权威来源推进了国际社会对于国际非政府组织的接纳。不可否认的是，如果上述三原则同主权国家的价值取向和意识形态存在冲突的话，也会导致主权国家对于国际非政府组织的认同受限。由于国际非政府组织没有主权权力来源，在他者对自我认同的形成过程中，往往取决于两个维度：一是默认认同，即通过互动逐步建构起来的主体间信任；二是司法认同，即基于契约的一整套互动机制来规制彼此的法律身份。国际非政府组织的法律身份由两方面界定：第一，组织内基本文件规定；第二，政府间组织、主权国家认可和批准。随着非政府组织在全球气候治理嵌构中同其他行为体的互动增多，其认同性程度在上升。[②]

但是在问责方面，目前国际非政府组织受到的质疑不断提升。一般将非政府组织视为独立性和权威性的代表，从而在全球治理中起到监督和问责他者的作用，但是谁对非政府组织进行监督，如何保证其合规范性运作都是值得反思的问题。如在印度，很多国际非政府组织由于透明度低，存在着内部贪污和治理丑闻等问题。国际非政府行为体的问责，包括政府间组织、主权国家、市场和公民对其的质疑，也包括国际非政府行为体自身的反思。在问责机制方面，国际非政府组织的自我问责向度主要体现在运行透明度方面，这包括组织的决策过程、运行模式以及资金来源与用途的相关信息。但是由于某些非政府组织存在缺乏制度性规定、专业性管理水平参差不齐等问题，因此非政府组织的自我问责机制的完善仍有待时日。

他者问责主要是指来自主权国家和政府间组织对于国际非政府组织的监督。对于主权国家而言，其关于非政府组织的法律规定是问责国际非政府组织的根本性依据，比如相关政府部门的管理、政府对于社会独立机构的审计等。对于政府间组织而言，他们对于非政府组织的咨询地位的审

---

① 保罗·利科：《承认的过程》，中国人民大学出版社 2011 年版，第 160 页。
② 谷天雨：《国际非政府组织合法性初探——香港乐施会案例研究：为承认而合作》，外交学院 2013 年硕士学位论文。

核，以及在合作项目中对于非政府组织运行模式的相关规定与约束属于他者问责。近年来，尽管联合国《公约》框架、《利马议会议程》和《巴黎协定》等重要决议在基本原则上侧重不断扩大多利益攸关方的参与权，但也同时关注到需要加强对国际非政府组织、企业等行为体参与气候治理的有效监督机制。比如联合国经社理事会下的非政府委员会逐步出台了更为细致的监督规范，在以下情形下对取得咨商的组织进行暂停、撤销：一个组织在过去三年内没有对联合国的工作做出任何积极或有效的贡献，撤销三年内不得再次申请；一个组织明显滥用其地位，从事一系列违反联合国宪章及安理会宗旨和原则的行为，包括对联合国会员国采取不符合这些宗旨和原则的、未经证实或出于政治动机的行为；组织进行国际公认的犯罪活动等。这种问责机制的加强旨在推进国际非政府组织内嵌到全球气候治理过程中寻找到合法性与有效性的平衡：一方面鼓励更多有组织有协调的气候治理贡献；另一方面是通过问责机制监测国际非政府组织所述贡献的有效性和能力程度。[1]除此之外，社会力量与大众媒体也会对非政府组织形成问责关系，比如捐款方对于非政府组织定期公布财务报告的要求、媒体和公众对于非政府组织项目行动的监督、公众意见调查等。

二　国际非政府组织在网络化治理嵌构中的互动能力有限性

虽然随着全球化的深入和气候问题的日益严重，广泛参与气候治理的非政府已经成为一个重要的治理主体，但它们在全球气候治理领域内的可以动员的资源以及干预规模比起主权国家政府、城市、国家间组织和企业来还是要小很多。正如萨宾宁·琅（Sabing Lang）所指出，国际非政府组织和政府关系的现状更为复杂，他称为"不平等的互相依赖"[2]。在气候治理领域内，主权国家和国际组织无论是在国际气候谈判桌上还是在二氧化碳等温室气体的排放上都有重要的议程控制权和资源支配力，国际非政府组织虽然是全球气候治理的一个重要主体，但在这一问题上与主权国家和国际组织互动过程中形成的互相依赖程度存在着高度不对称。因此在网

---

① Jonathan W. Kuyper, Björn-Ola Linnér and Heike Schroeder, "Non-State Actors in Hybrid Global Climate Governance: Justice, Legitimacy, and Effectiveness in a Post-Paris Era", *Climate Change*, 2017, pp. 1 – 18.

② Lang, Sabine, "NGOs, Local Governance, and Political Communication Processes in Germany", *Political Communication*, Vol. 17, No. 4, 2000, pp. 383 – 387.

络化的治理嵌构中，国际非政府组织更多需要依赖上述行为体的治理资源来推进其治理影响力，但是这种非对称性依赖也在很大程度上制约着国际非政府组织在网络化治理嵌构中互动能力的发挥。①

具体而言，首先，在同主权国家政府的互动过程中，国际非政府组织无法直接去干预它们具体的气候政策。自从威斯特伐利亚体系形成以来，主权国家一直都是国际社会上最主要的行为体，对外具有独立交往的权利，对内具有最高主权。在全球气候治理的舞台上，主权国家更是独一无二的决策制定者和行动落实者。在国际谈判中，国家作为谈判的主导行为体，具有投票权，是唯一的决策制定者。同时，政府行为体也是影响气候体系中治理嵌构的重要力量，由国家以及次国家行为体所组成的跨国气候合作机制在体系中仍占据主流地位，而且得益于其同联合国框架下的主流机制联系更为紧密的联系，有公共部门参与而组成的跨国网络在治理能力、资源获取、资金融通、实践经验扩散、规范引领、标准制定等领域均具有优势，在嵌入性的融合度上均较高。国际非政府组织虽然是公民社会的代表，但却无法正式参与联合国框架下相关谈判。国际非政府组织需要向政府代表传达其需求和立场，以获得影响谈判的机会，对主权国家气候政策的干预只能通过倡议、游说等途径来影响气候政策，即使是用示威、游行等激进式的手段也只是对决策当局施加压力。在这种权力非对称格局中，主权国家对于国际非政府组织的重视程度依然有限，从而限制了国际非政府组织的嵌构主导与协调能力，如目前公共部门—社会部门的伙伴关系网络数量要少于私营部门—社会部门的伙伴关系网络数量。

其次，与政府间组织互动过程中，特别是参与《联合国气候变化公约》核心框架的过程中，虽然国际非政府组织在联合国气候大会上可以通过提供气候信息、气候治理方案、参与气候谈判等干预联合国气候政策；但是它们始终没有投票权，在联合国气候舞台上仍缺乏决策权力。在政策影响方面更多谈到的是国际非政府组织的权威，这种权威性影响力更多是间接性影响，尽管近年来联合国日益重视国际非政府组织的一种制度化和规范化的参与。但在像七国集团（G7）这样的国家间俱乐部组织中，虽然政治议题会涉及全球气候变化，国际非政府组织的嵌入作用和互动性

---

① 李昕蕾：《治理嵌构：全球气候治理机制复合体的演进逻辑》，《欧洲研究》2018 年第 2 期，第 91—116 页。

影响却是微乎其微。因此，在气候治理嵌构中，政府间组织虽然重视国际非政府组织的深厚社会资本和社会影响力，但是在气候减排和低碳转型实践中，城市和私营部门（企业和投资者）的治理资源要远远超过国际非政府组织。因此，在第二章治理嵌构三角谱系的研究中可以发现，来自公共部门—社会部门的伙伴关系网络数量屈指可数。相比之下，政府更看重私营部门的资金和技术资源，更愿意将更多精力放在公共部门—私营部门的公私合作伙伴关系（PPP）建构方面。当然，随着国际非政府组织同私营部门互动的增强，基于公共部门—私营部门—社会部门的包容性伙伴关系网络的出现从一定程度上带动了非政府组织的嵌构性影响力。但是即使在网络内部，非政府组织的嵌构性协调力与潜在引领力有时也受到其可支配资源的限制。同时，在跨国伙伴关系建构过程中，国际非政府组织为了提升跨国网络的影响力，在策略选择上也会逐步同国际组织和政府部门等公共部门的立场趋近。在这一过程中意味着国际非政府组织不得不做出自身的调整，更多偏向合作和服务导向而淡化甚至放弃自身的对抗性和变革性诉求。

最后，在同私营部门的互动中，国际非政府组织的资源调度能力仍低于跨国企业和投资者。随着国际非政府组织筹备运行资金的减少，很多组织开始利用自身的社会资本和治理公信性来吸引私营部门的支持；而企业、投资者等市场行为体为了自身的品牌形象和社会责任，也乐于同国际非政府组织加强各类合作，特别是为其项目运行和低碳实践进行捐助。尽管像绿色和平这样的国际非政府组织一直坚持不接受国家政府、独立政党以及带有政治性质的大财团的捐赠，而一个不争的事实是，越来越多的国际非政府组织开始接受甚至依赖于国家政府和有政治倾向的团体赠予资金。这就引发了跨国合作网络内部关于国际非政府组织独立性和变革性的争论，即国际非政府组织的商业模式和变革模式之辩。前者注重为了获得更多运作资金以及维持公众形象而同私营部门进行的合作，并开展温和性活动；后者强调为了自身的独立性而远离资本，为了社会的公正和平等进行变革性运动。许多大型国际非政府组织更多地受到商业模式的驱动，而不是由变革模式所驱动，他们通过一种所谓"专业规范"的"去政治化"措施来寻求同私营部门的更加温和性的合作，从而保证组织运作随时有资金的保障。由于这些组织的变革性不断受到削弱而导致他们与政府部门和国际组织在各种政治理念、战略选择和组织结构之间几乎没有区别，被批

评为受到资本逻辑的侵蚀而丧失自我的变革意愿。学者尼古拉·班克斯
（Nicola Banks）和大卫·胡姆（David Hulme）犀利地指出[1]，国际非政府
组织的这种资本服务性倾向已经严重危及国际非政府组织对基层市民的忠
诚度。但是对于任何一个国际非政府组织而言，维持基本生存性的运营模
式很难在短期内改变，这种商业模式有时将国际非政府组织置于两难的境
地：为了维持国际非政府组织的公信力和认可度，该组织应该通过独有的
对于社会公平和平等的变革诉求来保持自身的辨识度和社会动员性；然而
这种支持国际非政府组织完全"独立性"的理念在经济全球化时代又显
得"格格不入"，特别是国际非政府组织的专业化运作以及大规模活动的
开展如果没有固定基金会和稳定的社会捐款的支持则必然需要同私营部门
合作。[2] 在这一进程中，国际非政府组织如何在网络性合作中既获得足够
的治理支撑性资源又能保持自身的独立性和变革性，甚至可以超越资本逻
辑来引导气候跨国网络的发展方向，对很多组织而言是一种巨大挑战。

三　气候治理体系对于国际非政府组织的外部结构性制约

随着全球气候治理嵌构的发展，以《联合国气候变化框架公约》为
核心的气候谈判条约体系逐步为保障国际非政府组织的参与提供一些准制
度性的渠道，但是从本质上而言，国际非政府组织在条约体系中的地位还
不明确，在参与过程中不可避免还受到外部结构性制约。

（一）国际非政府组织参与国际气候谈判的主体地位仍然不够明确

《联合国气候变化框架公约》规定"鼓励包括国际非政府组织在内的
最广泛公众参与到这个过程中来"，"允许非政府组织作为观察员参加缔
约方会议"。这说明《联合国气候变化框架公约》虽然鼓励非政府组织广
泛参与，但给非政府组织的定位只限于"参与者"和"观察员"。[3] 联合
国环境与发展大会通过的《21世纪议程》把非政府组织定位成"合作
者"；在《京都议定书》的条款里规定"酌情寻求和利用各主管国际组织

---

①　Banks, N and D Hulme, "The Role of NGOs and Civil Society in Development and Poverty Re-
duction", *Brooks World Poverty Institute Working Paper*, 2012, p. 171.

②　Helen Yanacopulos, *International NGO Engagement*, *Advocacy*, *Activism*: *The Faces and
Spaces of Change*, Palgrave Macmillan, 2015.

③　杜志华、杜群：《气候变化的国际法发展：从温室效应理论到〈联合国气候变化框架公
约〉》，《现代法学》2002年第5期，第145—149页。

和政府间及非政府机构提供的服务、合作和信息"，"任何在本议定书所涉事项上具备资格的团体或机构，无论是国家或国际的，政府或非政府的，经通知秘书处其愿意派代表作为观察员出席作为本议定书缔约方会议的《公约》缔约方会议的某届会议，均可予以接纳，除非出席的缔约方至少三分之一反对"。① 在 2007 年通过的《巴厘岛路线图》里规定"鼓励多边机构、公共领域、私人领域及公民社会，通过相互协助的行动和过程，支持全人类对气候变化一致、共同的适应"②，这里互相协作的行动目标是泛泛而谈的所谓"增强人类适应气候变化的能力"，这些模糊的目标定位也未曾明确气候变化条约体系中国际非政府组织的地位。

《巴黎协定》的落实离不开公共部门、私营部门与社会部门的诉求融合与立场协调。目前气候会议公报的主流提法已经从过去的"非政府组织"或者"公民社会"变为"非缔约方利益相关者"（Non-Party Stakeholder, NPS）。这从某种程度上反映了全球治理在面对政府间大多边谈判时，国际组织为了超越国家间博弈并谋求自身的自主性时，越发离不开来自民间力量的支持。另外，随着 2017 年特朗普政府宣布退出《巴黎协定》以及各国对于继续提升自身自主贡献目标的消极立场，美国非国家主体的聚合力成为弥合中长期气候减缓适应目标的新型绿色引擎，如美国的州、城市、公司、社会组织在"去气候化"政策态势下被寄予厚望。然而不可否认的是，国家仍被视为国际气候谈判条约体系中绝对主导和首要合法的国际法主体。国际非政府组织至多只是"参与者""合作者"以及"观察员"，虽然可以提供气候信息、温室气体减排方案和气候治理建议，但始终在联合国气候大会中没有正式的投票权。因此，国际非政府组织在气候谈判条约体系中，理论上并不是决策者，也不具备制定气候政策时同其他主权国家进行平等谈判的地位。

（二）国际非政府组织在气候谈判议程中被边缘化的问题

在国际谈判中国际非政府组织被边缘化与其谈判主体地位的缺失有紧密联系。主权国家在气候谈判中虽然标榜着将全人类未来的气候环境命运纳入首要考虑中，但其决策首选更多是出于自身的国家利益考量，特别是

① 周洪钧：《〈京都议定书〉生效周年述论》，《法学》2006 年第 3 期，第 123—130 页。
② 谷德近：《巴厘岛路线图：共同但有区别责任的演进》，《法学》2008 年第 2 期，第 132—137 页。

对国家经济竞争力和发展空间的保护。国际多边气候谈判日益陷入国家之间的利益博弈泥淖中而显得滞缓僵化。与主权国家不同，国际非政府组织的权威来自自身的独立性、专业性和规范性，其参与气候谈判的目标往往纯粹是为了追求单一性的气候利益，当然背后也存在一定的组织性偏好诉求。基于此，当主权国家的利益计算目标与国际非政府组织的气候公益目标互相冲突时，主权国家会通过关闭"制度性参与"之门来极力排斥国际非政府组织的参与。由于本身没有投票权，再加上主权国家的排斥，国际非政府组织往往会被搁置在气候谈判议程的边缘位置，即使他们努力争取在历年气候大会的场地旁边召开包容多元利益参与方的气候治理边会。

以《巴黎协定》的国际谈判为例，在2015年11月13日巴黎发生恐怖袭击事件之后，尽管没有一位国家领导人取消出席气候大会的计划，但是考虑到巴黎复杂的安全形势，东道主法国通过一些措施来抑制某些非国家行为体的参与。相关研究认为在国际气候谈判中，以国际非政府组织为代表的非国家行为体往往会采取不同的策略来吸引政府代表的注意力，如活动家、游说者或专家通过组织抗议和示威活动向政府谈判代表加大施压力度。与此同时，越来越多的国际非政府组织在会场内外活动也给国家间的谈判带来了困扰和影响。[①] 基于此，主权国家为了完善谈判管理的手段以保障会场的安全性和秩序性，可以发挥主权国家的强制性限制力来阻断社会力量的渗入，保障谈判议题的顺利进行以及谈判程序的可控制性。具体而言，在巴黎的谈判过程中，大会的组织方法国为了更好地通过相应的定向性机制安排来影响谈判结果而采取了更多的引导性和限制性措施，例如议程设置、决策程序、控制非国家行为体的活动以及提供政策选择等。[②] 这主要基于两方面的考量：一是保障大会平稳进行，避免会场内外的混乱引起安全问题；二是减少谈判中的干扰，为国家行为体协调立场提供更好的环境。法国在保障非国家行为体基本代表权的基础上对其参与规

---

① 一直以来，联合国气候谈判对市民社会的参与相对宽容。UNFCCC的注册向所有获得正式承认的观察组织开放，而认可本身也不难，从而在某种程度上造成"参与拥堵"现象。可参见Jonathan W. Kuyper and Karin Bäckstrand, "Accountability and Representation: Nonstate Actors in UN Climate Diplomacy", *Global Environmental Politics*, Vol. 16, No. 3, 2016, pp. 61 – 81。

② 董亮：《欧盟在巴黎气候进程中的领导力：局限性与不确定性》，《欧洲研究》2017年第3期，第82—100页。

模与方式均进行了限制。虽然市民社会的参与有助于联合国承担气候治理的责任，但在巴黎大会上对环境气候非政府组织的控制也是政策制定者排除"干扰"的必要安排。因此，出于加强安全保护的考虑，法国取消了一些与谈判无关的活动，如气候游行等，也有效地保障了大会谈判的平稳进行。当然，出于谈判策略的考虑，欧盟在限制非国家行为体参与谈判主场的同时，还联合小岛国家、国际非政府组织围绕 1.5℃ 目标来形成"雄心联盟"，从而对新兴工业国家进行了政治施压。

上述案例从一个侧面说明了国家主权行为体在国际气候谈判的议程设置和谈判策略制定中仍然掌握主导权，它们一方面可以出于安全以及加强对于谈判议程管理的原因而限制国际非政府组织的活动空间；另一方面又可以出于"协调联合"等谈判策略的务实性考虑，来加强同某些国际非政府组织之间的联盟性合作，通过伙伴关系网络强化自身的结构性权力。当然，国际非政府组织在这种网络性嵌构中的互动选择性仍受限制，有时处于比较被动的"备选"的地位。①

（三）国际非政府组织对国家气候治理实践的履约监督力有限

气候谈判与签订气候条约是第一步，实践中的履行才是关键。对于如何监督国际条约的履行，国际社会主要方式有：独立的国际专家组监督、国际机构检查、第三方核查等方式。目前《联合国气候变化框架公约》和《京都议定书》对于协议签署国在实践中履行条约的监督机制主要有：《公约》下的缔约方多边协商会议，遵约委员会专家审评、强制执行分支机构等。

具体而言，《公约》下的缔约方多边协商程序是针对气候条约的签订国的，《京都议定书》规定：缔方会议应经常审查本议定书的履行情况，并应在其权限内做出为促进本议定书得到有效履行而必要的决定。当有的国家未能履行减排协议的时候，签约国就启动多边协商程序重新评估、审议履约情况，并对缔约方的上诉做出决定。在这一协商会议中，国际非政府组织由于在国际法上不是一个独立缔约方，自然就不能参与这一监督。

---

① Katharina Rietig, "The Power of Strategy: Environmental NGO Influence in International Climate Negotiations", *Global Governance*, Vol. 22, No. 2, 2016, p. 270; Thomas Bernauer and Carola Betzold, "Civil Society in Global Environmental Governance", *Journal of Environment Development*, Vol. 21, No. 1, 2012, pp. 62 – 66.

遵约委员会专家评审意味着，专家对缔约方提交的信息作为温室气体排放清单和分配数量年度汇编和计算的一部分做出审查。在深度专家审查过程中，缔约方履行本议定书的情况的所有方面做出彻底且全面的技术评估。专家审查是对协议签署国的最有效、最全面的监督，委员会及其候补委员应以个人身份任职，他们在气候变化领域及相关领域，如科学、社会、经济、法律等领域，具有公认的专业能力。按常理，委员会专家评审是国际非政府组织最能介入气候条约履约监督程序的路径，但是专家审查组之间的协调应由秘书处进行，审查组的成员应从《公约》缔约方和酌情由政府间组织提名的人选中甄选。也就是说，进行监督审查的专家是由缔约方和政府间组织中产生的，即便有些专门研究气候变化的国际非政府组织拥有气候权威专家，但也无法以国际非政府组织成员的身份进入这一监督程序。再来看强制执行机制，强制执行分支机构负责确定缔约方是否遵守限制或减少温室气体排放的量化承诺，强制执行分支机构的成员分别出自五个联合国区域集团、小岛屿发展中国家、附件Ⅰ缔约方和非附件Ⅰ缔约方，同时应考虑到《公约》主席团中话语权比较强的利益集团。在强制执行分支机构中，也没有国际非政府组织可以介入监督机制的途径。

2016 年《巴黎协定》的生效为了监督与制衡国家自主贡献，创设了新的遵约机制——透明度框架和全球盘点。它们与国家自主贡献一起挽救了长期以来的气候变化制度危机，同时又对多边环境协定下的遵约机制进行了新的改革。① 根据巴黎大会第 1/CP.21 号决定第 102 条，遵约委员会应由《巴黎协定》缔约方会议根据公平地域代表性原则，选出在相关科学、技术、社会经济或法律领域具备公认才能的 12 名成员组成②，但其中并没有明确规定国际非政府组织在遵约委员会中的制度性参与渠道。尽管国际非政府组织在透明度和全球盘点领域拥有着越来越大的话语权，特别是对于气候减缓和适应的标准制定、测量方法、实践准则等方面具有日益显著的影响力，但是对于气候谈判条约实践中的遵约监督仍存在"制度性天花板"③。比如有关非政府组织和各国智库中的技术专家能否进入

---

① 梁晓菲：《论〈巴黎协定〉遵约机制：透明度框架与全球盘点》，《西安交通大学学报》（社会科学版）2018 年第 2 期，第 109—116 页。
② 12 名成员包括联合国五大区域各派 2 名成员，小岛屿国家和最不发达国家各派 1 名成员，并需要兼顾性别平衡。
③ 宋冬：《论〈巴黎协定〉遵约机制的构建》，外交学院 2018 年博士学位论文。

审评和促进性多方审议的实施细则仍未明朗化，并且多方透明度审评的相关结果是否可以推进遵约机制的监督仍在讨论中。另外，作为全球气候治理重要一员，国际非政府组织却在实践中无法有效地监督各个协议签约国的温室气体排放情况，这意味着在具体国别的履约审查问题上仍没有话语权。很明显，多方参与的透明度审评、遵约机制监督以及全球盘点机制之间的关联互动性还有待提升，非政府组织即便掌握了国家的不履约情况也无法通过正常的诉讼渠道有效地进行监督。总而言之，国际非政府组织在国际气候变化条约体系的实践中并没有发挥出应有的监督作用。

四　"南北分割"格局中"南方国家"非政府组织的话语权有限

全球变暖的影响效应不是均匀地分布在全球各个地方。从气候地缘维度而言，气候变化尤其是极端天气事件的发生对低纬度国家（特别是撒哈拉以南的非洲地区）的物理和生态系统的破坏程度更高。[①] 一直被贫困问题困扰的低纬度发展中国家由于其气候适应能力低而将面临更为严峻的挑战：这些国家经济结构单一且主要依靠农业和原材料的出口，在气候极端天气面前变得尤为脆弱，甚至可能会陷入气候致贫且无力应对的"持续贫困"的恶性循环中。与此相比，原本比较发达的较高纬度地区的国家受到气候变化的冲击力则较弱，而且他们拥有更雄厚的财力和更先进的技术，具有更好的气候风险预测能力以及气候灾难处理能力，可以较大程度削减气候变化所带来的经济社会损失。2018 年 10 月，联合国减少灾难风险办公室发布了一份名为《1998—2017 年经济损失、贫困和灾害》的报告，指出"虽然高收入国家也遭受了经济损失，但灾难事件对低收入和中等收入国家造成的影响却是不可估量的，低收入国家的人民在灾难中失去财产或遭受伤害的可能性是高收入国家人民的六倍"[②]。尽管发展中国家面临来自气候危机的更多冲击，但其在历次气候缔约方会议的话语权极为有限。如表 5 - 3 所示，单就 1995 年至 2021 年《联合国气候变化框架公约》缔约国大会地理分布而言，欧洲发达国家召开气候缔约国大会的数量占比为 53.85%，而近十年（2012—2021 年）这一占比进一步提

---

① 罗良文、茹雪：《气候变化与世界贫富差距》，《国外社会科学》2019 年第 6 期，第 109—117 页。

② UNISDR, *Economic Losses, Poverty & Disasters 1998 - 2017*, 2019.

升为66.67%。这表明欧洲国家可以更好地利用"会议主场外交"在历次气候缔约方大会中进行议题设置、话语框定和议题管理，从而在一定程度上边缘化来自发展中国家的更多议题设定呼声与特殊利益诉求。

表5-3　　《联合国气候变化框架公约》缔约国大会地理分布
（截止到2021年）

大洲	缔约国大会数量（2012—2021）	占缔约国大会总数的比率（2012—2021）	缔约国大会数量（1995—2021）	占缔约国大会总数的比率（1995—2021）
非洲	1	11.11%	4	15.38%
南极洲	0	0%	0	0%
亚洲	1	11.11%	4	15.38%
澳大利亚 & 大洋洲	0	0%	0	0%
欧洲	6	66.67%	14	53.85%
北美洲	0	0%	1	3.85%
南美洲	1	11.11%	3	11.54%
总计	9	100%	26	100%

资料来源：Krantz, D. COP and the Cloth, "Quantitatively and Normatively Assessing Religious NGO Participation at the Conference of Parties to the United Nations Framework Convention on Climate Change", *Science*, Vol. 3, No. 24, 2021, https: // doi. org/10. 3390/sci3020024.

要解决危机应对中的气候公平问题，需要进一步减少"南北分割"中的差距，通过发达国家的资金支持和技术援助来提高发展中国家的应对能力。目前为了实现全球2℃温控目标，发展中国家每年需要3000亿—10000亿美元的资金支持；为了实现全球1.5℃温控目标，发达国家则应该提供更多的资金援助与技术支持。目前虽然有全球环境基金（GEF）、绿色气候基金（GCF）等融资机制，但由于其资金规模有限，无法提供有力的资金支持，发达国家做出的到2020年前每年提供至少1000亿美元资金的承诺至今已过去十几年，一直未能兑现，令国际社会感到失望，应对气候变化的相关行动也出现了延缓，这也进一步加剧了全球温控目标最终实现的难度。① 2021 年 10 月的意大利 G20 峰会上通过了 G20 公报，虽然重申了 1.5℃的目标，但"几乎没有提到具体行动"。因为全球温控涉及经济发展、科技、环境、法律等方面的问题，还得动不少国家的"奶酪"。所以，气候谈判成了各国局部利益与全球利益、长期利益与短期利益的博弈战场。目前，各国的气候承诺远远落后于实现《巴黎协定》温控最低目标要求的水平，1.5℃的升温幅度在 2030 年前会被突破，将使世界步入"在本世纪末至少升温 2.7℃"的糟糕境地。面对"南北差距"和"1.5℃温控目标实现差距"的"双重差距"，调动全球社会部门和私营部门在全球气候嵌构中的行动积极性显得尤为重要。

目前在全球气候治理嵌构互动中，学者们探讨非政府组织在全球机制复合体中的影响的研究倾向于关注有影响力的国际非政府组织②，或者是商业性非政府组织③，而不是那些边缘化且影响较弱的团体，特别是来自发展中国家的刚刚起步的非政府组织、社会团体，以及原住民力量等。④因此，即使在非政府组织的发展和参与全球治理方面，也存在一种"南北分割"和隐形的参与等级性。从南北发源来看分为：源自发达国家的国际环境非政府组织和源自发展中国家的国际环境非政府组织。如世界自然基金（WWF）、绿色和平国际（Greenpeace）、地球之友国际（Friends of Earth International）等都是发源于发达国家的国际环境非政府组织；非洲非政府组织环境网络（African NGOs Environment Network）等是属于发展中国家的国际环境非政府组织。尽管一些发展中国家的环境非政府组织

① 丁斐、庄贵阳：《全球气候变化系统性风险与"气候明斯基时刻"》，《阅江学刊》2019年第 6 期，第 33—42 页。

② Betsill, M., & Corell, E. eds., *NGO Diplomacy: The Influence of Nongovernmental Organizations in International Environmental Negotiations*. Cambridge: MIT Press, 2008; Gulbrandsen, L., & Andresen, S., "NGO Influence in the Implementation of the Kyoto Protocol: Compliance. Flexibility Mechanisms, and Sinks", *Global Environmental Politics*, Vol. 4, No. 4, 2004, pp. 54 – 75.

③ Falkner, R., "Business and Global Climate Governance: A Neo-pluralist Perspective", In M. Ougaard & A. Leander eds., *Business and Global Governance*, London: Routledge, 2010, pp. 99 – 117; Vormedal, I., "The Influence of Business and Industry NGOs in the Negotiation of the Kyoto Mechanisms: The Case of Carbon Capture and Storage in the CDM", *Global Environmental Politics*, Vol. 8, No. 4, 2008, pp. 36 – 65.

④ Schroeder, H., "Agency in International Climate Negotiations: The Case of Indigenous Peoples and Avoided Deforestation", *International Environmental Agreements*, Vol. 10, No. 4, 2010, pp. 317 – 332.

也在努力建立起全球网络,但是目前真正在全球范围内开展活动的国际非政府组织绝大多数都源自发达国家。造成这一差异的基本原因在于"南北"发展的不平衡性仍有增无减,发达国家的环境非政府组织拥有更多的资源。在发达国家,由于民主制度的完善,公民社会发展比较成熟,非政府组织无论在数量上还是作用、影响力方面都远远超过发展中国家。一般而言,发达国家的环境非政府组织相对于发展中国家和地区来说,成员人数多、组织机构设立健全、资金周转充裕。因此,西方国家的国际非政府组织在全球气候治理嵌构中拥有更大的话语权,可以积极推出较为系统性的各种气候治理理论体系以及提出较为成熟的气候建议和提案。而发展中国家由于历史、经济、文化等原因造成了自身非政府组织起步较晚,财力、物力条件又相当有限,致使其国际化程度水平较低且缺乏参与全球气候治理的相关能力。

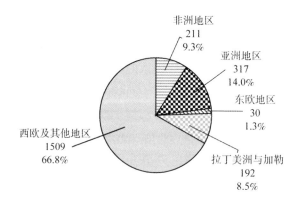

图5-1　UNFCCC 接纳的观察员组织所在区域统计

(截止到2017年12月)

资料来源:UNFCCC, Admitted observer organizations by Regional Group (as at December 2017), https://unfccc. int/process-and-meetings/parties-non-party-stakeholders/non-party-stakeholders/statistics#eq-2.

在应对气候变化方面,发展中国家以及最不发达国家将面临来自气候变化减缓和适应方面的更大挑战:一方面如上所述,发展中国家在气候地缘影响方面具有更高程度的敏感性和脆弱性,缺少相应的资金、技术、人才来提升自身的气候危机应对能力;另一方面来自发展中国家的非政府组织由于其国际化程度低，从而未能充分有效地将发展中国家在气候减缓与适应中的各种特殊议题诉求内嵌到国际气候谈判的政治议程中。这体现为全球气候治理中知识与话语的"南北分割"现象日益明显，受到自身治理能力以及科研能力薄弱的限制，来自发展中国家的社会性声音和公正性诉求往往被边缘化和削弱化。① 与之相对，西方国际非政府组织往往具有更为专业的长期追踪性研究经历，他们同各类智库一起凭借自身在科研能力、成果发布、专家网络以及国际制度安排上的优势，在气候治理知识塑造过程中拥有更强的影响力和话语权。在很多具体的气候政治的议题设定、话语框定和治理优先权确立上，西方研究界的"霸权性话语"在一定程度上弱化乃至边缘化了发展中国家非政府组织参与全球气候治理的知识供给权与制度化路径。如图 5-1 所显示，根据 UNFCCC 接纳的观察员组织所在区域统计，欧美等西方国家的非政府组织参与准入比例高达66.8%，亚洲、非洲和拉美各国中非政府组织获得的准入比例仅为14%、9.3% 和 8.5%。

　　总之，在全球气候治理中的非政府组织的影响是具有高度选择性的。尽管气候治理过程的路径选择与标准设立会对"南方国家"的利益相关方产生重大影响，但他们在气候治理中的不同利益诉求与治理意愿并没有被充分地代表。国际发展组织（Action Aid）气候政策的领导人哈吉特·辛格（Harjeet Singh）指出，南北国家社会组织在气候行动的优先次序方面有着非常不同的看法。一般而论，源自发达国家的环境非政府组织对减缓措施和透明度问题更感兴趣；而源自发展中国家的环境非政府组织则更关注环境恶化与贫穷的关系以及发展中国家自身对自然资源的主权等。② 故而，全球气候治理中的发达国家需要承认与发展中国家彼此存有不同出发点，认同发展中国家的灵活性以及考虑公平、共同但有区别性责任和各自能力（CBDR-RC）等原则。由于发展中国家非政府组织的国际化水平低，社会支持基础薄弱，资金资源协调力低，走出去能力弱；即使能够走出去，也会由于专业性弱，而在全球气候谈判中的政策咨询参与度低且活动

　　① 李昕蕾：《全球气候治理中的知识供给与话语权竞争——以中国气候研究影响 IPCC 知识塑造为例》，《外交评论》2019 年第 4 期，第 32—70 页。

　　② Gareth Porter and Janet Welsh Brown, *Global Environmental Politics*, Boulder, Colorado：Westview Press，1996，pp. 50 – 53.

能力有限。可以说，来自发展中国家的非政府组织由于经验较少、规模较小且不够专业且活动能力不强，从而在全球气候治理参与中处于不利地位，他们对许多问题的要求被忽视和被边缘化。① 而与来自全球北部的成熟、较大的非政府组织相比，参与联合国机构的成员有经验，因此具有更大的话语权。这些排斥/纳入程序是非政府组织行为者之间和内部结构过程的结果。② 非政府组织在发达国家和发展中国家发展如此不平衡，虽然有其产生的必然性，但这种不平衡造成的后果却是不容忽视的。在国际舞台上，我们往往听到的更多的是发达国家的非政府组织气候治理的呼声，而发展中国家的环境非政府组织常常被无视，这也在某种程度上损害了发展中国家的气候利益与话语诉求。

---

① Charlotte Dany, *Global Governance and NGO Participation：Shaping the Information Society in the United Nations*, London：Routledge, 2013, pp. 70 – 101.

② Charlotte Dany, "Janus-Faced NGO Participation in Global Governance：Structural Constraints for NGO Influence", *Global Governance*, Vol. 20, 2014, pp. 419 –436.

第六章　中国社会组织参与全球气候治理嵌构的策略选择

随着全球治理体系和国际秩序变革的加速推进，发展中国家在全球治理中的权重日益上升，对于国际非政府组织的发展也产生以下三个方面的影响：一是国际非政府组织不得不重视"南方国家"所面临的气候变化适应问题，特别是关注中小发展中国家和最不发达国家在气候政治中的资金技术援助和损失损害赔偿问题。二是在既有的国际非政府组织中，来自发展中国家的成员数量逐步增多，提升了其组织治理的合法性和有效性。三是源自发展中国家的本土社会组织日益崛起，同时也注重彼此的联盟与合作从而提升其话语权。上述变化为中国社会组织参与全球气候治理嵌构进程提供了更多契机。不可否认，在中国推进气候外交的过程中，在华的国际非政府组织和本土社会组织发挥出日益重要的影响。民间社会组织更加"接地气"，可以更好地在国际层面以及在海外民间开展相应的气候友好活动和对外气候援助，在"多轨外交"框架下推进各类国际合作项目，作为官方气候外交的有益补充。此外，通过参与到全球气候治理嵌构之中，"走出去"的社会组织可以在全球环境资讯收集与分析方面为政府提供智力支持。也可以通过主场气候会议的组织召开或者参与国际气候项目，与国际组织以及其他国家的非政府组织进行交流合作，凭借全球伙伴关系网络的建构来提升中国民间声音在国际层面的结构性影响力和话语权。[①]

然而，相比于欧美国家，以中国为代表的新兴发展中大国还缺乏长期同以国际非政府组织为代表的非国家行为体互动的经验以及相应的治理能

---

① 张樟：《新媒体视域下公众参与环境治理的效果研究——基于中国省级面板数据的实证分析》，《中国行政管理》2018 年第 9 期，第 79—85 页。

力，这种发展趋势对于中国在后巴黎时代气候治理格局中获得更多的制度性影响力形成不容忽视的挑战。2018 年卡托维兹会议达成《巴黎协定》原则实施的"规则书"（Rulebook）之后，非国家行为体利用"塔拉诺阿对话"等制度性参与渠道不断提升在全球盘点监督、透明度原则和共区原则的平衡、市场机制推进等方面的话语权。不可否认的是，大部分活跃的非国家行为体主要来自北美和欧盟等国家，某些组织所持立场更与部分发达国家一致，可能会产生不良利益导向与观念偏见，从而对新兴发展中大国的谈判利益形成挑战。在此过程中需要"内外兼修"，一方面要注重优化同各类非国家行为体的互动，如推进跨国城市网络、国际公私伙伴关系、清洁能源倡议网络等多元跨国伙伴关系的发展来更好地调动治理资源；另一方面则要大力支持本土社会组织的国际化，强调企业海外战略中的社会责任，推进低碳智库联盟和公共外交的发展等。总之，如何同以国际非政府组织为代表的各类非国家行为体实现良性互动从而实现"四两拨千斤"的引导性作用，确保发展中国家的权益，都进一步考验了中国参与全球气候政治的治理智慧和远见卓识。

第一节　中国社会组织参与全球气候
治理的演进及特征

目前，在中国的法律法规语境中，没有关于"非政府组织"的概念，非政府组织统一划归为社会组织或民间组织的范畴。① 因此，本文使用本土社会组织的概念以区别于国际非政府组织。20 世纪 90 年代以来，民间的环境社会组织从无到有在中国成长起来，以多种形式进行公众环境教育，包括倡导绿色生活理念、宣传保护生物多样性等。进入 21 世纪后，本土社会组织将活动重点由提升环境意识转向增强环保行为能力，特别是随着中国成为碳排放大国，中国需要社会行动配合官方外交去推动低碳转型与树立绿色形象。

在中国参与全球气候治理进程中，既有国际非政府组织的积极参与，

---

① 中国的管理体系把社会组织分为：社会团体、基金会、民办非企业单位、外国商会。民间组织和社会组织在实践中可以相互替换使用，本书统一使用社会组织的概念。

也有中国本土社会组织的广泛加入。前者开展工作较早且影响相对较大，包括世界自然基金会（WWF）、绿色和平组织（Greenpeace）、能源基金会（The Energy Foundation）、乐施会（Oxfam）、保护国际（Conservation International）等知名国际非政府组织在内。他们通过设立分支机构或办事处、开展项目活动等方式在中国境内活动。后者在气候变化领域较活跃的本土社会组织有公众环境研究中心（IPE）、永续全球环境研究所（GEI）、创绿中心（GHub）、自然之友（FoN）、地球村、绿家园等。同国际非政府组织相比，其国际化程度和治理能力仍处于初步发展阶段，具有自身独特的演进路径与发展特点：首先，由于中国社会组织很多具有一定的半官方色彩，因此本土社会组织在政府和国际非政府组织之间往往扮演着信息传递的角色，从而发挥某种公共外交的作用。相比较而言，西方国家非政府组织较少扮演这个角色。一些境外国际非政府组织由于其专业化程度较高，往往能与中国学界建立较为密切联系，能够参与一些层次较高的政策讨论，因此对中国气候变化相关政策的制定可能会有一些较大的潜在影响。其次，参与气候缔约方大会（COP）使得中国社会组织开始获得外交政策参与的非制度性渠道。在这方面，西方国家的非政府组织早已拥有外交政策参与的制度性渠道。相比较之下，中国社会组织在提出政策倡议、进行网络活动、组织边会、同国际媒体互动等方面处于起步和学习阶段，还缺乏丰富的互动经验。[1] 最后，本土社会组织在行动形式和诉求内容上一般采取自我约束的策略，不会像西方非政府组织那样进行群众集会、抗议活动，或公开批评本国政府的政策。本土社会组织未能充分利用目前环境治理领域中日益增多的政治机会结构，而且在同政府和企业之间的互动合作过程中还存在一定的被动性。[2] 与此同时，一些国际非政府组织也会进行"在地化"战略的调整，采取主动性和灵活性的同政府合作的战略，并推动了自身与中国本土社会组织的交流与协作。[3] 下面就中国

---

[1] 蓝煜昕、荣芳、于绘锦：《全球气候变化应对与 NGO 参与：国际经验借鉴》，《中国非营利评论》2010 年第 1 期，第 97—115 页。

[2] 赖钰麟：《非政府组织的公共外交和外交政策参与——以中国 NGO 和政府在联合国气候变化大会的互动为例》，《安徽师范大学学报》（人文社会科学版）2016 年第 5 期，第 570—575 页。

[3] Schroeder, Miriam, "The Construction of China's Climate Politics: Transnational NGOs and the Spiral Model of International Relations", *Cambridge Review of International Affairs*, Vol. 21, No. 4, 2008, pp. 505–525.

本土社会组织参与气候治理的演进过程及其特征进行详细梳理。

一　进入21世纪后具有国际化视野的本土社会组织开始涌现

自1990年以来，中国政府持续参与国际气候变化谈判，并于1992年和1998年分别签署了《联合国气候变化框架公约》和《京都议定书》。①在批准《京都议定书》的过程中，中国开始逐步认识到气候变化议题对于一国经济能源格局、低碳转型与可持续发展的重要影响，特别是自2000年波恩会议（COP6）之后，开始对清洁发展机制（CDM）等国际气候合作项目表现出积极肯定性态度。2002年中国批准《京都议定书》之后，开始将遵守国际气候变化机制与解决国内环境问题结合起来，具体体现为将气候变化问题纳入国家可持续发展战略框架以及社会经济发展规划中。中国开始关注颁布、实施和完善有关气候问题的法律文件，如颁布和修改《节约能源法》《可再生能源法》《循环经济促进法》《清洁生产促进法》等相关法律法规，从而促进经济与产业结构升级并推进国内节能减排与低碳转型的进程。

在这一背景下，一些具有国际视野的本土社会组织开始出现。如成立于2006年的公众环境研究中心（Institute of Public and Environmental Affairs，IPE），致力于通过企业、政府、公益组织、研究机构等多方合力，撬动大批企业实现低碳转型，促进环境信息公开和环境治理机制的完善。IPE于2008年就发布空气污染地图，研发污染源信息公开（PITI）指数；2011年研发空气质量信息公开（AQTI）指数并发布蓝天路线图，对于气候变化和雾霾问题的协同治理提供专业性的智力支持和公正性的信息披露。2017年12月，IPE发布研究报告，建议在全国碳交易市场即将启动之际，尽快同步推进企业温室气体排放信息披露制度建设，以达成通过碳排放权交易市场实现减排的目标。②2018年10月，IPE与全球环境信息研究中心（CDP）共同发布《供应链气候行动SCTI指数》报告，对IT、纺织行业118个品牌的温室气体管理情况进行研究，呼吁政府加快推进企业级温室气体排放数据的监测、报告与核查，进而通过持续披露，验证其

---

① 张海滨：《气候变化与中国国家安全》，时事出版社2010年版，第191—195页。
② 公众环境研究中心（IPE）：《全国碳市场呼唤企业排放信息披露》，2017年报告，ht-tp：//www.ipe.org.cn/reports/report_19476.html，2017年12月13日。

减排的数量和可信度。① IPE 为引导和激励中外企业落实针对自身和供应链的温室气体减排承诺，实现减污降碳协同增效，每年都会发布绿色供应链 CITI 指数评价和企业气候行动 CATI 指数评价。

又如成立于 2011 年的创绿中心（Greenovation Hub）秉承生态、创新、协力的价值观，致力于提供创新的工具、方法和渠道，融合社会、企业和政府的力量，共同推动中国的可持续发展。创绿中心团队主要分布在北京和广州。广州办公室专注于同水相关的工作，如其"一杯干净水"项目团队奔走在全国水污染村庄的一线，实地开展包括水质检测，设备安全在内的一系列工作。北京办公室名为创绿研究院，负责统筹可持续金融及气候变化方面的工作，是最早参与气候治理的中国环保机构之一。他们展开独立议题研究，跟进气候谈判，组织跨界讨论，推进有策略的气候传播工作。② 创绿研究院下设中国气候政策工作组（CPG），旨在提高社会组织参与国际谈判和国内政策倡导的能力，并推动与国际非政府组织之间的协同合作。2013 年创绿中心开始推出《中国气候快讯》，迄今共发布 200 余期中国气候快讯，所关注的议题涵盖对全球及中国气候治理具有影响力的重大事件、各国气候政策和低碳转型实践以及应对气候变化的协同效益等。凭借具有国际视野的及时分析，来促成了一系列围绕气候行动与能源转型的讨论。③

二　巴厘气候大会后社会组织参与治理日益活跃且出现网络化倾向

自从荷兰环境评估署（PBL）发布报告声称 2007 年中国已经超过美国成为最大的温室气体排放国之后，中国开始面临着越来越大的国际压力。2007 年 12 月的巴厘岛气候大会的召开标志着国际社会正式开始制定"后京都机制"框架；特别是"巴厘路线图"的出现为后京都谈判铺平了道路。巴厘岛大会之所以成为气候谈判进程的重要分水岭，也是得益于发展中国家首次表示愿意讨论它们的减排量议题（自愿减排承诺）。④ 同年，

① 公众环境研究中心（IPE）：《供应链气候行动 SCTI 指数》，2018 年 IPE 报告，http：//www. ipe. org. cn/reports/report_ 19688. html，2018 年 10 月 22 日。

② 创绿研究院：《关于我们》，https：//www. ghub. org/about_ ghub#a1。

③ 创绿研究院：《中国气候快讯》，https：//www. ghub. org/wire? cat = 14&ctabs = 1#possa。

④ 中国和其他发展中国家首次同意讨论在可持续发展的前提下适合本国的自愿减缓行动，并由技术、资金和能力建设协助达成，采取可衡量、可报告和可核查的方式。

中国国务院决定成立国家应对气候变化领导小组作为国家应对气候变化工作的议事协调机构，发布了中国第一个应对气候变化的政策倡议《中国应对气候变化国家方案》，明确了中国应对气候变化的整体方案、基本原则、重点领域及具体政策措施，并阐述了中国在国际气候合作方面的立场。2008 年，国家发展和改革委员会在机构改革中设立了应对气候变化司。这一系列的国内政府机构革新以及中国官方立场的国际宣表都为国内社会组织参与全球气候治理释放了积极信号。此时，中国本土社会组织开始强化其在气候变化治理领域中的实质性活动，组织间进行网络性联合的趋势日益明显，体现为三个重要气候网络的出现：中国公民社会应对气候变化小组、中国民间气候变化行动网络和青年应对气候变化行动网络。

早在 2006 年，中华环保联合会发布的《中国环保民间组织发展状况报告》就指出中国环保非政府组织开始呈现出联合化与综合化的趋势。[①] 2007 年 3 月，八家中国本土社会组织和国际非政府组织（自然之友、地球村、世界自然基金会、绿家园、公众环境研究中心、乐施会、绿色和平组织、行动援助）共同发起成立了中国公民社会应对气候变化小组。[②] 公民社会小组具有三个特性：一是突出跨国性联系（本土社会组织与国际非政府组织驻华机构的合作）；二是突出了网络化趋势（组成公民社会小组）；三是显示了议题综合化（包括环境保护与扶贫发展等议题）。2007 年 12 月 20 日，该小组发布报告《变暖的中国：公民社会的思与行》，并将其在巴厘岛大会的边会上发布。[③] 2009 年 6 月，中国公民社会应对气候变化小组开始借由网络与报纸等媒体，面向公众与非政府组织征集应对气候变化议题的立场，并组织某些非政府组织进行一系列讨论，共有环保、扶贫与妇女等领域的近 40 家非政府组织参与了有关《公民社会立场》的讨论、修改与联署。2009 年底，公民社会小组针对哥本哈根大会正式发

① 参见付涛《中国民间环境组织的发展》，载梁从诫主编《2005 年：中国的环境危局与突围》，社会科学文献出版社 2005 年版，第 162—164 页，http：//www. fon. org. cn/upload/data//documents/full%20version. pdf；中华环保联合会：《中国环保民间组织发展状况报告》，《环境保护》2006 年第 5 期，第 69 页。

② 赖钰麟：《政策倡议联盟与国际谈判：中国非政府组织应对哥本哈根大会的主张与活动》，《外交评论》2011 年第 3 期，第 72—87 页。

③ Miriam Schroeder, "The Construction of China's Climate Politics：Transnational NGOs and the Spiral Model of International Relations", *Cambridge of International Affairs*, Vol. 21, No. 4, 2008, p. 518.

布了《公民社会立场》，这意味着中国本土社会组织开始通过持续性提出自己的政策主张来参与全球气候治理。①

表6-1　　　　　中国民间气候变化行动网络（CCAN）成员构成

中国国际民间组织合作促进会 China Association for NGO Cooperation（CANGO）	上海绿洲生态保护交流中心 Shanghai Oasis Ecological Conservation and Communication Center（Oasis）	磐石环境与能源研究所 Rock Environment and Energy Institute
厦门市思明区绿拾字环保服务社 Xiamen Green Cross Association（XMGCA）	绿家园志愿者 Green Earth Volunteers（GEV）	丽江市能环科普青少年绿色家园 Lijiang Green Education Center
环友科学技术研究中心 Enviro Friends Institute of Environmental Science and Technology	江西山江湖可持续发展促进会 Promotion Association for Mountain-River-Lake Regional Sustainable Development（MRLSD）	镇江市绿色三山环境公益服务中心 Zhenjiang Green Sanshan Environmental Public Welfare Service Center
自然之友 Friends of Nature（FoN）	上海长三角人类生态科技发展中心 Shanghai Yangtze Delta Ecology Society（YES）	云南思力生态替代技术中心 Pesticide Eco-Alternatives Center
北京地球村环境教育中心 Global Village of Beijing（GVB）	绿色浙江 Hangzhou Eco-Culture Association（Green Zhejiang）	甘肃省绿驼铃环境发展中心 Green Camel Bell
道和环境与发展研究所 Institute for Environment and Development（IED）	永续全球环境研究所 Global Environmental Institute（GEI）	公众环境研究中心 The Institute of Public & Environmental Affairs（IPE）
山水自然保护中心 Shanshui Conservation Center	创绿中心 Greenovation Hub（GHub）	三亚市蓝丝带海洋保护协会 Blue Ribbon Ocean Conservation Association（BROCA）

---

① 中国民间应对气候变化：《2009年中国公民社会应对气候变化立场》，http：//ccsccvip. blog. sohu. com/137016583. html。

续表

江苏绿色之友 Friends of Green Environment Jiangsu	广州公益组织发展合作促进会 Guangzhou Association for NGO Development Cooperation	重庆市可再生能源学会 Chongqing Renewable Energy Society
四川省绿色江河环境保护促进会 Greenriver Environment Protection Association of Sichuan	根与芽北京办公室 Roots and Shoots Beijing Office	世青创新中心 The Youthink Center
安徽满江淮环堘发展中心 Green Anhui Environmental Development Center	天津绿色之友 Friends of Green Tianjin	杨凌环保公益协会 Yangling Environmental Protection & Public Welfare Association
中国青年应对气候变化行动网络 China Youth Climate Action Network（CYCAN）		深圳市大道应对气候变化促进中心（北京）C Team aka. China Champions for Climate Action

资料来源：中国民间气候变化行动网，http：//www. c-can. cn/member/。

在中国国际民间组织合作促进会（China Association for NGO Cooperation，CANGO）① 的推动下，中国民间气候变化行动网络（China Climate Action Network，CCAN）于 2007 年 3 月成立。CCAN 以形成应对气候变化的基础联合力量为目标，旨在加强社会组织在气候变化的科学、政策及公众工作的知识和能力；推动社会组织在国际上对气候变化相关问题的讨论；提高社会组织协同合作的能力。② 2011 年 6 月，CCAN 参与了近 30 家中外民间环保组织发起的 "C＋气候公民超越行动" 倡议，旨在发动公民社会的力量，鼓励各行各业行动起来，成为气候公民，在各自的领域积极采取应对气候变化的行动，帮助政府达到甚至超越目前的应对气候变化

① 成立于 1992 年 7 月 22 日的中国国际民间组织合作促进会（CANGO）由原外经贸部（现商务部）正式批准成立，是一个全国性、非营利性、联合性、自愿结成的独立社团法人。2007 年 CANGO 获得联合国经社理事会非政府组织特别咨商地位，2011 年获得联合国气候变化谈判大会咨商地位。

② 中国民间气候变化行动网络（CCAN）2017 年年报，http：//www. c-can. cn/media/2017CCAN% E5% B9% B4% E6% 8A% A51101. pdf。

的目标。该倡议包括 C + 气候公民超越行动框架①、C + 审核认证体系②、C + 政策研究及推动等系列行动安排。C + 本身有三层内涵：第一层含义即超越国家目标（Beyond Government Commitment），C 可代表政府制定的应对气候变化的各种量化目标，如碳减排目标、节能目标、清洁能源目标、投资量等。第二层含义即超越气候变化（Beyond Climate Change），C + 指的是在应对气候变化的同时，应该寻求转变经济发展模式，走低碳绿色的可持续发展之路。第三层含义即超越中国国界（Beyond China），C 在这里指中国。在气候变化的国际舞台，无论是中国政府、企业和公众组织，虽然作用日益凸显，但依然未能发挥出足够积极、主动的领导力作用。在 2011 年 12 月德班气候变化大会上，CCAN 组织了 C + 气候公民超越行动边会，不仅展示 C + 案例，同时还向其他国家发出气候公民超越行动的倡议，建立审核体系和标准，每年推出案例集。至 2017 年，CCAN 已经拥有了 31 家网络成员，覆盖全国 15 个省市，关注议题涉及能源、碳市场、农村气候变化适应、青年参与应对气候变化等。

　　第三个重要的网络是青年应对气候变化行动网络（China Youth Climate Action Network，CYCAN），由一群心系气候变化及能源转型的中国青年人于 2007 年 8 月发起创立，是中国第一个专注于推动青年应对气候变化的非营利性环保组织。CYCAN 主要通过气候倡导、在地行动、行业探索和国际交流四个工作领域，有力地推动青年人了解、认识并积极参与应对气候变化的进程，为有志青年提供引领绿色变革的平台。目前已有超过 500 所中国高校参与到 CYCAN 发起的行动中来，影响超过数十万青年，间接影响超过百万人次，有力地推动青年人了解、认识并积极参与气候变化的进程。2010 年，CYCAN 制定了《中国青年应对气候变化行动网络过渡期章程》，并选举产生了理事会和监事会及新的秘书处执行团队，致力于成为一个成员驱动、民主治理、广泛参与、积极创新、开放透明的青年

---

① C + 气候公民超越行动包括一系列各种不同群体的应对气候变化的行动，一套独立的 C + 审核和认证体系和 C + 相关的政策研究和推动。

② C + 将建立独立的审核认证体系，由专业的机构对此项工作进行研发、指导及实施。同时培养中国社会组织自身的参与审核的能力。力求 C + 的所有行动都能产生真实，可量化的效果。

气候行动网络搭建平台。① CYCAN 在 2019 年 4 月确定未来战略发展目标，以 2030 行动目标为导向，致力于 2030 年前推动青年及公众为应对气候变化做出立即的行动。CYCAN 发起高校节能、IYSECC 峰会、COP 中国青年代表团气候教育学院、2030 零碳校园、气候派对等优秀项目，它已经成为中国青年气候行动者的大本营，为致力于实现中国的绿色变革而努力。

三　哥本哈根会议后中国政府在气候谈判中逐步重视同社会组织的互动

2009 年哥本哈根会议见证了国际气候谈判格局从发展中国家与发达国家之间的对立转变为排放大国与排放小国之间的对立，以中国为代表的新兴发展中大国面临更大的国际压力。基于此，中国政府开始调整自身的气候谈判策略，特别是开始重视社会组织与国际媒体在气候谈判中的灵活性作用。政府与社会力量制度性互动渠道的拓展，可以使在华非政府组织和本土社会组织的程序议题主张得到重要官员的正面回应，在民间行动受到激励的同时也促进多元主体共同参与气候外交格局的形成。如在 2010 年天津气候大会上，中国政府开始通过气候大会之前同国内本土组织的见面会，鼓励非政府组织的倡议行动以及举办气候边会等形式加强同他们的互动。2010 年 10 月 8 日国家发展和改革委员会副主任解振华首次在气候谈判会议中与社会组织代表见面，接见了包括绿色和平组织、自然之友、GCCA 全球气候变化联盟、乐施会在内的 21 个来自国内外的非政府组织与社会组织代表。② 与此同时，中国社会组织和非政府组织也充分利用天津主场会议的契机，共组织了二十多场联合活动，充分发挥社会力量在气候治理中的积极性作用。

---

① 青年应对气候变化行动网络（China Youth Climate Action Network，CYCAN）官方网站 http：//www. cycan. org/aboutus/ourteam。
② 新浪环保：《解振华与 21 个参与天津会议 NGO 座谈》，2010 年 10 月 9 日，http：//green. sina. com. cn/news/roll/p/2010 – 10 –09/163121240721. shtml。

表6-2　　　天津气候大会中签署并支持共同立场的社会组织名单

中国青年代表团	绿色汉江	天津新视界教育发展研究所
北京绿十字	绿色和平	厦门市绿十字环保志愿者中心
长垣县绿色未来环境保护协会	绿色和谐使者	行动援助
道和环境与发展研究所	绿色龙江	亚洲绿色文化国际交流促进会
东莞市环保志愿服务总队	绿色潇湘环境发展中心	一株树志愿者联盟
福建省绿家园环境友好中心	绿色浙江	岳阳市湿地环保促进会
甘肃绿驼铃环境发展中心	美国自然资源保护委员会中国	云南生态网
杭州市生态文化协会	项目	云南昭通黑颈鹤保护志愿者
华南自然会	内蒙古土默川环保志愿者工	协会
淮河卫士	作组	曾经草原网站
佳木斯市科教文可持续发展	南京绿石环境行动网络	中国国际民间组织合作促进会
协会	能源与交通创新中心	中国红树林保育联盟
江西青年环境交流中心	宁夏扶贫与环境改造中心	中国志愿者保护藏羚羊协会自
乐施会	帕帕（PAPA）工作室	然之友
丽江环境保护志愿者协会	盘锦市黑嘴鸥保护协会	自然自我
丽江绿色教育中心	莆田绿萌滨海湿地研究中心	天津绿色之友
绿色北京	前进工作室	绿色大学生论坛
联合国际学院（UIC）环境与	永续全球环境研究所	绿家园志愿者
发展中心	山水自然保护中心	
	陕西省农村妇女科技服务中心	

资料来源：新浪环保：《近60家中国NGO在天津会议发布共同立场》，2010年10月11日，http：//news. sina. com. cn/green/p/2010 - 10 - 11/170321252170. shtml。

自2011年德班会议以来，中国政府首次以政府代表团名义在气候变化缔约方会议期间举办题为"中国角边会"的一系列展示、交流与宣传活动。特别注重同非政府组织、本土社会组织、地方政府、研究机构以及企业等非国家行为体合作，旨在以德班气候会议为平台，全方位、多角度、多层次地开展与国际社会的沟通与交流，向国际社会全面展示中国应对气候变化的政策、行动与进展。首届"中国角边会"系列活动为期9天，共举办23场主题活动。[①] 在边会活动中，中国非政府组织把握机会

[①] 此次"中国角边会"系列活动，涉及南南合作、适应活动、节能服务、技术创新、地方行动、国家战略、气候融资、碳交易与碳市场、低碳城市建设等多个主题。

积极登台，讲解中国应对气候变化政策和感受，向国际社会介绍中国应对气候变化具体措施，吸引了大量与会代表，成为展示中国气候变化的一个窗口。又如2013年华沙气候变化大会上，由国家发改委应对气候变化司与中国国际民间组织合作促进会在"中国角"联合举办"应对气候变化，非政府组织在行动"的主题边会。本次边会旨在积极宣传中国社会组织在应对气候变化中发挥的积极作用，展现中国社会应对气候变化的行动成果和面临的挑战。来自全球环境研究所、创绿中心、绿色浙江、中华环保联合会等不同的中国社会组织和相关研究机构代表就自身开展的地方气候行动和创新实践中所取得的进展和所面临的困境依次进行了汇报与展示。① 除此之外，本次"中国角"活动还注重同国际非政府组织与国际媒体进行合作，如来自国际自然资源保护协会、国际气候行动网络、C40气候领导力集团等的专家就如何促进中国社会的气候适应能力、如何调动气候公民参与低碳转型、如何提升民众的气候危机意识等进行讨论，旨在将国际经验与中国实践进行有机结合，同时也关注中国最优实践对其他发展中国家的经验启示。这些边会活动展现了中国民间环保意愿和环保行动，丰富了国际社会对中国气候治理现实情况的认识，促进了联合国、国际非政府组织和公益机构对中国国情的了解和对中国气候变化内政外交的善意理解。

四　利马会议后中国社会组织参与气候治理的国际化导向日益增强

自2013年以来，习近平主席在中央周边工作会议上开始倡导奋发有为的大国外交，在多次国际场合中表明推动与引领全球气候治理的积极态度。习近平主席指出，"我国已成为全球生态文明建设的重要参与者、贡献者、引领者"，"要深度参与全球环境治理，增强我国在全球环境治理体系中的话语权和影响力"。② 2014年，习近平主席和美国前总统奥巴马总统在北京亚太经合组织峰会上签署了《中美气候变化联合声明》，对推进2015年《巴黎协定》的签署起到了重要的大国协调和推动作用。2015

---

① 李蕾、毕欣欣：《"应对气候变化——非政府组织在行动"主题边会在华沙气候大会中国角举行》，《世界环境》2013年第6期，第44—46页。
② 习近平：《论把握新发展阶段、贯彻新发展理念、构建新发展格局》，中央文献出版社2021年版，第259页。

年底《巴黎协定》的成功签署标志着世界各国在气候减缓与适应问题上的全球性承诺，同时向国际社会释放出加速低碳转型，加强气候安全，迈向气候适应性社会的有力信号。2016 年 3 月中美两国进一步签署了《中美元首气候变化联合声明》，再一次通过大国协调的方式来推进《蒙特利尔议定书》修正案的通过，并强化全球应对气候变化议题的决心与信息。2016 年 9 月 G20 杭州领导人峰会正值联合国可持续发展目标与巴黎协定达成后的落实元年，作为轮值主席国，中国释放了应对气候变化、推动全球可持续发展的诸多积极信号。2021 年英国格拉斯哥气候大会（COP 26）上，中美两国再次发布了《中美关于在 21 世纪 20 年代强化气候行动的格拉斯哥联合宣言》，同意建立"21 世纪 20 年代强化气候行动工作组"，为全球气候合作多边进程注入强心剂。在中国官方大力推进气候外交的同时，中国本土社会组织参与气候治理的国际化程度也不断提升，不仅派代表参加重大国际气候变化会议（如边会和相关研究性国际会议），而且注重发展全球伙伴关系，推动南南合作模式创新，在国外独立开展国际援助项目，推动环境、气候变化、清洁能源等议题的国际合作，为中国气候公共外交的成功展开提供了重要的支持性力量。

首先，本土社会组织日益注重发展全球合作伙伴关系并在国际多边合作机制中发声。如中国民间气候变化行动网络（CCAN）作为独立的中国网络与国际气候变化行动网络（CAN）开展交流与合作，从而提升自身在气候变化大会上的政策倡议、议题设置等能力。与此同时，本土社会组织还注重参加各类多边国际合作平台，包括二十国集团（G20）民间社会会议（Civil 20，简称 C20）、金砖国家民间社会论坛等新兴国际倡导平台中的政策倡导等，通过进一步拓展伙伴关系来强化自身在国际上的影响力。这类全球合作伙伴关系网络的拓展，为处于国际化起步初期的本土社会组织带来了更多可调度的资源并提供多元国际影响渠道。如 2017 年国际乐施会和美国环保协会开始支持 CCAN 中的社会组织参与联合国气候大会，两家机构共资助 9 位 CCAN 代表参加波恩气候大会。其间，CCAN 参与主办了多场边会，包括联合国边会和中国角边会，介绍了中国社会组织应对气候变化的成果。[①] 值得一提的是，CCAN 还配合中国气候谈判代表团，

---

① CCAN：《波恩气候大会开幕——中国民间组织共话谈判关键议题》，2017 年 11 月 8 日，http://www.chinadevelopmentbrief.org.cn/news-20384.html。

在"搭桥方案"的倡议方面也有所贡献，帮助缓解谈判过程中各国的分歧，促进各种比较对立的立场能够相向而行，推动《巴黎协定》实施细则的尽快达成。[①] 2018 年波兰卡托维兹会议上，CCAN 继续同 CAN 进行合作，支持了安徽绿满江淮、丽江绿色家园、四川绿色江河、北京自然之友、创绿研究院、中国绿色碳汇基金会、青年应对气候变化行动网络这 7 家本土社会组织参与气候大会。本次会议"中国角"共计举办了 25 场边会活动，全面介绍中国在节能减排、绿色发展、推动应对气候变化中的实践与经验。[②] 特别是 CCAN 主办题为"全球气候治理与非政府组织贡献"的边会，突出了非政府组织在气候治理中的特殊作用。CCAN 代表 20 家中国民间机构向联合国气候变化公约秘书处官员递交了中国社会组织的立场书，显示了中国社会组织群体在全球气候治理中的集体倡议发声，有力地配合了中国政府的气候谈判进程（见表 6 - 3）。受到新冠肺炎疫情影响，2020 年二十国集团民间社会（C20）改为线上召开，包括中国国际民间组织合作促进会（CANGO）、中国国际交流协会、中国慈善联合会在内的 60 余个中国社会组织的近百位代表在线与会，同 4000 多名来自二十国集团（G20）的政府、国际机构、国际非政府组织等代表讨论了疫情应对、经济与社会公平、可持续发展等议程，向国际社会传递了中国在疫情防控、气候适应、生态扶贫等领域的创新方案和最优实践。[③]

表 6 - 3 　　　 2018 年卡托维兹气候会议中国社会组织的立场梳理

序号	议题领域	立场内容
1	政治关注度 2℃目标	呼吁各国领导人必须高度重视本次大会，亲自出席或尽可能派出国家层面的高级别代表出席，确保 21 世纪末气温上升的幅度限制在 2℃以内

① 在波恩会议上，中国气候变化事务特别代表解振华指出现在谈判当中有很多分歧，在处理这些分歧过程中，中国提出"搭桥方案"，是希望各种比较对立的立场能够相向而行，最后找到解决问题的方案，尽快达成《巴黎协定》实施细则。
② 关婷、黄海莉：《卡托维茨联合国气候变化大会侧记》，中国绿色创新夏季学院，2018 年 12 月 14 日，http://wemedia. ifeng. com/93067858/wemedia. shtml。
③ 襄阳市环境保护协会：《我会在线上参加 2020 年二十国集团民间社会（"C20"）会议》，2020 年 10 月 11 日，http://www. greenhj. org/cms/show-2562. html。

序号	议题领域	立场内容
2	气候变化立法	要求各国要把应对气候变化纳入立法进程中，确保其目标具有法律约束力，已经接受《京都议定书》第二承诺期的国家要尽快完成国内相关立法机构的批准程序，以确保其履约工作能够顺利完成
3	气候减缓强化目标	要求发达国家要提出绝对量化的深度减排目标，发展中国家根据自身国情也要提出前瞻性的目标，尽可能提出绝对量化减排目标或较大幅度的强度目标
4	气候适应低碳经济	发展经济与消除贫困的努力要与应对气候变化与发展低碳经济有机融合，通过提高减缓和适应气候变化的能力来促进经济社会的可持续发展
5	气候资金承诺	鉴于减缓和适应气候变化的成本较大，发达国家要尽快实现对绿色气候基金（GCF）的注资，确保其能够尽快运作。应对气候变化的资金承诺要能够体现出额外于原有的官方发展援助（ODA），对于资金的筹措要兼顾效率与公平，以公共资金为主，但为了扩大资金规模和渠道可考虑私营部门的参与

资料来源：笔者根据参加 2018 年卡托维茨气候会议的中国民间组织的立场整理。

其次，本土社会组织在参与气候援助和南南合作方面贡献了很多创新模式。2014 年利马气候大会后，中国政府多次强调中国是个气候适应性脆弱的国家，对其他发展中国家遭受的气候变化不利影响感同身受，中国要认真落实气候变化领域南南合作政策承诺，启动气候变化"南南合作"基金，不但向小岛屿国家、欠发达国家、最不发达国家和地区以及非洲国家提供用于应对和缓解气候变化的资金、物资支持，帮助其培训人员，进行能力建设，设计符合其本土发展特点的解决方案。2015 年巴黎气候大会中国政府宣布将在发展中国家启动开展 10 个低碳示范区，100 个减缓和适应气候变化项目及 1000 个应对气候变化培训名额的合作项目，继续推进清洁能源、防灾减灾、生态保护、气候适应型农业、低碳智慧型城市建设等领域的国际合作。这些都为本土社会组织在气候变化领域参与更多的公共外交活动提供了越来越多的契机。如永续全球环境研究所（Global Environmental Institute，GEI）是第一家在海外开展生态保护的中国本土社会组织，其海外项目分布在东南亚和南亚地区，涉及生物多样性保护、能源与气候变化、投资贸易与环境及能力建设等多个领域。GEI 通过授人以渔和融入当地社区的工作方式，不仅使当地环境得到明显改善，也使当地政府和公众对中国产生了好感。2016 年 GEI 与 CDA、MEI、MFA 和 ECC-DI 4 家缅甸环境 NGO 合作，在关键生物多样性区域内引入社区协议保护机制，保护当地重要生态系统，设立社区基金，协助社区绿色发展，应对气候变化挑战。2017 年 GEI、中科院广州能源研究所与缅甸教育部研究创新司（DRI）签署了关于推动缅甸可再生能源规划的合作协议。三方于 2018 年联合举办"推动缅甸可再生能源发展主题研讨会"，为推进应对全球气候变化的地方治理实践和"南南合作"创新模式做出有益尝试。① 在 2021 年 11 月英国格拉斯哥气候大会（COP26）上，GEI 召开了"能源转型与基于自然的解决方案：中国—东盟合作实践"COP26 主题边会，介绍了 GEI 的可再生能源规划工具以及在中国、斯里兰卡、缅甸、印度尼西亚、越南五个国家的六个地区开展的可再生能源合作项目，同时展示了中国—东盟红树林保护等生态系统保护项目，这显示了中国本土社会组织在"全球在地化"气候治理实践中的能动性角色。

第二节　中国社会组织参与气候治理嵌构的困境与挑战

中国本土社会组织在"走出去"参与全球气候治理的过程中，还面临很多的困境与挑战，其中既有外部环境的制约，也有自身实力的不足。目前同西方国际非政府组织相比，中国本土非政府组织国际化程度低，并且在全球气候治理的制度化参与水平、网络化程度和话语权建构等方面都较为薄弱。特别是在目前气候治理嵌构发展大势之下，尽管中国为全球气候治理做出了很大贡献，但由于中国社会组织在全球气候治理方面的专业性权威、议题设置能力、协调性策略和网络伙伴联络等方面的不足，从一定程度上致使中国政府在气候外交开展、气候改善方案提出、气候议程管理等方面受到各种制约。

---

① 北京市朝阳区永续全球环境研究所（GEI）：《GEI 与 DRI 联合举办"推动缅甸可再生能源发展主题研讨会"》，2018 年，http：//www.geichina.org/workshop_ in_ myanmar/。

一　社会组织的发展缺乏体系化法律保护与政策支持

目前中国的社会组织发展仍缺乏完善的法律体系支持，社会组织如何行使相应权力，管理如何配套，尚缺少具体细化的法律法规；有些法律带有较强的政治和行政色彩，缺乏政府官员与非政府组织人员之间的职务和责任关系的规定。2016 年 3 月颁布的《中华人民共和国慈善法》和 2017 年 4 月颁布的《中华人民共和国境外非政府组织境内活动管理法》是政府引导非政府组织健康发展的重要举措。这意味着中国将更加明确非政府组织和社会组织的宗旨、职能、性质、权利与义务等内容，把其纳入制度化、规范化和法律化的轨道上，确保其合法地位并保障其正常的运行环境，但未来仍任重而道远。以《中华人民共和国境外非政府组织境内活动管理法》的颁布为例，这是中国大陆第一部专门针对境外非政府组织的法律，表明政府提升了对于非政府组织的重视，促进其加入全球治理体系以提升治理方式的多元化。但在具体实施过程中仍存在取得登记的境外非政府组织占比偏低、获得业务主管单位支持难度高、业务活动范围匹配困境等问题。面对业务活动范围跨领域的境外非政府组织，后续开展业务活动可能需要其业务主管部门牵头协调其他有关部门，这需要我国进一步细化业务主管的职责和要求。①

另外，相对于欧美国家，保护中国本土社会组织在境外活动、参与援外项目的法律法规更是几乎没有。社团、民非和基金会三个管理条例中均没有给社会组织在海外设立办事处或分支机构提供政策依据，而且审批程序也不完整。本土社会组织在参与境外活动时，一旦发生突发状况，难以以合法身份得到国内法律的保护。同样，合法身份的缺失也难以得到援助国、项目参与地的相关政策支持。而在北美和欧洲，在基于法律保障的基础上，政府的官方发展援助资金有相当一部分是通过社会组织走向世界来实施的。如美国国际开发署（USAID）在推动非营利组织走向国际方面，政府立法先行。早在 1981 年，美国公法（97—113）就规定，USAID 年度预算的 12%—16% 给予私人志愿组织，由各种非政府组织实施以社团为基础的援助活动及从事基础设施援助活动等。USAID 在援助中的主要

---

① 张洯：《境外非政府组织境内活动注册问题研究——以环保类为例》，《环境保护》2017 年第 17 期，第 60—62 页。

职责是提供资金、规划项目、选择适合的实施机构以及对项目进行管理和监督。① 与之相比，目前中国政府官方发展援助资金运作主要由政府机构负责实施，对外援助中缺少民间参与的活力，也并未给社会组织制度性参与渠道；而且中国本土社会组织的国际化程度较低，在缺乏法律与政策保障前提下的"走出去"项目均风险较高，且缺乏稳定资金与人才资源等方面的支持。

二　社会组织的专业化管理水平和国际化程度均有待提升

尽管随着中国经济体量的增大以及国际地位的不断提升，必然要求中国政府、社会组织以及企业等多元行为体更多地参与到全球治理中，发挥中国负责任大国的角色，但是受法律支持、资金来源以及人才招募等方面的影响，中国社会组织的国际化程度较为缓慢，其活动能力和国际视野都有待加强。这在很大程度上阻碍了社会组织在应对国际性治理议题中的能动作用。从中促会的统计来看，大多数社会组织参与国际事务都局限于参加国际会议和区域活动，还没有真正形成实体类的社会组织在海外设立的办事处和工作执行机构。

这种国际化程度低的根源很大程度上与上面提到的支撑性法律体系和政府政策不完善相关，但从本质上而言可以归结为本土社会组织的专业化管理水平欠佳，其内部运作能力不足主要表现在：其一，很多本土社会组织定位模糊，缺少切实可行的中长期目标。组织内部凝聚力不足，成员培训目标不明确，难以成为专业权威的发声组织。其二，部分社会组织缺乏确实可行的管理章程，许多组织章程形同虚设。其三，无政府背景的本土社会组织中，组织创办人往往对组织管理有绝对权力，对人事任免、组织发展有强烈的人治风格，缺少像国外非政府组织那样有明确规章制度与监督体制。其四，社会组织开展和参与国际议题缺乏专业人才。社会组织参与国际事务，要求有一批综合素质较高的人才，包括宽阔的国际视野、博大的知识面、良好的政治素质、专业化知识和良好的多语言能力，除此之外，还需要工作人员拥有丰富的参与经历、熟练的沟通能力、较强合作意愿和较好的人际关系网络等。显然，中国社会组织的人才现状与上述要求

---

① 张霞：《美国国际开发署与非政府组织的合作模式》，《国际资料信息》2011 年第 1 期，第 13—17 页。

差距甚远。

具体到全球气候治理领域，本土社会组织在气候治理中的国际化程度、权威水平、动员策略均有待提升。只有持续推动社会组织的国际化和专业化水平，才能有助于提高中国在全球气候治理的话语倡议能力。专业性权威是非政府组织国际影响力的根基之一，而本土社会组织由于自身发展需求往往过多关注国内环保议题，缺乏对气候议题的长期追踪积累，在具有国际视野的议题中失语较多。即使参与国际气候谈判，大多社会组织只是将组织目标限定在场外倡议和宣传活动，或是气候领域的人文交流，而在权威报告推送、政策倡议、规则诠释、标准设定和监督方法设定上的经验非常有限。这种专业素质的缺乏和人才缺口很大程度上限制了中国社会组织的国际影响力发挥。而在国内层面，社会组织应对气候变化的活动也存在内容单一、持续时间短、与公众需求和现实脱节等问题。深层次的活动策划欠佳，后续追踪不够，导致发动面有限，民众参与度也有限。

三　社会组织参与气候治理嵌构的议程倡议能力有限

国际议程倡议是指相关行为体将其关注或重视的创新性议题通过倡议的方式融入国际既有政治议程中，从而获得优先关注的过程。[1] 政策倡议能力是社会组织参与气候治理嵌构，提升自身治理性话语权的重要手段。中国本土社会组织的政策倡议能力取决于其同国外行为体（国际组织、外国政府、国外非政府组织与国外媒体）之间的互动路径选择以及对外政策倡议的接纳程度高低。整体而言，中国社会组织对国外行为体的表达途径包括以下五种方式：一是直接向国际组织提交意见与倡议；二是在国际场合与外国重要官员对话与说服；三是借由举办边会等相关活动提出政策倡议与问题解决方案；四是参加国外非政府组织所举办的活动并试图与之联手倡议；五是借由国际媒体报道与其他行为体沟通。[2] 由于本土社会组织综合性国际人才匮乏、对于气候议题的长期性追踪不够、权威性研究实力不足且国内层面的政策支持有限，致使其在国际气候谈判会议中参与

---

① Steven G. Livingston, "The Politics of International Agenda-Setting: Reagan and North-South", *International Studies Quarterly*, Vol. 36, No. 3, pp. 313 – 315.

② 赖钰麟：《政策倡议联盟与国际谈判：中国非政府组织应对哥本哈根大会的主张与活动》，《外交评论》2011 年第 3 期，第 72—87 页。

度较低，发声较少，从而导致社会组织在同国际组织及其重要官员的互动过程中，所能把握的倡议嵌入时机有限，有效对话合作空间受制约，对气候话语的引导力严重不足。在组织气候边会以及参与国际非政府组织所举办的相关活动过程中，中国社会组织缺乏灵活策略和倡议联盟建构来共同提出联合性政策倡议与独特的问题解决方案。当然，国际非政府组织（网络）本身也存在"南方"代表性不足和隐形"南北差距"的问题。国际非政府组织高层人员中来自发展中国家的人数较少，能够从发展中国家利益出发，为发展中国家做出的成绩和发展成果说话的高层声音就更少，且存在发言偏向性问题，即对发展中国家的不足和发展缺陷方面批评性表述比较多。

中国社会组织同媒体合作的能力，特别是同不同的国际媒体沟通能力仍然极为有限。尽管由社会组织所推动的中国气候公共外交可以发挥配合官方外交并维护国家利益的作用，但如果在理念创新和话语传播中只关心本国所面临的问题，对其他地区和全球问题漠然置之，则很难引起国际社会的共鸣和响应。另外，即使有天下胸怀，还要注重政策倡议的客体接纳度问题，做到"到什么山上唱什么歌"①。这意味着本土社会组织在同国际媒体互动过程中，其话语塑造中最为重要的关注点应是以传播对象为中心，需要通过话语转化和多元传播手段来设计不同的传播策略并有所重点地施加影响。同时，本土社会组织对信息化建设的重视程度不足。互联网时代，国内外民众往往首选通过浏览其网站或者微信公众号来了解社会组织的运行机制与活动状态。但即使是中国民间促进会（CANGO）、中国发展简报、中国民间气候变化行动网络（CCAN）这样有威望的社会组织也存在信息更新不及时、活动数据陈旧、新闻链接无法打开等问题，而且核心的章程文件、活动项目与成效、资金使用情况等都缺乏相应的英文国际化网页；也未能重视同新媒体时代接轨，加强自身在微信公众号、微博、抖音等多元平台上的倡议宣传。

四　社会组织参与气候治理嵌构的网络协调能力欠佳

全球气候嵌入式治理本质上强调了物质和社会关系是如何通过动态的

---

① 王义桅：《中国公共外交的自信与自觉》，《新疆师范大学学报》（哲学社会科学版）2015年第2期，第74—78页。

过程产生行为体间的结构。① 嵌入式治理过程就分析各类行为体如何在多层网络治理体系中进行互动，特别是侧重于非国家（市场、社会）行为体如何融入治理机制复合体中。在非政府组织进行关系性嵌入、结构性嵌入和规范性嵌入的过程中，非政府组织为了提升自身的资源调动能力和杠杆性影响力，往往同其他非政府组织（网络）、国际组织等结成网络性伙伴关系，发挥着一种重要的网络性协调力。从根本上而言，提升中国本土社会组织在全球气候治理中的议程倡议能力除了提升本身的"走出去"（参与性）和"喊出来"（倡议性）之外，同国际组织和国际非政府组织之间的互动嵌构性塑造也非常关键。

具体而言，关系性嵌入是指治理机制复合体中行为体之间的联系强度，即联系频率和联系稳定程度的高低。治理中各行为体间信息、技术与知识的分享与交流越频繁，越有利于强化共享语言和共同目标，从而建立更为紧密的网络性联系并促进信任的产生。② 目前中国本土社会组织同国际组织和国际非政府组织之间的互动频率仍然比较低，只有通过制度化的项目合作、会议交流、经验分享等才能拉近各主体间的距离，加强相互联系与认识，提高知识信息沟通效率，为建立信任和推动协调奠定基础。

结构性嵌入主要关注行为体在机制复合体中所处的位置与其治理效果之间的关系。网络位置是各行为体互动过程中主体间所建立的关系的结果，其中制度性嵌入是最为重要的体现形式，比如同核心行为体的制度性互动和协调，机制化参与渠道的建立（包括科学报告发布、政策倡议、政策咨商、政策评估反馈）。目前中国本土社会组织由于取得联合国咨商地位的成员很少③，因此同核心机制之间的制度性互动程度有限，也未能同联合国机构等核心机制建立较为稳定性的合作关系。值得注意的是城市网络、跨国企业以及国际非政府组织网络得益于自身较强的治理实力，在机制复合体中的结构性嵌入均呈上升趋势，但是中国社会组织同上述网络

---

① 陈冲、刘丰：《国际关系的社会网络分析》，《国际政治科学》2009 年第 4 期，第 92—111 页。

② Brian Uzzi, "Social Structure and Competition in Interfirm Networks: The Paradox of Embeddedness", *Administrative Science Quarterly*, Vol. 42, No. 1, 1997, pp. 35 – 67.

③ 联合国经社理事会可以授予国际非政府组织三种咨商地位认证："全面咨商地位""特别咨商地位""名册咨商地位"。咨商地位的不同种类决定该组织可参与的联合国活动的领域范围。

的伙伴关系建设滞后，在获得资金技术信息、社会/商业性网络资源等方面有很多制约。

最后，规范性嵌入是指在参与到国际体系文化环境的过程中，行为体对体系中核心价值规范（价值观、规则和秩序）的认知、融入和适应以及能动性影响。在这一过程中不仅仅是行为体被动接受相应的规范，同时也是推进规范创新扩散以及实践学习的过程。不可否认，中国社会组织受到中国政治文化和政治体制的影响，对于中国政府与国外行为体往往采取有节制的而非逾越界限的温和性表达途径。本土社会组织往往缺乏辩证性将中国基层实践创新提升到规范倡议和规范引领层面的能力，在规范性嵌入上仍处于较为被动的地位，同时对于国内政策的单纯阐释而非学术性、专业性的提炼与升华也不利于中国规范性话语的扩散。

第三节　后巴黎时代提升中国社会组织治理嵌构能力的路径选择

2016 年 G20 杭州峰会后，习近平总书记在参加中共中央政治局第三十五次集体学习时提出，中国要提高参与全球治理的能力、增强国际规则制定的能力。[①]虽然中国在全球气候治理中发挥着越来越重要的作用，但在国际制度中的建章立制以及同非国家行为体的良性互动等方面还缺乏经验，治理能力和策略选择都亟待提升。特别是在后巴黎时代，随着多元行为体参与的网络化治理嵌构已经成为气候机制复合体的发展新态势，中国本土社会组织在"走出去"的过程中需要更加注重提升自身的治理嵌构能力。

一　完善法律体系基础上逐步推进社会组织国际化并提升其管理水平

在推进国际化方面，在加强法律保障和资金扶持的基础上，要遵循由易到难、选好突破口、善找帮手的原则。不能盲目地推动大批社会组织

---

① 习近平：《加强合作推动全球治理体系变革共同促进人类和平与发展崇高事业》，《人民日报》2016 年 9 月 29 日第 1 版。

"走出去"，切忌急功近利和采取大跃进的方式。可以根据不同社会组织的特点制定发展方向和发展重点，通过专项资金、项目招标、国际会议支持等方式来循序渐进地推动国际化进程，当然也鼓励本土社会组织积极寻求国际资源和来自私营部门的支持。如侧重于支持行政背景色彩较淡且专业性较强的本土社会组织作为国际化示范，然后再引领其他社会组织有序登上国际舞台。在自身条件发展成熟之后推出去的社会组织才能够较快地站住脚跟并稳固发展。

（一）完善社会组织国际化发展的法律保障与政策支持体系

要注重在政府部门内部建构针对本土组织国际化的相关协调和引导机构。很多西方国家在提供国际官方发展援助（ODA）时注重通过建立专门的对外援助机构来提升非政府组织在项目实施中的参与度，比如美国国际开发署（USAID）、英国慈善委员会（Charity Commission）和日本国际协力机构（JICA）是这类组织的代表，其主要职责是为非政府组织的志愿参与提供各种项目资助、政策支持和法律保障，授权、引导并监督非政府组织来实施各种发展援助项目。目前，中国可以以推进社会组织参与气候援助为突破口，以新成立的国家国际发展合作署（China International Development Cooperation Agency，CIDCA）为桥梁[1]，通过"民办官助"的形式推进社会组织参与国际化的气候治理项目。

具体就完善中国社会组织国际化发展的立法环境与政策支持而言：一是从国家长远发展战略的视角，应考虑着手社会组织参与国家对外援助工作的立法工作。建议由商务部牵头，会同外交部、财政部、中联部、民政部等部门尽快制定社会组织参与对外援助的具体法规和实施细则，让社会组织参与对外援助成为国家法律的一部分，形成社会组织实施国际化战略的法律基础，从而保证社会组织"走出去"有法可依。二是建立社会组织国际化战略工作的部级协调机构，也可以利用现有的援外部级协调机制，建议工作办公室设在民政部民间组织管理局，部级协调机构成员包括商务部、外交部、民政部、中联部、人力资源与社会保障部、财政部、国税总局、国家外汇管理局、国家海关总署等，统一协调社会组织参与国际

---

① 国家国际发展合作署（CIDCA）：http：//www.cidca.gov.cn/zyzz.htm。

化战略工作的具体事务。① 三是深入研究政府购买社会组织服务的政策机制。根据国务院办公厅关于政府向社会组织购买服务的指导意见精神，可以由商务部牵头，会同国家财政部、民政部和发展改革委等政府机构，建立利用对外援助资金购买社会组织服务的模式。将社会组织参与国家对外援助工作相关内容纳入正在拟定的《对外援助管理条例》，使社会组织参与国家对外援助工作有章可循。四是制订社会组织国际化战略工作的长远实施方案。在国家援外预算总盘子内列社会组织援助专项资金或建立社会组织援外基金。资金的管理可以采取政府和民间共同出资的模式，对外以社会组织的形式开展工作，而政府可作为监督机构，以保证资金的正确使用和为社会组织"走出去"服务。以设立国际气候治理的专项资金来推进社会组织国际化为例，如支持本土社会组织积极参加各类国际会议、全球性公益活动与专业研讨活动。②

（二）提升社会组织国际化战略规划与实践中的管理水平

随着国家治理现代化与参与全球治理的需要，社会组织的培育和发展日益受到政府重视，本土社会组织国际化也逐步纳入国家外交的总体架构之中。一批新型的本土社会组织也随着政治经济变革大潮初露锋芒，并且通过民间外交等新渠道不断提升国家的整体性软实力。③ 只有持续推动社会组织的国际化和专业化水平，才能有助于提高中国在全球气候治理的话语权和建章立制的能力。

首先，加强对本土社会组织的科学管理和制度化建设，从而提升其国际化项目的设计和实施能力。参照国际标准，确保本土社会组织的项目财务、项目管理与执行情况等信息的透明度，提升其国际认可度和专业权威性。中国社会组织的制度建设需要学习和汲取国际非政府组织的经验，一方面吸收国际社会组织的先进制度理念，先进的理念能够为社会组织发展提供引领力；另一方面在组织架构上参考相关的科学合理的组织架构模

① 章兴鸣、陈佳利：《社会组织"走出去"参与全球治理研究》，《广西社会科学》2019年第1期，第51—57页。

② 在资金使用上可采取项目招标的方式鼓励各类社会组织申请。在资金申请与拨付过程中，需严格遵循公开透明、公平竞争的原则，特别是委托第三方财务、审计或评估机构对项目运行进行监督。孙海泳：《境外非政府组织因素对中国外交的影响及其应对》，《国际展望》2018年第1期，第51—69页。

③ 黄浩明：《民间组织国际化的趋势——兼谈中国的现状、挑战与对策》，《中国非营利评论》2011年第2期，第181—191页。

式。也能够完善组织架构，提高社会组织行动效率和办事能力。但是同时要注意的是在完善制度建设和组织建设的同时也要结合本土社会组织的实际情况，既吸收又改进，寻求本土社会组织的制度结构最优化。

其次，抓住有利的政治机会结构来盘活社会组织进行国际化战略的各种资源。一是利用政府购买服务资金和相关项目或者是官方发展援助项目等走出去开展国际交流、人道主义援助和人力资源培训事务，并逐步扩大规模和积累经验。还可以通过新成立的非公募基金会开展国际交流和公益项目合作，同时争取政府的配套资金加以支持。二是建设社会组织之间的多边协调机制，充分发挥骨干型社会组织的枢纽功能和引领作用，通过社会组织之间的分工协作，培育和引导一批可以参与全球气候治理的专业性社会组织联盟。这种社会组织联盟可以利用自身的杠杆性影响力更好调动国际化战略资源。这意味着，一方面联盟可以更好地与国家相关部门对接，为政府参与国际气候谈判提供知识供给、政策倡议支持和民间外交的配合；另一方面可以利用自身大规模的社会资本吸引企业及企业联盟的关注，以合作的方式推动中国企业在海外的低碳转型和气候友好行为。

二　注重本土社会组织参与气候治理嵌构的专业化和权威性

本质上而言，气候变化研究是一个依赖于交叉学科的专业性很强的治理领域，会涉及技术标准、技术合作、专家培训、资源调查、援建科研机构、联合研究等各方面，只有建立在专业性之上的社会组织才会更具权威性，更被认可。因此我们必须重视本土社会组织的专业化、科学化和权威化发展，大力支持官方色彩较淡的社会组织且注重塑造社会组织的专业性权威。因此，我们需从根本上提升本土社会的专业性权威和品牌化发展。这体现在以下几个方面。

（一）注重社会组织的功能定位和品牌化建设

只有通过提升自身专业知识与议题应对科学性，提出具有参考价值与说服力的建议，才能提升中国社会组织在全球气候治理中的倡议能力。首先，品牌化建设意味着提升专注度。根据自身组织的优势和特长来确定核心业务领域，不能对环境领域所有的问题都涉猎，对待环境问题也应持续性的研究追踪。同时，注重专业知识的创新性学习与研究，而不仅仅是对于政府政策的诠释，所提出的政策倡议需要基于严谨的调研和科学性研究。本土社会组织要在气候变化领域形成长期性、追踪性、前沿性研究，可以推出专业性的权威报告、排名指数、低碳产业标准等研究成果，从而被专业同行、国际社会、国外公众和社会舆论所认可与肯定。组织在专业领域的研究水平和品牌建构度都决定其在国际社会交往中的可获得的认同程度。① 同时，还要注重加强国内外智库交流，引导国际学术界展开同气候善治和生态文明的相关研究和讨论，加强相关外文学术网站和学术报告建设，扶持通过多元方式面向国外推介高水平研究成果。②

其次，专业化建设需要从根本上加强社会组织人才队伍建设等工作。目前中国社会组织中专业素质的缺失和人才缺口很大程度上限制了其国际影响力发挥，如在法律规则诠释、专项技术合作、标准设定和监督方法设定上的经验非常有限。因此人才水平的提高将极大地影响社会组织国际化水平，需要积极寻求同国内有关高校及科研院所等教育平台合作，设立涉及社会组织与全球治理相关的专业方向，从而培养具有专业能力、国际视野和家国情怀的复合型人才，并吸引其参与社会组织的实习与实践。在注重青年人才的培养与吸纳时，尤其是支持和扶持 CYCAN 这样的青年网络，其可能为非政府组织群体带来知识和人才溢出效应，整体性提升气候治理人才培育的社会大环境。

（二）通过网络融入战略提升本土社会组织在气候治理领域的权威性影响

本土社会组织在国际化进程中，可以通过有效的国际网络融合来拓展气候治理的国际发展资源、强化信息资源与最优实践交流、推进某一气候治理领域国际合作性项目的开展，从而提升本土社会组织在气候治理领域的口碑和权威性影响。

首先，融入国际合作网络不仅能够获得更多信息与资源，效仿国际化的组织运行方式，同时还可以提升组织的国际认可度和国际社会影响力。具体而言，加入国际和区域社会组织联盟，参与国际机构社会组织委员会（或工作小组）的事务，以及通过中国联合国协会争取获得联合国经社理事会咨商地位等，都有助于中国社会组织循序渐进参与更多的国际事务活

---

① 李昕蕾：《全球气候治理中的知识供给与话语权竞争——以中国气候研究影响 IPCC 知识塑造为例》，《外交评论》2019 年第 4 期，第 32—70 页。

② 习近平：《在哲学社会科学工作座谈会上的讲话》，人民网，2016 年 5 月 18 日，http：//politics. people. com. cn/n1/2016/0518/c1024 - 28361421 - 2. html。

动。另外，本土社会组织同国际非政府组织或者私营部门的国际联合项目合作也是重要的融入渠道：一方面为社会组织提供了更多资金和技术支持；另一方面也可以在联合项目实践中提升本土社会组织的专业素养和治理能力。如 2017 年由中国绿色碳汇基金会（China Green Carbon Foundation）和美国布莱蒙基金会（Blue Moon Fund）联合资助，永续全球环境研究所参与实施的"基于清洁能源技术应用的缅甸森林保护示范项目"不仅撬动了中国南南气候变化援助，还为本土社会组织在气候治理中的国际化和专业化发展做出了良好的示范。①

其次，本土社会组织在推进海外项目时也要基于系统性调研，因地制宜地推进海外项目执行，提升自身在海外气候治理中的权威性影响。如美国非营利组织会对受益国家的社会需求进行研究，在开展海外项目合作时，机构都要花一段时间进行可行性研究，了解当地国家的需求，分析其宗旨与其国家社会需求的匹配，以便对具体操作方法做出适当的调整。当项目设计完成之后，他们将派专员参与项目的执行工作，包括项目的启动仪式，项目的实地考察，项目的研究工作。② 项目执行的评估体系，项目的评估和项目成果的推广往往是美国非营利组织看中的重要环节，包括项目执行之后的社会影响和受益人的反馈；对于项目成果的推广特别注重项目的社会影响力和媒体的支持；并注重同当地的政府部门、大学与研究机构、企业和行业协会、社会组织以及网络媒体等合作机构的长效性网络建设。③ 基于此，本土社会组织在推进网络融入战略的同时，要灵活积极争取国际资源，如申请国际官方援助项目合作，从而可以增加海外气候治理的创新性实践机会并提升在全球气候嵌构中的权威性话语影响力。

三 重视提升在全球气候治理中的议题倡导和话语传播能力

20 世纪 80 年代以来，中国本土社会组织力量不断壮大，关注的领域

---

① 中国绿色碳汇基金会：《碳汇基金会缅甸资助项目撬动中国南南合作气候援助》，中国林业网，2017 年 4 月 5 日，http://www.forestry.gov.cn/portal/thjj/s/5006/content - 964798.html。

② 黄浩明、赵国杰：《美国非营利组织国际化发展现状与趋势》，《中国行政管理》2014 年第 3 期，第 115—118 页。

③ 张霞：《美国国际开发署与非政府组织的合作模式》，《国际资料信息》2011 年第 1 期，第 13—17 页。

从较为狭窄的扶贫脱困议题，到日益广泛的社区发展议题，再到更为多元的公共政策倡导活动；越来越多的本土组织开始从各个视角进行各种形式的公共倡导和政策议程框定活动，内容涵盖环境、健康、卫生、教育、弱势群体、人权等各个方面。在参与全球气候治理进程中，中国本土社会组织的国际绿色话语权强化有赖于其议题倡导能力和话语传播能力提升。

（一）提升本土社会组织在全球气候治理中的议题倡导能力

议程倡导是社会组织发挥国际影响力的重要能力之一，能够通过将自身关注议题纳入政治议程中从而推进问题的制度化解决和倡导理念的规范化扩散。成功的议程倡导一般涉及两个维度：一是在倡议议题选择与内涵框定环节；二是对倡议议题提出的"切入点"选择。具体而言，一是要注意选择那些既与本身利益密切相关，又能引起国际社会广泛关注的议题，特别是设法将选择的议题界定为具有"公共物品"属性的议题，或将一个纯粹的技术议题上升为政治或伦理问题。[1] 二是倡议切入点的最优选择包括全球知识生产场所、跨国网络及国际主流传媒、关键的国际组织、国际会议或联盟活动。[2]这意味着本土社会组织在参与气候治理过程中，要注重科学与政治互动过程中对于关键进程的把握，要注重节点性的重要事件以及针对性影响策略：如国际会议的主场外交、重大宣传活动、系列性研讨会的新闻信息发布、突发性事件的报道和危机公关、国家领导人在国际重要场合的演讲等都有利于引发国际社会对于特定议题的关注并纳入国际政治议程。[3]

与此同时，议程倡导还需要话语框定的辅助，这意味着推动某一议题形成相对固定的"框架"和内在意义体系，使刚进入议程的话语更容易被接受，从而达到有效动员、制度锁定和规范内化的目的。[4] 行为体的说

---

① 陈正良、高辉、薛秀霞：《国际话语权视阈下的中国国际议程设置能力提升研究》，《中国矿业大学学报》（社会科学版）2014 年第 3 期，第 93—98 页。

② John A. Vasquez and Richard W. Mansbach, "The Issue Cycle: Conceptualizing Long-Term Global Political Change", *International Organization*, Vol. 37, No. 2, 1983, pp. 257 – 261; 参见韦宗友《国际议程设置：一种初步分析框架》，《世界经济与政治》2011 年第 10 期，第 38—52 页。

③ 李旭：《议程管理与政治认同》，《南通大学学报》（社会科学版）2017 年第 4 期，第 65—69 页。

④ Robert D. Benford and David A. Snow, "Framing Processes and Social Movement: An Overview and Assessment", *Annual Review of Sociology*, Vol. 26, No. 1, 2000, pp. 611 – 639.

服力很大程度上取决于其能有效整合的话语资源，框定策略包括：一是通过嫁接与拼凑对现有的价值和话语资源进行改造，这种理念层面的联结有助于增强某种言说的说服力；二是将那些代表和掌握着话语资源的行为体尽可能团结在自己周围也有助于在论辩中占据上风。① 特别是在国际交流空间中，可以通过"诊断性框定"来揭露既有政策方案的弱点与不足，并且通过"预期性框定"来激发大家对于新的解决方案的积极性预期，从而成功将新议题或者新的替代性选择方案嵌入国际政治中。

相比于西方，中国社会组织在提出政策倡议、进行网络活动、组织边会、同国际媒体互动等方面处于起步和学习阶段，仍需系统性的学习与培训。值得一提的是，由中国民促会推动于 2009 年建立的中国发展有效性网络（CEDN），旨在通过一系列倡导活动、论坛、培训及对话，提高中国本土社会组织的倡导和国际交流能力。如 2014 年 8 月 CEDN 在北京举办了"非政府组织倡导技巧"培训，学习议程倡导实用技巧，分享国际议程倡导经验及相关案例。自 2015 年以来，中国慈善联合会也开始推动每年一度的"中华慈善日"活动，近年来活动期间针对社会组织内部治理、政策解读、能力提升、品牌传播、标准化发展等内容，为其会员提供线上或线下培训服务。

（二）提升本土社会组织在全球气候治理中的话语传播能力

议程倡议能力同专业传播能力紧密不可分。得益于本土社会组织具有更强的民间交往能力，可以以一种更加亲民的方式表现真实的中国，讲述生动的中国故事。② 传播能力的提升要注重以下几个方面。

一是在气候传播中加强同政府、国内媒体和国际媒体的合作性互动，在信息传播上力求专业性和细致性。提升气候传播的专业性能力。由于气候变化涉及跨专业性的复杂议题，社会组织在提升自身研究能力的同时可以同高校和智库中的专家合作进行信息发布，以保证报道的专业性。在"走出去"过程中要注重同国外媒体记者、国际非政府组织人士和国际组织官员进行有效互动与沟通。借鉴国际非政府组织的先进报道经验，促进

① 谢婷婷：《行为体策略与规范传播——以美国退出〈京都议定书〉为例》，《当代亚太》2011 年第 5 期，第 98—117 页。

② Liping S, "Still Water Runs Deep: On Practices of Innovative Development in People-to-People Diplomacy of Henan", *International Understanding*, No. 2, 2017, pp. 53 – 56.

国际媒体了解中国政府在气候变化相关领域的立场及作为。

二是重视传播中的话语转化技巧，即不同文化背景下话语对接的可能性和可行性。中国公共气候外交中，部分工会、共青团、妇联、残联、科协等枢纽型社会组织受国内体制文化以及自身传播能力的影响，走出国门后还不能灵活转换话语体系，用国际社会听得懂、易接受的语言开展沟通交流，导致不能充分发挥其特殊的话语传播优势。在传播中国气候治理民间贡献时不仅要突出本土社会组织的实践创新之处，还要结合不同国家的文化背景和语言习惯进行针对性传播。如通过对于气候传播信息的分类细化，实现"有所侧重""有所突出""各个击破"的气候信息传播战略以实现在不同目标受众群中的有效传播。

三是提升社会组织气候传播路径的多元化。随着信息技术的迅猛发展，博客、社交网站、网络电视、手机电视、手机新闻客户端等网络新媒体作为一种新兴传播形式正深刻改变着社会舆论格局。可以说"互联网＋"的快速发展为中国特色气候传播在国内外的舆论宣传上奠定了物质和技术基础，本土社会组织可以推动中国的气候传播从统一的大众化枯燥型对外宣传向大数据平台上的精准个性化推送、智能匹配转型，更加符合全球受众细化趋势。① 因此，在当前网络大数据时代，充分运用新技术、新媒体传播方式，占领信息传播制高点来实现话语传播主动权。如可以充分利用个性网站、微信、微博、抖音、头条、Instagram、Facebook、Twitter、Youtube、TikTok、LinkedIn 等国内外民众喜闻乐见的形式来形成立体多样、融合发展的话语传播体系。

四是国际化长效性传播平台的建构。目前本土社会组织虽然注重参与每年的缔约方气候谈判并积极组织相应的边会活动，但是其持久性和长效性不强。信息能够被接纳不仅取决于知识生产的科学性和开放性，同时还取决于国际交流平台和话语渠道。通过争取更多的国际交流平台和话语渠道，可以进一步依赖论证和说服机制提升知识供给的被认知和被接纳度，从而推进了话语传播的公共化和传播有效化，如利用国际会议和项目合作等平台。毋庸置疑，传播平台的机制化发展可以促进话语传播的长效性影响，如可以通过科学联盟、议题联盟网络等各类传播平台构建来拓展中国

① 储殷：《当代中国民间外交的错位及其解决思路》，《对外传播》2016 年第 5 期，第 8—9 页。

研究的国际影响力。①

四　通过网络协调策略来推进绿色"一带一路"复合型气候公共外交

2017 年 5 月，环境保护部、外交部、发展改革委、商务部联合发布了《关于推进绿色"一带一路"建设的指导意见》，指出推进绿色"一带一路"建设是分享生态文明理念、实现可持续发展的内在要求。2019 年，习近平主席在第二届"一带一路"国际合作高峰论坛上就强调要坚持开放、绿色、廉洁理念，把绿色作为"一带一路"的底色。2021 年 9 月 21 日，习近平主席在第七十六届联合国大会一般性辩论中承诺，中国将大力支持发展中国家能源绿色低碳发展，不再新建境外煤电项目。中国的郑重承诺为推动中国和沿线发展中国家携手探索更加灵活的低碳转型和气候适应的模式提供了契机。社会组织在参与绿色"一带一路"的理念倡导、民生改善、民心相连、民意沟通等方面具有自身独特的灵活性、融合性、嵌入性。随着中国全球生态文明建设战略不断深入，以社会组织为代表的气候多利益攸关方成为中国气候公共外交中的坚实力量，可以从多维度更为灵活务实地推进全球生态命运共同体建构。

（一）注重通过网络协调战略来推进全球伙伴关系的拓展

中国在气候治理中积极性作用的发挥需要采取一种引导性协调战略，即加强同多利益相关者的合作，撬动公共部门（其他大国、国际组织、城市和地区）、民间社会（国际非政府组织和本土社会组织）以及私营部门（企业、投资部门）等一切可以推动合作的力量，注重在参与气候治理过程中打造包含多利益相关者在内的创新型多层伙伴关系网络，从而协助落实所有行动和具体目标。这意味着在参与全球气候治理嵌构中，中国本土社会组织需要立足本国，逐步发展成为区域化、国际性的组织；特别是应该注重通过网络协调策略来推进多元行为体协同参与的气候治理模式。

首先，加强中国社会组织与国际非政府组织、国际政策倡议网络之间的协作。推进本土社会组织和国际非政府组织之间的协同合作，一方面能够让

---

① Steven G. Livingston, "The Politics of International Agenda-Setting: Reagan and North-South", *International Studies Quarterly*, Vol. 36, No. 3, 1992, pp. 314–326.

国际非政府组织通过广泛的接触和交流更好地了解中国绿色发展和低碳适应的实况，有助于其从客观中立视角将中国故事与创新实践传播出去；另一方面也能够通过效仿国际非政府组织的管理模式，来进一步提高本土社会组织的专业化和国际化水平，从而建立起更加广泛的全球合作网络，提升本土社会组织的国际影响力。这种本土社会组织和国际非政府组织合作的方式可以称为"借船出海"型，意味着中国社会组织目前的合作模式为基础，借用现有国际非政府组织的经验、网络和人脉，为我所用，相互支持，不断拓展合作。如利用中国民间气候变化行动网络（CCAN）已经成为全球气候变化行动网络（CAN）中国分支的契机，提升本土社会组织在网络协调性行动和全球治理嵌构的参与程度。只有不断提升本土社会组织的国际化和专业化水平，不断通过网络协调策略强化气候治理的嵌构程度，才能有助于强化中国在全球气候治理中灵活性的话语倡导和规则制定能力。

其次，注重"走出去"的社会组织发展属地伙伴型合作。随着中国本土社会组织的"走出去"，还应该注意中国社会组织与所属地国家社会组织建立合作伙伴关系，开展交流与合作，即采取属地伙伴型合作。"属地伙伴"是指：社会组织在国际化过程中，与属地的社会组织建立长期合作关系，借助他们为中国社会组织国际化战略提供必要的支持。因此，中国社会组织需要重点关注如何与气候受援国的社会组织交流与合作，因为属地伙伴合作型也是国际社会普遍采用的一种模式，也是比较成熟和成功的一种模式；关键是需要了解当地国的政治、经济、法律、文化和社会组织的能力等。同时还要注意，目前社会组织的人才辖地化趋势日益明显。采用人才辖地化的战略之后，社会组织在各国家办公室开始招聘当地优秀人才进行运作，传统的工作内容与工作方法均发生转变。当地优秀人才参与组织管理与项目运作的优势如下，一方面扩大了中国社会组织与属地社会组织的交流和合作机会；另一方面通过深入融入当地的战略也提高了组织和项目运作的效率。

（二）在绿色"一带一路"框架下推进复合型气候公共外交

目前，"一带一路"沿线国家多为气候脆弱型的发展中国家，减缓和适应气候变化的能力均有待提升。中国以生态文明和绿色发展为纽带，务实推动了同"一带一路"沿线国家进行绿色发展合作，增强了中国在全球发展进程中的绿色影响力。将绿色"一带一路"建设过程同中国民间气候治理实践"走出去"相结合，有助于中国本土社会组织在推进全球气候治理中发挥更大的作用。从治理嵌构的发展态势来看，我们可以从区域气候善治角度出发，统筹公私社媒力量，通过推进地方政府、本土社会组织同国际非政府组织、企业等私营部门、高校智库、国内以及国际媒体进行互动强化，来推进一种复合型气候公共外交模式建构。

一是注重"社媒合作"型外交，这意味着在推进"一带一路"气候公共外交的过程中，本土社会组织需要通过国内外媒体的介入和支持，促进社会组织更具有国际化的视野。[1] 一方面，社会组织应利用国内外媒体优势，促进社会组织走出去战略并提升其气候传播能力；另一方面，也可以推进社会组织在绿色"一带一路"建构中的监督促进作用。目前中国的国家自主贡献兼顾了减缓和适应，其实施路径同时还与 2020 年 9 月习近平主席提出的 2030 年碳达峰和 2060 年碳中和目标相对接，被誉为"国家自主贡献目标范本"。在此战略自信的基础上，中国政府可以有所侧重地推进国际媒体、国际非政府组织和本土社会组织在全球气候治理和绿色发展领域进行广泛而灵活的合作，并在绿色"一带一路"建设的相关领域加强气候监督与气候传播功能，既可以助力气候治理模式转型，同时也可以为中国的气候领导力加分。[2] 如 2016 年 9 月，多家国内及国际智库、环保组织和公益基金会等单位启动"一带一路"绿色发展平台，着眼"一带一路"所涉及的生态环境保护、气候变化应对、能源转型、绿色金融和产业合作等领域的多元合作。[3] 在 2017 年波恩气候大会上，该平台注重同国内外媒体合作组织了"一带一路"绿色发展与气候治理系列边会，邀请了气候变化、能源、金融等领域专家和发展中国家政府代表共同探讨"一带一路"气候治理议题。[4] 此类社媒合作的创新型伙伴关系的建构可以通过媒体宣传以"四两拨千斤"的优势来调动更多的国内外资源来推进气候善治，在推动"一带一路"的绿色发展的同时提升中

① 李丹、李凌羽：《"一带一路"生态共同体建设的理论与实践》，《厦门大学学报》（哲学社会科学版）2020 年第 3 期，第 71—83 页。
② 王彬彬：《全球气候治理变局分析及中国气候传播应对策略》，《东岳论丛》2017 年第 4 期，第 43—51 页。
③ 全球绿色影响力：《"一带一路"绿色发展平台项目介绍》，2017 年 1 月 13 日，http://www.chinagoinggreen.org/? p=6966。
④ 全球绿色影响力：《"一带一路"绿色发展与气候治理系列边会·德国波恩 COP23》，2017 年 12 月 1 日，http://www.chinagoinggreen.org/? p=7353。

国在全球绿色治理中的话语权。[①]

二是在国内层面要推进社会组织和私营部门之间的跨界合作机制。"社办联企"型外交是指社会组织当先运营，联合国际化企业开展合作，发挥社会组织与国际社会、所在国社会组织、社区联络的优势，来帮助企业在"走出去"过程中提升社会融入度和危机应对能力，形成社企联合的双赢格局。得益于社会组织更容易调查和对接当地民众的需求，中国社会组织可以成为中国企业海外投资中社会责任的有力助手，即帮助企业进一步完善自身的社会责任，更加科学、法制、绿色、人性化地制定发展规划，在发展过程中给当地环境带来最小影响。对于当地民众基本生存和环境需求的对接性满足不仅减少了海外投资的社会阻力，同时也积极保护了企业的海外资产安全，化解了潜在的社会风险与敌对力量。与此同时，本土社会组织在"走出去"过程中也应当看到企业的经济影响和实践作用，通过与之合作不仅可以获得项目资金、技术合作等方面的支持，同时企业的实地经营也为社会组织的绿色理念践行提供了实验场所。社会组织在企业项目的支持下可以将自身的绿色理念与规范转化成各种创新行动、低碳准则和绿色产品，盘活各种资源。绿色慈善的发展也为私营部门同社会组织的联合推进气候援助提供了重要的互动路径。同时，随着中国国家综合国力的提升，一批本土企业家已经成长起来，成立慈善基金或者与慈善机构合作，投身慈善事业。2016 年国家公布《中华人民共和国慈善法》，明确了相关制度安排，互联网募捐、慈善信托、企业社会责任等方面都呈现新气象。2018 年 1 月，由阿拉善 SEE 基金会、北京巧女公益基金会、老牛基金会、自然之友基金会等 10 家基金会联合发起创立了中国环境资助者网络（CEGA），旨在推动环境慈善公益领域成员间及国际交流与合作，搭建环境领域慈善项目分类标准和影响力评价指标体系，通过建立数据中心和发表年度白皮书引领未来环境领域慈善公益工作方向。[②] 值得注意的是，由中国生态环境部和国际合作伙伴于 2017 年共同发起的"一带一路"绿色发展国际联盟（BRI International Green Development Coalition）属

[①] 张继栋、潘健、杨荣磊等：《绿色"一带一路"顶层设计研究与思考》，《全球化》2018 年第 11 期，第 42—50 页。

[②] 新华网：《中国环境资助者网络在京启动》，2018 年 1 月 30 日，http：//www.xinhuanet.com/gongyi/2018 - 01/30/c_ 129802086. htm。

于包括政府代表、政府间组织、非政府组织和智库以及企业在内的包容性
伙伴关系平台，为国内外 85 个非政府组织和智库同 32 家私营部门合作伙
伴（包括英国碳信托、德国思爱普、法国施耐德电气、中国节能环保集
团、中核环保产业、比亚迪公司等）搭建起灵活多元的沟通渠道，助力
沿线国家实现 2030 年可持续发展目标。该联盟发布了《推动"一带一
路"投资绿色发展》（2022 年）、《"一带一路"环境政策法规标准蓝皮
书》（2021 年）、《"一带一路"项目绿色发展指南》（2021 年）等一系列
引导私营部门投资和规范项目建设的报告，有助于国内外非政府组织和社
会组织在调动私营部门绿色资源的同时对其进行"有绿色标准可依"的
社会监督。当然，在未来发展中，该联盟需要吸纳更多有研究和调研实力
的本土社会组织加入，不断拓展平台的网络性影响力。① 此类社会组织联
盟网络合作可以提升中国本土社会组织在南南合作和气候援助中的整体性
实力和权威性影响，也有助于中国社会组织在国际化过程中更好地处理与
东道国非政府组织的合作与竞争关系。

---

① "一带一路"绿色发展国际联盟网站：http://www.brigc.net/。

结　　语

自国家体系诞生以来，不论国际格局如何变迁，主权国家永远是国际舞台的主角。由于其在资源掌控性（特别是以军队为代表的高级政治资源）、合法性（有资格签署国际条约的合法身份）与行动能力上具有其他主体难以比拟的优越性，国家成为参与全球治理与应对国际事务的绝对主导性力量。随着各种全球性问题在世界范围内蔓延（如气候变化、恐怖主义、难民问题等），国家所面临的安全环境和治理诉求发生了重要改变。不同于传统的国内治理问题，这些新的全球性问题本身具有跨国界性、弥散性和治理性等新的特点，单单依靠一个国家和传统的国内治理理论已经解决不了这些问题，需要全社会各种行为体之间通力合作，以求找寻到最优的问题解决途径。基于此，国际事务的参与者呈现一个多元化的态势，非国家行为体在全球治理中的参与角色日益成为学界的关注热点。尤其是随着气候治理从"自上而下"的京都模式过渡到"自下而上"的巴黎模式，在全球气候治理的主体结构谱系中，除了传统的参与者主权国家和国际组织之外，以国际非政府组织、城市、跨国企业、国内企业等为代表的非国家行为体和次国家行为体都成为多元治理中不可缺失的一环。以国际非政府组织为代表的非国家主体在后巴黎时代气候治理中的作用正在不断提升，对他们的期待集中凝聚在《巴黎协定》所提出的"非缔约方利益相关者"（Non-Party Stakeholders，NPS）这一新概念中。① NPS 概念的提出意味着从《公约》角度来认可非国家行为体参与全球气候治理的合法性及有效性，并强调其在气候减缓和气候适应等领域所蕴藏的巨大潜力和重要贡献。无论 2016 年的马拉喀什会议所建立的马拉喀什全球气

---

① UNFCCC, *Adoption of the Paris Agreement. Decision* 1/*CP*. 21, New York: United Nations Framework Convention on Climate Change, 2015.

候行动伙伴关系（MPGCA）还是 2017 年波恩会议所强调的非缔约方利益相关方（NPS）的贡献，以及 2018 年全面展开的"塔拉诺阿（Talanoa）对话"（促进性对话机制）都旨在遵循一种包容互信的精神来创新性落实非国家行为体"自下而上"的参与路径，充分表明了全球应对气候变化的模式逐渐朝着网络性广泛参与，公共部门撬动私营市场和社会力量共同加入的方向转变。①

　　目前，全球气候治理格局已从最初的大多边政府间机制演变为包含多元行为体和多维治理机制的气候治理机制复合体，这使得国际非政府组织所面临的国际环境和政治结构都发生了深刻的变化。一方面，气候治理格局呈现出日益碎片化的态势，尽管这种碎片化并不代表治理的无效化而是取决于其中多元行为体的互动模式；另一方面，非政府组织成为多元主体治理结构谱系中不可忽视的参与主体，利用气候治理模式变迁中的各种政治机会，凭借自身深厚的社会资本以及不断拓展的网络伙伴关系。近年来，非政府组织在全球气候机制复合体中的嵌入式参与、权威性影响力和碎片化协调能力都得以不断提升。基于此，本书没有停留在既有的国际机制互动和机制复合体研究层面，而是侧重将全球气候治理主体结构谱系中的"网络拓展性"与"动态互动性"结合起来，重点对国际非政府组织的嵌入式治理和多维互动进行分析。在全球气候治理日益发展成为一种机制复合体的过程中，治理嵌构已经成为包括国际非政府组织在内的不同治理行为体互动的基本逻辑。气候治理嵌构可以理解为在气候治理机制复合体中的以国际非政府组织为代表的多利益攸关方（特别是跨国行为体）同外界各种机制（组织层面、制度层面以及规范层面）的网络性互动和嵌入式互建的进程。② 国际非政府组织的治理实践是通过一种嵌入方式同其他关系网络进行联系，同时不断重构治理体系的过程。基于治理嵌构的理论分析，本书的主体部分首先从"过程"维度分析国际非政府组织参与气候治理的地位变迁、网络化嵌入模式及其网络化程度提升的动因，然后从"结构"维度分析国际非政府组织参与气候治理的权威来源，提升

---

① 张永香、巢清尘、郑秋红等：《美国退出〈巴黎协定〉对全球气候治理的影响》，《气候变化研究进展》2017 年第 5 期，第 407—414 页。

② 李昕蕾：《治理嵌构：全球气候治理机制复合体的演进逻辑》，《欧洲研究》2018 年第 2 期，第 91—116 页。

治理性权威的策略选择，特别是随着权威影响的提升，国际非政府组织在推进气候治理碎片化格局积极性协调中的潜力。最后分析国际非政府组织这种嵌构性参与对于后巴黎时代气候治理模式的深远影响以及国际非政府组织参与的内外部局限性，为中国推进本土社会组织走出去参与全球气候嵌构性治理提供经验分享和政策借鉴。本书的核心结论包括以下几点。

第一，由于气候变化问题本身的多样性，进而与此相联系的多样化的利益、权力、信息与信念政治格局，加之参与气候治理的行为体日益多样化，都注定了，同能源消费紧密相关的气候治理很难形成一种一体化的、综合性的气候变化体制。多利益攸关方的不断介入为气候治理提供了超越《公约》框架之外的多元动力驱动体系，从而形成具有碎片化趋势的多元松散的制度体系。虽然碎片化格局日益复杂，但是全球气候治理制度碎片化代表了一种"碎"而不"乱"的格局，并不意味全球气候治理失灵。随着气候治理机制复合体的发展，可能呈现出协同型、积极合作型、消极合作型以及冲突型等不同类型的碎片化状态。在参与全球气候治理过程中，国际非政府组织可以通过关系性嵌入、结构性嵌入和规范性嵌入三种途径内嵌到全球治理机制复合体之中。因此，气候治理的碎片化机制应该被视作一个生态系统，其发展有时超越了一种"自上而下"的国际权威调控，而是通过一种"自下而上"的治理嵌构方式来相互竞争、自适和协调，从而形成一个气候治理的复杂机制复合体。特别是气候治理嵌构三角谱系中，公共部门同社会部门和私营部门的互动不断增强，包括公共部门、私营市场部门以及社会组织在内的包容性公私跨国伙伴关系网络日益形成并在近年来呈现不断上升的趋势。其中国际非政府组织不仅是包容性跨国合作伙伴关系网络的重要嵌入方，同时有潜力通过同公共部门和私营部门的良性互动来带动气候碎片化格局的协调性发展，尽量避免一种冲突性的碎片化，将消极性合作碎片化推向一种积极性合作碎片化，最终实现一种协同型碎片化格局。

第二，本书同时从"过程"（网络化拓展）和"结构"（权威性聚合）两个维度入手来分析全球气候治理嵌构中国际非政府组织的行动逻辑以及对于推进碎片化协调的潜力。可以说，在参与和推进全球气候治理网络性嵌构的过程中，国际非政府组织通过两种方式发挥自身的独特功能：一是从过程性维度推进了全球气候治理的网络化拓展，由国际非政府组织所带动的各类跨国性气候治理网络不断推进气候治理中多元行为体和多维机制之间的网络性互动。得益于国际非政府组织所拥有的深厚社会资本、更为灵活地同公共部门和私营部门进行合作，这种网络性互动和扩散过程推进了全球气候治理嵌构的不断拓展。二是从结构性维度探讨国际非政府组织的权威来源及其权威空间的拓展和影响力提升。在全球气候治理中，国际非政府组织获得更多的权威性影响力，进而在促进全球气候治理碎片化格局的积极性协调方面具有日益上升的引领性潜力，特别是成为全球气候治理"编排"（Orchestration）机制中的重要黏合力量。国际非政府组织在治理协调中的权威影响的提升进一步强化了自身在全球气候治理嵌构进程中的聚合力。从某种程度而言，国际非政府组织参与全球跨国气候治理所带来的这种"网络拓展"（拓）和"治理议题聚合"（聚）两种应力成为推动全球气候治理嵌构进不断发展的动力所在。

　　第三，具体就"过程"维度而言，在国际非政府组织参与气候治理嵌构的网络化参与进程中，可以看出气候治理机制的模式演进为国际非政府组织在全球气候治理中的地位变迁提供了契机，可分为治理机制拓展中非政府组织制度性参与的萌芽阶段（1997—2007 年）、治理行为体多元化背景下非政府组织影响力快速提升阶段（2008—2014 年）和机制互动中非政府组织制度性参与程度不断强化阶段（2014 年至今）。2018 年提出的"促进性对话机制"（又称为"塔拉诺阿对话"）提倡包容、鼓励参与、保证透明为原则，使包括非政府组织在内的对话参与方可以增进互信并共同寻求解决问题的办法，意味着以非政府组织为代表的非国家行为体开始拥有更多的制度性参与空间和互动路径参与到联合国主导的核心框架中。与此同时，全球气候治理中国际非政府组织的网络化嵌构模式也经历了组织内拓展维度（不同非政府组织的跨国拓展速度提升）、组织间协作维度（非政府组织跨国行为体的组织间网络合作程度不断提升）以及跨组织伙伴关系维度（多类型包容性跨国伙伴关系网络日益兴起）的演进。2015 年达成的《巴黎协定》明确支持气候行动中的"非缔约方利害关系方"（NPS）的积极参与，并为其能力提升和政治参与提供制度性保障。2019 年 9 月联合国秘书长气候行动峰会多次强调多利益攸关方合作对实现《巴黎协定》和 21 世纪中叶零碳排放目标的重要性，并首次在联合国峰会议程中将主权国家领导人和非国家行为体代表的发言位置并列。这些都显示了国际非政府组织在参与全球气候治理嵌构中不可小觑的影响力。这种网络化治理嵌构的演进受到如下动力推动：全球化过程中权力格局的变迁推进了基于网络合作的结构性权力，网络化合作是"双重治理失灵"下应对全球气候治理日益复杂化的必然需求，同时也是主体间认知的提升及功能性资源互补战略的选择，最后"自下而上"的巴黎模式下对于国际非政府组织作为非缔约方利益攸关方的身份认可与强化也是推动包容性公私跨国伙伴关系网络形成的重要动因。

第四，具体就"结构"维度而言，国际非政府组织在气候嵌构中的治理权威不断提升。不同于国家行为体所拥有的权力，"权威"是指一种行为体使用制度和资源来赢得其他行为体尊重的能力。国际非政府组织之所以会成为全球气候治理中有影响的行为体，得益于其在气候治理中的多元权威来源：一是来源于国际非政府组织的网络性互动能力；二是源自国际非政府组织的专业性和科学性（所掌握的科学知识和专业知识）；三是国际非政府组织特有的道义性；四是来源在于国际非政府组织与大众媒体之间的紧密关系，即传播能力。在此基础上，本书将国际非政府组织的权威性影响力划分为以下五类：认知性权威（科学知识、专业技术）、手段性权威（关键代理人和决策制定过程的获取途径）、社会性权威（社会网络资源）、资源性权威（获取资源和全球经济地位的途径）和象征性权威（发出道德主张的合法性/能力）。国际非政府组织在参与全球气候治理的过程中，重视运用自身的多维权威基础来提升在气候治理中的影响力，包括强化上游多元参与来提升议程设定的手段性权威；利用下游治理实践来提升对社会规范和行业标准的引领策略；注重网络化参与的专业性及其认知性权威塑造；通过多元伙伴关系网络建设提升其结构性影响力。随着国际非政府组织权威空间的不断拓展，他们在气候"编排"机制中的主动性开始展现出来并且在气候治理嵌构中的引领潜力不断提升，如可以采取机制目标提出、说服机制、支持机制、物质激励和声誉激励等各种激励策略和影响工具来规范个体，从而推进治理碎片化格局的积极性协调发展。

第五，在气候治理机制复合体的演进过程中，以国际非政府组织为代表的非国家行为体的网络化拓展及其治理性权威的提升对于后巴黎时代的气候治理格局产生不可小觑的影响。一是通过地方治理实践及规范标准来推进气候治理进程。"自下而上"的巴黎模式的动力来自基于各国自主贡献背后的气候治理实践，来自地方的气候治理实践及其所承载的低碳规范标准将在更大程度上推动和影响气候谈判的展开。国际非政府组织同城市、企业等非国家行为体和次国家行为体进行联合，通过推进地方领导力的塑造推进气候引领格局多元化。二是国际非政府组织在后巴黎时代的细则谈判落实和盘点监督机制中有更多话语权。他们利用"塔拉诺阿对话"等制度性参与渠道不断提升在全球盘点监督、透明度原则和"共同但有区别性责任"原则的平衡、市场机制推进等方面的话语性权力。三是国际非政府组织的国际法主体地位和软法影响力不断提升。他们不仅更多采取规范倡议的方法来引起社会舆论的关注并推进软法性的规范建构，同时还有更多机会直接或间接参与到《公约》框架的议题设立和政策决策中去，从而成为一种"准国际法主体"或"有限国际法主体"。四是国际非政府组织网络化嵌构态势对于气候谈判集团策略选择的影响，如欧盟也通过引领协调型政策强化同非国家行为体的互动以保持自身的话语权。以中国为代表的新兴发展中大国更是亟待提升其同国际非政府组织之间的互动能力，特别是加快新型伙伴关系网络建设。五是发展中国家将面临更为复杂的气候谈判格局与参与挑战。相比于欧美国家，以中国为代表的新兴发展中大国由于自身社会组织的国际化水平低，且缺乏在国际层面同非国家行为体互动的经验以及相应的治理能力，从一定程度上制约了制度性权力和话语权的获得。

第六，随着全球治理体系和国际秩序变革的加速推进，发展中国家在全球气候治理中的权重日益上升，这为"南方国家"各类非政府组织的全球性参与提供了更多契机。然而不可否认的是，国际非政府组织影响力的发挥过程是具有高度选择性的。专业化程度较低的"南方"非政府组织代表往往受到忽视，导致其很难在国际层面充分反映"南方"国家在气候治理中的呼声。尽管全球气候治理过程对"南方"多利益相关者产生日益重要影响，但由于其自身在气候治理中的嵌构能力弱而导致利益代表性不充分，致使发展中国家在气候减缓和适应中所遇到的许多特殊性问题及利益诉求通常被边缘化。在此背景下，如何处理同国际非政府组织以及本土社会组织的互动关系，将会影响发展中国家在后巴黎时代气候政治格局中的治理能力提升和制度性权力获取。虽然以中国为代表的发展中大国在全球气候治理中发挥着越来越重要的作用，但在国际制度中的建章立制以及同非国家行为体的良性互动等方面还缺乏经验，治理能力和策略选择都亟待提升。尽管中国为全球气候治理做出了很大贡献，但中国本土社会组织对于全球气候治理的参与和话语权建构仍有待提升。为了在气候治理中发挥更大的引领作用，中国需要一方面注重优化同国际非政府组织等多利益相关者的互动策略，通过新型多层伙伴关系的建立来调动治理资源，将气候治理的引领作用同"一带一路"的绿色合作和生态命运共同体建构相融合；另一方面则要在完善法律体系基础上大力支持本土社会组织的良性发展，不断提升其国际化参与程度，使其成为复合型气候公共外交中的重要支持性力量。具体而言，在后巴黎时代提升本土社会组织的治理嵌构能力路径包括在不断完善国内法律体系基础上推动社会组织国际化并提升其管理能力，注重本土社会组织在气候治理嵌构中的专业化与权威性，系统性提升其议题倡导和话语传播能力，通过网络协调战略不断推进全球伙伴关系的拓展并优化在绿色"一带一路"框架下所开展的复合型气候公共外交。[①] 特别是鉴于气候治理嵌构的态势，应该注重通过网络协调策略来推进多元行为体协同参与的气候治理模式。一是中国本土社会组织之间的网络协调机制，充分发挥骨干型社会组织的枢纽功能和引领作用。通过社会组织之间的多中心网络分工协作，加强政府与社会组织之间的信息交流和沟通，提升多部门协同能力。如定期召开外交部门与相关社会组织的工作协调会，与骨干型社会组织建立稳定的合作伙伴关系。二是加强企业与社会组织之间的协调，推动中国企业在海外的气候友好行。社会组织通过协助企业履行企业环保社会责任、开展国际公益慈善，参与三方利益协商和对话协调，提供政策建设咨询等形式回馈企业。三是加强中国社会组织与国际组织、国际非政府组织、国际政策倡议网络、气候与低碳全球伙伴关系网络之间的协作。其中突出的案例表现为，中国民间气候变化行动网络（CCAN）已经成为全球气候变化行动网络（CAN）的中国分支，在网络协定性行动和全球治理嵌构的参与程度上都上升很快。只有不断提升本土社会组织的国际化和专业化水平，不断通过网络协调策略强化气候治理的嵌构程度，才能有助于强化中国在全球气候治理中灵活性的话语倡导和规则制定能力。

第七，就未来研究趋势而言，尚需深入研究的问题包括：一是气候治理嵌构理论研究应同系统性危机管理研究结合在一起，侧重于分析多利益攸关方在安全纽带治理中的角色与作用。气候变化带来的是整个生态系统

① 李丹、李凌羽：《"一带一路"生态共同体建设的理论与实践》，《厦门大学学报》（哲学社会科学版）2020 年第 3 期，第 71—83 页；张继栋、潘健、杨荣磊等：《绿色"一带一路"顶层设计研究与思考》，《全球化》2018 年第 11 期，第 42—50 页。

的危机，具有不可低估的纽带传导性，会导致危机的"级联"恶化，进而在经济、社会、文化、生态和政治等各个层面发生连锁反应。全球气候危机并没有因新冠肺炎疫情而威胁降低；相反，各种气候灾害性事件的频发将我们带入了多危机并存的复合型风险时代。如2020年6月联合国粮农组织发布的《粮食展望》报告指出，由于新冠肺炎疫情带来的市场紊乱以及气候变化下旱灾、蝗灾影响的持续，全球正濒临至少50年来最严重的粮食危机。一般而言，国家行为体被视为是国内外危机管理和资源调动的核心性行为体，然而目前公共危机的弹性治理理论强调不确定性情景下的弹性适应路径及其多元参与。① 这意味在危机发生之前就需要系统考虑到提升危机应对性的各种措施（包括物理环境、社会系统、管理网络和经济系统），从一种系统适应性维度来保障危机发生后的灵活应对。因此，气候风险的系统性管理必然需要一种治理嵌构模式，这意味着必须突破国家政府主导的一元化治理模式，进一步优化非国家行为体的参与路径，在最大限度的包容性和参与性的基础上，构建一种具有前瞻性和动态适应性的风险治理机制。② 二是除了气候治理领域之外，治理嵌构理论还可以运用在其他相关的"低级政治"治理领域。目前多利益攸关方也出现在《关于消耗臭氧层物质的蒙特利尔协议书》《联合国国际化学品管理战略方针》《生物多样性公约》《联合国防治荒漠化公约》等多公约谈判过程中。全球气候变化治理本身也与水资源、农业、能源、可持续发展、公共卫生、生物多样性等议题息息相关，各种议题联系也有助于鼓励多利益攸关方参与。③ 在未来研究中，可以将治理嵌构理论的分析范域进一步拓展，并分析在不同的环境能源治理领域中治理嵌构的独特性。如全球清洁能源治理领域存在非常明显的治理嵌构现象：在全球和地区层面日益涌

---

① 高恩新、赵继娣：《公共危机管理研究的图景与解释——基于国际文献的分析》，《公共管理学报》2017年第4期，第146—157页。

② 在完善气候变化立法的适应制度的基础上，明确各个主体的责任，不断加强组织机构建设，不但要强化政府气候应急预案的科学性和权威性，同时还要鼓励公众参与应对气候变化的决策制定并拓宽公众参与渠道，从而从根本上推动气候危机应对的全社会弹性治理模式的建设。参见李昕蕾《步入"新危机时代"的全球气候治理：趋势、困境与路径》，《当代世界》2020年第6期，第61—67页。

③ IPCC Working Group Ⅲ, "Social, Economic, and Ethical Concepts and Methods", *Climate Change* 2014: *Mitigation of Climate Change.* New York, NY: Cambridge University Press, 2014, pp. 207 – 282.

现出同清洁能源相关的不同层次和不同种类的伙伴关系、政策倡议网络等。① 其中既有垂直的超国家、国际、国家、次国家等不同层次的决策权威，也有平行决策系统之间的网络状联合，并出现了一些新型的合作关系，如"公私"伙伴关系和"私私"伙伴关系等。治理嵌构理论建构在全球清洁能源治理领域的拓展有助于气候能源的多元协同治理研究，也为更好地理解整个气候能源治理机制复合体提供进一步的支持。

---

① Emi Minghui Gui, Iain MacGill, "Typology of Future Clean Energy Communities: An Exploratory Structure, Opportunities, and Challenges", *Energy Research & Social Science*, No. 35, 2018, pp. 94 – 107.

参考文献

中文专著

薄燕：《国际谈判与国内政治》，上海三联书店 2007 年版。

薄燕：《全球气候变化治理中的中美欧三边关系》，上海人民出版社 2012 年版。

蔡拓：《全球问题与当代国际关系》，天津人民出版社 2002 年版。

陈刚：《京都议定书与国际气候合作》，新华出版社 2008 年版。

陈勤、曲建升：《气候变化应对战略之国别研究》，气象出版社 2010 年版。

创绿中心、山水自然保护中心、道和环境与发展研究所、自然之友、中国国际组织民间合作促进会、公众环境研究中心：《中国可持续发展回顾和思考（1992—2011）：民间社会的社交》，2012 年。

崔大鹏：《国际气候合作的政治经济学分析》，商务印书馆 2003 年版。

代红才、张栋、毛吉康等：《企业与非政府组织国际会议平台建设及高层次合作交流机制探索》，《中国企业改革发展优秀成果 2018（第二届）上卷》，2018 年。

曹保印：《环保非政府组织的中国故事》，外文出版社 2010 年版。

戴维·赫尔德、安东尼·麦克格鲁编：《治理全球化：权力、权威与全球治理》，社会科学文献出版社 2004 年版。

丁金光：《国际环境外交》，中国社会科学出版社 2007 年版。

丁一汇：《气候变化》，气象出版社 2010 年版。

范丽珠：《全球化下的社会变迁与非政府组织》，上海人民出版社 2003 年版。

范铁中：《非政府组织与社会管理》，上海大学出版社 2015 年版。

付涛：《中国民间环境组织的发展》，梁从诫主编：《2005 年：中国的环境危局与突围》，社会科学文献出版社 2005 年版。

甘锋：《国际环境非政府组织与全球治理》，上海交通大学出版社 2011 年版。

顾建键：《非政府组织的发展与管理——中国和加拿大比较研究》，上海交通大学出版社 2009 年版。

郭国庆：《现代非营利组织研究》，首都师范大学出版社 2001 年版。

国家环境保护局译：《21 世纪议程》，中国环境科学出版社 1993 年版。

国家气候变化对策协调小组办公室，中国 21 世纪议程管理中心：《全球气候变化——人类面临的挑战》，商务印书馆 2005 年版。

国务院发展研究中心社会发展研究部课题组：《社会组织建设：现实、挑战与前景》，中国发展出版社 2011 年版。

黄茂兴：《"一带一路"建设的绿色发展探究——机遇、挑战与未来》，经济科学出版社 2018 年版。

黄晓勇：《中国社会组织报告（2019）（社会组织蓝皮书）》，社会科学文献出版社 2019 年版。

何一鸣：《国际气候谈判研究》，中国经济出版社 2012 年版。

何水：《社会组织参与服务型政府建设：作用、条件与路径》，中国社会科学出版社 2015 年版。

红生、贺兵：《当代国际关系中的"第三者"：非政府组织问题研究》，时事出版社 2004 年版。

霍淑红：《国际非政府组织（INGOs）的角色分析：全球化时代 INGOs 在国际机制发展中的作用》，中央编译出版社 2011 年版。

姜冬梅、张孟衡、陆根法：《应对气候变化》，中国环境科学出版社 2007 年版。

康晓光、郑宽、蒋金富等：《NGO 与政府合作策略》，社会科学文献出版社 2010 年版。

李建平、刘屹岷编译：《世界气候研究计划著〈世界气候研究计划成就〉》，气象出版社 2010 年版。

李玟：《西方政策网络理论研究》，人民出版社 2013 年版。

李少军：《国际政治学概论》，上海人民出版社 2009 年版。

李慧明：《生态现代化与气候治理》，社会科学文献出版社 2017 年版。

李昕蕾：《清洁能源外交：全球态势与中国路径》，中国社会科学出版社
　　2019 年版。

李昕蕾：《中国可再生能源政策变迁机制研究：国际气候变化机制与国内
　　可再生能源政策倡议联盟的互动》，山东大学出版社 2016 年版。

李惠斌编：《全球化与公民社会》，广西师范大学出版社 2003 年版。

联合国全球治理委员会：《我们的全球伙伴关系》，牛津大学出版社 1995
　　年版。

林其屏：《全球化与环境问题》，江西人民出版社 2002 年版。

林修果：《非政府组织管理》，武汉大学出版社 2010 年版。

林云华：《国际气候合作与排放权交易制度研究》，中国经济出版社 2007
　　年版。

刘贞晔：《国际政治领域中的非政府组织——一种互动关系的分析》，天
　　津人民出版社 2005 年版。

罗辉：《第三域若干问题研究》，中国地质大学出版社 2006 年版。

马晓哲等：《国际碳排放治理问题》，科学出版社 2018 年版。

马庆钰、廖鸿（主编）：《中国社会组织发展战略》，社会科学文献出版社
　　2016 年版。

潘家华、张莹：《碳预算：公平、可持续的国际气候制度构架》，社会科
　　学文献出版社 2011 年版。

秦亚青：《关系与过程：中国国际关系理论的文化建构》，上海人民出版社
　　2012 年版。

饶戈平：《全球化进程中的国际姐织》，北京大学出版社 2005 年版。

盛红生、贺兵：《当代国际关系中的"第三者"——非政府组织问题研
　　究》，时事出版社 2004 年版。

施里达斯·拉夫尔：《我们的家园：地球（为生存而结为伙伴关系)》，夏
　　堃堡译，中国环境科学出版社 1993 年版。

世界环境与发展委员会著：《我们共同的未来》，王之佳、柯金良等译，
　　吉林人民出版社 1997 年版。

唐方方：《气候变化与碳交易》，北京大学出版社 2012 年版。

唐晓、杨帆：《政治科学基础》，世界知识出版社 2007 年版。

谭日辉：《管理创新与政策选择：政府培育扶持社区社会组织的研究》，
　　中国社会科学出版社 2016 年版。

王彬彬：《中国路径——双层博弈视角下的气候传播与治理》，科学文献出版社 2018 年版。

王杰、张海滨、张志洲：《全球治理中的国际非政府组织》，北京大学出版社 2004 年版。

王杰：《国际机制论》，新华出版社 2002 年版。

王名：《非营利组织管理概论》，中国人民大学出版社 2010 年版。

王名：《全面深化改革研究书系：社会组织与社会治理》，社会科学文献出版社 2015 年版。

王逸舟：《探寻全球主义国际关系》，北京大学出版社 2005 年版。

王义桅：《“一带一路”机遇与挑战》，人民出版社 2015 年版。

王义桅：《世界是通的："一带一路"的逻辑》，商务印书馆 2016 年版。

王彬彬：《中国路径：双层博弈视角下的气候传播与治理》，社会科学文献出版社 2018 年版。

王浦劬：《政府向社会组织购买公共服务研究：中国与全球经验分析》，北京大学出版社 2012 年版。

吴静、王铮、朱潜挺等：《应对气候变化的全球治理研究》，科学出版社 2016 年版。

夏义善、陈德照：《中国能源环境气候外交大视野》，世界知识出版社 2012 年版。

星野昭吉：《变动中的世界政治——当代国际关系理论沉思录》，刘小林、王乐理译，新华出版社 1999 年版。

徐莹：《当代国际政治中的非政府组织》，当代世界出版社 2006 年版。

徐再荣：《全球环境问题与国际回应》，中国环境科学出版社 2007 年版。

徐本亮：《社会组织管理精要十五讲》，上海社会科学院出版社 2018 年版。

杨洁勉：《世界气候外交和中国的应对》，时事出版社 2009 年版。

杨洁勉：《大体系》，天津人民出版社 2008 年版。

俞可平：《全球化：全球治理》，社会科学文献出版社 2003 年版。

于宏源：《环境变化和权势转移：制度、博弈和应对》，上海人民出版社 2011 年版。

于宏源：《全球环境治理内涵及趋势研究》，上海人民出版社 2018 年版。

于宏源：《国际气候环境外交：中国的应对》，东方出版中心 2013 年版。

张希良、齐晔：《中国低碳发展报告（2017）》，社会科学文献出版社 2017

年版。

张海滨：《环境与国际关系：全球环境问题的理性思考》，上海人民出版社 2008 年版。

张海滨：《气候变化与中国国家安全》，时事出版社 2010 年版。

张海滨等：《全球气候治理的中国方案》，五洲传播出版社 2021 年版。

张洪贵：《国际组织与国际关系》，浙江人民出版社 2004 年版。

张霞、李智河、李恒光：《非营利组织管理》，山东人民出版社 2005 年版。

张志刚：《非政府组织文化建设》，人民出版社 2012 年版。

张钟汝：《政府与非政府组织合作机制建设：对两个非政府组织的个案研究》，上海大学出版社 2012 年版。

赵黎青：《非政府组织与可持续发展》，经济科学出版社 1998 年版。

中国现代国际关系研究院课题组：《外国非政府组织概况》，时事出版社 2010 年版。

庄贵阳、陈迎：《国际气候制度与中国》，世界知识出版社 2005 年版。

庄贵阳：《全球环境与气候治理》，浙江人民出版社 2009 年版。

邹克渊：《南极矿产资源与国际法》，现代出版社 1997 年版。

庄贵阳：《中国城市低碳发展蓝图：集成、创新与应用》，社会科学文献出版社 2015 年版。

［法］保罗·利科：《承认的过程》，中国人民大学出版社 2011 年版。

［美］埃莉诺·奥斯特罗姆：《公共事物的治理之道：集体行动制度的演进》，余逊达、陈旭东译，上海三联书店 2000 年版。

［美］奥兰·扬：《世界事务中的治理》，陈玉刚、薄燕译，上海人民出版社 2007 年版。

［美］查尔斯·蒂利、西德尼·塔罗：《抗争政治》，李义中译，译林出版社 2010 年版。

［美］莱斯特·M. 萨拉蒙等：《全球公民社会——非营利部门视界》，贾西津、魏玉等译，社会科学文献出版社 2004 年版。

［美］罗伯特·基欧汉、约瑟夫·奈：《权力与相互依赖》（第三版），门洪华译，北京大学出版社 2002 年版。

［美］罗伯特·基欧汉：《局部全球化世界中的自由主义、权力与治理》，门洪华译，北京大学出版社 2005 年版。

〔美〕罗西瑙：《没有政府的治理》，江西人民出版社 2001 年版。

〔美〕马克·格兰诺维特：《镶嵌：社会网与经济行动》，罗家德译，社会科学文献出版社 2007 年版。

〔美〕玛格丽特·E. 凯克、凯瑟琳·辛金克：《超越国界的活动家——国际政治中的倡议网络》，北京大学出版社 2005 年版。

〔美〕曼瑟尔·奥尔森：《集体行动的逻辑》，陈郁等译，上海人民出版社 1995 年版。

〔美〕朱莉·费希尔：《非政府组织与第三世界的政治发展》，邓国胜译，社会科学文献出版社 2002 年版。

〔挪威〕弗里德约夫·南森研究所编，中国环境保护总局译：《绿色全球年鉴 2000/2001》，中国环境科学出版社 2002 年版。

〔英〕R. P. 巴斯顿、赵怀蒲：《现代外交》，世界知识出版社 2002 年版。

〔西〕安东尼·埃斯特瓦多道尔、〔美〕布莱恩·弗朗兹、谭·罗伯特·阮：《区域性公共产品：从理论到实践》，张建新、黄河、杨国庆等译，上海人民出版社 2010 年版。

中文论文

薄燕、陈志敏：《全球气候变化治理中欧盟领导能力的弱化》，《国际问题研究》2011 年第 1 期。

薄燕：《环境治理中的国际组织：权威性及其来源——以联合国环境规划署为例》，《欧洲研究》2007 年第 1 期。

薄燕：《作为官僚机构的国际组织》，《外交评论》2008 年第 3 期。

蔡拓、刘贞晔：《全球市民社会与当代国际关系》，《现代国际关系》2002 年第 12 期。

蔡拓、王南林：《全球治理：适应全球化的新的合作模式》，《南开学报》（哲学社会科学版）2004 年第 2 期。

曹德军：《嵌入式治理：欧盟气候公共产品供给的跨层次分析》，《国际政治研究》2015 年第 3 期。

陈超阳：《全球治理中非政府组织"战略三角"问责模式研究》，《四川行政学院学报》2015 年第 2 期。

陈冲、刘丰：《国际关系的社会网络分析》，《国际政治科学》2009 年第 4 期。

陈迎：《国际气候制度的演进及对中国谈判立场的分析》，《世界经济与政治》2007 年第 2 期。

陈迎：《中国在气候公约演化进程中的作用与战略选择》，《世界经济与政治》2002 年第 2 期。

陈正良、高辉、薛秀霞：《国际话语权视阈下的中国国际议程设置能力提升研究》，《中国矿业大学学报》（社会科学版）2014 年第 3 期。

陈正良、周婕、李包庚：《国际话语权本质析论——兼论中国在提升国际话语权上的应有作为》，《浙江社会科学》2014 年第 7 期。

仇华飞、张邦娣：《欧美学者国际环境治理机制研究的新视角》，《国外社会科学》2014 年第 5 期。

代兵：《论 19 世纪初至 1918 年非政府组织的发展状况》，《国际关系学院学报》2007 年第 6 期。

戴炳然：《关于主权问题的再思索》，《欧洲研究》2003 年第 5 期。

董亮：《IPCC 如何影响国际气候谈判——一种基于认知共同体理论的分析》，《世界经济与政治》2014 年第 8 期。

董亮：《跨国气候伙伴关系治理及其对中国的启示》，《中国人口·资源与环境》2017 年第 9 期。

丁斐、庄贵阳：《全球气候变化系统性风险与"气候明斯基时刻"》，《阅江学刊》2019 年第 6 期。

杜志华、杜群：《气候变化的国际法发展：从温室效应理论到〈联合国气候变化框架公约〉》，《现代法学》2002 年第 5 期。

樊星、高翔：《国家自主贡献更新进展、特征及其对全球气候治理的影响》，《气候变化研究进展》（网络首发），来源：https：//kns. cnki. net/kcms/detail/11. 5368. P. 20211223. 1415. 004. html。

甘锋、叶江：《试论有关全球治理理念的学术争论——兼谈国际非政府组织与全球治理之间的关系》，《上海交通大学学报》（哲学社会科学版）2007 年第 2 期。

葛汉文：《全球气候治理中的国际机制与土权国家》，《世界经济与政治论坛》2005 年第 3 期。

谷德近：《巴厘岛路线图：共同但有区别责任的演进》，《法学》2008 年第 2 期。

谷天雨：《国际非政府组织合法性初探——香港乐施会案例研究：为承认而合作》，外交学院 2013 年硕士学位论文。

关婷、黄海莉：《卡托维茨联合国气候变化大会侧记》，中国绿色创新夏季学院，2018 年 12 月 14 日。

郭培清：《非政府组织与南极条约关系分析》，《太平洋学报》2007 年第 4 期。

郭小琴：《全球公地治理碎片化：一个初步的理论分析》，《学术探索》2020 年第 2 期。

高小升：《国际政治多极格局下的气候谈判——以德班平台启动以来国际气候谈判的进展与走向为例》，《教学与研究》2014 年第 4 期。

高芙蓉：《社会资本视域下社会组织参与应急治理的路径研究》，《河南社会科学》2020 年第 2 期。

甘锋：《全球治理视野中国际环境非政府组织的作用研究》，上海交通大学 2007 年博士学位论文。

宫兆轩：《试论气候传播的受众和传播效果》，《新闻学论集第 27 辑》2011 年。

韩昭庆：《〈都议定书〉的背景及其相关问题分析》，《复旦学报》（社会科学版）2002 年第 2 期。

何建坤、刘滨、陈文颖：《有关全球变化问题上的公平性分析》，《中国人口、资源与环境》2004 年第 14 期。

何彬：《美国退出〈巴黎协定〉的利益考量与政策冲击——基于扩展利益基础解释模型的分析》，《东北亚论坛》2018 年第 2 期。

贺毅：《ISO 积极制定标准应对全球气候变化》，《中国标准化》2009 年第 10 期。

韩星旭：《中国参与全球气候治理的动因、挑战与策略选择》，吉林大学 2019 年博士学位论文。

黄浩明、王香奕、许潇潇等：《发挥民间组织作用参与全球气候治理》，《采写编》2017 年第 2 期。

黄浩明：《中国民间外交的变化与对策研究》，《公共外交季刊》2014 年第 3 期。

黄浩明、石忠诚、张曼莉等：《中国社会组织国际化战略与路径研究》，《中国农业大学学报》（社会科学版）2014 年第 2 期。

黄浩明：《社会组织在"一带一路"建设中面临的挑战与对策建议》，《中国社会报》2017 年 6 月 23 日。

黄浩明：《社会组织国际化战略与路径研究》，天津大学 2014 年博士学位论文。

黄浩明：《民间组织国际化的趋势——兼谈中国的现状、挑战与对策》，《中国非营利评论》2011 年第 2 期。

黄超：《全球治理中跨国倡议网络有效性的条件分析》，《国际观察》2010 年第 4 期。

郇庆治：《环境非政府组织与政府的关系：以自然之友为例》，《江海学刊》2008 年第 2 期。

郇庆治：《"碳政治"的生态帝国主义逻辑批判及其超越》，《中国社会科学》2016 年第 3 期。

郇庆治：《社会主义生态文明观阐发的三重视野》，《北京行政学院学报》2018 年第 4 期。

郇庆治：《中国的全球气候治理参与及其演进：一种理论阐释》，《河南师范大学学报》（哲学社会科学版）2017 年第 4 期。

郇庆治：《拉美"超越发展"理论述评》，《马克思主义与现实》2017 年第 6 期。

霍淑红：《国际非政府组织的角色分析——全球化时代非政府组织在国际机制发展中的作用》，华东师范大学 2006 年博士学位论文。

姜川：《非政府组织在当代国际关系中的影响和作用》，《国际安全研究》2006 年第 5 期。

杰弗里·萨克斯：《达成新的全球气候变化议定书》，《国际经济合作》2009 年第 1 期。

孔令红、智慧：《NGO 参与和推动绿色金融的启迪意义》，《经济研究导刊》2009 年第 11 期。

陆晶、王慧：《"一带一路"框架下我国非政府组织国际化策略探讨》，《辽宁警察学院学报》2018 年第 5 期。

赖钰麟：《非政府组织的公共外交和外交政策参与——以中国 NGO 和政府在联合国气候变化大会的互动为例》，《安徽师范大学学报》（人文社科版）2016 年第 5 期。

赖钰麟：《政策倡议联盟与国际谈判：中国非政府组织应对哥本哈根大会的主张与活动》，《外交评论》2011 年第 3 期。

蓝煜昕、杨丽、曾少军：《美国 NGO 参与气候变化的策略及行为模式探析》，《中国人口资源与环境》2011 年第 12 期。

蓝煜昕、荣芳、于绘锦：《全球气候变化应对与 NGO 参与：国际经验借鉴》，《中国非营利评论》2010 年第 1 期。

李北楠、王棋、余金林：《浅论国际非政府组织的国际法地位》，《法制与社会》2017 年第 8 期。

李慧明：《全球气候治理制度碎片化时代的国际领导及中国的战略选择》，《当代亚太》2015 年第 4 期。

李慧明：《秩序转型、霸权式微与全球气候政治：全球气候治理制度碎片化与领导缺失的根源？》，《南京政治学院学报》2014 年第 6 期。

李晶晶：《全球气候治理中的非政府组织》，中共中央党校 2011 年硕士学位论文。

李蕾、毕欣欣：《"应对气候变化——非政府组织在行动"主题边会在华沙气候大会中国角举行》，《世界环境》2013 年第 6 期。

李庆四：《社会组织的外交功能：基于中西互动的考察》，《世界经济与政治》2009 年第 6 期。

李昕蕾：《海外公共安全与合作中的危机管理机制探析》，载张蕴岭、张洁编：《海外公共安全与合作评估报告（2020）》，社会科学文献出版社2020 年 5 月第 1 版。

李昕蕾：《步入"新危机时代"的全球气候治理：趋势、困境与路径》，《当代世界》2020 年第 6 期。

李昕蕾：《德国、美国、日本、印度的清洁能源外交比较研究：兼论对中国绿色"一带一路"建设的启示》，《中国软科学》2020 年第 7 期。

李昕蕾：《习近平生态文明思想的国际传播及其路径优化》，《当代世界社会主义问题》2019 年第 4 期。

李昕蕾：《习近平生态文明思想的国际化意蕴与民间外交传播路径》，《福建师范大学学报》（哲学社会科学版）2019 年第 6 期。

李昕蕾：《全球气候治理中的知识供给与话语权竞争——以中国气候研究影响 IPCC 知识塑造为例》，《外交评论》2019 年第 4 期。

李昕蕾、王彬彬：《国际非政府组织与全球气候治理》，《国际展望》2018 年第 5 期。

李昕蕾：《美国非国家行为体参与全球气候治理的多维影响力分析》，《太平洋学报》2019 年第 6 期。

李昕蕾：《非国家行为体参与全球气候治理的网络化发展：模式、动因及影响》，《国际论坛》2018 年第 2 期。

李昕蕾：《跨国城市网络在全球气候治理中的行动逻辑：基于国际公共产品供给"自主治理"的视角》，《国际观察》2015 年第 5 期。

李昕蕾：《全球气候治理领导权格局的变迁与中国的战略选择》，《山东大学学报》（哲学社会科学版）2017 第 1 期。

李昕蕾：《全球清洁能源治理的跨国主义范式——多元网络化发展的特点、动因及挑战》，《国际观察》2017 年第 6 期。

李昕蕾：《治理嵌构：全球气候治理机制复合体的演进逻辑》，《欧洲研究》2018 年第 2 期。

李昕蕾：《全球气候能源格局变迁下中国清洁能源外交的新态势》，《太平洋学报》2017 年第 12 期。

李昕蕾：《全球清洁能源治理的跨国主义范式——多元网络化发展的特点、动因及挑战》，《国际观察》2017 年第 6 期。

李昕蕾：《"一带一路"框架下中国的清洁能源外交——契机、挑战与战略性能力建设》，《国际展望》2017 年第 3 期。

李昕蕾：《跨国城市网络在全球气候治理中的行动逻辑：基于国际公共产品供给"自主治理"的视角》，《国际观察》2015 年第 5 期。

李昕蕾：《跨国城市网络在全球气候治理中的体系反思："南北分割"视域下的网络等级性》，《太平洋学报》2015 年第 7 期。

李昕蕾、宋天阳：《跨国城市网络的实验主义治理研究——以欧洲跨国城市网络中的气候治理为例》，《欧洲研究》2014 年第 6 期。

李旭：《议程管理与政治认同》，《南通大学学报》（社会科学版）2017 年第 4 期。

李卉嫔：《绿色是"一带一路"的底色》，《一带一路报道》2020 年第 1 期。

李丹、李凌羽：《"一带一路"生态共同体建设的理论与实践》，《厦门大学学报》（哲学社会科学版）2020 年第 3 期。

梁晓菲：《论〈巴黎协定〉遵约机制：透明度框架与全球盘点》，《西安交通大学学报》（社会科学版）2018 年第 2 期。

林炫辰、李彦、李长胜：《美国加州应对气候变化的主要经验与借鉴》，《宏观经济管理》2017 年第 4 期。

凌晓良、李升贵等：《南极环境与环境保护问题研究》，《极地考察》2005年第 5 期。

刘宏松：《国际组织的自主性行为：两种理论视角及其比较》，《外交评论》2006 年第 3 期。

刘畅：《国际社会自发性协调与机制复合体研究——以可持续发展标准领域的机制为例》，《国际关系研究》2019 年第 6 期。

刘锋：《中国社会组织国际化现状、困境及策略》，《理论视野》2019 年第 2 期。

刘虹利：《全球环境治理中国际环境非政府组织的作用分析》，中国政法大学 2011 年博士学位论文。

刘培林：《全球气候治理政策工具的比较分析——基于国别间关系的考察角度》，《世界经济与政治》2011 年第 5 期。

刘唐美丽、成丰绛：《非政府组织在应对气候变化中的作用研究》，《理论界》2012 年第 1 期。

刘晓凤、王雨、葛岳静：《环境政治中国际非政府组织的角色——基于批判地缘政治的视角》，《人文地理》2018 年第 5 期。

刘长敏：《论非国家主体的国际法律地位》，《现代国际关系》2004 年第 2 期。

刘贞晔：《国家的社会化非政府组织及其理论解释范式》，《世界经济与政治》2005 年第 1 期。

刘贞晔：《国际多边组织与非政府组织：合法性的缺陷与补充》，《教学与研究》2007 年第 8 期。

刘贞晔：《国际政治视野中的全球市民社会——概念、特征和主要活动内容》，《欧洲研究》2002 年第 5 期。

罗良文、茹雪：《气候变化与世界贫富差距》，《国外社会科学》2019 年第 6 期。

卢静：《透析全球环境治理的困境》，《教学与研究》2010 年第 8 期。

罗伯特·O. 基欧汉、约瑟夫·S. 奈：《多边合作的俱乐部模式与世界贸易组织：关于民主合法性问题的探讨》，《世界经济与政治》2001 年第 12 期。

吕晓莉：《全球治理：模式比较与现实选择》，《现代国际关系》2005 年第 3 期。

吕学都：《气候变化的国际博弈》，《商务周刊》2007 年第 10 期。

牟初夫、王礼茂：《气候谈判集团的演化过程与演变趋势分析》，《工程研究——跨学科视野中的工程》2015 年第 3 期。

潘家华：《负面冲击正向效应——美国总统特朗普宣布退出〈巴黎协定〉的影响分析》，《中国科学院院刊》2017 年第 9 期。

潘家华：《国家利益的科学论争与国际政治妥协》，《世界经济与政治》2002 年第 2 期。

庞中英：《关于中国的全球治理研究》，《现代国际关系》2000 年第 6 期。

齐皓：《国际环境问题合作的成败：基于国际气候系统损害的研究》，《国际政治科学》2010 年第 4 期。

齐尚才：《全球治理中的弱制度设计》，外交学院 2019 年博士学位论文。

雀淑红：《环境非政府组织：跨国公司行为的制约者》，《教学与研究》2004 年第 10 期。

桑颖：《国际环境非政府组织：优势和作用》，《理论探索》2007 年第 1 期。

邵雪婷、韦宗友：《全球气候治理中"搭便车"行为的经济学分析》，《环境经济》2012 年第 2 期。

沈玲玲：《非政府组织参与全球气候治理研究》，南京师范大学 2015 年硕士学位论文。

沈中元：《全球化下非政府组织之研究》，复旦大学 2003 年博士学位论文。

石晨霞：《试析全球治理模式的转型——从国家中心主义治理到多元多层协同治理》，《东北亚论坛》2016 年第 4 期。

张胜军：《全球治理的最新发展和理论动态》，《国外理论动态》2012 年第 10 期。

宋冬：《论〈巴黎协定〉遵约机制的构建》，外交学院 2018 年博士学位论文。

宋渭澄：《联合国体系下的非政府组织及其国际政治效应》，《国际论坛》2003 年第 2 期。

宋效峰：《非政府组织与全球气候治理：功能及其局限》，《云南社会科学》2012 年第 5 期。

苏毓淞、孟天广：《社会组织参与国际气候变化谈判——基于北京市的调查实验》，《清华大学学报》（哲学社会科学版）2016 年第 4 期。

孙海泳：《境外非政府组织因素对中国外交的影响及其应对》，《国际展望》2018 年第 1 期。

孙景民：《非政府组织的政治行为研究》，中共中央党校 2005 年博士学位论文。

孙茹：《绿色和平组织》，《国际资料信息》2002 年第 8 期。

孙有中：《国家形象的内涵及其功能》，《国际政治》2002 年第 3 期。

汤伟：《气候机制的复杂化和中国的应对》，《国际展望》2018 年第 6 期。

唐虹：《非政府环保组织与联合国气候谈判》，《教学与研究》2011 年第 9 期。

唐美丽、成丰绛：《非政府组织在应对气候变化中的作用研究》，《理论界》2012 年第 1 期。

唐贤兴：《全球治理与第三世界的变革》，《欧洲》2000 年第 3 期。

黄河：《全球化转型视野下的跨国公司与全球治理》，《国际观察》2017 年第 6 期。

田慧芳：《中国参与全球气候治理的三重困境》，《东北师大学报》（哲学）2014 年第 6 期。

王青松：《国际可再生能源机构法律制度研究》，《新疆社会科学》2015 年第 3 期。

王彬彬：《公众参与应对气候变化 让数据发声》，《世界环境》2014 年第 1 期。

王彬彬：《全球气候治理变局分析及中国气候传播应对策略》，《东岳论丛》2017 年第 4 期。

王冠、赵颖：《非营利组织的再定义》，《北京青年政治学院学报》2011 年 4 期。

王明国：《机制碎片化及其对全球治理的影响》，《太平洋学报》2014 年第 1 期。

王明国：《国际制度复杂性与东亚一体化进程》，《当代亚太》2013 年第 1 期。

王彦惠：《非政府组织参与全球环境治理——一个国际法学与国际关系论的跨学科视角》，《当代法学》2012 年第 1 期。

王杨、邓国胜：《中国非政府组织参与全球治理的合法性及其行动策

略——以中国非政府组织参与海外救灾为例》，《社会科学》2017 年第
6 期。

王义桅：《中国公共外交的自信与自觉》，《新疆师范大学学报》（哲学社
会科学版）2015 年第 2 期。

韦宗友：《国际议程设置：一种初步分析框架》，《世界经济与政治》2011
年第 10 期。

吴光芸、杨龙：《超越集体行动的困境：社会资本与制度分析》，《东南学
术》2006 年第 3 期。

吴志成、李冰：《全球治理话语权提升的中国视角》，《世界经济与政治》
2018 年第 9 期。

吴志成、何睿：《国家有限权力与全球有效治理》，《世界经济与政治》
2013 年第 12 期。

卞志刚：《全球化与国家角色》，《世界政治与经济》2002 年第 2 期。

谢来辉：《领导者作用与全球气候治理的发展》，《太平洋学报》2012 年
第 1 期。

谢婷婷：《行为体策略与规范传播——以美国退出〈京都议定书〉为例》，
《当代亚太》2011 年第 5 期。

徐步华、叶江：《浅析非政府组织在应对全球环境和气候变化问题中的作
用》，《上海行政学院学报》2011 年第 1 期。

徐秀军：《规则内化与规则外溢——中美参与全球治理的内在逻辑》，《世
界经济与政治》2017 年第 9 期。

徐莹、李宝俊：《国际非政府组织的治理外交及其对中国的启示》，《国际
关系学院学报》2004 年第 3 期。

徐莹：《中国与气候变化类国际组织的互动关系》，《理论视野》2012 年
第 6 期。

徐莉：《非政府组织与社会支持体系的构建》，武汉大学 2009 年博士学位
论文。

许琳、陈迎：《全球气候治理与中国的战略选择》，《世界经济与政治》
2013 年第 1 期。

姚玲玲：《应对气候变化，中国环保 NGO 在行动》，《中华环境》2018 年
第 9 期。

杨璨：《"特朗普元年"气候成绩单争议不断》，《文汇报》2018 年 1 月 6

日第 005 国际版。

杨晨曦:《全球环境治理的结构与过程研究》,吉林大学 2013 年博士学位
　　论文。

杨建英:《近十年我国关于非政府组织问题的研究综述》,《国际关系学院
　　学报》2008 年第 1 期。

杨丽、蓝煜昕、曾少军:《美国 NGO 参与气候变化的组织生态探析》,
　　《中国人口资源与环境》2012 年第 S1 期。

叶江、甘锋:《试论国际非政府组织对当代国际格局的影响》,《国际观
　　察》2007 年第 3 期。

叶江、谈谭:《试论国际制度的合法性及其缺陷——以国际安全制度与人
　　权制度为例》,《世界经济与政治》2005 年第 12 期。

叶江:《试论国际非政府组织参与全球治理的途径》,《国际观察》2008
　　年第 4 期。

晏娇:《关于全球气候治理路径变化的研究》,吉林大学 2020 年博士学位
　　论文。

尹承德:《世界新热点与全球治理新挑战》,《国际问题研究》2008 年第
　　5 期。

易晋:《社会资本:现代民主发展的非制度化保障》,《云南社会科学》
　　2007 年第 6 期。

于宏源:《论全球气候治理的共同治理转向》,《国际观察》2019 年第
　　4 期。

于宏源:《全球气候治理伙伴关系网络与非政府组织的作用》,《太平洋学
　　报》2019 年第 11 期。

于宏源:《多元化和网络化:新时代民间外交发展研究》,《国际关系研
　　究》2019 年第 5 期。

于宏源:《特朗普政府气候政策的调整及影响》,《太平洋学报》2018 年
　　第 1 期。

于宏源:《非国家行为体在全球治理中权力的变化:以环境气候领域国际
　　非政府组织为分析中心》,《国际论坛》2018 年第 2 期。

于宏源:《马拉喀什气候谈判:进展、分歧与趋势》,《绿叶》2017 年第
　　6 期。

于宏源:《2015 年气候治理发展及动向展望》,《上海交通大学学报》(哲

学社会科学版）2016 年第 1 期。

于宏源、王文涛：《制度碎片和领导力缺失：全球环境治理双赤字研究》，《国际政治研究》2013 年第 3 期。

于宏源、余博闻：《低碳经济背景下的全球治理新趋势》，《国际问题研究》2016 年第 5 期。

于宏源：《〈巴黎协定〉、新的全球气候治理与中国的战略选择》，《太平洋学报》2016 年第 11 期。

于宏源：《国际环境合作中的集体行动逻辑》，《世界经济与政治》2007 年第 5 期。

于宏源：《国际机制中的利益驱动与公共政策协调》，《复旦学报社会科学版》2006 年第 3 期。

余博闻：《认知演化与全球气候治理的变革》，《世界经济与政治》2019 年第 12 期。

余姣：《全球气候治理格局下中国与南太平洋岛国气候治理合作研究》，华中师范大学 2019 年博士学位论文。

余越：《国际非政府组织战略传播研究》，上海大学 2016 年博士学位论文。

俞可平：《全球治理引论》，《马克思主义与现实》2002 年第 1 期。

约瑟夫·奈：《机制复合体与全球网络活动管理》，《汕头大学学报》（人文社会科学版）2016 年第 4 期。

张贝斌：《全球环境治理中非政府组织的作用》，《甘肃农业》2006 年第 1 期。

张海滨：《美国关于气候变化对国家安全影响的研究评述》，《气候变化研究进展》2009 年第 3 期。

张海滨：《气候变化与中国国家安全》，《国际政治研究》2009 年第 4 期。

张涓：《境外非政府组织境内活动注册问题研究——以环保类为例》，《环境保护》2017 年第 17 期。

张丽华：《国家和国际组织的权力功能比较分析》，《学习与探索》2010 年第 1 期。

张丽君：《非政府组织在中国气候外交中的价值分析》，《社会科学》2013 年第 7 期。

张丽君：《气候变化领域中的中国非政府组织》，《公共外交季刊》2016

年第 1 期。

张霞：《美国国际开发署与非政府组织的合作模式》，《国际资料信息》
 2011 年第 1 期。

张永香、巢清尘、郑秋红等：《美国退出〈巴黎协定〉对全球气候治理的
 影响》，《气候变化研究进展》2017 年第 5 期。

张宇燕、任琳：《全球治理：一个理论分析框架》，《国际政治科学》2015
 年第 3 期。

张橦：《新媒体视域下公众参与环境治理的效果研究——基于中国省级面
 板数据的实证分析》，《中国行政管理》2018 年第 9 期。

张振华：《当奥尔森遇上奥斯特罗姆：集体行动理论的演化与发展》，《人
 文杂志》2013 年第 10 期。

张蛟龙：《全球粮食安全治理 ——以制度复合体为视角》，外交学院 2019
 年博士学位论文。

张继栋、潘健、杨荣磊等：《绿色“一带一路”顶层设计研究与思考》，
 《全球化》2018 年第 11 期。

赵斌：《群体化：新兴大国参与全球气候治理的路径选择》，《国际论坛》
 2017 第 2 期。

赵黎青：《非政府组织与联合国体系》，《欧洲》1999 年第 5 期。

赵黎青：《环境非政府组织与联合国体系》，《现代国际关系》1998 年第
 10 期。

赵彦志、周守亮：《多元嵌入视角下科研组织的网络治理与创新绩效关
 系》，《经济管理》2016 年第 12 期。

赵行姝：《〈巴黎协定〉与特朗普政府的履约前景》，《气候变化研究进
 展》2017 年第 5 期。

郑保卫、宫兆轩：《新闻媒体气候传播的功能及策略》，《新闻界》2012
 年第 21 期。

郑保卫、李玉洁：《论新闻媒体在气候传播中的角色定位及策略方法——
 以哥本哈根气候大会报道为例》，《现代传播》（中国传媒大学学报）
 2010 年第 11 期。

郑保卫、王彬彬、李玉洁：《在气候传播互动中实现合作共赢——论气候
 传播中中国政府、媒体、NGO 的角色及影响力》，《新闻学论集》2010
 年第 24 辑。

中华环保联合会：《中国环保民间组织发展状况报告》，《环境保护》2006 年第 5 期。

周洪钧：《〈京都议定书〉生效周年述论》，《法学》2006 年第 3 期。

庄贵阳：《温室气体减排的南北对立与利益调整》，《世界经济与政治》2000 年第 4 期。

朱松丽：《从巴黎到卡托维兹：全球气候治理中的统一和分裂》，《气候变化研究进展》2019 年第 2 期。

章兴鸣，陈佳利：《社会组织"走出去"参与全球治理研究》，《广西社会科学》2019 年第 1 期。

［美］马丁·休伊森，蒂莫西·辛克莱：《全球治理理论的兴起》，《马克思主义与现实》2002 年第 1 期。

［英］罗茨：《新治理：没有政府的管理》，《政治研究》1996 年第 4 期。

IPCC：《第四次第一工作组评估报告——气候变化 2007：自然科学基础》，《世界环境》2007 年第 2 期。

英文专著

Abbott, K. W. , P. Genschel, D. Snidal & B. Zangl eds. , *International Organizations as Orchestrators*, Cambridge University Press, 2014.

Anheier, H. , Glasius, M. , and Kaldor, M. eds. , *Global Civil Society*, Oxford：Oxford University Press, 2001.

Agrawala, S. , Carraro, M. , Kingsmill, N. , Lanzi, E. , Mullan, M. , Prudent-Richard, G. , *Private Sector Engagement in Adaptation to Climate Change：Approaches to Managing Climate Risks*, Paris：OECD Publishing, 2011.

Andrew Hurrell and Benedict Kingsbury, *The International Politics of The Environment*, Oxford：Clarendon Press, 1992.

Avant, D. , Finnemore, M. , & Sell, S. eds. , *Who Governs the Globe?*, New York：Cambridge University Press, 2010.

Bakir, V and DM Barlow, *Communication in the Age of Suspicion：Trust and the Media*, Basingstoke：Palgrave Publishers, 2007.

Bart Cammaerts, *Internetmediated Participation Beyond the Nation-state*, Manchester：Manchester University Press, 2009.

Barnett, M. , & Finnemore, M. , *Rules for the World：International Organiza-*

tions in Global Politics, Ithaca: Cornell University Press, 2004.

Bas Arts, *The Political Influence of Global NGOs: Case Studies on the Climate Change and Biodiversity Conventions*, Utrecht: International Books, 1998.

Beck, U, *The Cosmopolitan Vision*, Cambridge: Polity Press, 2006.

Bennett, L W and A Segerberg, *The Logic of Connective Action*, Cambridge: Cambridge University Press, 2013.

Betsill, Michele M. *Transnational Actors in International Environmental Politics*. Palgrave Advances in International Environmental Politics, Palgrave Macmillan, 2005.

Betsill, Michele M., and Elisabeth Corell, *NGO Diplomacy: The Influence of Nongovernmental Organizations in International Environmental Negotiations*, Cambridge, MA: The MIT Press, 2008.

Biermann, F., & Siebenhüner, B. eds., *Managers of Global Change: The Influence of International Environmental Bureaucracies*, Cambridge: MIT Press, 2009.

Bloomberg Philanthropies, *America's Pledge*, *Phase 1 Report States, Cities, and Businesses in the United States Are Stepping Up on Climate Action*, November 2017.

Bloomberg Philanthropies, *Fulfilling America's Pledge: How States, Cities, and Businesses Are Leading the United States to a Low-Carbon Future*, 2018.

Burnell P., *Charity, Politics and the Third World*, London: Harvester Wheatsheaf, 1990.

Castells, M., *The Rise of the Network Society*, Oxford: Blackwell Publishers, 2000.

Castells, M, *Networks of Outrage and Hope*. Cambridge: Polity Press, 2012.

Charlotte Dany, *Global Governance and NGO Participation: Shaping the Information Society in the United Nations*, London: Routledge, 2013.

Christer Jonsson and Jonas Tallberg (eds.) *Transnational Actors in Global Governance: Patterns, Explanations, and Implications*, London: Palgrave Macmillan, 2010.

Choudry, A and D Kapoor, *NGOization: Complicity, Contradictions and Prospects*, London: Zed Books, 2013.

Clegg, S. , *Frameworks of Power*, London: Sage Publications, 1989.

Dalton, R. , *Citizen Politics: Public Opinion and Political Parties in Advanced Industrial Democracies* (4*th ed.*), Washington: CQ Press, 2006.

Detlef F. Sprinz eds. . *International Relations and Global Climate Change*, Cambridge: The MIT Press, 2001.

Delmas, Magali A, and Oran R. Young, *Governance for the Environment: New Perspective*, Cambridge University Press, 2009.

Doyle, Timothy, Doug McEachern, and Sherilyn MacGregor, *Environment and Politics*, Routledge, 2015.

Edwards, M and D Hulme, *Non-Governmental Organisations Performance and Accountability – beyond the Magic Bullet*, New York: Earthscan, 1995.

Elinor Ostrom, *Understanding Institutional Diversity*, NJ: Princeton University Press, 2005.

Farrington, J and A Bebbington, *Reluctant Partners: Non-governmental Organizations, the State and Sustainable Agricultural Development*, London: Routledge, 1993.

Fowler, A, *Striking a Balance*, London: Earthscan Publications, 1997.

Gareth Porter and Janet Welsh Brown, *Global Environmental Politics* (2nd edition), Boulder, Colorado: Westview Press, 1996.

Goffman, E, *Frame Analysis: An Essay on the Organization of Experience*, Boston: Northeastern University Press, 1986.

Green, Jessca F. , *Private Authority on the Rise: A Century of Delegation in Multilateral Environmental Treaties. Transnational Actors in Global Governance*, U. K. , Palgrave Macmillan, 2011.

Habermas, J. , *The Theory of Communicative Action*, Boston: Beacon Press, 1984.

Habermas, J. , *The Structural Transformation of the Public Sphere*, Cambridge, MA: MIT Press, 1989.

Hawkins, D. , Lake, D. , et al. , *Delegation and Agency in International Organizations.* Cambridge: Cambridge University Press, 2006.

Hannerz, U. , *Transnational Connections: Culture, People, Places*, London: Routledge, 1996.

Harris, P. G. ed. , *China's Responsibility for Climate Change*: *Ethics*, *Fairness and Environmental Policy*, Bristol The Policy Press, 2011.

Heap S. , *NGOs Engaging with Business*: *A World of Difference and a Difference to the World*, Oxford, UK: INTRAC (International NGO Training and Resource Centre), 2000.

Helen Yanacopulos, *International NGO Engagement*, *Advocacy*, *Activism*: *The Faces and Spaces of Change*, Palgrave Macmillan, 2015.

Hebinck P, Slootweg S, Smith L. *Tales of Development-People*, *Power*, *Space*. Assen: Van Gorcum, 2008.

Higgott, R. , Underhill, G. , & Bieler, A. eds. , *Non-state Actors and Authority in the Global System*, London: Routledge, 2000.

Hill, C, G Jones, and M Schilling, *Strategic Management Theory*: *An Integrated Approach*, Stamford, CT: Cengage Learning, 2013.

Hickey, S, D Mitlin and T Bebbington eds. , *NGOs and Development Alternatives*, London: Zed Books, 2008.

Hobbes, T. , *Leviathan*, Stuttgart: Reclam, 1970 [1651] .

Hudock, A. , *NGOs and Civil Society*, Cambridge: Polity Press, 1999.

Hulme, D and M Edwards, *NGOs*, *States and Donors*. *Too Close for Comfort?*, Basingstoke: Palgrave Macmillan, 1996.

Hurrell, A. and Kingsbury, B. eds. , *The International Politics of Environment*, Oxford University Press, NY, 1992.

Irving M. Mintzer, J. Amber Leonard, ed. , *Negotiating Climate Change*: *The Inside Story of the Rio Convention*, Cambridge University Press, 1994.

James N. Rosenau, E. o. Czempiel, eds. , *Governance Without Government*: *Order and Change in World Politics*, Cambridge Uiversity Press, 1992.

Jutta, Brunnec, *Promoting Compliance in an Evolving Climate Regime*, Cambridge University Press, 2011.

Jordan, L and P Van Tuijl, *Political Responsibility in NGO Advocacy*, The Hague: NOVIB, 1998.

Kahler, M. , *Networked Politics*: *Agency*, *Power*, *and Governance*, Ithaca: Cornell University Press, 2009.

Karpf, D. , *The MoveOn Effect*: *The Unexpected Transformation of American Po-*

litical Advocacy, Oxford: Oxford University Press, 2009.

Keane, J., *Global Civil Society?*, Cambridge: Cambridge University Press, 2003.

Keck, M and K Sikkink, *Activists Beyond Borders : Advocacy Networks in International Politics*, Ithaca: Cornell University Press, 1998.

Keon Chi. *Four Strategies to Transform State Governance*, IBM Center for the Business of Government: Washington, DC. 2008.

Khagram, S, JV Riker and K Sikkink eds. , *Restructuring World Politics: Transnational Social Movements, Networks, and Norms*, Minneapolis: University of Minnesota Press, 2002.

Kickert W J M, Klijn E H, Koppenjan J F M. , *Managing Complex Networks*, Sage Press, 1997.

Lang, S. , *NGOs, Civil Society, and the Public Sphere*, Cambridge: Cambridge University Press, 2013.

Laurence Schwesinger Berlie, *Alliances for Sustainable Development: Business and NGO Partnerships*, Palgrave Macmillan, 2010.

Machiavelli, N. , *The Prince*, 2nd ed, Chicago: University of Chicago Press, 1998.

Magali A. Delmas and Oran R. Young, *Governance for the Environment: New Perspective*, New York: Cambridge University Press, 200.

Margaret Keck and Kathryn Sikkink, *Activists Beyond Borders: Advocacy Networks in International Politics*, Ithaca: Cornell University Press, 1998.

Matthew J. Hoffmann, *Climate Governance at the Crossroads: Experimenting with a Global Response after Kyoto*, New York: Oxford University Press, 2011.

Matthew Paterson, *Global Warming and Global Politics*, London and New York, Routledeg, 1996.

Michael Barnett and Martha Finnemore, *Rules for the World: International Organizations in Global Politics*, Ithaca: Cornell University Press, 2004.

Mikkel Flyverbom, *The Power of Networks: Organizing the Global Politics of the Internet*, Cheltenham: Edward Elgar, 2011.

Molly A. Ruhlman, *Who Participates in Global Governance? States, Bureaucra-*

cies, *and NGOs in the United Nations*, Routledge, 2015.

Mostafa k. tolba. , *Global Environmental Diplomacy*: *Negotiating Environmental Agreement for the World* , 1973 – 1992, Cambridge, MA: Mit Press, 1998.

Neil Carter, *The Politics of the Environment*, Cambridge University Press, United Kindom, 2001.

Newell, P. , *Climate for Change*: *Non-state Actors and the Global Politics of the Greenhouse*, Cambridge: Cambridge University Press, 2000.

Obergassel, W. , Arens, C. , Hermwille, L. , Kreibich, N. , Mersmann, F. , Ott, H. E. , & Wang Helmreich, H. , *Phoenix from the Ashes-An analysis of the Paris Agreement to the United Nations Framework Convention on Climate Change.* Wuppertal Institute for Climate, Environment and Energy, Wuppertal, 2016.

Oberthür, Sebastian, and O. S. Stokke, *Managing Institutional Complexity*: *Regime Interplay and Global Environmental Change*, The MIT Press, 2011.

Oran R. Young, *Institutional Interplay*: *Biosafety and Trade*, United Nations University Press, 2008.

Oran R. Young, *International Governance-Protecting the Environment in a Stateless Society*, Ithaca: Cornell University Press, 1994.

Pamela S. Chasek, *The Global Environment in the Twenty-first Century*: *Prospects for International Coorperation*, United Nations University Press, 2000.

Pattberg & F. Zelli eds. , *Environmental Politics and Governance in the Anthropocene*: *Institutions and Legitimacy in a Complex World*, London: Routledge, 2016.

Peter Hoand Richard Louis Edmonds, eds. , *China's Embedded Activism*: *Opportunities and Constraints of a Social Movement*, London and NewYork: Taylor & Francis, 2007.

Paul Wapner, *Environmental Activism and World Civic Politics*, State University of New York Press, 1996.

Peter Newell, *Climate for Change-Non-state Actors and the Global Politics of the Greenhouse*, Cambridge: Cambridge University Press, 2000.

Peter Willetts, *The Conscience of the World*: *The Influence of Non-governmental Organisations in the U. N. System*, Washington, DC: Brookings Institution

Press, 1996.

Princen, T. , and Finger, M. , *Environmental NGOs in World Politics*, London: Routledge, 1994.

Putnam D. Robert, *Democracies in Flux: The Evolution of Social Capital in Contemperary Society*, New York: Oxford University Press, 2002.

Riker, J. , The State, *Institutional Pluralism, and Development from Below: The Changing Political Parameters of State-NGO Relations in Indonesia*, Ithaca: Cornell University Press, 1998.

Rittberger, Volker, *Global Governance and the United Nations System*, Brookings Inst Press, 2001.

Sanjeev Khagram, James V. Riker, and Kathryn Sikkink, *Restructuring World Politics: Transnational Social Movements, Networks, and Norms*, Minneapolis: University of Minnesota Press, 2002.

Sidney Tarrow, *Power in Movement: Social Movements and Contentious Politics*, Cambridge: Cambridge University Press, 2011.

Stone, R. , *Controlling Institutions. International Organizations and the Global Economy*, Cambridge: Cambridge University Press, 2011.

T. Risse, S. C. Ropp & K. Sikkink, *The Power of Human Rights: International Norms and Domestic Change*, Cambridge: Cambridge University Press, 1999.

Ted Trzyna ed. , *World Directory of Environmental Organizations* (6th Edition), California Institute of Public Affairs, 2001.

Thomas Princen and Matthias Finger, *Environmental NGOs in World Politics: Linking the Local and the Global*, London and New York: Routledge, 1994.

Thomas R. Davies, *The Possibilities of Transnational Activism: The Campaign for Disarmament Between the Two World Wars*, Leiden: Brill Academic, 2007.

Urs Luterbacher, Detlef F and Sprinz, *International Relations and Global Climate Change*, Cambridge, MA: MIT Press, 2001.

UNEP, *The Emissions Gap Report*, Nairobi: United Nations Environment Programme, 2013.

Vertovec, S and R Cohen eds. , *Conceiving Cosmopolitanism*, Oxford: Oxford University Press, 2002.

Warkentin, C. , *Reshaping World Politics*: *NGOs*, *the Internet*, *and Global Civil Society*, Lanham, MD: Rowman & Littlefield, 2001.

Weiss, T. and L. Gordenker, *NGOs*, *the UN*, *and Global Governance*, Boulder: Lynne Rienner Publishers, 1996.

Wong, W, *Internal Affairs*: *How the Structure of NGOs Transforms Human Rights*, Ithaca: Cornell University Press, 2012.

Zukin and P. Dimaggio, *Structures of Capital*: *The Social Organization of the Economy*, Cambridge University Press, 1990.

英文论文

Abbott, Kenneth W. , "Engaging the Public and the Private in Global Sustainability Governance", *International Affairs*, Vol. 88. No. 3, 2012.

Abbott, Kenneth W. "The Transnational Regime Complex for Climate Change", *Environment and Planning C*, Vol. 30, No. 4, 2012.

Abbott, K. W. , Green, J. , and Keohane, R. , "Organizational Ecology and Institutional Change in Global Governance", *International Organization*, Vol. 70, No. 2, 2016.

Abbott, Kenneth W. , and D. Snidal, "Strengthening International Regulation Through Transnational New Governance: Overcoming the Orchestration Deficit", *Review of International Organizations*, Vol. 5, No. 3, 2010.

Abbott, K. , & Snidal, D. , "International Regulation Without International Government: Improving IO Performance Through Orchestration", *Review of International Organizations*, Vol. 5, No. 3, 2010.

Abbott, Kenneth W. , and D. Snidal, "Taking Responsive Regulation Transnational: Strategies for International Organizations", *Regulation & Governance*, Vol. 7, No. 1, 2013.

Abbott, Kenneth W. , et al. , "Two Logics of Indirect Governance: Delegation and Orchestration", *Social Science Electronic Publishing*, Vol. 46, No. 4, 2014.

Albin, C. , "Can NGOs Enhance Effectiveness of International Negotiation?", *International Negotiation*, Vol. 4, No. 3, 1999.

Alter, Karen J. , and S. Meunier, "The Politics of International Regime Complexity", *Perspectives on Politics*, Vol. 7, No. 1, 2009.

Allen, J., "Powerful City Networks: More Than Connections, Less Than Dominance and Control", *Urban Studies*, Vol. 47, No. 13, 2020.

Amandine Orsini, "Multi-Forum Non-State Actors: Navigating the Regime Complexes for Forestry and Genetic Resources", *Global Environmental Politics*, Vol. 13, No. 3, 2013.

Andonova, Liliana, Betsill, M., & Bulkeley, H., "Transnational Climate Governance", *Global Environmental Politics*, Vol. 9, No. 2, 2009.

Andonova, Liliana B., "Public-Private Partnerships for the Earth: Politics and Patterns of Hybrid Authority in the Multilateral System", *Global Environmental Politics*, Vol. 10, No. 2, 2010.

André Broome, Liam Clegg, and Lena Rethel, "Global Governance and the Politics of Crisis", *Global Society: Journal of Interdisciplinary International Relations*, Vol. 26, No. 1, January 2012.

Andrew J. Jordan, et al, "Emergence of Polycentric Climate Governance and its Future Prospects", *Nature Climate Change*, Vol. 11, No. 5, 2015.

Bachrach, Peter, and M. S. Baratz, "Two Faces of Power", *American Political Science Review*, Vol. 56, No. 4, 1962.

Bäckstrand, K., & Elgström, O., "The EU's Role In Climate Change Negotiations: Fromleader to leadiator", *Journal of European Public Policy*, Vol. 20, 2013.

Bäckstrand, Karin, "Accountability of Networked Climate Governance: The Rise of Transnational Climate Partnerships", *Global Environmental Politics*, Vol. 8, No. 3, 2008.

Barack Obama, "The Irreversible Momentum of Clean Energy", *Science*, Vol. 355, 2017.

Barnett, M., & Finnemore, M., "The Politics, Power, and Pathologies of International Organizations", *International Organization*, Vol. 53, No. 4, 1999.

Beder, Sharon, "Activism Versus Negotiation: Strategies for the Environment Movement", *Social Alternatives*, Vol. 10, No. 4, 1991.

Benford, R and D Snow, "Framing Processes and Social Movements: An Overview and Assessment", *Annual Review of Sociology*, Vol. 26, 2000.

Beder, Sharon, "Activism Versus Negotiation: Strategies for the Environment Movement." *Social Alternatives*, Vol. 10, No. 4, 1991.

Benner, Thorsten, W. H. Reinicke, and J. M. Witte, "Multisectoral Networks in Global Governance: Towards a Pluralistic System of Accountability", *Government & Opposition*, Vol. 39, No. 2, 2004.

Betsill, Michele M., and Elisabeth Corell, "NGO Influence in International Environmental Negotiations: A Framework for Analysis", *Global Environmental Politics*, Vol. 4, No. 1, 2001.

Betsill, Michele, "Environmental NGOs Meet the Sovereign State: The Kyoto Protocol Negotiations on Global Climate Change", *Colorado Journal of International Environmental Law & Policy*, No. 13, 2002.

Betsill, Michele M., and B. Harriet, "Transnational Networks and Global Environmental Governance: The Cities for Climate Protection Program", *International Studies Quarterly International Studies Quarterly*, Vol. 48, 2004.

Bird, P., "Matters in Practice: Lawyers Supporting Climate Legislation in Developing Countries", elaw, September/October 2017, https://legalresponse. org/wp-content/uploads/2017/10/E-law-Lawyers-supporting-climate-legislation. pdf.

Boudreau, JA, "Making New Political Spaces: Mobilizing Spatial Imaginaries, Instrumentalizing Spatial Practices, and Strategically Using Spatial Tools", *Environment and Planning A*, Vol. 39, 2007.

Brian Uzzi, "Social Structure and Competition in Interfirm Networks: The Paradox of Embeddedness", *Administrative Science Quarterly*, Vol. 42, No. 1, 1997.

Buhr, K., & Hjerpe, M., "Expectations on Corporate Climate Action Under Regulatory Uncertainty", *International Journal of Climate Change Strategies and Management*, No. 4, 2012.

Bulkeley, H., Andonova, L., Bäckstrand, K., Betsill, M., Compagnon, D., Duffy, R., et al., "Governing Climate Change Transnationally: Assessing the Evidence From a Database of Sixty Initiatives", *Environment and Planning C: Government and Policy*, Vol. 30, No. 4, 2012.

Bulkeley, H., "Governance and the Geography of Authority: Modalities of Authorisation and the Transnational Governing of Climate Change", *Environment & Planning A*, Vol. 44, 2012.

Chadwick, A, "Digital Network Repertoires and Organizational Hybridity", *Political Communication*, Vol. 24, No. 3, 2007.

Carlsson, Lars; Sandström, Annica, "Network Governance of the Commons", *International Journal of the Commons*, Vol. 2, Issue 1, 2008.

Cadman, T.; Radunsky, K.; Simonelli, A.; Maraseni, T., "From Paris to Poland: A Postmortem of the Climate Change Negotiations", *Int. J. Soc. Qual*, No. 8, 2018.

Chan, Sander, C. Brandi, and S. Bauer, "Aligning Transnational Climate Action with International Climate Governance: The Road from Paris", *Review of European Comparative & International Environmental Law*, Vol. 25, No. 2, 2016.

Charlotte Dany, "Janus-faced NGO Participation in Global Governance: Structural Constraints for NGO Influence", *Global Governance*, Vol. 20, 2014.

Chatterjee, P, and M. Finger, "The Earth Brokers: Power, Politics and World Development ", *Contemporary Sociology*, Vol. 25, No. 5, 1996.

Christopher L. Pallas, Johannes Urpelainen, "NGO Monitoring and the Legitimacy of International Cooperation: A Strategic Analysis", *Review of International Organization*, Vol. 7, 2012.

Claus, J, Schultze, "Cities and EU Governance: Policy-Takers or Policy-Makers?", *Regional and Federal Studies*, Vol. 13, No. 1, 2003.

Cottle, S and D Nolan, "Global Humanitarianism and the Changing Aid-Media Field", *Journalism Studies*, Vol. 8, No. 6, 2007.

Corbett, J., Xu, Y. -C., & Weller, P., "Norm Entrepreneurship and Diffusion 'from Below' in International Organisations: How the Competent Performance of Vulnerability Generates Benefits for Small States", *Review of International Studies*, Vol. 45, No. 4, 2019.

Corbett, J., Ruwet, M., Xu, Y. -C., & Weller, P., "Climate Governance, Policy Entrepreneurs and Small States: Explaining Policy Change at the International Maritime Organisation", *Environmental Politics*, Vol. 29, No. 5, 2020.

Daniel W. Drezner, "The Global Governance of the Internet: Bringing the State

Back In," *Political Science Quarterly*, Vol. 119, No. 3, 2004.

Della Porta, D and L Mosca, "Global-net for Global Movements? A Network of Networks for a Movement of Movements", *Journal of Public Policy*, Vol 25, No. 1, 2005.

Dellas, E., Pattberg, P., & Betsill, M., "Agency in Earth System Governance: Refining a Research Agenda", *International Environmental Agreements*, Vol. 11, No. 1, 2001.

Dencik, L, "Alternative News Sites and the Complexities of 'Space'", *New Media Society*, Vol. 15, No. 8, 2013.

Desforges L, "The Formation of Global Citizenship: International Non-Governmental Organisations in Britain", *Political Geography*, Vol. 23, 2004.

Duwe, Matthias, "The Climate Action Network: A Glance Behind the Curtains of a Transnational NGO Network", *Review of European Community & International Environmental Law*, Vol. 10, No. 2, 2001.

Eckersley, Robyn, "Moving Forward in the Climate Negotiations: Multilateralism or Minilateralism?" *Global Environmental Politics*, Vol. 12, No. 2, 2012.

Elden, S., "There Is a Politics of Space Because Space Is Political", *Radical Philosophy Review*, Vol. 10, No. 2, 2007.

Elizabeth R. Desombre, "The Institutional Dimensions of Environmental Change: Fit, Interplay, Scale", *Global Environmental Politics*, Vol. 3, No. 1, 2004.

Eyben, R, T Kidder, J Rowlands and A Bronstein, "Thinking about Change for Development Practice: A Case Study from Oxfam UK", *Development in Practice*, Vol. 18, No. 2, 2008.

F. Biermann & P. Pattberg, "Global Environmental Governance: Taking Stock, Moving Forward", *Annual Review of Environmental Resources*, Vol. 33, 2008.

Emi Minghui Gui, Iain MacGill, "Typology of Future Clean Energy Communities: An Exploratory Structure, Opportunities, and Challenges", *Energy Research & Social Science*, No. 35, 2018.

Fariborz Zelli, "The Fragmentation of the Global Climate Governance Architecture", *Wiley Interdisciplinary Reviews Climate Change*, No. 2, 2011.

Fariborz Zelli and H. V. Asselt, "The Institutional Fragmentation of Global Environmental Governance: Causes, Consequences, and Responses", *Global Environmental Politics*, Vol. 13, No. 3, 2013.

Frank Biermann, et al. , "The Fragmentation of Global Governance Architectures: A Framework for Analysis", *Global Environmental Politics*, Vol. 9, No. 4, 2009.

Frank Biermann, Philipp Pattberg, Harro van Asselt and Fariborz Zelli, "The Fragmentation of Global Governance Architectures: A Framework for Analysis", *Global Environmental Politics*, 2009, Vol. 9, No. 4.

Franz Xazer Perrez and Daniel Zieggerer, "A Non-institutional Proposal to Strengthen International Environmental Governance", *Environmental Policy and Law*, Vol. 38, No. 5, 2008.

Galaz V, Crona B, Österblom H, et al. , "Polycentric Systems and Interacting Planetary Boundaries-Emerging Governance of Climate Change-Ocean Acidification-Marine Biodiversity", *Ecological Economics*, Vol. 81, No. 3, 2012.

Galaz, Victor, et al. , "Global Networks and Global Change-Induced Tipping Points", *International Environmental Agreements: Politics, Law and Economics*, Vol. 16, No. 2, 2016.

Gampfer, and Robert, "Minilateralism or the UNFCCC? The Political Feasibility of Climate Clubs", *Global Environmental Politics*, Vol. 16, No. 3, 2016.

Gilson, J. , "Transnational Advocacy: New Spaces, New Voices", *Alternatives: Global, Local, Political*, Vol. 36, 2011.

Gough, C. , & Shackley, S. , "The Respectable Politics of Climate Change: The Epistemic Communities and NGOs", *International Affairs*, Vol. 77, No. 2, 2001.

Grainne de Burca, Robert Keohane and Charles Sabel, "New Modes of Pluralist Global Governance", *New York University Public Law and Legal Theory Working Papers*, January 25, 2013.

Guerra F D, Widerberg O, Isailovic M, et al. , "Mapping the Institutional Architecture of Global Climate Change Governance", *IVM Institute for Environmental Studies-Report* R-15/09, 13 August 2015.

Gulbrandsen, L. , & Andresen, S. , "NGO Influence in the Implementationof the Kyoto Protocol: Compliance, Flexibility Mechanisms, and Sinks", *Glob-*

al Environmental Politics, Vol. 4, No. 4, 2004.

Guo, L, A Holton and SH Jeong, "Transnational Comparative Framing: A Model for an Emerging Framing Approach", *International Journal of Communication*, Vol. 6, 2012.

Haas, and M. Peter, "Introduction: Epistemic Communities and International Policy Coordination", *International Organization*, Vol. 46, No. 1, 1992.

Haas, Peter M., "Banning Chlorofluorocarbons: Epistemic Community Efforts to Protect Stratospheric Ozone", *International Organization*, Vol. 46, No. 1, 1992, pp. 187 – 224.

Hafner-Burton, E., Kahler, M., et al., "Network Analysis for International Relations", *International Organization*, Vol. 63, No. 3, 2009, pp. 559 – 592.

Hale, Thomas, and C. Roger, "Orchestration and Transnational Climate Governance", *Review of International Organizations*, Vol. 9, No. 1, 2014.

Hamish van der Ven, "Socializing the C-suite: Why Some Big-box Retailers are 'Greener' Than Others", *Business and Politics*, Vol. 16, No. 1, 2014.

Harald Heubaum, Frank Biermann, "Integrating Global Energy and Climate Governance: The Changing Role of the International Energy Agency", *Energy Policy*, No. 87, 2015.

Heike Schroeder & Heather Lovell, "The Role of Non-Nation-State Actors and Side Events in the International Climate Negotiations", *Climate Policy*, Vol. 12, No. 1, 2012.

Hermwille, L., Obergassel, W., Ott, H. E., & Beuermann, C. "UNFCCC Before and After Paris-What's Necessary for an Effective Climate Regime?", *Climate Policy*, No. 1, Vol. 17, 2015.

Hjerpe, M, and B. O. Linnér, "Functions of COP Side-Events in Climate-Change Governance", *Climate Policy*, Vol. 10, No. 2, 2010.

Hoijer, B., "The Discourse of Global Compassion: The Audience and Media Reporting of Human Suffering", *Media Culture Society*, Vol. 26, No. 4, 2004.

Holsti, Ole R., and J. N. Rosenau, "The Domestic and Foreign Policy Beliefs of American Leaders", *Journal of Conflict Resolution*, Vol. 32, No. 2, 1988.

Irja Vormedal, "The Influence of Business and Industry NGOs in the Negotia-
tion of the Kyoto Mechanisms: the Case of Carbon Capture and Storage in the
CDM", *Global Environmental Politics*, Vol. 8, No. 4, 2008.

Jasanoff, Sheila, "NGOs and the Environment: From Knowledge to Action",
Third World Quarterly, Vol. 18, No. 3, 1997.

Jens Steffek and Patrizia Nanz, "Emergent Patterns of Civil Society Participation
in Global Governance", in Jens Steffek, Claudia Kissling, and Patrizia
Nanz, eds., *Civil Society Participation in European and Global Governance*,
Basingstoke: Palgrave.

John A. Vasquez and Richard W. Mansbach, "The Issue Cycle: Conceptuali-
zing Long-Term Global Political Change", *International Organization*,
Vol. 37, No. 2, 1983.

Johnson, Tana, and J. Urpelainen, "A Strategic Theory of Regime Integration
and Separation", *International Organization*, Vol. 66, No. 4, 2012.

Jordan A J, Huitema D, Hildén M, et al., "Emergence of Polycentric Climate
Governance and its Future Prospects", *Nature Climate Change*, Vol. 11,
No. 5, 2015.

Jonathan W. Kuyper, Björn-Ola Linnér and Heike Schroeder, "Non-State Ac-
tors in Hybrid Global Climate Governance: Justice, Legitimacy, and Effec-
tiveness in a Post-Paris Era", *Climate Change*, 2017.

Julie Anne Boudreau, "Making New Political Spaces: Mobilizing Spatial Imagi-
naries, Instrumentalizing Spatial Practices, and Strategically Using Spatial
Tools", *Environment & Planning A*, 2007, Vol. 39, No. 11.

Jutta Joachim, "Framing Issues and Seizing Opportunities: The UN, NGOs, and
Women's Rights", *International Studies Quarterly*, Vol. 47, No. 2, 2003.

Jutta Joachim, "Taming of the Shrew? International Women's NGOs, Institu-
tional Power and the United Nations", in Thomas Olesen, ed., *Power and
Transnational Activism*, London: Routledge, 2011.

Kal Raustiala and David Victor, "The Regime Complex for Plant Genetic Re-
sources", *International Organization*, Vol. 58, No. 2, April 2004.

Kal Raustiala, "States, NGOs, and International Environmental Institutions",
International Studies Quarterly, Vol. 41, No. 4, 1997.

Karen N. Scott, "International Environmental Governance: Managing Fragmentation Through Institutional Connection", *Melbourne Journal of International Law*, Vol. 12, No. 1, June 2011.

Karin Bäckstrand, and J. W. Kuyper, "The Democratic Legitimacy of Orchestration: the UNFCCC, Non-state Actors, and Transnational Climate Governance", *Environmental Politics*, Vol. 26, No. 4, 2014.

Katharina Rietig, "The Power of Strategy: Environmental NGO Influence in International Climate Negotiations", *Global Governance*, Vol. 22, No. 2, 2016.

Kathrin Böhling, "The Multi-stakeholder Approach in UN Global Conferences", in David Held and Thomas Hale, eds., *Handbook of Transnational Governance Innovations*, London: Sage, 2011.

Katharina Michaelowa & Axel Michaelowa, "Transnational ClimateGovernance Initiatives: Designed for Effective Climate Change Mitigation?", *International Interactions*, Vol. 43, No. 1, 2017.

Keck, Margaret E., and K. Sikkink, "Transnational Advocacy Networks in International and Regional Politics", *International Social Science Journal*, Vol. 59, 1999.

Kenneth W. Abbott, "Strengthening the Transnational Regime Complex for Climate Change", *Transnational Environmental Law*, Vol. 3, No. 1, 2014.

Kirk, M, "Beyond Charity: Helping NGOs Lead a Transformative New Public Discourse on Global Poverty and Social Justice", *Ethics & International Affairs*, Vol. 26, Special Issue 2, 2012.

King, A. D., Harrington, L. J., "The Inequality of Climate Change from 1.5 to 2C of GlobalWarming", *Geophys. Res. Lett.* Vol. 45, 2018.

Klaus Dingwerth, "Private Transnational Governance and the Developing World: A Comparative Perspective", *International Studies Quarterly*, Vol. 52, No. 3, 2008.

Krantz, D. COP and the Cloth, "Quantitatively and Normatively Assessing Religious NGO Participation at the Conference of Parties to the United Nations Framework Convention on Climate Change", *Science*, No. 3, Vol. 24, 2021, https: // doi. org/10. 3390/sci3020024.

Lamers, M., "Representing Poverty, Impoverishing Representation? A Discursive Analysis of a NGO's Fundraising Posters", *Graduate Journal of Social Science*, *Vol.* 2, No. 1, 2005.

Lang, Sabine, "NGOs, Local Governance, and Political Communication Processes in Germany", *Political Communication*, Vol. 17, No. 4, 2000.

Lars Udehn, "Twenty-Five Years with 'The Logic of Collective Action'", *Acta Sociologica*, Vol. 36, No. 3, 1993.

Lewis, J. I., "China's Strategic Priorities in International Climate Change Negotiations", *Washington Quarterly*, Vol. 31, No. 1, 2011.

Liesbet Hooghe and Gary Marks, "Unraveling the Central State, But How? Types of Multi-Level Governance", *Institute for Advanced Studies*, Vienna, No. 3, 2003.

Liliana B. Andonova, "International Institutions, Inc: The Rise of Public-Private Partnerships in Global Governance", *Paper prepared for Conference on the Human Dimensions of Global Environmental Change*, Berlin, Vol. 2.

Liping S, "Still Water Runs Deep: On Practices of Innovative Development in People-to-People Diplomacy of Henan", *International Understanding*, No. 2, 2017.

Lin, G., "Energy Development and Environmental NGOs: The Asian Perspective," In Pamela S. Chasek, ed., *The Global Environment in the Twentyfirst Century: Prospects for International Cooperation*, New York : United Nations University Press.

Lisowski, and Michael, "How NGOs Use Their Facilitative Negotiating Power and Bargaining Assets To Affect International Environmental Negotiations1", *Diplomacy & Statecraft*, Vol. 16, No. 2, 2005.

Loconto, Allison, and E. Fouilleux, "Politics of Private Regulation: Iseal and the Shaping of Transnational Sustainability Governance", *Regulation & Governance*, Vol. 8, No. 2, 2014.

Lorenz Stör, "Conceptualizing Power in the Context of Climate Change: A Multi-Theoretical Perspective on Structure, Agency & Power Relations", *VÖÖ Discussion Papers*, January 2017.

Magnus Boström, and Kristina Tamm Hallström, "NGO Power in Global Social and Environmental Standard-Setting", *Global Environmental Politics*,

Vol. 10, No. 4, 2010.

Manzo, K., "Imaging Humanitarianism: NGO Identity and the Iconography of Childhood", *Antipode*, Vol. 40, No. 4, 2008.

Mark Granovetter, "Economic Action and Social Structure: The Problem of Embeddedness", *American Journal of Sociology*, Vol. 91, No. 3, 1985.

Mathews, J., "Power Shift", *Foreign Affairs*, Vol. 76, No. 1, 1997.

Marcoux, Christopher, and J. Urpelainen, "Capacity, Not Constraints: A Theory of North-South Regulatory Cooperation", *Review of International Organizations*, Vol. 7, No. 4, 2012.

Mattli, Walter, and N. Woods, "The Politics of Global Regulation", *Computational & Mathematical Methods in Medicine*, Vol. 2012, No. 1, 2009

Moore, S., "Strategic Imperative? Reading China's Climate Policy in Terms of Core Interests", *Global Change, Peace & Security*, Vol. 23, No. 2, 2011.

Naghmeh Nasiritousi, "Shapers, Brokers and Doers: The Dynamic Roles of Non-State Actors in Global Climate Change Governance", *Report of Linköping Studies in Arts and Science*, No. 667, 2016.

Nasiritousi, Naghmeh, and Björn-Ola Linnér, "Open or Closed Meetings? Explaining Nonstate Actor Involvement in the International Climate Change Negotiations", *International Environmental Agreements: Politics, Law and Economics*, Vol. 16, 2016.

Nicholas Chan, "Beyond Delegation Size: Developing Country Negotiating Capacity and NGO 'Support' in International Climate Negotiations", *International Environmental Agreements*, Vol. 24, 2021.

Nelson, P., "Conflict, Legitimacy and Effectiveness: Who Speaks for Whom in Transnational NGO Networks Lobbying the World Bank?", *Nonprofit and Voluntary Sector Quarterly*, Vol. 26, No. 4, 1997.

Nyamugasira, W., "NGOs and Advocacy: How Well Are the Poor Represented?", *Development in Practice*, Vol. 8, No. 3, 1998.

O'Neill, K., Balsiger, J., & Van Deveer, S., "Actors, Norms, and Impact: Recent International Cooperation Theory and the Influence of the Agent-Structure Debate", *Annual Review of Political Science*, Vol. 7, No. 1, 2004.

Oberthür, Sebastian, "Where to Go From Paris? The European Union in Climate Geopolitics", *Global Affairs*, Vol. 2, No. 2, 2016.

Odeh, LE. , "A Comparative Analysis of Global North and Global South Economies", *Journal of Sustainable Development in Africa*, Vol. 12, No. 3, 2010.

Omelicheva, Mariya Y. , "Non-Governmental Organizations in World Politics : The Construction of Global Governance", *Human Rights Quarterly*, Feb 2012.

Oran R Young, L. A. King, and H. Schroeder, "Institutions and Environmental Change: Principal Findings, Applications, and Research Frontiers", *Students Quarterly Journal*, Vol. 16, No. 4, 2010.

Orgad, S. , "Visualizers of Solidarity: Organizational Politics in Humanitarian and International Development NGOs", *Visual Communication*, Vol. 12, No. 3, 2013.

Oscar Widerberg and Johannes Stripple, "The Expanding Field of Cooperative Initiatives for Decarbonization: A Review of Five Databases", *WIREs Climate Change*, No. 7, 2016.

P. J. Simmons, "Leaning to Live With NGOs", *Foreign Policy*, Vol. 112, Fall, 1998.

Pallett, H, and J. Chilvers, "Organizations in the Making: Learning and Intervening at the Science-Policy Interface", *Progress in Human Geography*, Vol. 39, No. 2, 2015.

Papaioannou, T, H Yanacopulos and Z Aksoy, "Global Justice: From Theory to Development Action", *Journal of International Development*, Vol. 21, No. 6, 2010.

Paterson, Matthew, Matthew Hoffmann, Michele Betsill, and Steven Bernstein, "The Micro Foundations of Policy Diffusion toward Complex Global Governance: An Analysis of the Transnational Carbon Emission Trading Network", *Comparative Political Studies*, Vol. 47, No. 3, 2014.

Pallas, Christopher L. , and J. Urpelainen, "NGO Monitoring and the Legitimacy of International Cooperation: A Strategic Analysis", *Review of International Organizations*, Vol. 7, No. 1, 2012.

Pattberg, P. , & Stripple, J. , "Beyond the Public and Private Divide: Remapping Transnational Climate Governance in the 21st Century", *International En-*

vironmental Agreements: *Politics*, *Law and Economics*, Vol. 8, No. 4, 2008.

Paul Wapner, "Politics Beyond the State: Environmental Activism and World Civic Politics", *World Politics*, Vol. 47, No. 3, 1995.

Peter Willetts, "From 'Consultative Arrangements' to 'Partnership': The Changing Status of NGOs in Diplomacy at the UN", *Global Governance*, Vol. 6, No. 2, 2000.

Peter Leigh Taylor, "Development, Knowledge, Partnership, and Change: In Search of Collaborative Approaches to Environmental Governance", *Latin American Research Review*, Vol. 46, No. 1, 2011.

Peter, and Newell, "Climate for Change : Non-State Actors and the Global Politics of the Greenhouse", *Agricultural & Forest Meteorology*, Vol. 109, No. 1, 2000.

Petropoulos, Sotiris, and A. Valvis, "Crisis and Transition of NGOs in Europe: The Case of Greece", *Societies in Transition*, 2015.

Powers, M., "The Structural Organization of NGO Publicity Work: Explaining Divergent Publicity Strategies at Humanitarian and Human Rights Organizations", *International Journal of Communication*, Vol. 8, 2014.

Princen, Thomas, and M. Finger, "Environmental NGOs in World Politics: Linking the Local and the Global", *International Affairs*, Vol. 71, No. 2, 1995.

Rachel M. Krause, "An Assessment of the Impact that Participation in Local Climate Networks Has on Cities' Implementation of Climate, Energy, and Transportation Policies", *Review of Policy Research*, Vol. 29, No. 5, 2012.

Raustiala, Kal, "States, NGOs, and International Environmental Institutions", *International Studies Quarterly*, Vol. 41, No. 4, 1997.

Reimann, Kim D., "A View from the Top: International Politics, Norms and the Worldwide Growth of NGOs", *International Studies Quarterly*, Vol. 50, No. 1, 2006.

Robert D. Benford and David A. Snow, "Framing Processes and Social Movement: An Overview and Assessment", *Annual Review of Sociology*, Vol. 26, No. 1, 2000.

Robert O. Keohane and Victor D. G., "The Regime Complex for Climate

Change", *Social Science Electronic Publishing*, Vol. 9, No. 1, 2011.

Roberts, Nancy C., and P. J. King, "Policy Entrepreneurs: Their Activity Structure and Function in the Policy Process", *Journal of Public Administration Research and Theory*, Vol. 11, No. 2, 1991.

Rodrigues, João, "Endogenous Preferences and Embeddedness: A Reappraisal of Karl Polanyi", *Journal of Economic Issues*, Vol. 38, No. 1, 2004.

Salman, Nader, and A. L. Saives, "Indirect Networks: An Intangible Resource for Biotechnology Innovation", *R & D Management*, Vol. 35, No. 2, 2005.

Sander Chan, Clara Brandi, and Steffen Bauer, "Aligning Transnational Climate Action with International Climate Governance: The Road from Paris", *Review of European Comparative & International Environmental Law*, Vol. 25, No. 2, 2016.

Schroeder, H., "Agency in International Climate Negotiations: The Case of Indigenous Peoples and Avoided Deforestation", *International Environmental Agreements*, Vol. 10, No. 4, 2010.

Schroeder, Heike, and H. Lovell, "The Role of Non-Nation-State Actors and Side Events in the International Climate Negotiations", *Climate Policy*, Vol. 12, No. 1, 2012.

Schulz, W., "Reconstructing Mediatization as an Analytical Concept", *European Journal of Communication*, Vol. 19 No. 1, 2004.

Sen, J., "On Open Space: Explorations Towards a Vocabulary of a More Open Politics", *Antipode*, Vol. 42, No. 4, 2010.

Seo, H, JY Kim and SU Yang, "Global Activism and New Media: A Study of Transnational NGOs' Online Public Relations", *Public Relations Review*, Vol. 5, 2009.

Sheila Jasanoff, "NGOs and the Environment: From Knowledge to Action", *Third World Quarterly*, Vol. 18, No. 3, 1997.

Sidney Tarrow, "Transnational Politics: Contention and Institutions in International Politics", *Annual Review of Political Science*, No. 4, 2001.

Smith, M., "Contradiction and Change: NGOs, Schools and the Public Faces of Development", *Journal of International Development*, Vol. 16, No. 5, 2004.

Starr, H. , "On Geopolitics: Spaces and Places", *International Studies Quarterly*, *Vol.* 57, 2013.

Steven Bernstein and Benjamin Cashore, "Can Non-State Global Governance be Legitimate? An Analytical Framework", *Regulation & Governance*, No. 4, 2007.

Steven G. Livingston, "The Politics of International Agenda-Setting: Reagan and North-South", *International Studies Quarterly*, Vol. 36, No. 3, 1992.

Strombach, J. , "Four Phases of Mediatization: An Analysis of the Mediatization of Politics", *Politics*, Vol. 13, No. 3, 2008.

Stroup, S and A Murdie, "There's No Place Like Home: Explaining International NGO Advocacy", *Review of International Organisations*, Vol. 7, 2012.

Sunstein, Cass R. , "Social Norms and Social Roles", Social Science Electronic Publishing, Vol. 96, No. 4, 2014.

T. Galaz, B. Crona, H. Österblom, P. Olsson & C. Folke, "Polycentric Systems and Interacting Planetary Boundaries-Emerging Governance of Climate Change-Ocean Acidification-Marine Biodiversity", *Ecological Economics*, Vol. 81, No. 3, 2012.

T. Hale, Thomas, and C. Roger, "Orchestration and Transnational Climate Governance", *The Review of International Organizations*, Vol. 9, No. 1, 2014.

Timothy M. Lenton, Johan Rockström, Owen Gaffney, Stefan Rahmstorf et al. , "Climate Tipping Points-Too Risky to Bet Against", *Nature*, https://www. nature. com/articles/d41586 – 019 – 03595 – 0.

Thomas Bernauer and Carola Betzold, "Civil Society in Global Environmental Governance", *Journal of Environment Development*, Vol. 21, No. 1, 2012.

Thomas Gehring and Benjamin Faude, "The Dynamics of Regime Complexes: Microfoundations and Systemic Effects", *Global Governance*, Vol. 19, 2013.

Thomas Hale, " 'All Hands on Deck': The Paris Agreement and Non-state Climate Action", *Global Environmental Politics*, Vol. 16, No. 3, 2016.

Thorsten Benner, Wolfgang H. Reinicke and Jan Martin Witte, "Multisectoral Networks in Global Governance: Towards a Pluralistic System of Accountability", *Government and Opposition*, Vol. 39, No. 2, 2004.

Tobias Böhmelt, Vally Koubi and Thomas Bernauer, "Civil Society Participation in Global Governance: Insights from Climate Politics", *European Journal of Political Research*, Vol. 14.

Tran, M., "Is the Faultline Among NGOs Over the Future of Development Deepening?", *The Guardian*, 17 August 2012, http://www.theguardian. com/global-development/poverty-matters/2012/aug/17/faultline-NGOs-future-development.

Uvin, P, P Jain and LD Brown, "Think Large and Act Small: Towards a New Paradigm for NGO Scaling Up", *World Development*, Vol. 28, No. 8, 2000.

UNISDR, *Economic Losses, Poverty & Disasters 1998 - 2017*, 2019.

United Nations Framework Convention on Climate Change, "Past Conferences Overview", unfccc. int/processand-meetings/conferences/past-conferences/past-conferences-overview.

Urpelainen, Johannes, "The Strategic Design of Technology Funds for Climate Cooperation: Generating Joint Gains", *Environmental Science & Policy*, Vol. 15, No. 1, 2011.

Van Rooy, A, "Good News! You May Be Out of a Job: Reflections on the Past and Future 50 Years for Northern NGOs", *Development in Practice*, Vol. 10, No. 3, 2000.

Vormedal, I., "The Influence of Business and Industry NGOs in the Negotiation of the Kyoto Mechanisms: The Case of Carbon Capture and Storage in the CDM", *Global Environmental Politics*, Vol. 8, No. 4, 2008.

Wells, K., "The Melodrama of Being a Child: NGO Representations of Poverty", *Visual Communication*, Vol. 12, No. 3, 2013.

Wenpin Tsai, "Knowledge Transfer in Intra-organizational Networks: Effects of Network Position and Absorptive Capacity on Business Unit Innovation and Performance", *Academy of Management Journal*, Vol. 44, No. 5, 2001.

Widerberg, Oscar, and P. Pattberg, "Accountability Challenges in the Transnational Regime Complex for Climate Change", *Review of Policy Research*, Vol. 34, No. 1, 2017.

Willetts, Peter, "From Stockholm to Rio and Beyond: The Impact of the Environmental Movement on the United Nations Consultative Arrangements for NGOs", *Review of International Studies*, Vol. 22, No. 1, 1996.

Xinlei Li & Serafettin Yilmaz，"China's Climate Socialization and Renewable Energy Coalition Building"，*Chinese Journal of Population Resources and Environment*，Vol. 18，No. 3，2019.

Yanacopulos，H.，"Think Local，Act Global：Trans-national Networks and Development"，in Robinson，J.，*Displacement and Development*，Oxford：Oxford University Press，2002.

Yanacopulos，H.，"The Public Face of Debt"，*Journal of International Development*，Vol. 16，No. 5，2004.

Yanacopulos，H.，"Online Campaigning Organisations：A New Type of Politics?"，*Paper presented at the International Studies Association Annual Convention*，San Francisco，California，USA，2 – 6 April 2013.

Serafettin Yilmaz，Xinlei Li，"Energy Socialization：The Northeast Asia Energy Grid and the Emergence of Regional Energy Cooperation Framework"，*Energy Strategy Reviews*，Vol. 22，2018.

Zelli，Fariborz，"The Fragmentation of the Global Climate Governance Architecture"，*Wiley Interdisciplinary Reviews：Climate Change*，Vol. 2，No. 2，2011.